AF906139

LARS LEUSCHNER

Verkehrsinteresse und Verfassungsrecht

Schriften zum Bürgerlichen Recht

Band 316

Verkehrsinteresse und Verfassungsrecht

Zur Bedeutung von Allgemeinwohlinteressen bei der verfassungsrechtlichen Rechtfertigung privatrechtlicher Regelungen am Beispiel der Rechtsscheinlehre

Von

Lars Leuschner

Duncker & Humblot · Berlin

Der Fachbereich Rechts- und Wirtschaftswissenschaften
der Johannes Gutenberg-Universität Mainz hat diese Arbeit
im Jahre 2004 als Dissertation angenommen.

Bibliografische Information Der Deutschen Bibliothek

Die Deutsche Bibliothek verzeichnet diese Publikation in
der Deutschen Nationalbibliografie; detaillierte bibliografische
Daten sind im Internet über <http://dnb.ddb.de> abrufbar.

Fotoprint: Color-Druck Dorfi GmbH, Berlin
Printed in Germany

ISSN 0720-7387
ISBN 3-428-11661-5

Gedruckt auf alterungsbeständigem (säurefreiem) Papier
entsprechend ISO 9706 ♾

Internet: http://www.duncker-humblot.de

Meinen Eltern

Vorwort

Die vorliegende Arbeit wurde im Sommersemester 2004 von der Juristischen Fakultät der Universität Mainz als Dissertation angenommen. Mein besonderer Dank gilt Herrn Prof. Dr. Peter O. Mülbert, der als mein Doktorvater sowohl den Anstoß zu der Arbeit gab als auch die für ihre Durchführung erforderliche Unterstützung gewährt hat. Frau Prof. Dr. Elke Gurlit danke ich für die Mühe, die sie sich bei der Erstellung des Zweitgutachtens gemacht hat.

Großen Dank schulde ich meinen Eltern, die durch die Förderung meiner Ausbildung den Grundstein zur Entstehung dieser Arbeit gelegt haben. Danken möchte ich schließlich meiner Frau Sylvia, die mir stets den nötigen Rückhalt gegeben und dafür gesorgt hat, die wirklich wichtigen Dinge nie aus den Augen zu verlieren.

Mainz, im Herbst 2004 *Lars Leuschner*

Inhaltsverzeichnis

2. Teil

Die verfassungsrechtliche Ausgangslage

§ 1 Einleitung

A. Einführung in die Themenstellung

Verkehrsschützende Regelungen finden sich im Privatrecht an verschiedenen Stellen. Besonders deutlich zeigt sich der Aspekt des Verkehrsschutzes bei den Regelungen der sog. Rechtsscheinlehre. Hierzu zählt man im Allgemeinen die Tatbestände des gutgläubigen Erwerbs und die sog. Rechtsscheinhaftung.[1] Gemeinsam ist allen Regelungen der Rechtsscheinlehre, dass sie häufig zu Lösungen führen, deren Gerechtigkeitsgehalt sich jedenfalls nicht schon auf den ersten Blick erschließt. Hat etwa der Inhaber eines Handelsgeschäftes den Widerruf der Prokura umgehend zum Handelsregister angemeldet, erscheint es nicht unbedingt gerecht, dass er bis zur Eintragung und Bekanntmachung für vom ehemaligen Prokuristen in seinem Namen mit einem Dritten abgeschlossene Rechtsgeschäfte haftet, ohne dass es darauf ankommt, ob dem Dritten ohne diese Haftungsregelung überhaupt ein Schaden entstünde. Besonders augenscheinlich ist die Problematik häufig auch in den Konstellationen des gutgläubigen Erwerbs. Man stelle sich etwa vor, dass der außerordentlich traditionsbewusste Familienvater seinem Nachbarn zur Hochzeit von dessen Tochter wertvolles, altes, unersetzliches und für die eigenen Kinder bestimmtes Familiensilber leiht, welches der Nachbar in einer wirtschaftlichen Notlage an einen Antiquitätenhändler zu einem deutlich unter dem Verkehrswert liegendem Preis veräußert.[2] Hier führen die §§ 932 ff. BGB dazu, dass der Antiquitätenhändler trotz seines rein wirtschaftlichen Interesses an dem Familiensilber und dem verhältnismäßig geringen von ihm erbrachten Kaufpreis Eigentum erwirbt, ohne verpflichtet zu sein, dies dem Familienvater zurückzugewähren. Der Ausgleich, den die Vorschriften des gutgläubigen Erwerbs insoweit zwischen den Interessen des Familienvaters und denen des Antiquitätenhändlers treffen, steht offensichtlich nicht im Einklang mit deren individueller Schutzwürdigkeit. Eine „rechtsverhältnisinterne", d.h. das Verhältnis von bisherigem Eigentümer und Gutgläubigen betreffende Erklärung der Eigentumszuweisung erscheint nicht möglich. Zudem ist nicht zu übersehen, dass die Regelungen zum gutgläubigen Erwerb als Ausnahme von dem Grundsatz, dass niemand mehr Rechte übertragen kann, als ihm selbst zustehen, in dem geschilderten Beispiel eine nach § 246 StGB

---

[1] Zur Konkretisierung und Systematisierung der Rechtscheinlehre sowie der Problematik der soeben verwandten Terminologie sogleich § 2.

[2] Beispiel nach *Diederichsen*, AcP 198 (1998), 171, 229.

strafbare Unterschlagung des Nachbarn begünstigen und dessen Strafbarkeit wegen Betrugs gegenüber dem Antiquitätenhändler sogar verhindern.[3] Angesichts der Einheitlichkeit der Rechtsordnung handelt es sich hierbei um ein Ergebnis, dass zumindest Erklärungsbedarf auslöst. Insoweit verwundert es nicht, dass insbesondere die Kritik an den §§ 932 ff. BGB eine lange Tradition hat.[4] Schon die Monographie von Karl Binding aus dem Jahr 1908 stand unter dem Titel „Die Ungerechtigkeit des Eigentums-Erwerbs vom Nichteigentümer nach § 932 und § 935 BGB und ihre Reduktion auf das kleinstmögliche Maß“.

Wenn die Regelungen der Rechtsscheinlehre somit stets mit einem wohl von den Interessen der unmittelbar Beteiligten zu unterscheidenden Verkehrsinteresse gerechtfertigt werden, so erscheint dies angesichts des nahezu gänzlichen Fehlens einer näheren Auseinandersetzung mit dem Inhalt dieses rechtfertigenden Topos zumindest unbefriedigend. Aufgrund der schwachen Konturen, die der Begriff des Verkehrsinteresses in der zivilrechtlichen Literatur hat, mag mancher dem Verkehrsinteresse vielleicht sogar nur Alibifunktion zubilligen wollen. Angesicht der u.U. erheblichen Härten, die von den Regelungen der Rechtsscheinlehre ausgehen können, stellt sich die Frage der Belastbarkeit des Verkehrsinteresses als Rechtfertigung der Rechtsscheinlehre aber vor allem auch aus verfassungsrechtlicher Sicht. Was den Rechtsverlust durch gutgläubigen Erwerb anbetrifft, kann man sich beispielsweise fragen, ob es sich hierbei nicht schlicht um eine Enteignung handelt, die den Anforderungen des Art. 14 Abs. 3 GG genügen muss. Zweifel an der Verfassungsmäßigkeit des gutgläubigen Erwerbs mag man insoweit vor allem deshalb haben, weil der Rechtsverlust nicht durch einen gegen den Staat, sondern lediglich gegen den Verfügenden gerichteten Anspruch kompensiert wird. Soweit sich dieser jedoch als uneinbringlich erweist, geht der volle wirtschaftliche Schaden zu Lasten des bisherigen Rechtsinhabers. Vorschriften wie die §§ 170 ff. BGB oder § 15 HGB, die zu einer Haftung des Betroffenen führen können, bergen für diesen grundsätzlich sogar ein noch größeres Risiko. Denn während beim gutgläubigen Erwerb der mögliche Verlust umfangmäßig auf das jeweilige Recht begrenzt ist, kann eine Haftung das gesamte Vermögen erfassen.[5]

Die Frage nach der verfassungsrechtlichen Rechtfertigung der Regelungen der Rechtsscheinlehre lässt sich auch nicht etwa deshalb als unbegründet abtun, weil die von ihnen ausgehenden Belastungen im Einzelfall stets durch die

---

[3] So zumindest die heute ganz h.M., statt vieler Lackner/Kühl/*Kühl*, § 263 Rn. 43. Demgegenüber nahm das Reichsgericht in RGSt 73, 61 einen Schaden und somit einen Betrug mit der Begründung an, dass dem Gegenstand ein sittlicher Makel anhafte (sog. Makeltheorie).

[4] Vgl. die hierzu die Ausführungen von *Peters*, Entzug des Eigentums, S. 11 ff.

[5] *Canaris*, Vertrauenshaftung, S. 472.

Handlung eines Privatrechtssubjekts ausgelöst werden (Verfügung des Nichtberechtigten oder Abschluss eines Rechtsgeschäfts durch einen Vertreter ohne Vertretungsmacht). Denn dass Normen des Privatrechts auf Tatbestandseite an Handlungen von Privatrechtssubjekten knüpfen, ist keine Besonderheit der Rechtsscheinlehre. Durch privatrechtliche Gesetze ausgelöste Rechtsfolgen sind stets auch die Folge privater Handlungen. Dies ändert aber nichts daran, dass die jeweilige Rechtsfolge durch eine staatliche Norm angeordnet wird. Da der Gesetzgeber gemäß Art. 20 Abs. 3 GG einer verfassungsrechtlichen Bindung unterliegt und zumindest auf den ersten Blick nicht ersichtlich ist, weshalb für den Privatrechtsgesetzgeber etwas anderes gelten sollte, erscheint die Frage nach der Verfassungsmäßigkeit der Regelungen der Rechtsscheinlehre durchaus berechtigt.

B. Rechtsvergleichendes

Wenn die Frage nach der Verfassungsmäßigkeit einzelner Regelungen der Rechtsscheinlehre gleichwohl dem einen oder anderen „verwegen" erscheinen mag,[6] liegt dies neben dem zum Teil immer noch nicht ganz geklärten Verhältnis des Verfassungsrechts zum Privatrecht sicherlich auch daran, dass die Rechtsscheinlehre für viele Juristen zum elementaren Bestandteil des Privatrechts gehört. Die Vorstellung, dass deren Regelungen u.U. verfassungswidrig und somit nichtig sind, mag daher schwerfallen. Eine gewisse Ernüchterung stellt sich indes ein, wenn man den Blick über das deutsche Recht hinaus auch auf andere Rechtsordnungen richtet und auf diese Weise feststellt, dass es eine Vielzahl von Alternativen zu den deutschen Regelungen gibt.

Noch wenig ausgeprägt sind die Unterschiede im Bereich der Rechtsscheinvollmacht. Eine Erfüllungshaftung im Zusammenhang mit der Erzeugung des Rechtsscheins von Vertretungsmacht ist auch in anderen Rechtsordnungen üblich.[7] So kennt etwa das *englische Recht* die „agency by estoppel", wonach der Vertretene, der die „representation" zuließ, nicht mit der Behauptung gehört wird, dass die Vertreterhandlung nicht von der Vollmacht gedeckt sei. Voraussetzung ist auch hier, dass der Dritte „in good faith" handelte.[8] Entsprechend der Grundsätze des „mandat apparent" im *französischen Recht* wird der Geschäftsherr auch von einem Vertreter ohne Vertretungsmacht verpflichtet, wenn der Dritte legitimerweise glauben durfte, dass eine Vollmacht vorlag.[9] Ähnliche

[6] So *Zweigert*, RabelsZ 23 (1958), 1, 15, im Hinblick auf die Frage nach der Verfassungsmäßigkeit der §§ 932 ff. BGB.

[7] Vgl. *Schott*, AcP 171 (1971), 385, 400 f.

[8] Vgl. *Schott*, AcP 171 (1971), 385, 401.

[9] *Malaurie/Aynès*, Obligations, Rn. 406.

Regelungen gibt es auch in *Italien*, wo sich jedoch einige Stimmen in der Literatur gegen eine Erfüllungshaftung und für eine Schadensersatzlösung aussprechen.[10]

Was hingegen die Konstellation des gutgläubigen Erwerb anbetrifft, finden sich in anderen Rechtsordnungen Lösungen, die zum Teil erheblich von den deutschen Regelungen abweichen.[11] Bekannt dürfte insoweit sein, dass die §§ 932 ff. BGB ihr Vorbild nicht im römischen, sondern im germanischen Recht haben.[12] Denn das *römische Recht* kannte zu keinem Zeitpunkt einen sofortigen Eigentumserwerb von Nichtberechtigten. Es galt vielmehr der berühmte Satz „nemo plus iuris ad alium tranferre potest, quam ipse haberet".[13] Statt des gutgläubigen Erwerbs war im römischen Recht vielmehr innerhalb einer kurzen Frist von einem Jahr (später drei Jahren) eine Ersitzung möglich.[14] Die Voraussetzungen der Ersitzung wurden im Laufe der Jahre konkretisiert und zum Teil verschärft. Erforderlich waren hiernach Eigenbesitz und Gutgläubigkeit des Erwerbers. Zudem musste ein Erwerbsgrund vorliegen. Als solcher kam beispielsweise der Kauf, die Schenkung oder die Eigentumsaufgabe in Betracht. Relevant war die Ersitzung hiernach vor allem in Fällen, in denen zwar ein Grundgeschäft vorlag, es jedoch an einer wirksamen Eigentumsübertragung fehlte.[15] Der Erwerb von gestohlenen Sachen war zu jeder Zeit ausgeschlossen.

Innerhalb der heutigen Rechtsordnungen finden sich die jeweiligen Extremposition in *Italien* und *Portugal*. So schützt das italienische Recht den Erwerber am umfassendsten, indem es selbst den Erwerb abhanden gekommener Sachen zulässt (Art. 1153 Abs. 1 codice civile). Der Bestandsschutz tritt lediglich bei einigen registerpflichtigen beweglichen Sachen (z.B. Kraftfahrzeuge) in den Vordergrund, bei denen nur eine Ersitzung möglich ist (Art. 1156, 1162).[16] Demgegenüber weist das portugiesische Recht, indem es, dem römischen Recht folgend, überhaupt keinen gutgläubigen Erwerb zulässt, den stärksten möglichen Bestandsschutz auf. Lediglich für das Handelsrecht enthält Art. 1301 Código civil insoweit eine geringfügige Erleichterung, als der Erwerber die Sa-

---

[10] Vgl. *Großfeld*, Die Rechtsscheinvollmacht im deutschen und italienischen Recht, S. 46 ff., 103 ff. m.w.N.

[11] Monographisch hierzu *Thorn*, Der Mobiliarerwerb vom Nichtberechtigten, 1996.

[12] Vgl. zur Geschichte der §§ 932 ff. BGB *Olzen*, JuS 1990, 505 ff.

[13] *Ulpian*, Digesta 50, 17, 54.

[14] *Thorn*, a.a.O., S. 36 ff. Monographisch zur Ersitzung im klassischen römischen Recht, *K. Bauer*, Ersitzung und Bereicherung. Vgl. zu den Unterschieden von Ersitzung und gutgläubigen Erwerb *v. Hoffmann*, Grundstückskauf, S. 38 f.

[15] Vgl. zur Problematik, ob eine Ersitzung hiernach auch möglich war, wenn nur ein sog. Putativtitel vorlag, d.h. beispielsweise der Kauf tatsächlich unwirksam war, *Bauer*, Ersitzung und Bereicherung, S. 61 ff.

[16] *Thorn*, Der Mobiliarerwerb vom Nichtberechtigten, S. 50.

che dem Eigentümer nur gegen Ersatz des von ihm gezahlten Kaufpreises herausgeben muss.[17]

Das *englische common law* kennt einen gutgläubigen Erwerb nur in einer Reihe von Ausnahmefällen.[18] Zu nennen ist hier Sec. 24 des Sale of Goods Act bzw. Sec. 8 des Factors Act, wonach ein gutgläubiger Erwerb von einem Verkäufer möglich ist, der das Eigentum zwar bereits auf einen anderen Käufer übertragen hat, aber noch im Besitz der Sache ist (seller in possession). Gleiches gilt gemäß Sec. 25 des Sale of Goods Act und Sec. 9 des Factors Act umgekehrt für den Erwerb von einem Käufer, der zwar schon im Besitz des Kaufobjektes ist, aber noch nicht daran Eigentum erlangt hat (buyer in possession). Praktisch bedeutsamer dürfte indes die Regelung der Sec. 2 Factors Act sein, die einen gutgläubigen Erwerb vom Handelagenten (mercantile agent) ermöglicht. Voraussetzung ist, dass die Verfügung im Rahmen der gewöhnlichen Geschäftstätigkeit des Handelagenten erfolgt, dieser den Gegenstand mit Einwilligung des Eigentümers besitzt und der Erwerber im guten Glauben ist. Ein Erwerbsschutz durch gutgläubigen Erwerb findet schließlich auch im Fall umlauffähiger Wertpapiere (negotiable instruments) wie beispielsweise Bargeld statt.[19] Das *amerikanische common law* kennt einen umfassenden gutgläubigen Erwerb nur bezüglich umlauffähiger Wertpapiere. Im übrigen ist die Möglichkeit des gutgläubigen Erwerb weitgehend auf den Handelsverkehr beschränkt. So bestimmt insbesondere § 2-403 Abs. 2 des Uniform Commercial Code (UCC), dass ein Händler (merchant) über die ihm anvertrauten Sachen wirksam verfügen kann, soweit dies im Rahmen seiner gewöhnlichen Geschäftstätigkeit geschieht.[20]

Auch einen gutgläubigen Immobilienerwerb ermöglichen andere Rechtsordnungen entweder gar nicht oder zumindest nicht im gleichen Umfang wie das deutsche Recht. Nicht vorgesehen ist die Möglichkeit des gutgläubigen Erwerbs von Grundstücken beispielsweise in *Frankreich*, wo nur eine Ersitzung in Betracht kommt. Auch die *USA* kennen eine positive Registerpublizität nur in dem sehr beschränkten Umfang des Model Marketable Title Act, der zudem nur in weniger als der Hälfte aller amerikanischen Bundesstaaten gilt.[21] Hiernach kann sich der Erwerber nicht auf die Richtigkeit des Registers zum Erwerbszeitpunkt verlassen, sondern nur zu einem Zeitpunkt, der 40 Jahre zurückliegt. Er wird somit nicht von sämtlichen Nachforschungspflichten freigestellt, sondern lediglich insoweit begünstigt, als er seine Nachforschungen auf die letzten 40 Jahre

---

[17] *Thorn*, a.a.O., S. 50 f.

[18] *Thorn*, a.a.O., S. 50 f.

[19] Vgl. *Thorn*, a.a.O., S. 50 f.

[20] Beim UCC handelt es sich um ein Modellgesetz, das jedoch in fast allen Bundesstaaten umgesetzt wurde, vgl. *Thorn*, a.a.O., S. 53 f.

[21] *V. Hoffmann*, Grundstückskauf, S. 47 f.

beschränken kann. In *England* und *Australien* ist ein Auseinanderfallen von Registereintragung und materiellem Eigentum ausgeschlossen, da der Eigentumserwerb durch die Registrierung begründet wird. Bestimmte Mängel führen jedoch dazu, dass der Rechtserwerb angreifbar ist. Kontrahiert nun ein Dritter mit dem Eigentümer, dessen Eigentum dergestalt angreifbar ist, kann er gutgläubig unangreifbares Eigentum erlangen. Im Unterschied zum deutschen Recht ist jedoch stets erforderlich, dass der Erwerb entgeltlich erfolgte.[22] Schließlich kennt zwar das Schweizer Recht einen gutgläubigen Immobilienerwerb nach dem Vorbild des deutschen Rechts. Anders als in Deutschland, wo ein gegen den Staat gerichteter Ersatzanspruch nur bei Verschulden der zuständigen Beamten in Betracht kommt, existiert in der Schweiz jedoch eine verschuldensunabhängige Kausalhaftung für Schäden, die aus der Führung des Grundbuchs entstehen (§ 955 ZGB).[23]

C. Gang der Untersuchung

Die Untersuchung gliedert sich im Folgenden in drei große Abschnitte. Der ersten Abschnitt schildert die privatrechtliche Ausgangslage. Zu diesem Zweck wird in § 2 mit der Rechtsscheinlehre zunächst der Untersuchungsgegenstand konkretisiert und querschnittartig auf die Tatbestandsvoraussetzungen der einzelnen Regelungen eingegangen. Zugleich werden dabei die Gemeinsamkeiten aufgezeigt, die es rechtfertigen, die unterschiedlichen Regelungen unter dem gemeinsamen Oberbegriff der Rechtsscheinlehre zusammenzufassen. § 3 beschäftigt sich mit dem Inhalt des Verkehrsinteresses. Dabei soll zunächst allgemein auf die Funktionen des Privatrechts eingegangen werden, um dann anschließend den Zusammenhang zwischen dem Topos des Verkehrsinteresses und wirtschaftswissenschaftlichen Effizienzüberlegungen herzustellen. Der zweite große Abschnitt beleuchtet sodann die verfassungsrechtliche Ausgangslage. Im Mittelpunkt steht insoweit zunächst die grundsätzliche Frage der verfassungsrechtlichen Bindungen des Privatrechtsgesetzgebers (§ 4). Im Rahmen dieser Ausführungen wird auch herausgearbeitet, welcher Handlungsspielraum dem Privatrechtsgesetzgeber trotz seiner verfassungsrechtlichen Bindungen verbleibt. In § 5 schließt sich sodann die Untersuchung an, welche konkreten Grundrechte durch die Regelungen der Rechtsscheinlehre betroffen sind, d.h. in welche Grundrechte des jeweils Belasteten eingegriffen wird. Der dritte Abschnitt führt die Erkenntnisse aus den beiden vorangegangenen Abschnitten zusammen und klärt, inwieweit die Regelungen der Rechtsscheinlehre den verfassungsrechtlichen Maßstäben genügen. Hierbei wird zunächst in § 6 die Unmög-

---

[22] *V. Hoffmann*, Grundstückskauf, S. 42 f.

[23] *V. Hoffmann*, Grundstückskauf, S. 37 f.

lichkeit einer individuellen, d.h. eine das Verkehrsinteresse nicht berücksichtigenden Rechtfertigung dargelegt und sodann in § 7 der Reichweite einer überindividuellen Rechtfertigung mit dem Verkehrsinteresse nachgegangen. § 8 enthält schließlich eine Zusammenfassung der wesentlichen Ergebnisse.

1.Teil

Die privatrechtliche Ausgangslage

§ 2 Konkretisierung und Systematisierung des Untersuchungsgegenstands

Im Folgenden soll zunächst dargestellt werden, welche unterschiedlichen Regelungen unter dem Begriff der Rechtsscheinlehre zusammengefasst werden (dazu unter A). Hierbei sind auch einige terminologische Fragen zu klären. Anschließend gilt es, näher auf die Charakteristika der Rechtsscheinlehre einzugehen und insbesondere deren Verhältnis zur Rechtsgeschäftslehre zu untersuchen (dazu unter B). Abschließend werden die Tatbestandsvoraussetzungen der einzelnen Regelungen der Rechtsscheinlehre querschnittsartig dargestellt (dazu unter C).

A. Die verschiedenen Bestandteile der Rechtsscheinlehre

Der Grund dafür, dass so unterschiedliche Regelungen wie die §§ 170 ff., 932 ff. BGB oder § 15 HGB unter dem gemeinsamen Oberbegriff Rechtsscheinlehre zusammengefasst werden, ist schnell gefunden. Die Gemeinsamkeit dieser Vorschriften liegt darin, dass sie Ausnahmen vom Grundsatz enthalten, wonach die Rechtsfolgen eines Rechtsgeschäfts nur eintreten, wenn dessen materielle Voraussetzungen vorliegen.[1] Dies geschieht, indem die Vorschriften der Rechtsscheinlehre bestimmen, dass statt des tatsächlichen Vorliegens einer bestimmten Voraussetzung eines Rechtsgeschäfts der von einem äußeren Tatbestand ausgehende Schein genügt. Die Rechtfolge, die hierdurch ausgelöst wird, ist mit der des Rechtsgeschäfts identisch.

Trotz dieses gemeinsamen Prinzips, nach dem sämtliche Institute der Rechtsscheinlehre „funktionieren", wird innerhalb der Rechtsscheinlehre traditionell zwischen *gutgläubigem Erwerb* einerseits und *Rechtsscheinhaftung* andererseits differenziert.[2] Diese Unterscheidung knüpft an die Rechtsfolge der jeweiligen

---

[1] *Westermann*, JuS 1963, 1.

[2] Statt Rechtsscheinhaftung wird auch häufig von Vertrauenshaftung gesprochen. Zum Unterschied vgl. unten § 6 (= S. 136 ff.).

Rechtsscheinvorschrift an. Wird der durch die Regelung Betroffene mit einer Verbindlichkeit belastet, spricht man von Rechtsscheinhaftung. Besteht die Belastung dagegen in einem Rechtsverlust, spricht man von gutgläubigem Erwerb.[3] Hiernach werden gewöhnlich die §§ 171 ff. BGB, die Duldungs- und Anscheinsvollmacht sowie die §§ 15, 56 HGB dem Bereich der Rechtsscheinhaftung zugeordnet, während man bei den §§ 932 ff., § 892 und § 2366 BGB von Fällen des gutgläubigen Erwerbs spricht.[4]

Die so vorgenommene Unterscheidung von gutgläubigem Erwerb und Rechtsscheinhaftung leidet indes an einer doppelten Unschärfe. Zunächst knüpft der Begriff der Haftung an die Person des Belasteten an, während der des gutgläubigen Erwerbs sich auf die begünstigte Partei bezieht. Betrachtet man auch die Rechtsfolge der der Rechtsscheinhaftung zugeordneten Tatbestände im Hinblick auf den Begünstigten, stellt man fest, dass auch insoweit von einem gutgläubigen Erwerb, nämlich dem der Forderung gesprochen werden kann. Der Unterschied besteht lediglich darin, dass in diesen Fällen nicht ein bestehendes Recht von einem Nichtberechtigten erworben wird, sondern das Recht durch die entsprechende Vorschrift erst zur Entstehung gelangt. Um eine sinnvolle Abgrenzung vorzunehmen, müsste man deshalb auch hier den Blick weg vom Begünstigten hin zum Belasteten der entsprechenden Vorschriften lenken. Insoweit könnte man dem Begriff der Rechtsscheinhaftung den des „Rechtsscheinrechtsverlustes" entgegensetzen.

Ein weiterer Aspekt, der bei der Unterscheidung von gutgläubigem Erwerb und Rechtsscheinhaftung zu kurz kommt, steht in Zusammenhang mit dem Rechtsscheinobjekt der jeweiligen Tatbestände.[5] Während die Vorschriften der §§ 932 ff., 892, 2366 BGB jeweils die Verfügungsmacht ersetzen,[6] ist Rechts-

---

[3] *Canaris*, Vertrauenshaftung, S. 3. In Hinblick auf die vorliegende Arbeit kommt der Unterscheidung von Rechtsverlust und Haftung mehr als nur systembildende Bedeutung zu. Im ersteren Fall ist neben dem reinen Wertinteresse stets auch das Bestandsinteresse des Betroffenen zu beachten, was verfassungsrechtlich seinen Ausdruck darin findet, dass sowohl dingliche Rechte als auch Forderungen vom besonderen Schutz des Art. 14 GG erfasst werden (näher hierzu unter § 5 = 120 ff.). Demgegenüber besteht die Besonderheit einer Haftung darin, dass sich die Belastung nicht wie beim Rechtsverlust von vornherein auf das Recht beschränkt, sondern grundsätzlich zum Verlust des gegenwärtigen und sogar zukünftigen Vermögens führen kann (vgl. *Canaris*, Vertrauenshaftung, S. 163).

[4] Auch wenn noch weitere Tatbestände der Rechtscheinlehre existieren (vgl. zur Rechtsscheinhaftung, *Canaris*, Vertrauenshaftung, S. 1 ff. und zum gutgläubigen Erwerb, *Tiedke*, Gutgläubiger Erwerb im bürgerlichen Recht, im Handels- und Wertpapierrecht sowie in der Zwangsvollstreckung, S. 1 ff.), soll die vorliegende Untersuchung auf die genannten Vorschriften beschränkt werden.

[5] Der Begriff des Rechtsscheinobjektes bezeichnet diejenige Wirksamkeitsvoraussetzung des Rechtsgeschäfts, die durch den Rechtsschein ersetzt wird.

[6] Wobei zu beachten ist, dass dies bereits eine Verallgemeinerung beinhaltet, da sich die Verfügungsmacht genaugenommen im einzelnen von unterschiedlichen Rechts-

scheinobjekt aller traditionell der Rechtsscheinhaftung zugeordneten Regelungen (zumindest auch)[7] die Vertretungsmacht. Während die erstgenannten Regelungen nur im Rahmen von Verfügungsgeschäften zur Anwendung kommen, können letztere sowohl bei Verpflichtungs- als auch Verfügungsgeschäften eingreifen. Veräußert z.B. der Ladenangestellte, ohne bevollmächtigt zu sein, eine Sache des Geschäftsherrn in dessen Namen, führt § 56 HGB nicht nur zur Wirksamkeit des Kaufvertrags, sondern auch zur Wirksamkeit der Übereignung. Während die die Vertretungsmacht ersetzenden Regelungen somit im Rahmen von Verpflichtungsgeschäften zu einer Haftung führen, besteht ihre Rechtsfolge im Rahmen von Verfügungsgeschäften in einem Rechtsverlust.

Nach allem erscheint somit grundsätzlich eine am jeweiligen Rechtsscheinobjekt orientierte Kategorisierung sinnvoll. Im Folgenden sollen daher die Regelungen, deren Rechtsscheinobjekt die Vertretungsmacht ist, von denen unterschieden werden, deren Rechtsscheinobjekt die Verfügungsmacht ist. Die Tatbestände der ersten Kategorie werden hierbei als Fälle der *Rechtsscheinvollmacht* bezeichnet. Es handelt sich um die §§ 171 ff. BGB, die Duldungs- und die Anscheinsvollmacht und § 56 HGB. Die Tatbestände der zweiten Kategorie wären konsequenterweise als Tatbestände der *Rechtsscheinverfügungsmacht* zu bezeichnen. Mit Rücksicht auf den üblichen Sprachgebrauch soll jedoch trotz der mit diesem Begriff verbundenen Schwierigkeiten insoweit von Tatbeständen des *gutgläubigen Erwerbs* gesprochen werden. Es handelt sich hierbei um die §§ 932 ff., 892 und § 2366 BGB. Keiner der beiden Kategorien wird demnach § 15 HGB zugeordnet, der eine Sonderstellung einnimmt.[8]

---

scheinobjekten ableitet: Bei den §§ 932 ff., 892 BGB wird das die Verfügungsmacht begründende Eigentum (Rechtsinhaberschaft) ersetzt. Bei § 2366 BGB leitet sich die Verfügungsmacht hingegen nicht unmittelbar von der Rechtsinhaberschaft, sondern der Erbenstellung ab. Die Erbenstellung begründet aber nur dann Verfügungsmacht, wenn der Erblasser selbst Rechtsinhaber war (ist dem nicht so, kommt allerdings ein gutgläubiger Erwerb in Verbindung mit anderen Rechtsscheinvorschriften in Betracht). Insoweit handelt es sich beim Rechtsscheinobjekt der Erbenstellung gegenüber dem der Rechtsinhaberschaft gewissermaßen um ein „Minus".

[7] Von den hier genannten Vorschriften bildet § 15 HGB insoweit eine Ausnahme, als dort Rechtsscheinobjekt auch eintragungspflichtige Tatsachen sein können, die nicht im Zusammenhang mit der Vertretungsmacht stehen. So kann beispielsweise im Zusammenspiel mit § 143 Abs. 2 HGB die Gesellschafterstellung Objekt des Rechtsscheins sein (vgl. Übersicht aller eintragungspflichtigen Tatsachen bei Staub/*Hüffer*, § 8 Rn. 20). Hiervon abgesehen dürfte allerdings die Ersetzung der Vertretungsmacht den größten Teil der Bedeutung von § 15 Abs. 1 und 3 HGB ausmachen (vgl. die §§ 53 Abs. 1, 3 HGB, 125 Abs. 4 HGB, § 81 Abs. 1 AktG und § 39 Abs. 1 GmbHG).

[8] Neben dem in der vorangegangenen Fußnote genannten Grund wäre es auch deshalb ungenau, § 15 HGB der Kategorie der Rechtsscheinvollmacht zuzuordnen, weil die Vorschrift nicht nur rechtsgeschäftlich erteilte, sondern auch organschaftliche Vertretungsmacht erfasst.

B. Charakteristika der Rechtsscheinlehre und ihre Abgrenzung zur Rechtsgeschäftslehre

I. Die Rechtsfolge: Die Rechtsscheinentsprechung

Rechtsgeschäfts- und Rechtsscheinlehre berühren sich schon deswegen, weil die Regelungen der Rechtsscheinlehre immer nur im Rahmen von Rechtsgeschäften Anwendungen finden und hierbei – wie beschrieben – eine nicht vorliegende Voraussetzung des Rechtsgeschäfts durch den Schein ihres Vorliegens ersetzen.[9] Die Rechtsscheinlehre „rettet" somit gewissermaßen pathologische Rechtsgeschäfte, die nach den Regeln der Rechtsgeschäftslehre grundsätzlich unwirksam wären. Aus diesem Grund entsprechen die Rechtsfolgen der Regelungen der Rechtsscheinlehre stets den Rechtsfolgen von Rechtsgeschäften. Dies ist insbesondere deshalb bemerkenswert, weil die Rechtsscheinlehre eine bewusste Entscheidung gegen das Alternativkonzept einer Schadensersatzhaftung des Verursachers eines falschen Rechtsscheins darstellt. Ersetzt wird in den Fällen der Rechtsscheinlehre nicht das *negative Interesse*, sondern es findet eine *Rechtsscheinentsprechung* statt.[10] So wäre beispielweise statt der Regelung der §§ 170 ff. BGB eine Lösung denkbar, wonach dem, der sich auf eine entsprechende Kundgabe oder Vollmachtsurkunde verlässt, derjenige Schaden zu ersetzen ist, der ihm durch das Vertrauen auf das Bestehen der Vertretungsmacht entstanden ist. Und auch statt der Ermöglichung des gutgläubigen Erwerbs wäre denkbar, dass der Eigentümer zumindest wahlweise sein Eigentum behalten kann, sofern er dem Gutgläubigen dessen Nachteile (insbesondere den an den Nichtberechtigten gezahlten Kaufpreis) ausgleicht (sog. Lösungsrecht). Dass eine solche Regelung den Betroffenen überwiegend weniger belasten würde bzw. ihn zumindest nie mehr belasten würde, als dies zur Schadlosstellung des Gutgläubigen erforderlich ist, wirft die verfassungsrechtliche Frage auf, ob das der Rechtsscheinlehre zugrundeliegende Konzept der Rechtsscheinentsprechung nicht zu einer unverhältnismäßigen Belastung des Betroffenen führt.[11]

---

[9] Im sog. Unrechtsverkehr finden die Regelungen der Rechtsscheinlehre dagegen keine Anwendung (vgl. hierzu *Canaris*, Vertrauenshaftung, S. 442).

[10] *Canaris*, Vertrauenshaftung, S. 5, spricht insoweit von „Vertrauensentsprechung", was aber problematisch ist, da die Regelungen der Rechtsscheinlehre nicht durchweg individuelles Vertrauen des Gutgläubigen verlangen (näher dazu unten C II 2 = S. 38 ff.). Auch von „positivem Interesse" kann man in diesem Zusammenhang nicht sprechen, da „Interesse" ein Begriff des Schadensrechts ist und der Begriff des „positiven Interesses" Ersatz für ein gescheitertes Rechtsgeschäft meint. Da die Regelungen der Rechtsscheinlehre dem pathologischen Rechtsgeschäft zur Wirksamkeit verhelfen, bedarf es gerade keines Ersatzes.

[11] Insoweit weist *Canaris*, Vertrauenshaftung, S. 533 f., zutreffend auf die „rechtsethische Überlegenheit" der Haftung auf das negative Interesse mit ihren „differenzierten und fallgerechteren Rechtsfolgen" hin. Vgl. auch *Singer*, Selbstbestimmung, S. 91 ff.

II. Der Tatbestand

Unterscheiden sich Rechtsgeschäfts- und Rechtsscheinlehre somit nicht in ihren Rechtsfolgen, so bestehen doch auf Tatbestandsseite Unterschiede, die die Verschiedenartigkeit der beiden Institute begründen. Während der äußere Tatbestand diesbezüglich erste Hinweise enthält, zeigt die Untersuchung des inneren Tatbestandes, dass Rechtsgeschäfts- und Rechtsscheinlehre auf grundsätzlich unterschiedliche Geltungsgrundlagen zurückzuführen sind.

1. Der äußere Tatbestand

Hinsichtlich des äußeren Tatbestands der Rechtsscheinregelungen ist zunächst hervorzuheben, dass das oben als pathologisch bezeichnete Rechtsgeschäft nie unmittelbar mit dem durch die Regelung Belasteten abgeschlossen wird, sondern immer mit einem hiervon verschiedenen Dritten. Die hieraus resultierende Dreieckskonstellation ist für die Rechtsscheinlehre charakteristisch. Eine gewisse Ähnlichkeit zwischen den Tatbeständen der Rechtsgeschäfts- und denjenigen der Rechtsscheinlehre folgt daraus, dass die zu ersetzende Wirksamkeitsvoraussetzung des pathologischen Rechtsgeschäfts statt durch die Regelungen der Rechtsscheinlehre theoretisch ebenso gut durch ein zweites, einseitiges Rechtsgeschäft des Belasteten herbeigeführt werden könnte. So ließe sich die in den Fälle der Rechtsscheinvollmacht fehlende Vertretungsmacht durch eine Bevollmächtigung bzw. spätere Genehmigung des Geschäftsherrn herstellen, und auch in den Fällen des gutgläubigen Erwerbs könnte der Eigentümer den Verfügenden rechtsgeschäftlich zur Verfügung ermächtigen oder die Verfügung später genehmigen. Eine vor allem den Bereich der Rechtsscheinvollmacht betreffende Abgrenzungsproblematik resultiert nun daraus, dass der von manchen Regelungen der Rechtsscheinlehre auf Seiten des Belasteten verlangte Verursachungsbeitrag gewisse Ähnlichkeit mit einer entsprechenden (zumindest schlüssigen) Willenserklärung des Belasteten hat. Besonders anschaulich zeigt sich dies bei § 171 Abs. 1 BGB, der gar eine ausdrückliche Erklärung des Geschäftsherrn verlangt. Paradigmatisch für die hieraus resultierenden Meinungsverschiedenheiten ist das Institut der Duldungsvollmacht, welches einige der Rechtsgeschäftslehre und andere der Rechtsscheinlehre zuordnen.[12] Da die Duldungsvollmacht voraussetzt, dass der Geschäftsherr trotz Kenntnis vom wiederholten Auftreten eines Dritten als seinem Vertreter hiergegen nicht einschrei-

[12] Für eine Integration in die Rechtsgeschäftslehre Palandt/*Heinrichs*, § 173 Rn. 11; Staudinger/*Schilken*, § 167 Rn. 29; *Pawlowski*, AT, Rn. 718, 727; *Flume*, AT/2, § 49, 3; für eine Einbindung in die Rechtsscheinlehre *Larenz*/*Wolf*, AT, § 48 Rn. 23; *Canaris*, Vertrauenshaftung, S. 40 f.; MünchKomm/*Schramm*, § 167 Rn. 36 ff.; Soergel/*Leptien*, § 167 Rn. 15 ff.

tet, erscheint es zumindest auf den ersten Blick möglich, dieses Verhalten als schlüssige Vollmachtserteilung zu werten. Tut man dies, bedarf es keines Rückgriffs auf die Rechtsscheinlehre mehr.

Vor allem Canaris ist es jedoch zu verdanken, dass auch in diesem Bereich der Rechtsscheinlehre eine klare Abgrenzung zur Rechtsgeschäftslehre schon anhand des äußeren Tatbestandes möglich ist.[13] Die rechtsgeschäftliche Zurechnung einer Haftung oder eines Rechtsverlusts kommt hiernach nur in Betracht, wenn der Betroffene objektiv eine zumindest konkludente Erklärung *konstitutiver* Natur abgibt. Konstitutiv ist eine Erklärung, wenn sie vom objektiven Empfängerhorizont den Eindruck erweckt, dass der Erklärende mit seiner Erklärung eine Rechtsfolge *auslösen* will. Wo hingegen nur eine *deklaratorische* Erklärung vorliegt, d.h. die Erklärung ihrem Erklärungswert nach nur auf eine bereits bestehende Regelung *hinweist*, ist die daraus resultierende Belastung des Erklärenden mit einer Haftung oder einem Rechtsverlust nicht mehr rechtsgeschäftlicher Natur.[14] Wendet man dieses Abgrenzungskriterium auf die oben der Kategorie der Rechtsscheinvollmacht zugeordneten Tatbestände an, wird ihr Unterschied zur Rechtsgeschäftslehre deutlich. So liegt zwar im Fall des § 171 Abs. 1 BGB eine Erklärung des Geschäftsherrn vor, doch ist diese nicht auf die Herbeiführung einer Rechtsfolge (Erteilung einer Außenvollmacht) gerichtet, sondern enthält lediglich den Verweis auf eine bereits in der Vergangenheit durch Rechtsgeschäft (Erteilung der Innenvollmacht) ausgelöste

---

[13] *Canaris*, Vertrauenshaftung, S. 32 ff.

[14] *Flume, AT/2*, § 49, 2, lehnt dagegen die Annahme einer gegenüber der Rechtsgeschäftslehre selbständigen Rechtsscheinhaftung (womit er die hier als Rechtsscheinvollmacht bezeichneten Fälle meint) kategorisch ab. Auch bei deklaratorischen Erklärungen handelt es sich nach seiner Ansicht in Wirklichkeit um Fälle rechtsgeschäftlich erteilter Vollmachten. Eine nicht verallgemeinerungsfähige Sonderstellung gesteht er lediglich § 15 HGB zu, der auch nach Ansicht von *Flume* einer rechtsgeschäftlichen Deutung nicht zugänglich ist. Im Ergebnis versucht *Flume* somit, die Haftung in den in Frage stehenden Fällen damit zu erklären, dass sie der Erklärende *gewollt* hat. Er bewegt sich hierbei in der Tradition der inzwischen aufgegebenen, weil unhaltbaren Lehre von der *Erklärung an die Öffentlichkeit*, die Institute des Handelsrechts wie die Scheingesellschaft oder den Scheinkaufmann in die Rechtsgeschäftslehre integrierte, indem sie eine Erklärung des Scheingesellschafters bzw. Scheinkaufmanns annahm, für die Gesellschaft bzw. als Kaufmann haften zu *wollen* (RGZ 145, 155, 158; dazu Kritik bei *Canaris*, a.a.O. S. 153 ff.). Das Vorgehen von *Flume* verwundert vor allem deshalb, weil er selbst an anderer Stelle auf die Unterscheidung von privatautonomer Selbstgestaltung und lediglich rechtlich relevantem Verhalten eindringlich hinweist (a.a.O., § 10, 1). Zurückzuführen ist die Position von *Flume* wohl darauf, dass nach seiner Vorstellung an andere Tatbestände als die eines Rechtsgeschäfts niemals die gleichen Rechtsfolgen wie an ein Rechtsgeschäft geknüpft werden dürfen. Dass dem BGB ein solches Dogma jedoch fremd ist, zeigt ein Blick auf die Regeln des gutgläubigen Erwerbs, die wohl auch *Flume* nicht in die Rechtsgeschäftslehre integrieren könnte (dazu *Canaris*, Vertrauenshaftung, S. 425 ff.; kritisch auch *Singer*; Verkehrsschutz, S. 75: „Die Anerkennung der Privatautonomie fordert nicht negativ, dass Rechtsgeschäftsfolgen nur aufgrund privater Gestaltung eintreten müssen.“).

Rechtsfolge.[15] Dass der Erklärende etwas anderes nicht erklären will, ergibt sich schon daraus, dass der notwendige konstitutive Akt der Bevollmächtigung bereits erfolgt ist und eine erneute Vornahme somit überflüssig wäre.[16] Gleiches gilt für den Fall des § 172 Abs. 1 BGB, da hier die Urkunde lediglich bezeugen soll, dass der Geschäftsherr dem Vertreter in der Vergangenheit Vertretungsmacht erteilt *hat.*[17] Selbst die umstrittene Einordnung der Duldungsvollmacht fällt vor diesem Hintergrund nicht schwer. Zuzugeben ist zwar, dass in den Fällen, in denen das Dulden des Geschäftsherrn den objektiven Erklärungsgehalt einer schlüssig erteilte Bevollmächtigung hat, die Annahme einer Willenserklärung in Betracht kommt. Je nach dem, welche Anforderungen man an den subjektiven Tatbestand einer Willenserklärung stellt, scheidet dann tatsächlich ein Rückgriff auf die Duldungsvollmacht als einem Institut der Rechtsscheinlehre aus.[18] In den überwiegenden Fällen bloßen Duldens auf Seiten des Geschäftsherrn wird aber eine solche rechtsgeschäftliche Einordnung nicht möglich sein, da weder die Voraussetzungen einer Innen- noch einer Außenvollmacht vorliegen. Die Annahme einer Innenvollmacht wird in der Regel daran scheitern, dass der Vertreter als potentieller Erklärungsempfänger weiß, dass der Geschäftsherr ihm keine Vollmacht erteilen will.[19] Gegen eine Deutung des Duldens als Vollmachtserteilung gegenüber dem Dritten spricht wiederum, dass diesem gegenüber das Verhalten des Geschäftsherrn lediglich den Schluss zulässt, dass der Vertreter im Innenverhältnis bevollmächtigt *wurde.*[20] Es liegt somit allenfalls der Hinweis auf eine Innenvollmacht vor, der entsprechend dem oben Gesagten von dem konstitutiven Akt der Vollmachtserteilung selbst zu unterscheiden ist. Aus diesem Grund sind die Duldungsvollmacht sowie die sich in ihren objektiven Voraussetzungen nicht von ihr unterscheidende Anscheinsvollmacht dem Bereich der Rechtsscheinlehre zuzuordnen. Die Überlegungen gelten entsprechend auch für § 56 HGB. Wo mit der Anstellung tatsächlich eine Bevollmächtigung im Innenverhältnis verbunden wurde, bedarf es eines Rückgriffs auf die Rechtsscheinlehre selbstverständlich nicht. Fehlt eine Innenvollmacht jedoch, kann in der bloßen Anwesenheit des Angestellten sicherlich nicht die Erteilung einer Außenvollmacht gesehen werden. Für den Kunden resultiert aus der Anwesenheit des Angestellten im Laden lediglich der (falsche) Eindruck, dass der Angestellte bereits bevollmächtigt wurde.[21]

---

[15] *Canaris*, Vertrauenshaftung, S. 32 ff.; ihm folgend Soergel/*Leptien*, § 171 Rn. 1; MünchKomm/*Schramm*, § 171 Rn. 1; a.A. *Flume*, AT/2, § 49, 2.

[16] *Canaris*, Vertrauenshaftung, S. 32.

[17] Vgl. zur theoretischen Möglichkeit einer durch die Vollmachtsurkunde erteilten Außenvollmacht vgl. *Canaris*, Vertrauenshaftung, S. 34.

[18] MünchKomm/*Schramm*, § 167 Rn. 38.

[19] *Larenz/Wolf*, AT, § 48 Rn. 22.

[20] *Canaris*, Vertrauenshaftung, S. 41.

[21] *Canaris*, Vertrauenshaftung, S. 189; a.A. *Flume*, AT/2, § 49, 3.

Der Unterscheidung von deklaratorischen oder konstitutiven Erklärungen bedarf es selbstverständlich nicht bei den Tatbeständen der Rechtsscheinlehre, die entweder gar keinen Verursachungsbeitrag des Belasteten verlangen oder bei denen der erforderliche Verursachungsbeitrag nicht als konkludente Erklärung des Belasteten qualifiziert werden kann.[22] Zur ersten Gruppe sind die Vorschriften der §§ 892, 935 Abs. 2, 2366 BGB zu zählen.[23] Zur zweiten Gruppe gehört § 15 HGB sowie der übrige Anwendungsbereich der §§ 932 ff. BGB. So kann beispielweise der Anmeldung zum Handelsregister in der Konstellation des § 15 Abs. 3 HGB offensichtlich kein (schon gar nicht rechtsgeschäftlicher) Erklärungswert gegenüber Dritten beigemessen werden. Gleiches gilt für die nach § 935 Abs. 1 BGB erforderliche Besitzaufgabe. Hierbei handelt es sich um einen rein tatsächlichen Akt, durch den der Eigentümer erkennbar (auch nicht schlüssig) die Rechtsfolge des Rechtsverlustes herbeiführen will.

2. Der innere Tatbestand

a) Heteronomie als Kennzeichen der Rechtsscheinlehre

Wurde soeben festgestellt, dass die Regeln der Rechtsscheinlehre in ihrem äußeren Tatbestand nicht den Eindruck einer auf die Herbeiführung einer Rechtsfolge gerichteten Erklärung des Belasteten verlangen, so geht hiermit selbstverständlich auch die Entbehrlichkeit eines entsprechenden Willens auf Seite des inneren Tatbestandes einher.[24] Da Grundlage der Belastung somit nicht der Wille des Betroffenen ist, handelt es sich um eine Rechtsfolge, die *kraft Gesetz* eintritt.[25] Dieser Befund ist vor allem deshalb in aller Deutlichkeit festzuhalten, weil – wie oben ausgeführt – die jeweilige Belastung ebenso gut rechtsgeschäftlich herbeigeführt werden könnte und bei einigen Regelungen der Rechtsscheinvollmacht sogar auf Tatbestandsseite Ähnlichkeiten zur Rechtsgeschäftslehre bestehen. Die von den Regelungen der Rechtsscheinlehre ausgehenden Belastungen sind somit *heteronom* und nicht *autonom*.[26] Dies bedeutet

---

[22] Dass dennoch in der Vergangenheit immer eine gewisse Versuchung bestand, Tatbestände der Rechtsscheinlehre in die Rechtsgeschäftslehre zu integrieren, zeigt die im Wertpapierrecht vertretene Kreationstheorie, wonach der Skripturakt als einseitige Willenserklärung qualifiziert wurde (vgl. RGZ 131, 289, 294).

[23] In Anlehnung an *Westermann*, JuS 1963, 6 werden diese Tatbestände allgemein als Fälle des reinen Rechtsscheinprinzips bezeichnet (vgl. unten C III 1 = S. 42 ff.).

[24] Das der Betroffene theoretisch bewusst einen falschen Rechtsschein setzen kann, um die von einer Regelung der Rechtsscheinlehre ausgehende Rechtsfolge auszulösen (Überschießen des subjektiven Tatbestandes), steht dem nicht entgegen und darf wohl vernachlässigt werden.

[25] Ausdrücklich *Canaris*, Vertrauenshaftung, S. 429.

[26] Vgl. *Canaris*, AcP 184 (1984), 201, 212 ff.; *Singer*, Selbstbestimmung, S. 127 ff.

selbstverständlich nicht, dass die Rechtsscheinlehre schon deshalb nicht vor der Verfassung bestehen kann. Heteronom auferlegte Verpflichtungen kennt das Privatrecht in verschiedenster Form. Trotzdem erscheint eine staatliche Fremdbestimmung in besonderem Maße rechtfertigungsbedürftig, die dem Betroffenen mit den Rechtsfolgen eines Rechtsgeschäfts belastet, obgleich dessen Tatbestand nicht erfüllt ist.[27]

b) Das Verhältnis von Selbstbestimmung und Heteronomie in der Rechtsgeschäftslehre

Im Gegensatz zur Rechtsscheinlehre ist die Rechtsgeschäftslehre in erster Linie durch den Grundsatz der *Selbstbestimmung* gekennzeichnet. Sie ermöglicht es dem Einzelnen, Rechtsverhältnisse nach seinem Willen selbst zu gestalten.[28] Damit soll nicht behauptet werden, dass der Rechtsgeschäftslehre heteronome Momente fremd sind. Insbesondere eine Regelung wie § 116 Satz 1 BGB kann keinen Zweifel daran lassen, dass im Recht der Willenserklärungen neben dem Willen auch andere Zurechnungsgesichtpunkte eine Rolle spielen. Dennoch zeigt sich bei genauerer Betrachtung, dass die im Rahmen der Rechtsgeschäftslehre auftretende Heteronomie überwiegend nur der Ermöglichung von Selbstbestimmung dient, ohne dass daneben Aspekte wie der des Vertrauens- oder Verkehrsschutzes einen eigenständigen Geltungsgrund darstellen.[29] Bereits die Tatsache, dass rechtliche Selbstbestimmung die Möglichkeit zur Selbst*bindung* voraussetzt, macht ein Mindestmaß an Heteronomie unabdingbar.[30] Aus diesem Grund ist etwa der Schuldner an sein Versprechen gebunden und kann sich nicht einfach davon lossagen, weil er es sich anders überlegt hat. Vor die-

---

[27] Hiervon zu unterscheiden ist die Frage, ob nicht vielleicht auch autonom auferlegte Verpflichtungen mit der Verfassung in Konflikt treten können, wie dies beispielweise Gegenstand der Bürgschaftsrechtsprechung des Bundesverfassungsgerichts (BVerfGE 89, 214) war, vgl. hierzu u.a. Schapp, ZBB 1999, S. 30 ff.; Tiedtke, NJW 1999, 1209 ff. Hierbei geht es jedoch in erster Linie um das Problem sozialer Macht sowie den Schutz des Einzelnen vor sich selbst und erst in zweiter Linie um den Schutz vor staatlicher Normsetzungsgewalt (vgl. hierzu näher § 4 C II 3 b (2) = S. 100 ff.).

[28] *Flume,* AT/2, § 1, 1.

[29] So *Canaris*, Vertrauenshaftung, S. 431 ff., *Singer*, Selbstbestimmung, S. 58 ff., *ders.* JZ 1989, 1032 ff., der der Selbstbestimmung im Vergleich zu *Canaris* eine noch größere Bedeutung zumisst. Vgl. auch *Lobinger*, Rechtsgeschäftliche Verpflichtung, S. 89 ff., dessen subjektivistischer Ansatz jedoch neben der Rechtsgeschäftslehre auch Teile der Rechtsscheinlehre erfasst Demgegenüber steht die wohl h.M. auf dem Standpunkt, dass Selbstbestimmung und Vertrauensschutz gleichwertige Grundlagen der Rechtsgeschäftslehre sind; vgl. *Bydlinski*, Privatautonomie, S. 122 ff.; *ders.* JZ 1975, 1 ff.; Palandt/*Heinrichs*, Einf. § 116, Rn. 3; *Larenz/Wolf*, AT, § 24 Rn. 30 und § 28 Rn. 10; Soergel/*Hefermehl*, Vor. § 116 Rn. 7, 16; MünchKomm/*Kramer*, Vor. § 116 Rn. 37.

[30] *Canaris*, Vertrauenshaftung, S. 413 f.

sem Hintergrund wird auch die Regelung des § 116 Satz 1 BGB verständlich. Bei Beachtlichkeit der Mentalreservation wäre derjenige, der ein Rechtsgeschäft vornimmt, in der Lage, den Bestand seines Versprechens seiner freien Willkür zu unterwerfen.[31] Da auf diese Weise die für ein Institut der Privatautonomie zwingend erforderliche Verbindlichkeit rechtgeschäftlicher Versprechen nicht gewährleistet wäre, handelt es sich bei der Unbeachtlichkeit der Mentalreservation letztlich um nichts anderes als eine zur Ermöglichung von rechtlicher Selbstbestimmung zwingend erforderlichen Ausnahme von einer absoluten Willensherrschaft.

Auch der mit der Selbstbestimmung scheinbar im Widerspruch stehende Grundsatz der objektiven Auslegung relativiert sich, wenn man bedenkt, dass die Bindung an das objektiv Erklärte aufgrund der §§ 119 ff. BGB grundsätzlich nur eine vorübergehende ist.[32] Dies gilt insbesondere dann, wenn der Erklärende keine Willenserklärung abgeben wollte, d.h. ohne Erklärungsbewusstsein und somit auch ohne Rechtsfolgenwillen handelte.[33] Die „zweite Chance", die die §§ 119 ff. BGB der Selbstbestimmung einräumen, zeugt geradezu von der überragenden Bedeutung des Willens im Rahmen der Rechtsgeschäftslehre. Vor allem der Vergleich mit der Rechtsscheinlehre macht dies deutlich: Da dort Heteronomie die Regel und nicht nur Ausnahme ist, kann sich etwa der Eigentümer bei den §§ 932 ff. BGB oder der Geschäftsherr im Fall der Duldungsvollmacht nicht darauf berufen, er habe die entsprechende Rechtsfolge nicht ge-

---

[31] *Lobinger*, Rechtsgeschäftliche Verpflichtung, S. 123.

[32] Insbesondere liegen die Gründe für die Präferierung der Anfechtungs- gegenüber einer alternativ denkbaren Nichtigkeitslösung ausweislich der Gesetzesprotokolle nicht im Vertrauens- oder Verkehrsschutz, sondern tragen den Interessen des Irrenden Rechnung (vgl. *Singer*, Selbstbestimmung, S. 64 f.; *ders.* in JZ 1989, 1030 ff., auch schon *Canaris*, Vertrauenshaftung, S. 422, Fn. 48). Der Gesetzgeber befürchtete, dass der Erklärungsgegner sich sonst auch in Fällen auf den Irrtum berufen könnte, „in denen der Irrende trotz des Irrthumes mit der Aufrechterhaltung der Willenserklärung vollkommen einverstanden sein würde" (Prot. I, S. 106) – ein Effekt, der zum Schutz des Erklärungsempfängers offensichtlich nicht erforderlich wäre.

[33] So die h.M. (vgl. Nachweise bei MünchKomm/*Kramer*, § 119 Rn. 92 ff). Nach a.A. liegt im Fall des fehlenden Erklärungsbewusstseins/Rechtsfolgenwillens schon gar keine Willenserklärung vor, so dass eine Anfechtung nicht erforderlich ist (*Canaris* Vertrauenshaftung, S. 427 f.; *Singer*, JZ 1989, 1030, 1034 f.).

Der Ausdruck Rechtsfolgenwille wird hier verstanden als der Wille des Erklärenden, mit seiner Erklärung eine Rechtsfolge herbeizuführen (so auch beispielsweise Palandt/*Heinrichs*, Einf. § 116 ff., Rn. 2 ff.). Die Terminologie hinsichtlich der subjektiven Voraussetzungen von Willenserklärungen ist uneinheitlich. Zum Teil wird auch von Rechtsbindungswillen oder Geltungswillen gesprochen (vgl. MünchKomm/*Kramer*, Vor, § 116 ff., Rn. 8). Die Begriffe des Erklärungsbewusstseins und des Rechtsfolgenwillens sind zu unterscheiden, da Erklärungsbewusstsein nicht zwingend einen Rechtsfolgenwillen einschließt. Deklaratorische Erklärungen (vgl. oben B II 1) sind gerade dadurch gekennzeichnet, dass der Betroffene Erklärungsbewusstsein hat, ohne jedoch eine Rechtsfolge herbeiführen zu wollen.

wollt.[34] Anders als die Rechtsgeschäftslehre setzt die Rechtsscheinlehre grundsätzlich keinen Rechtsfolgenwillen voraus.

III. Zwischenergebnis: Die Selbstständigkeit von Rechtsgeschäfts- und Rechtsscheinlehre

Im Ergebnis ist nach dem Gesagten festzuhalten, dass Rechtsgeschäfts- und Rechtsscheinlehre zwar in ihren Rechtsfolgen identisch sind, sich jedoch auf Tatbestandsseite wesentlich unterscheiden. Neben den Unterschieden im äußeren Tatbestand besteht ein wesentlicher Unterschied darin, dass die durch die Rechtsscheinlehre eintretende Belastung grundsätzlich heteronomer Natur ist, während heteronome Elemente im Bereich der Rechtsgeschäftslehre nur Ausnahmeerscheinungen sind. Anders als die Rechtsscheinlehre ist die Rechtsgeschäftslehre durch das Prinzip der Selbstbestimmung geprägt. Aus verfassungsrechtlicher Sicht ist die Rechtsscheinlehre als ein Institut, das die heteronome Auferlegung von rechtsgeschäftsgleichen Rechtsfolgen zum Prinzip erhoben hat, deshalb von besonderem Interesse.

C. Überblick über die tatbestandlichen Voraussetzungen der untersuchten Rechtsscheintatbestände

Auch wenn die Regelungen der Rechtsscheinlehre im Einzelnen sehr unterschiedlich sind, enthalten sie alle bestimmte Elemente, die es erlauben, die verschiedenen Tatbestandvoraussetzungen querschnittartig darzustellen.[35] Im Folgenden sollen die einzelnen Regelungen im Hinblick auf ihren Rechtsscheinträger (I.), die subjektiven Voraussetzungen in der Person des Gutgläubigen (II.) und den erforderlichen Zurechnungszusammenhang (III.) betrachtet werden.

I. Rechtsscheinträger

Unter Rechtsscheinträger versteht man den äußeren Tatbestand, von dem der Rechtsschein ausgeht und dessen Vorliegen nach dem Regelungsgehalt der einzelnen Vorschriften der Rechtsscheinlehre die Entbehrlichkeit einer materiellen Wirksamkeitsvoraussetzung eines Rechtsgeschäfts zur Folge hat. Es handelt sich hierbei entweder um natürliche, d.h. vorgefundene Tatbestände, oder Tat-

---

[34] Vgl. zu den Ausnahmen, in denen die h.M. auch im Rahmen der Rechtscheinlehre eine Anfechtung zulässt unten C III 2 b (= S. 46 ff.).

[35] Eine Systematisierung der Rechtsscheinlehre findet sich vor allem bei *Canaris*, Vertrauenshaftung, wobei er jedoch die Tatbestände des gutgläubigen Erwerbs ausspart. Sowohl Tatbestände der Rechtsscheinhaftung als auch des gutgläubigen Erwerbs gegenüberstellend *Westermann*, JuS 1963, 1 ff.

bestände, die erst durch staatlichen Hoheitsakt geschaffen werden. Man kann daher auch von *natürlichen* und *künstlichen* Rechtsscheinträgern sprechen.[36]

Künstliche Rechtsscheinträger findet man in den Vorschriften der §§ 892, 2366 BGB und bei § 15 Abs. 3 HGB. § 892 BGB knüpft an die Eintragung im Grundbuch, § 2366 BGB an eine amtliche Bescheinigung (den Erbschein) und § 15 Abs. 3 HGB an die unrichtige Bekanntgabe in einem Publikationsorgan an.[37] Um einen *natürlichen* Rechtsscheinträger handelt es sich mit dem Besitz bei den §§ 932 ff. BGB.[38] Gleiches gilt auch für die §§ 171 Abs. 1, 172 Abs. 1 BGB, bei denen die Rechtsscheinwirkung von einer Erklärung bzw. einer privaten Urkunde ausgeht. Ebenfalls an natürliche Rechtsscheinträger knüpfen die Institute der Duldungs- und Anscheinsvollmacht und § 56 HGB an. Bei der Duldungs- und Anscheinsvollmacht ist dies ein bestimmtes Verhalten des Vertreters ohne Vertretungsmacht, im Fall des § 56 HGB die Anwesenheit einer bestimmten Person im Laden oder Warenlager.[39]

Schwieriger ist die Bestimmung des Rechtsscheinträgers bei den Tatbeständen der §§ 170, 171 Abs. 2, 172 Abs. 2 BGB. Die Besonderheit der genannten Regelungen liegt darin, dass sich der Gutgläubige hiernach trotz einer Änderung der materiellen Rechtslage auf das Fortbestehen der vorherigen Rechtslage berufen kann, wenn die Änderung nicht in der vom Gesetz vorgesehenen Form bekannt gemacht worden ist. Im Fall der §§ 170, 171 Abs. 2, 172 Abs. 2 BGB verlangt das Gesetz, dass neben dem Widerruf durch eine Art actus contrarius dafür gesorgt wird, dass Dritte bzw. die Allgemeinheit hiervon Kenntnis erlangen. Im Fall der §§ 170, 171 Abs. 1, 1. Alt. BGB geschieht dies durch eine Mitteilung an den Dritten, im Fall des § 171 Abs. 1, 2. Alt. BGB durch öffentliche Bekanntmachung und im Fall des § 172 Abs. 1 BGB durch die Rückerlangung oder Kraftloserklärung der Vollmachtsurkunde. Der Widerruf im Innenverhält-

---

[36] Vgl. *Canaris*, Vertrauenshaftung, S. 492.

[37] Nach h.M. greift § 15 Abs. 3 HGB sowohl ein, wenn nur die Bekanntmachung unrichtig ist, als auch wenn Bekanntmachung und Eintragung unrichtig sind (vgl. Ebenroth/Boujong/Joost/*Gehrlein*, § 15 Rn. 27 m.w.N.)

[38] Wenn demgegenüber *Hager*, Verkehrsschutz, S. 239 ff., die Auffassung vertritt, dass der Rechtsschein bei den §§ 932 ff. BGB von der Besitzverschaffungsmacht des Nichtberechtigten ausgeht, so ist das zumindest ungenau, da es sich insoweit um einen nicht sinnlich wahrnehmbaren Umstand handelt. Wahrnehmbar ist lediglich der Erfolg der Besitzverschaffungsbemühungen, wobei es sich dann jedoch um den Besitz des *Erwerbers* handelt. Die Versuche einer entsprechenden „Vorverlagerung" des Rechtsscheins sind vor dem Hintergrund zu sehen, dass es auf Grundlage der Konzeption der h.M. nicht möglich ist, zu erklären, weshalb ein gutgläubiger Erwerb auch dann stattfindet, wenn der Gutgläubige erst mit Abschluss des Verfügungstatbestandes von dem Rechtsschein Kenntnis erlangt. Vgl. hierzu § 7 B III 2 a (= S. 170 ff.).

[39] Nicht dagegen – wie man vielleicht zunächst denken könnte – ist Rechtsscheinträger die Anstellung. Sie betrifft nur die Frage der Zurechnung des Rechtsscheins auf den Geschäftsherrn und ist für den Gutgläubigen ohnehin nicht „sichtbar".

nis ist zwar geeignet, die Vollmacht materiellrechtlich zu beseitigen, doch tragen die genannten Regelungen der Tatsache Rechnung, dass im Zusammenhang mit der Erteilung jeweils ein Rechtsschein entstanden ist, der durch den Widerruf nicht beseitigt wurde. Rechtsscheinträger ist hiernach zum einen die Erteilung oder Deklaration der Vollmacht. Da aber grundsätzlich jeder damit rechnen muss, dass eine einmal erteilte Vollmacht nicht für immer währt, genügt dies nicht, um den Rechtsschein des *Fortwirkens* der Vollmacht zu erzeugen.[40] Insoweit kommt als zusätzlicher Rechtsscheinträger das Nichterfolgen des jeweiligen actus contrarius hinzu.

Obwohl § 15 Abs. 1 HGB in seiner Struktur den §§ 170, 171 Abs. 2, 172 Abs. 2 BGB sehr ähnlich ist, sind die hierzu getätigten Überlegungen nicht ohne weiteres übertragbar. Dem zunächst naheliegenden Schluss, dass Rechtsscheinträger bei § 15 Abs. 1 HGB die Voreintragung der eintragungspflichtigen Tatsache ist, steht entgegen, dass die ganz h.M. unter Berufung auf den Wortlaut der Vorschrift eine Voreintragung nicht für erforderlich hält.[41] Da man die Vorschrift überwiegend dennoch für einen Fall der Rechtsscheinlehre bzw. Vertrauenshaftung hält, tendieren manche Autoren – teils ausgesprochen, teils unausgesprochen – dazu, den entsprechenden Rechtsscheinträger im Schweigen des Registers zu sehen.[42] Dies vermag nicht zu überzeugen. Von einem Negativum, d.h. einem „Nichts“, kann niemals ein Rechtsschein ausgehen. Wie soll man auch auf ein „Nichts“ vertrauen? Man könnte vielleicht meinen, indem man in das Register schaut und keine Eintragung sieht. Aber schon die Frage, zu *welchem Zeitpunkt* man vom „Nichts“ Kenntnis haben muss, ist nicht zu beantworten. Muss der Begünstigte einen Monat, eine Woche oder gar fünf Minuten vor Abschluss des Geschäfts in das Register geschaut haben? Und wie ist es mit der Kenntnis von der fehlenden Bekanntmachung? Wie ist die möglich? Den Fragen kann man nicht mit dem Hinweis begegnen, § 15 Abs. 1 HGB schütze eben nur das abstrakte Vertrauen. Auch abstraktes Vertrauen muss sich auf etwas beziehen, auf das man denklogisch vertrauen kann.[43] Dies ist bei einem reinen Negativum nicht der Fall. Vom Schweigen des Registers allein kann demnach auch kein Rechtsschein ausgehen. Wollte man wirklich einen „ernstzunehmenden“ Rechtsscheinträger präsentieren, müsste daher dem „Nichts“ des Schweigens ein „Etwas“ (Positivum) beiseite gestellt werden. Wo § 15 Abs. 1 HGB eintragungspflichtige Abweichungen von der gesetzlichen Normallage erfasst, bereitet das kein Problem. Hier steht das Gesetz selbst als Positivum zur Verfügung (so z.B. § 125 Abs. 4 HGB). In den übrigen Fällen des § 15 Abs. 1

[40] *Canaris*, Vertrauenshaftung, S. 135.

[41] Inkonsequent daher MünchKomm/HGB/*Lieb*, § 15 Rn. 7.

[42] So etwa Staub/*Hüffer*, § 15 Rn. 15.

[43] Ähnlich, wenn auch in einem etwas anderen Zusammenhang, *Leenen*, Symposium Wieacker, S. 108, 121 f.

HGB müsste man dagegen dort, wo eine Voreintragung fehlt, als Rechtsscheinträger einen außerhalb des Registers liegenden Tatbestand heranziehen, von dem der Rechtsschein der bisherigen Rechtslage ausgeht.[44] Dies könnte beispielsweise die Praktizierung einer nichteingetragenen Prokura sein. Dem Wortlaut des § 15 Abs. 1 HGB lässt sich das Erfordernis eines entsprechenden Rechtsscheinträger jedoch nicht entnehmen. Im Ergebnis kommt hiernach eine Anwendung von § 15 Abs. 1 HGB auch dann in Betracht, wenn ein Rechtsschein überhaupt nicht existiert und der Gutgläubige von ihm somit auch keine Kenntnis haben konnte.[45]

II. Subjektive Voraussetzungen in der Person des Begünstigten

1. Gutgläubigkeit

Sämtliche genannten Tatbestände der Rechtsscheinlehre erfordern auf Seiten des Begünstigten dessen Gutgläubigkeit. Anknüpfungspunkt für die Gutgläubigkeit ist hierbei das Auseinanderfallen von Rechtsschein und materieller Rechtslage, welches dem Begünstigten nicht bewusst sein darf.[46] Bei den an künstliche Rechtsscheinträger anknüpfenden Rechtsscheininstituten sowie der insoweit bisher noch ohne Einordnung gebliebenen Regelung des § 15 Abs. 1 HGB, schadet immer nur positive Kenntnis von der Unrichtigkeit des Rechtsscheins. In den übrigen Fällen führt dagegen nicht nur positive Kenntnis, sondern auch fahrlässige Unkenntnis zur Unanwendbarkeit der entsprechenden Rechtsscheinvorschrift. Für die §§ 932 ff. BGB wird das durch § 932 Abs. 1 BGB klargestellt, wonach grobe Fahrlässigkeit den gutgläubigen Erwerb verhindert. Grob fahrlässige Unkenntnis liegt vor, wenn der Erwerber die im Verkehr erforderliche Sorgfalt in ungewöhnlich hohem Maße verletzt und dasjenige unbeachtet gelassen hat, was im gegebenen Fall sich jedem aufgedrängt hätte.[47] § 173 BGB spricht dagegen von „kennen oder kennen müssen". Auch wenn die Vorschrift ihrem Wortlaut nach nur die Fälle der §§ 170, 171 Abs. 2, 172 Abs. 2 BGB und nicht auch die der §§ 171 Abs. 1, 172 Abs. 1 BGB erfasst, geht die ganz h.M. davon aus, dass sie auch auf letztere entsprechend anzuwenden ist.[48]

---

[44] So *Canaris*, Handelsrecht, § 5 I 1 c.

[45] *Canaris*, Handelsrecht, § 5 I 2 f., spricht insoweit von „Zufallsgeschenken" und verlangt eine teleologische Reduktion der Vorschrift. Vgl. hierzu ausführlich unten § 7 B III 3 c (2) (= S. 199 ff.).

[46] Vgl. *Canaris*, Vertrauenshaftung, S. 504 ff.

[47] BGH NJW 94, 2022, 2093. Vgl. zur Tendenz der Rechtsprechung, den Begriff der groben Fahrlässigkeit weit auszulegen, Staudinger/*Wiegand*, § 932 Rn. 40 ff.

[48] BGH DNotZ 1965, 608; Staudinger/*Schilken* § 173 Rn. 7; Soergel/*Leptien* § 173 Rn. 2; *Tiedtke*, Gutgläubiger Erwerb, S. 169 m.w.N.

Gleiches gilt für die Duldungs- und Anscheinsvollmacht.[49] Ebenfalls anwendbar ist § 173 BGB (oder der insoweit inhaltsgleiche § 54 Abs. 3 HGB) nach h.M. auf § 56 HGB, der seinem Wortlaut nach keine Gutgläubigkeit des Begünstigten verlangt.[50] Der Begriff des Kennenmüssens wird überwiegend unter Bezugnahme auf § 122 Abs. 2 BGB als fahrlässige Unkenntnis verstanden. Entscheidend ist somit, ob der Begünstigte die im Verkehr erforderliche Sorgfalt außer Acht gelassen hat.[51]

Zu beachten ist, dass in allen gesetzlich geregelten Fällen der Rechtsscheinlehre die Gutgläubigkeit nicht als Wirksamkeitsvoraussetzung, sondern umgekehrt die Bösgläubigkeit als Ausschlusstatbestand formuliert wurde. Der gute Glaube wird somit vermutet und die Beweislast für die Bösgläubigkeit trägt der Belastete.[52]

2. Vertrauen auf den Rechtsschein

Nach h.M. ist Grundlage der Rechtsscheinlehre das Vertrauen des Begünstigten auf den Rechtsschein. Hiernach genügt es grundsätzlich nicht, dass dieser nur gutgläubig war, vielmehr muss er gerade aufgrund seiner Kenntnis vom Rechtsscheinträger vom Vorliegen einer entsprechenden Rechtslage ausgegangen sein.[53] Bemerkenswert ist daher, dass bei den Rechtsscheinvorschriften, die an künstliche Rechtsscheinträger anknüpfen, gleichwohl überwiegend auf die Kenntnis des Begünstigten hiervon und somit Vertrauen verzichtet wird. So braucht weder der Erwerber im Fall des § 892 BGB in das Grundbuch eingesehen zu haben,[54] noch muss der durch § 15 Abs. 3 HGB Begünstigte den Inhalt

---

[49] Palandt/*Heinrichs*, § 173 Rn. 12, 18; *Larenz/Wolf*, AT, § 48 Rn. 31.

[50] Vgl. nur MünchKomm/HGB/*Lieb/Krebs*, § 56 Rn. 32; *K. Schmidt*, Handelsrecht, § 16 V 3 f.; Heymann/Sonnenschein, § 56 Rn. 20; Staub/*Joost*, § 56 Rn. 44; *Canaris*, Vertrauenshaftung, S. 190.

[51] Staudinger/*Schilken* § 173 Rn. 2; Erman/*Brox*, § 173 Rn. 3; MünchKomm/*Schramm*, § 173 Rn. 3; *Canaris*, Vertrauenshaftung, S. 505.

[52] *Wiegand*, JuS 1978, 145, 149.

[53] Vgl. zum Verhältnis von Gutgläubigkeit und Vertrauen, Canaris, Vertrauenshaftung, S. 507. *Wiegand*, JuS 1978, 145, 149, unterscheidet sogar zwischen Kenntnis des Rechtsscheinträgers, Vertrauen und einer beide Elemente verbindenden Kausalität. Eine derartige „Aufschlüsselung" der subjektiven Elemente erscheint überzogen. Im Folgenden soll daher das Vertrauen auf den Rechtsschein mit der Kenntnis vom Rechtsscheinträger gleichgesetzt werden.

[54] MünchKomm/*Wacke*, § 892 Rn. 48; Staudinger/*Gursky*, § 892 Rn. 6, 146 m.w.N.; Palandt/*Bassenge*, § 892 Rn. 1; umfangreiche Nachweise bei *Hager*, S. 420 Fn. 7; im Ergebnis auch *Canaris*, Vertrauenshaftung, S. 508, der allerdings davon ausgeht, dass wegen § 39 GBO der Begünstigte bei eigener Eintragung von der Voreintragung des Veräußerer ausgehen könne; a.A. dagegen *Wiegand*, JuS 1978, 145, 150.

der fehlerhaften Bekanntmachung kennen.[55] Auch bei § 2366 BGB geht die h.M. davon aus, dass Kenntnis von der Existenz des Erbscheins nicht erforderlich ist.[56]

Bei den an natürliche Rechtsscheinträger anknüpfenden Vorschriften muss differenziert werden. Für die §§ 932 ff. BGB wird die Frage, ob der Erwerber Kenntnis vom Besitz des Nichtberechtigten haben muss, kaum diskutiert, doch geht man wohl auch hier überwiegend von der Entbehrlichkeit dieses Merkmals aus.[57] Insbesondere dem Wortlaut der §§ 932 ff. BGB kann kein entsprechendes Erfordernis entnommen werden. Bei § 171 Abs. 1 BGB wird auf das Erfordernis des Vertrauens nur vereinzelt eingegangen. Wo dies aber geschieht, verlangt man, dass der Begünstigte bei Abschluss des Geschäfts Kenntnis von der Kundgabe hatte.[58] Im Fall des § 172 Abs. 1 BGB entspricht es allgemeiner Ansicht, dass die Urkunde dem Begünstigten vorgelegen haben muss, so dass er durch eigene Wahrnehmung von deren Inhalt Kenntnis nehmen konnte.[59] Nicht erforderlich soll hingegen sein, dass er den Inhalt der Urkunde auch tatsächlich gelesen hat.[60] Die Ausführungen zu den §§ 171 Abs. 1, 172 Abs. 1 BGB gelten jeweils auch für die Absätze 2 der jeweiligen Vorschriften. Bei § 170 BGB erscheint es auf den ersten Blick undenkbar, dass der Begünstigte keine Kenntnis von der Außenvollmacht hat. Dennoch ist auch hier wegen § 130 Abs. 1 Satz 1 BGB der gegenteilige Fall denkbar. Die wenigen hierauf eingehenden Stimmen in der Literatur lehnen dann die Anwendbarkeit von § 170 BGB ab.[61] Für die Fälle der Duldungs- und Anscheinsvollmacht besteht Einigkeit darüber, dass

[55] MünchKomm/HGB/*Lieb*, § 15 Rn. 77 i.V.m. 31; Röhrich/Graf von Westphalen/*Ammon*, § 15 Rn. 40; Heymann/Sonnenschein/*Weitemeyer*, § 15 Rn. 32; umfangreiche Nachweise für die h.M. bei Schilken, AcP, 187 (1987), 1, 4, Fn. 11; a.A. *Canaris*, *Handelsrecht*, § 5 III 2 d. und *Schilken*, AcP, 187 (1987) 1, 21, die dem Eintragungspflichtigen zumindest den Gegenbeweis gestatten wollen.

[56] BGHZ 33, 314, 317; Palandt/*Edenhofer*, § 2366 Rn. 2; *Hager*, Verkehrsschutz, S. 450; Staudinger/*Schilken*, § 2366 Rn. 2 m.w.N.

[57] Ausdrücklich in diesem Sinne *Wieling*, Sachenrecht, § 10 II 2; *Hager*, Verkehrsschutz, S. 328 f.; anders *Wiegand*, JuS 1978, 145, 148 f.; Staudinger/*Wiegand*, §§ 932 ff. Rn. 101.

[58] Erman/*Brox*, § 171 Rn. 4; Soergel/*Leptien*, § 171 Rn. 2; *Canaris*, Vertrauenshaftung, S. 509 f.; Rn. 21; *Frotz*, Verkehrsschutz, S. 301. Die in diesem Zusammenhang häufig zitierte Entscheidung RGZ 104, 358, 360, besagt indes lediglich, dass die Kundgabe dem Geschäftsabschluss zeitlich vorangehen muss. Nachweise für die in der älteren Literatur teilweise vertretene Gegenansicht finden sich bei *Canaris*, Vertrauenshaftung, S. 510, Fn. 23.

[59] BGHZ 76,76; Staudinger/*Schilken*, § 172, Rn. 3; MünchKomm/*Schramm*, § 172 Rn. 8; Erman/*Brox*, § 172 Rn. 7; Soergel/*Leptien*, § 172 Rn. 4.

[60] RGZ 88, 432; BGHZ 76,76; Staudinger/*Schilken*, a.a.O.; für das Erfordernis der Kenntnisnahme dagegen *Frotz*, Verkehrsschutz, S. 301 f.; Erman/*Brox*, § 172 Rn. 9; *Canaris*, Vertrauenshaftung, S. 509, wobei *Canaris* allerdings davon ausgeht, dass dies durch das Erfordernis der Vorlage gewährleistet sei.

[61] MünchKomm/*Schramm*, § 170 Rn. 5; *Frotz*, Verkehrschutz, S. 281 f.

der Begünstigte in Kenntnis von dem den Rechtsschein auslösenden Verhalten gehandelt haben muss.[62] § 56 HGB setzt zwingend die Kenntnis des Begünstigten vom Rechtsscheinträger, d.h. der Anwesenheit des Angestellten im Laden voraus, da er nach h.M. nur eingreift, wenn das Geschäft zumindest im Laden angebahnt wurde.[63]

Bei § 15 Abs. 1 HGB besteht Einigkeit darüber, dass der Begünstigte nicht durch Einblick in das Handelsregister festgestellt haben muss, dass keine Rechtsänderung eingetreten ist.[64] Eine andere Frage ist jedoch, ob er Kenntnis von Umständen gehabt haben muss, die ihn auf das Bestehen der ursprünglichen Rechtslage (Primärtatsache) haben schließen lassen (dies entspricht dem oben als „Positivum" bezeichneten). Die Frage wird ganz überwiegend verneint.[65] Gleichwohl plädiert inzwischen eine große Anzahl von Autoren dafür, dem Anmeldepflichtigen in der Konstellation der fehlenden Voreintragung den Beweis zu ermöglich, dass die voreintragungspflichtige Tatsache nie nach außen getreten ist.[66]

In den wenigen Fällen, in denen nach dem Gesagten Kenntnis des Begünstigten vom Rechtsscheinträger verlangt wird, stellt sich des Weiteren die Frage, wer hierfür beweispflichtig ist. Die wenigen diesbezüglichen Stellungnahmen gehen von einer Beweispflicht des Begünstigten aus.[67] Konsequent erscheint dies jedoch nicht. Insbesondere *Wiegand* führt zunächst zutreffend aus, dass der Ausgestaltung der Bösgläubigkeit als Erwerbshindernis eine klare Wertung des Gesetzgebers zu entnehmen sei, wonach innere Tatsachen aus dem Beweisverfahren herausgehalten werden sollen. Dass *Wiegand* dennoch die Beweislast für die Kenntnis vom Rechtsscheinträger dem Begünstigten auferlegt, basiert auf seiner unzutreffenden Annahme, dass es sich insoweit um ein objektives Krite-

---

[62] BGHZ 22, 234, 238; Erman/*Brox*, § 167 Rn. 21; MünchKomm/*Schramm*, § 167 Rn. 36, 55; Staudinger/*Schilken*, § 167 Rn. 43; *Canaris*, Vertrauenshaftung, S. 507 ff.

[63] Vgl. schon RGZ 108, 48, 49.

[64] RGZ 128, 172, 181; BGHZ 65, 309, 311; *Schilken* AcP 187 (1987), 1, 6 f.; MünchKomm/HGB/*Lieb*, § 15 Rn. 31; *Hager*, Jura 92, 61; Staub/*Hüffer*, § 15 Rn. 24 f.; *K. Schmidt*, Handelsrecht, § 14 II 2 d; *Canaris*, Handelsrecht, § 5 I 2 f.; Röhrich/Graf von Westphalen/*Ammon*, § 15 Rn. 17; Heymann/*Sonnenschein/Weitemeyer, § 15 Rn. 10.*

[65] Staub/*Hüffer*, § 15 Rn. 25; *Schilken* AcP 187 (1987), 1, 6 f.; MünchKomm/HGB/-*Lieb*, § 15 Rn. 31; Röhrich/Graf von Westphalen/*Ammon*, § 15 Rn. 17; im Ergebnis wohl auch *K. Schmidt*, Handelsrecht, § 14 II 2 b, d; Heymann/Sonnen-schein/*Weitemeyer*, § 15, Rn. 9

[66] *Canaris*, Handelsrecht, § 5 I 2 f.; Ebenroth/Boujong/Joost/*Gehrlein*, § 15 Rn. 8; *Hager*, Jura 1992, 57, 60; *John*, ZHR 140 (1976), 236, 241 ff.; Röhricht/Graf v. Westphalen/*Ammon*, § 15, Rn. 14; Heymann/Sonnenschein/*Weitemeyer*, § 15 Rn. 9. Das erscheint aus Sicht derjenigen, die keine Kenntnis des Gutgläubigen von der Primärtatsache verlangen (vgl. Fn. 65), nicht konsequent und ist allenfalls vor dem Hintergrund des Konzeptes eines abstrakten Vertrauensschutzes verständlich.

[67] *Wiegand*, JuS 1978, 145, 149; *Canaris*, Vertrauenshaftung, S. 516.

rium handele.[68] Da die Kenntnis vom Rechtsscheinträger richtigerweise ein subjektives Merkmal ist, müsste die Beweislast in Parallele zur Bösgläubigkeit auch diesbezüglich beim Belasteten liegen.

3. Kausalität zwischen Vertrauen und Disposition

Grundsätzlich erfordert ein geschlossenes System einer am individuellen Vertrauen des Begünstigten orientierten Rechtsscheinlehre als subjektive Voraussetzung in der Person des Begünstigten des Weiteren, dass Kausalität zwischen dem Vertrauen (Kenntnis des Rechtsscheins) und dem Abschluss des entsprechenden Rechtsgeschäfts (sog. Vertrauensdisposition) besteht.[69] Es geht insoweit darum, diejenigen Fälle aus dem Anwendungsbereich der Rechtsscheinlehre auszugrenzen, in denen der Begünstigte das fragliche Geschäft auch ohne Kenntnis vom Rechtsscheinträger abgeschlossen hätte.[70] In den Kommentierungen der einzelnen Tatbestände der Rechtsscheinlehre spielt das Erfordernis der Kausalität jedoch neben der Frage der Kenntnis vom Rechtsscheinträger keine eigenständige Rolle.[71]

III. Die Zurechnung

Unter dem Aspekt der Zurechnung wird die Frage behandelt, ob bestimmte Voraussetzungen in der Person des Belasteten erforderlich sind, damit die jeweilige Regelung der Rechtsscheinlehre zur Anwendung kommt. Insbesondere geht es darum, ob der Belastete in irgendeiner Beziehung zum Rechtsschein stehen muss. Dabei wird allgemein die Bedeutung des Zurechnungsbeitrags darin gesehen, dass in ihm die Selbstverantwortung des Betroffenen für die ihm

[68] *Wiegand*, JuS 1978, 145, 149.

[69] Zum Erfordernis der Kausalität *Canaris*, Vertrauenshaftung, S. 514 ff.; *Wiegand*, JuS 1978, 145, 149 f.

[70] Vgl. dazu das (nicht sonderlich überzeugende) Beispiel bei *Wiegand*, JuS 1978, 145, 149. Es wäre in diesen Fällen stets zu fragen, ob der Rechtsschein nicht doch zumindest mitursächlich für den Geschäftsabschluss geworden ist.

[71] Es wird daher auch immer nur zusammen mit der Frage nach der Kenntnis vom Rechtsschein behandelt, vgl. MünchKomm/HGB/*Lieb*, § 15 Rn. 31 und *Wieling*, Sachenrecht, § 10 II 2. Fehlt Kenntnis vom Rechtsschein, so fehlt es notwendigerweise auch an der Kausalität (dann zwischen dem Rechtsschein und dem Abschluss des Geschäfts). Problematisiert wird die Kausalität zwischen Vertrauen und Disposition lediglich hinsichtlich des Instituts des Scheinkaufmanns. Der BGH geht hier von der grundsätzlichen Beweislast des Begünstigten aus und hilft ihm lediglich damit, dass er den Anscheinsbeweis genügen lässt (BGHZ 17, 13; 22, 235). *Canaris*, Vertrauenshaftung, S. 516 und *Wiegand*, JuS 1978, 145, 150 sprechen sich dagegen in Parallele zur Beweislast bei der Bösgläubigkeit auch hier für eine Beweislastumkehr aus.

auferlegte Belastung zum Ausdruck kommt.[72] Soweit ein Zurechnungsbeitrag erforderlich ist, stellt sich des weiteren die Frage, ob bestimmte Umstände ein Zurechnungshindernis darstellen.

1. Der Zurechnungsbeitrag

Keinerlei Beitrag des Belasteten zur Entstehung des Rechtsscheins erfordern die §§ 892, 935 Abs. 2, 2366 BGB. Man bezeichnet daher diese Vorschriften auch als Tatbestände des *reinen Rechtsscheinprinzips*.[73] Die §§ 892, 2366 BGB greifen selbst dann ein, wenn der Eigentümer bzw. Erbe die Unrichtigkeit des Grundbuchs bzw. die Existenz des falschen Erbscheins überhaupt nicht kannte und daher auch nicht für die Berichtigung bzw. Kraftloserklärung sorgen konnte. § 935 Abs. 2 BGB enthält eine Ausnahme von dem im ersten Absatz der Vorschrift aufgestellten Grundsatz, dass abhandengekommene Sachen nicht gutgläubig erworben werden können. Der Erwerb tritt somit auch dann ein, wenn der Eigentümer den Besitz an der Sache ohne seinen Willen verloren hat. Am grundsätzlichen Verzicht auf ein Zurechnungserfordernis in den genannten Fällen ändert auch die Tatsache nichts, dass im Einzelfall vor allem bei den §§ 892, 935 Abs. 2 BGB der Belastete häufig eine gewisse Mitverantwortung an der Entstehung des Rechtsscheins tragen mag. So wird aufgrund der Vorschrift des § 55 GBO, wonach alle Beteiligten von einer Grundbuchänderung benachrichtigt werden, der gutgläubige Erwerb nach § 892 BGB häufig Folge von Nachlässigkeiten des wahren Eigentümers im Betreiben eines Widerspruches oder der Grundbuchberichtigung sein.[74] Auch bei § 935 Abs. 2 BGB mag man häufig ein Verschulden des Eigentümers „gegen sich selbst" feststellen können, wenn er beispielsweise einen Diebstahl durch besonders leichtfertiges Verhalten ermöglicht hat. Entscheidend ist aber, dass die Tatbestände auch dann eingreifen, wenn im Fall des § 892 BGB die entsprechende Benachrichtigung des Betroffenen nicht erfolgt ist oder im Fall des § 935 Abs. 2 BGB der Eigentümer den Besitz z.B. in Folge eines Raubes verloren hat. Gerade was die verfassungsrechtliche Rechtfertigung der genannten Vorschriften betrifft, kann man nicht vorab vom statistischen Normalfall ausgehen, sondern muss gerade diese Extremfälle im Auge behalten.

Aufgrund der Tatsache, dass es bei § 15 Abs. 1 HGB nicht darauf ankommt, ob dem Belasteten die fehlende Eintragung oder Bekanntmachung zuzurechnen ist, wird die Vorschrift von der h.M. überwiegend ebenfalls der Kategorie des

---

[72] Vgl. allgemein zur Frage der Zurechnung *Canaris*, Vertrauenshaftung, S. 467 ff.

[73] Terminologie von *Westermann*, JuS 1963, 6.

[74] *Westermann*, JuS 1963, 6.

reinen Rechtsscheinprinzips zugeordnet.[75] Mit der gleichen Argumentation könnte man dann allerdings auch die §§ 170, 171 Abs. 2, 172 Abs. 2 BGB als Fälle des reinen Rechtsscheinprinzips bezeichnen. So zeigt beispielweise die Vorschrift des § 176 BGB, dass es dem Geschäftsherrn offensichtlich verwehrt ist, sich hinsichtlich der Belastung aus § 172 Abs. 2 BGB darauf zu berufen, er habe vergeblich versucht, die Vollmachtsurkunde zurückzuerlangen. Auch hier muss die nicht erfolgte Rückerlangung der Urkunde dem Belasteten nicht zurechenbar sein. Dass die §§ 170, 171 Abs. 2, 172 Abs. 2 BGB zutreffend dennoch nie als Tatbestände des reinen Rechtsscheinprinzips qualifiziert werden, liegt daran, dass hier in Form der vorangegangenen Erteilung oder Deklaration der Vollmacht sowie deren anschließenden Widerrufs sogar zwei Beiträge des Belasteten erforderlich sind, die eine Zurechnung des Rechtsscheins ermöglichen. Überträgt man diese Überlegung auf § 15 Abs. 1 HGB, so erscheint auch dessen Einordnung in die Kategorie des reinen Rechtsscheinprinzips zweifelhaft.[76] Wie oben ausgeführt, kann hier der Rechtsschein niemals vom Unterlassen, sondern nur von einem zeitlich vorgegangenen Positivum ausgehen. Insoweit wird auch meist ein Zurechnungsbeitrag des Belasteten vorliegen. Gleichwohl ist die Einordnung in die Kategorie des reinen Rechtsscheinprinzips auf Grundlage der h.M. wohl konsequent. Da sie nämlich mit Hinweis auf den Wortlaut der Vorschrift auf den durch ein Positivum hervorgerufenen Rechtsschein verzichtet (eben das unterscheidet § 15 Abs. 1 HGB von den §§ 170, 171 Abs. 2, 172 Abs. 2 BGB), verzichtet sie automatisch auch auf einen entsprechenden Zurechnungsbeitrag des Belasteten.[77] Einen solchen könnte man hiernach allenfalls in der Vornahme der nicht eingetragenen Änderung der materiellen Rechtslage erblicken.[78]

Ob § 15 Abs. 3 HGB ebenfalls auf einen Zurechnungsbeitrag des Belasteten verzichtet, ist umstritten. Während die h.M. eine Veranlassung der Eintragung zumindest durch die Stellung eines (wenn auch richtigen) Eintragungsantrags seitens des Betroffenen verlangt,[79] handelt es sich nach a.A. bei dieser Vor-

---

[75] Baumbach/Duden/Hopt/*Hopt*, § 15 Rn. 6; *Canaris*, Vertrauenshaftung S. 472; *Westermann*, JuS 1963, 6 f.; *K. Schmidt*, § 14 II 2 c; Heymann/Sonnenschein/*Weitemeyer*, § 15 Rn. 145; Ebenroth/Boujong/Joost/*Gehrlein*, § 15 Rn. 9; Staub/*Hüffer*, § 15 Rn. 21.

[76] Ausdrücklich gegen eine Einordnung von § 15 Abs. 1 HGB als Fall des reinen Rechtsscheinprinzips MünchKomm/HGB/*Lieb*, § 15 Rn. 26; ansatzweise auch *Canaris*, Vertrauenshaftung, S. 472, der von einem 'Mischtypus' spricht.

[77] Insoweit ist der Standpunkt von MünchKomm/HGB/*Lieb*, § 15 Rn. 26 inkonsequent.

[78] So ansatzweise MünchKomm/*Lieb*, § 15 Rn. 26.

[79] *Canaris*, Vertrauenshaftung, S. 162 ff.; MünchKomm/HGB/*Lieb*, § 15 Rn. 14; Baumbach/Duden/Hopt/*Hopt*, § 15 Rn. 19; Staub/*Hüffer*, § 15 HGB Rn. 48; *Schilken*, AcP 187 (1987), 1, 17 ff.; Heymann/Sonnenschein/*Weitemeyer*, § 15 Rn. 34 f.; Röhrich/Graf von Westphalen/*Ammon*, § 15 Rn. 42.

schrift um einen Fall des reinen Rechtsscheinprinzips mit der Konsequenz, dass auch eine Eintragung, die der Betroffene in keiner Weise veranlasst hat, zu dessen Belastung führen kann.[80]

Die Tatbestände der Rechtsscheinvollmacht erfordern durchgängig einen Zurechnungsbeitrag des Belasteten. Bei § 171 Abs. 1 BGB besteht der Zurechnungsbeitrag in der entsprechenden Erklärung des Geschäftsherrn. § 172 Abs. 1 BGB verlangt die Anfertigung der Vollmachtsurkunde und deren Aushändigung an den Vertreter. Nach dem oben Gesagten handelt es sich insoweit zugleich um den Zurechnungsbeitrag für die Tatbestände der §§ 171 Abs. 2, 172 Abs. 2 BGB. Bei § 170 BGB liegt der Zurechnungsbeitrag in der Erteilung der Außenvollmacht. Im Fall der Duldungsvollmacht ist als Zurechnungsbeitrag erforderlich, dass der Belastete das Verhalten des Handelnden kannte und duldete.[81] Als eine Art „Minus" genügt es nach h.M. für die Annahme einer Anscheinsvollmacht, wenn der Belastete das Verhalten des Handelnden zwar nicht kennt, es aber bei pflichtgemäßer Sorgfalt hätte erkennen und verhindern können.[82] Ein nicht unerheblicher Teil der Literatur vertritt demgegenüber die Auffassung, dass das so umschriebene Verschuldenserfordernis nicht geeignet sei, eine rechtsgeschäftsidentische Rechtsfolge auszulösen und lehnt daher das Institut der Anscheinsvollmacht ab.[83] Bei § 56 HGB ist als Zurechnungsbeitrag erforderlich, dass der Geschäftsherr denjenigen, der als Vertreter auftritt, angestellt hat. Entsprechend der anerkannten Trennung von Vollmacht und zugrundeliegendem Rechtsverhältnis ist man sich jedoch darüber einig, dass die Wirksamkeit des der Anstellung zugrunde liegenden Rechtsverhältnisses nicht Voraussetzung für die Anwendbarkeit von § 56 HGB ist.[84] Als Zurechnungsgrund genügt somit, dass der Vertreter mit Wissen und Wollen des Geschäftsherrn in die Verkaufstätigkeit eingeschaltet wird.[85]

Für den Bereich des gutgläubigen Mobiliarerwerbs verlangt § 935 Abs. 1 BGB, dass dem Eigentümer die in Frage stehende Sache nicht abhanden gekommen ist. Abhanden gekommen ist eine Sache, wenn der unmittelbare Besitzer oder dessen Besitzmittler den unmittelbaren Besitz ohne ihren Willen verlo-

---

[80] *Brox*, Handels- und Wertpapierrecht, Rn. 132; P. *Hofmann*, JA 1980, 264, 270; v. *Gierke/Sandrock*, Handels- und Wirtschaftsrecht, § 11 III 3 c.

[81] Vgl. nur BGH NJW 1988, 1199, 1200; *Larenz/Wolf*, AT, § 48 Rn. 21 ff.; MünchKomm/*Schramm*, § 167 Rn. 38.

[82] BGH NJW 1988, 1199, 1200.

[83] *Flume*, AT/2, § 49, 4; *Medicus*, AT, Rn. 969 ff.; Staudinger/*Schilken*, § 167 Rn. 31; *Canaris*, Vertrauenshaftung, S. 48 ff., S. 191 ff., tritt dagegen für eine Beschränkung der Anscheinsvollmacht auf den Bereich des Handelsrechts ein, wobei er als Zurechnungsgrund Verschulden ablehnt und statt dessen auf das Risikoprinzip abstellt.

[84] MünchKomm /HGB/*Lieb/Krebs*, § 56, Rn. 14.

[85] RGZ 108, 48, 49 f.; Staub/*Joost*, § 56 Rn. 11; MünchKomm/HGB/*Lieb/Krebs*, § 56, Rn. 14; *K. Schmidt*, Handelsrecht, § 16 V 3 d.

ren haben.[86] Insoweit wird allgemein davon ausgegangen, dass der Zurechnungsbeitrag des Eigentümers beim gutgläubigen Mobiliarerwerb in dessen willentlichen Weggabe der Sache liegt.[87]

2. Zurechnungshindernisse

a) Fehlende Zurechnungsfähigkeit

Bei der Frage nach der Zurechnungsfähigkeit geht es darum, ob derjenige, dem ein Rechtsschein zugerechnet wird und der deshalb mit Nachteilen in Form des Rechtsverlustes oder der Haftung belastet wird, die grundsätzliche Fähigkeit besitzen muss, die Folgen seines Handels zu erfassen. Da der Gesetzgeber dort, wo er Fragen der Zurechnungsfähigkeit behandelt – der Rechtsgeschäftslehre und dem Deliktsrecht – von rein einzelfallbezogenen Lösungen abgesehen und statt dessen in den §§ 104 ff., 828 BGB generalisierende Lösungen favorisiert hat, werden Fragen der Zurechnungsfähigkeit im Rahmen der Rechtsscheinlehre auch überwiegend in Analogie zu diesen Vorschriften diskutiert.[88]

Wegen der teilweise bestehenden Nähe zur Rechtsgeschäftslehre wird bei den Tatbeständen der Rechtsscheinvollmacht und bei § 15 HGB das Erfordernis der Geschäftsfähigkeit des Belasteten thematisiert. In den Fällen der §§ 170 ff. BGB sowie der Duldungs- und Anscheinsvollmacht ist nach allgemeiner Ansicht Geschäftsfähigkeit des Betroffenen erforderlich.[89] Auch bei § 56 HGB gibt die h.M. grundsätzlich dem Minderjährigenschutz den Vorrang. Gegenüber beschränkt Geschäftsfähigen soll § 56 HGB jedoch eingreifen, wenn auch eine wirkliche Bevollmächtigung gegen ihn wirken würde.[90] Bei § 15 Abs. 1 HGB

---

[86] RGZ 101, 225. Vgl. zur Rolle des Besitzdieners in diesem Zusammenhang ausführlich *Witt*, AcP 201 (2001), S. 165 ff.

[87] Vgl. zur Frage, ob es sich insoweit tatsächlich um einen ausreichenden Zurechnungsbeitrag handelt unten § 6 C I 1 (= S. 142 ff.).

[88] Vgl. *Canaris*, Vertrauenshaftung, S. 452.

[89] Bei § 170 BGB ergibt sich dies daraus, dass der Zurechnungsbeitrag in einer Willenserklärung besteht. Genau genommen müsste man allerdings fragen, ob die Geschäftsfähigkeit auch noch im Anschluss an den Widerruf bestand. Zu § 171 vgl. BGB BGHZ 65, 13; MünchKomm/*Schramm*, § 171 Rn. 4a; Erman/*Brox* § 171 Rn. 3; Soergel/*Leptien* § 171 Rn. 4; *Frotz*, Verkehrsschutz, S. 288 f.; Staudinger/*Schilken*, § 171 Rn. 5; *Larenz/Wolf*, AT, § 48 Rn. 8; Palandt/*Heinrichs*, § 173 Rn. 1. Zu § 172 vgl. MünchKomm/*Schramm*, § 172 Rn. 4; Staudinger/*Schilken*, § 172 Rn. 2; Erman/*Brox* § 172 Rn. 6; Soergel/*Leptien* § 172 Rn. 3; *Larenz/Wolf*, AT, § 48 Rn. 10. Zur Duldungs- und Anscheinsvollmacht vgl. BGH WM 1957, 926; MünchKomm/*Schramm*, § 167 Rn. 40; Staudinger/*Schilken*; § 167 Rn. 39; Erman/*Brox* § 167 Rn. 19; Soergel/*Leptien* § 167 Rn. 22. Allgemein zur Zurechnungsfähigkeit in der Rechtsscheinlehre *Canaris*, Vertrauenshaftung, S. 452 f.

[90] Röhrich/Graf von Westphalen/*Wagner*, § 56 Rn. 24; Heymann/*Sonnenschein*, § 56 Rn. 17; *K. Schmidt*, Handelsrecht, § 16 V 3 f.; MünchKomm/HGB/*Lieb/Krebs*, § 56

geht die h.M. aufgrund der Einordnung der Vorschrift in die Kategorie des reinen Rechtsscheinprinzips von der Unbeachtlichkeit der Geschäftsfähigkeit aus.[91] Nur vereinzelt wird auch hier Geschäftsfähigkeit des Betroffenen verlangt.[92] Sehr streitig ist die Bedeutung der Geschäftsfähigkeit bei § 15 Abs. 3 HGB. Sie wird zum Teil als selbstverständliche Folge des Veranlassungsprinzips bejaht,[93] während andere trotz Befürwortung des Veranlassungsprinzips dem Verkehrsschutz den Vorrang geben.[94]

In den Fällen des gutgläubigen Erwerbs gemäß der Vorschriften der §§ 892, 2366 BGB sind mangels Zurechnungsbeitrags des Belasteten auch keine besonderen Anforderungen an dessen Zurechnungsfähigkeit zu stellen. Anders ist dies im Fall der §§ 932 ff. BGB. Insoweit besteht überwiegend Einigkeit darüber, dass die Weggabe durch einen Geschäftsunfähigen ein Abhandenkommen darstellt, welches eine Zurechnung ausschließt.[95] Bei der Behandlung der beschränkten Geschäftsfähigkeit herrscht dagegen große Uneinigkeit, wobei das Meinungsspektrum von der generellen Zurechnung bis zum generellen Ausschluss der Zurechnung reicht.[96]

b) Willensmängel

Da nicht nur im rechtsgeschäftlichen Bereich, sondern im Zusammenhang mit jedem von einem menschlichem Willen getragenen Handeln Irrtümer eine Rolle spielen können, kann überall dort, wo ein Zurechnungsbeitrag des Belasteten er-

---

Rn. 8. Generell für das Erfordernis von Geschäftsfähigkeit Baumbach/Duden/Hopt/*Hopt*, § 56 HGB Anm. 2 a.E.; *Frotz*, Verkehrsschutz, S. 367.

[91] BGHZ 115, 78, 80; Staub/*Hüffer*, § 15 Rn. 22; Heymann/Sonnenschein/*Weitemeyer*, § 15 Rn. 14, *K. Schmidt*, Handelsrecht, § 14 II 2 c, Baumbach/Duden/Hopt/*Hopt*, § 15 Rn. 6; *Westermann*, JuS 1963, 1, 7.

[92] MünchKomm/HGB/*Lieb*, § 15 Rn. 28, *Canaris*, Vertrauenshaftung, S. 166, 452; *Hager*, Jura 1992, 60 f.

[93] Canaris, Vertrauenshaftung, S. 166, Baumbach/Duden/Hopt/*Hopt*, § 15 Rn. 19; MünchKomm/HGB/*Lieb*, § 15 Rn. 76; *Hager*, Jura 1992, 65.

[94] *K. Schmidt*, Handelsrecht, § 14 III 3 b; Staub/*Hüffer* § 15 Rn. 55; Heymann/Sonnenschein/*Weitemeyer*, § 15 Rn. 37.

[95] Palandt/*Bassenge*, § 935 Rn. 3; Staudinger/*Wiegand*, § 935 Rn. 10 m.w.N.; nach a.A. ist auch hier im Einzelfall auf die Fähigkeit des Geschäftsunfähigen abzustellen, die Bedeutung der Weggabe zu beurteilen, *Baur/Stürner*, Sachenrecht, § 52 II 2 b aa; *Westermann*, Sachenrecht, § 49 I 3.

[96] Für die generelle Zurechnung *Flume*, AT/2, § 13, 11 d.; für den generellen Ausschluss Soergel/*Mühl*, 12. Auflage, § 935 Rn. 2. Daneben wird noch vertreten, dass es auf die Urteilsfähigkeit des beschränkt Geschäftsfähigen im Einzelfall ankomme (so *Tiedke*, Gutgläubiger Erwerb, S. 42; Palandt/Bassenge, § 935 Rn. 3; MünchKomm/*Quack*, Rn. 9) beziehungsweise der objektive Schein der Urteilsfähigkeit ausschlaggebend sei (so Staudinger/*Wiegand*, § 935 Rn. 10). Vgl. Übersicht bei Soergel/*Hennsler*, § 935 Rn. 6.

forderlich ist, dieser von einem Willensmangel beeinflusst sein. Das führt zur Frage, ob solche Willensmängel Auswirkung auf die Anwendbarkeit der besprochenen Rechtsscheintatbestände haben, sei es, dass das auf einem Irrtum basierende Verhalten des Belasteten als Zurechnungsbeitrag ausscheidet oder zumindest die Möglichkeit einer Anfechtung analog der §§ 119 ff. BGB möglich ist.

Betrachtet man zunächst abstrakt, welche Arten von Willensmängeln in Bezug auf die genannten Zurechnungsbeiträge in Betracht kommen, so sind hier verschiedene Ebenen zu unterscheiden. Auf *erster Stufe* können Mängel im Zusammenhang mit der *Willensbildung* auftreten. Man spricht insofern auch vom Bereich der Motive. Hier kann der Betroffen entweder ohne äußeren Einfluss von falschen Umständen ausgehen oder ein Irrtum kann durch Täuschung erzeugt werden. Dieser Stufe ist ferner auch die Einflussnahme auf die Freiheit der Willensbildung durch Drohung zuzuordnen. Auf der *zweiten Stufe* kommen Irrtümer über die *Bedeutung eines bestimmten Verhaltens* (Konkludenz) in Betracht. Dieses Verhalten kann entweder zur Umsetzung des auf der ersten Stufe gebildeten Willens gewählt worden oder wie z.B. im Fall der Duldungsvollmacht nonfinal sein. Anders als im rechtsgeschäftlichen Bereich spielt zwar in der Rechtsscheinlehre der Rechtsfolgenwille keine Rolle, doch kommt hier ein Irrtum über die Konkludenz des Verhaltens in Betracht. Ein solcher Konkludenzirrtum liegt vor, wenn der Betroffene nicht erkennt, dass sein Verhalten eine Schlussfolgerung zulässt.[97] Besteht das Verhalten wie bei § 171 Abs. 1 BGB in einer ausdrücklichen Erklärung, ist ein entsprechender Irrtum kaum denkbar.[98] Wo der Zurechnungsbeitrag dagegen wie bei der Duldungsvollmacht oder bei § 56 HGB nicht in einer ausdrücklichen Erklärungen besteht, ist ein Irrtum des Betroffenen über die Konkludenz seines Verhaltens sogar häufig. Auf *dritter Stufe* geht es um die *Ausführung* des auf der zweiten Stufe ausgewählten Verhaltens. Insbesondere bei den ausdrücklichen Erklärungen kommt ein Verschreiben, Versprechen oder eine falsche Übermittlung in Betracht.[99]

---

[97] Es handelt sich insoweit um nichts anderes als das aus der Rechtsgeschäftslehre bekannte Problem des Erklärungsbewusstseins. Erklärungsbewusstsein findet man nicht nur im rechtsgeschäftlichen Bereich, sondern auch in den Bereichen der Rechtsscheinlehre, in denen der Zurechnungsbeitrag in einer zumindest konkludenten Erklärung des Belasteten besteht. Der Unterschied zwischen Rechtsgeschäfts- und Rechtsscheinlehre besteht lediglich darin, dass der Erklärende im ersteren Fall das Bewusstsein hat, eine deklaratorische Erklärung abzugeben, während er im zweiten Fall das Bewusstsein hat, eine konstitutive Erklärung abzugeben (vgl. zum Unterschied oben II 2 a). Insoweit handelt es sich beim Rechtsfolgenwillen nur um einen Unterfall des Erklärungsbewusstseins.

[98] Es sei denn, der Betroffene unterschreibt beispielweise eine Vollmachtsurkunde in der irrigen Annahme, es handele sich um ein Glückwunschschreiben (vgl. *Canaris*, Vertrauenshaftung, S. 36).

[99] Diese drei Stufen lassen sich grundsätzlich hinsichtlich aller denkbaren Zurechnungsbeiträge (auch im rechtsgeschäftlichen Bereich) unterscheiden. Eine Ausnahme

Bei den §§ 171, 172 BGB wird inzwischen die Bedeutung von Willensmängeln überwiegend anerkannt und in Anlehnung an die Rechtsgeschäftslehre grundsätzlich die Möglichkeit der Anfechtung bejaht.[100] Begründet wird dies meist damit, dass deklaratorische Erklärungen nicht zu einer strengeren Bindung als Willenserklärungen führen dürfen. Auf erster Stufe berechtigten demnach Täuschung oder Drohung zur Anfechtung. Irrt sich dagegen der Erklärende in den Fällen der §§ 171 Abs. 1, 172 Abs. 1 BGB lediglich über das Bestehen der kundgegebenen Vollmacht, wird eine Anfechtung nicht zugelassen, da es sich insofern um einen unbeachtlichen Motivirrtum handele.[101] Die Frage der Anfechtbarkeit in Folge eines Konkludenzirrtums (zweite Stufe) wird kaum behandelt. Wo dies geschieht, wird die Anfechtbarkeit bejaht.[102] Schließlich berechtigt nach h.M. auch ein Fehler bei der Kundgabe selbst (dritte Stufe) zur Anfechtung. Im Fall des § 170 BGB, bei dem der Zurechnungsbeitrag in einer Willenserklärung liegt, kann diese nach den allgemeinen Regeln der §§ 119 ff. BGB angefochten werden, ohne dass es sich insoweit um ein Problem der Rechtsscheinlehre handelt. Die Anfechtbarkeit der Duldungsvollmacht ist umstritten. Hier stellt sich vor allem die Frage, ob der Betroffene die Konkludenz seines Handelns erkannt haben muss. Dies wird wohl überwiegend verneint.[103]

---

bildet lediglich das bereits angesprochene nonfinale Verhalten, mit dem der Betroffene keinen Willen verfolgt (Bsp. Duldungsvollmacht). Hier fehlt es an der ersten Stufe. Des Weiteren ist zu beachten, dass die zweite Stufe hauptsächlich dann Bedeutung erlangt, wenn die Verfolgung des auf erster Stufe gebildeten Willens einen kommunikativen Akt erfordert (konstitutive oder deklaratorische Erklärungen). Aber auch wenn die in Umsetzung des Willens vorgenommene Handlung grundsätzlich keinen solchen Akt erfordert, ist denkbar, dass ihr eine dem Betroffenen nicht bewusste Konkludenz immanent ist (man denke an § 56 HGB, wo die Anstellung in Bezug auf Dritte einen reinen Realakt darstellt und dennoch ihnen gegenüber die Schlussfolgerung auf das Bestehen einer Innenvollmacht zulässt). Auch insoweit liegt dann ein Willensmangel auf der zweiten Stufe vor.

[100] MünchKomm/*Schramm*, § 171 Rn. 8 f., 11, § 172 Rn. 6; Staudinger/*Schilken*, § 171 Rn. 9; § 172 Rn. 10; *Medicus*, AT, Rn. 947; *Frotz*, Verkehrsschutz, S. 236, 310 ff.; differenzierend Soergel/*Leptien*, § 171 Rn. 4, der nur bei § 171 BGB die Anfechtung zulässt; Erman/Brox, § 171 Rn. 3; § 172 Rn. 6, der nur bei § 172 BGB die Anfechtung zulässt; *Larenz/Wolf*, AT, § 48, Rn. 8, 10 und *Canaris*, Vertrauenshaftung, S. 35 ff., die eine Anfechtung außer im Fall des § 171 Abs. 1, 2. Alt. BGB immer zulassen. Gegen jede Anfechtungsmöglichkeit Palandt/*Heinrichs*, § 173 Rn. 1.

[101] Staudinger/*Schilken*, § 171, Rn. 9; MünchKomm/*Schramm* § 171 Rn. 9; Soergel/*Leptien* § 171 Rn. 4; *Flume*, AT/2, § 49 2 c.

[102] MünchKomm/*Schramm*, § 171 Rn. 4; *Canaris*, Vertrauenshaftung, S. 36. Davon zu unterscheiden sind die Aussagen, wonach fehlender Rechtsfolgenwille bzw. ein Irrtum über die (kraft Gesetz eingreifende) Rechtsfolge unerheblich sind, vgl. Soergel/*Leptien*, § 171 Rn. 4; MünchKomm/*Schramm*, § 171 Rn. 8; *Larenz/Wolf*, AT, § 48 Rn. 6.

[103] *Larenz/Wolf*, AT, § 48, Rn. 24; Soergel/*Leptien*, § 167 Rn. 22; Staudinger/*Schilken*; § 167 Rn. 45; Erman/*Brox*, § 167 Rn. 20; MünchKomm/*Schramm*, § 167 Rn. 52; a.A. *Canaris*, Vertrauenshaftung, S. 43, der Bewusstsein der Konkludenz verlangt, solange die Bedeutung des Verhaltens nicht evident ist.

Bei der Anscheinsvollmacht stellt sich die Frage nach der Bedeutung von Willensmängeln dagegen nicht.[104] Da sie keinerlei bewusstes Verhalten des Geschäftsherrn erfordert, können Willensmängel hier keine Auswirkung haben. Ausgeschlossen ist eine Anfechtung nach h.M. auch im Fall des § 56 HGB.[105] Bei § 15 HGB wird die Möglichkeit einer Anfechtung gar nicht erst erörtert.

Bei §§ 932 ff. BGB diskutiert man zwar nicht die Möglichkeit einer Anfechtung, doch wird vereinzelt überlegt, ob bei der Frage des Abhandenkommens im Sinne von § 935 Abs. 1 BGB nicht die Wertung der §§ 119 ff. BGB heranzuziehen sei.[106] Die ganz h.M. lehnt dies im Ergebnis aber ab. Selbst die durch Täuschung bewirkte Weggabe einer Sache soll hiernach den Zurechnungszusammenhang unberührt lassen.[107] Die Rechtsprechung geht sogar so weit, bei einer durch Drohung beeinflussten Weggabe nur dann ein Abhandenkommen zu bejahen, wenn im Einzelfall unwiderstehliche physische Gewalt oder ein gleichstehender seelischer Zwang vorliegt.[108]

D. Zusammenfassung

Die Gemeinsamkeit sämtlicher Rechtscheintatbestände besteht darin, dass sie zur Wirksamkeit von „an sich“ unwirksamen Rechtsgeschäften führen, indem sie es zulassen, dass bestimmte ihrer Tatbestandsvoraussetzungen durch einen sog. Rechtsschein ersetzt werden. In ihrer Rechtsfolge sind die Regelungen der Rechtsscheinlehre somit mit denen der Rechtsgeschäftslehre identisch. Im Hinblick auf die Frage der Verfassungsmäßigkeit ist dies deshalb von Bedeutung, weil alternativ auch eine Schadensersatzlösung denkbar wäre, wonach das abgeschlossene Rechtsgeschäft unwirksam ist und der Gutgläubige nur einen auf den Ersatz des negativen Interesses gerichteten Schadensersatzanspruch zugesprochen bekommt.

---

[104] *Canaris*, Vertrauenshaftung, S. 196.

[105] Überwiegend wird sie gar nicht diskutiert; ausdrücklich ablehnend allerdings MünchKomm/HGB/*Lieb/Krebs*, § 56 Rn. 35; differenzierend *Canaris*, Vertrauenshaftung, S. 190, 196, der einen Konkludenzirrtum für unbeachtlich hält, ansonsten die Anfechtung aber zulässt.

[106] Vgl. Nachweise bei *Hager*, Verkehrsschutz, S. 395 f.

[107] Vgl. *Baur/Stürner*, Sachenrecht, § 52 Rn. 43; Staudinger/*Wiegand*, § 935 Rn. 11; *Hager*, Verkehrsschutz, S. 395 f.; dagegen hat das RG, JW 1909, 105 f., in einem Fall, in dem der Besitzdiener bei der Weggabe die Sache verwechselt hat, ein Abhandenkommen verneint (zustimmend nur Soergel/*Mühl*, 12. Auflage, § 935 Rn. 7).

[108] BGHZ 4, 10, 34 ff. Dagegen unterbricht nach Ansicht der h.L. jede Form von Drohung den Zurechnungszusammenhang, vgl. *Baur/Stürner*, Sachenrecht, § 52 Rn. 43; *Westermann*, Sachenrecht, § 49, I 3; Palandt/*Bassenge*, § 935 Rn. 3; Staudinger/*Wiegand*, § 935 Rn. 11.

Rechtsgeschäfts- und Rechtsscheinlehre unterscheiden sich auf Tatbestandsseite und hier insbesondere hinsichtlich ihrer subjektiven Anforderungen. Während die Rechtsgeschäftslehre grundsätzlich eine Rechtsfolge anordnet, weil dies dem Willen des Betroffenen entspricht, ist im Rahmen der Rechtsscheinlehre ein solcher Wille entbehrlich. Ist Geltungsgrund der Rechtsgeschäftslehre somit grundsätzlich die Selbstbestimmung, sind die von den Regelungen der Rechtsscheinlehre ausgehenden Belastungen ausnahmslos heteronomer Natur.

Die Gemeinsamkeiten der einzelnen Regelungen der Rechtsscheinlehre werden im Rahmen einer querschnittartigen Betrachtung der jeweiligen Tatbestandsvoraussetzungen deutlich. So ist auf Seite des objektiven Tatbestands stets das Vorliegen eines Rechtsscheinträgers erforderlich. Unterschiede bestehen lediglich hinsichtlich der Art des Rechtsscheinträgers. Manche Regelungen knüpfen an vorgefundene Tatbestände (natürliche Rechtsscheinträger), andere an durch staatlichen Hoheitsakt erst geschaffene Tatbestände (künstliche Rechtsscheinträger). Auf Seite des subjektiven Tatbestandes ist ausnahmslos die Gutgläubigkeit des durch die jeweilige Regelungen Begünstigten erforderlich. Während bei machen Regelungen nur positive Kenntnis schadet, genügt bei anderen zur Annahme von Bösgläubigkeit bereits Fahrlässigkeit bzw. grobe Fahrlässigkeit. Bemerkenswert ist, dass außer in den Fällen der Rechtsscheinvollmacht nach h.M. Kenntnis des Gutgläubigen vom jeweiligen Rechtsscheinträger und Vertrauen auf dessen Richtigkeit entbehrlich ist. Dies verwundert deshalb, weil überwiegend davon ausgegangen wird, dass Geltungsgrund der Vorschriften der Rechtsscheinlehre zumindest auch das individuelle Vertrauen des Gutgläubigen ist. Lediglich einige konsequente Vertreter der Vertrauenstheorie verlangen, dass dem Belasteten stets zumindest der Beweis fehlenden Vertrauens ermöglicht werden müsse.

Die Frage nach der Erforderlichkeit eines Zurechnungsbeitrags des durch die Regelungen der Rechtsscheinlehre Belasteten beschäftigt sich damit, ob diesen im Einzelfall eine Verantwortung für das Entstehen oder Fortbestehen des Rechtsscheins treffen muss. In den Fällen der Rechtsscheinvollmacht wird ein Zurechnungsbeitrag durchgängig als erforderlich angesehen. So liegt dieser im Fall des § 171 Abs. 1 BGB beispielsweise in der vom Geschäftsherrn abgegebenen deklaratorischen Erklärung. Im Rahmen der §§ 932 ff. BGB wird überwiegend ein Zurechnungsbeitrag darin gesehen, dass der Eigentümer die Sache freiwillig aus der Hand gegeben haben muss. Bei den an künstliche Rechtsscheinträger anknüpfenden Rechtsscheintatbeständen wird hingegen auf einen Zurechnungsbeitrag grundsätzlich verzichtet. Gleiches gilt für den Sonderfall des § 935 Abs. 2 BGB. Man spricht insoweit vom *reinen Rechtsscheinprinzip*. Aus verfassungsrechtlicher Sicht ist dies bemerkenswert, da es auf diese Weise zur Auferlegung von Belastungen kommen kann, ohne dass dies der Betroffene in irgendeiner Weise hätte verhindern können. Hinzu kommt, dass auch in den Fällen, in denen ein Beitrag des Belasteten erforderlich ist, es häufig keine Rolle spielt, ob dieser zurechnungsfähig war bzw. im Einzelfall einem Irrtum unterlag.

§ 3 Das Verkehrsinteresse

Im Folgenden wird der im Zusammenhang mit der Rechtsscheinlehre immer wieder verwendete Begriff des Verkehrsinteresses einer näheren Untersuchung unterzogen. Insoweit soll zunächst dargelegt werden, dass es sich beim Verkehrsinteresse nicht um ein individuelles, sondern ein überindividuelles Interesse bzw. Allgemeinwohlinteresse handelt (dazu unter A). Anschließend wird der Frage nachgegangen, wie es überhaupt möglich ist, dass das Privatrecht auf die Belange des Allgemeinwohls Einfluss nimmt (dazu unter B). In diesem Zusammenhang werden auch die verschiedenen Funktionen des Privatrechts beleuchtet. Schließlich erfolgt eine ausführliche Auseinandersetzung mit dem Inhalt des Verkehrsinteresses (dazu unter C). Hierbei werden zunächst die Teilaspekte der Verkehrsleichtigkeit und Verkehrssicherheit behandelt, um im Anschluss daran den Zusammenhang zwischen dem Verkehrsinteresse und dem Ziel der Allokationseffizienz darzulegen.

A. Das Verkehrsinteresse als Allgemeinwohlinteresse

Ein Verkehrssystem ist dadurch gekennzeichnet, dass es typischerweise mehr als zwei isolierte Personen als Teilnehmer umfasst.[1] Spielt bei einer privatrechtlichen Norm das Verkehrsinteresse eine Rolle, so liegt der Schluss nahe, dass sie den Konflikt zwischen zwei Privatrechtssubjekten wegen deren Teilnahme an einem Verkehrssystem anders löst, als dies bei Auftreten des Konflikts außerhalb des Systems geboten wäre. Da das „Interesse des Verkehrs" ein von den Interessen der beiden Beteiligten verschiedenes Interesse ist, welches offensichtlich auch keinem individuellen Drittinteresse entspricht, muss es sich hierbei um ein Allgemeinwohlinteresse oder m.a.W. um ein überindividuelles Interesse handeln.[2] Diese Qualifizierung des Verkehrsinteresses als Allgemeinwohlinteresse wird so weit ersichtlich von niemandem bestritten und mag selbstverständlich erscheinen. Doch weil das Verkehrsinteresse stets das individuelle Interesse einer der beiden Parteien unterstützt, läuft man Gefahr, die beiden kumulierenden Interessen nicht ausreichend voneinander zu unterscheiden.

---

[1] *Leenen*, Symposium Wieacker, S. 108, 110.

[2] So ausdrücklich *Peters*, Entzug des Eigentums, S. 72 ff., 132; *Hager*, Verkehrsschutz, S. 59; *Zweigert*, RabelsZ 23 (1958), 1, 3, 15; *Westermann*, Sachenrecht, § 45 I.; *Ch. Wolf*, JZ 1997, 1087, 1089 ff.; *Canaris*, AcP 184 (1984), 201, 220, Fn. 69 a.

Insbesondere ist bereits an dieser Stelle darauf hinzuweisen, dass der Aspekt des Verkehrsinteresses keinesfalls mit dem des Vertrauensschutzes identisch ist.[3] Vertrauensschutz knüpft in seinem gewöhnlichen Verständnis ausschließlich an die individuelle Erwartung einer Partei an und erklärt rechtliche Regelungen rein rechtsverhältnisintern, d.h. mit den Interessen der unmittelbar Beteiligten.[4] Auch wenn er in dieser Form traditionell gerade im Rahmen der Rechtsscheinlehre als Erklärungsansatz eine große Rolle spielt[5] und gewisse Bezüge zwischen dem Aspekt des Vertrauensschutzes und dem des Verkehrsinteresses nicht zu übersehen sind, beschränkt sich die Unterscheidung zwischen beiden nicht darauf, dass man das gleiche Phänomen einmal aus der Mikro- und einmal aus der Makroperspektive beschreibt.[6] Die Auseinandersetzung mit der Rechtsscheinlehre wird im weiteren Verlauf der Untersuchung vielmehr zeigen, dass sich mit den Kategorien des Vertrauensschutzes und des Verkehrsinteresses grundlegend unterschiedliche Erklärungsansätze verbinden.[7]

B. Die grundsätzliche Möglichkeit der Verfolgung von Allgemeinwohlinteressen mit den Mitteln des Privatrechts

Wenn es sich beim Verkehrsinteresse um ein Allgemeinwohlinteresse handelt, stellt sich zunächst einmal die Frage, wie es überhaupt möglich ist, dass mit den Mitteln des Privatrechts Allgemeinwohlinteressen verfolgt werden. Da der Staat anders als im öffentlichen Recht im Rahmen privatrechtlicher Normen niemals als solcher, d.h. in seiner Eigenschaft als Staat, Zuordnungssubjekt ist, leuchtet nicht ohne weiteres ein, wie beim Ausgleich zwischen zwei Privatrechtssubjekten auch die Allgemeinheit profitieren kann. Dem einen kann immer nur gegeben werden, was dem anderen genommen wird, so dass die Verteilung zwischen Privaten in Hinblick auf das Allgemeinwohl als ein Nullsummenspiel erscheint.

---

[3] *Leenen*, Symposium Wieacker, S. 108, 110; *Hager*, Verkehrsschutz, 227 f.; *Singer*, Selbstbestimmung, S. 124; *Lobinger*, Rechtsgeschäftliche Verpflichtung, S. 52 f. Häufig werden die Aspekte von Vertrauensschutz und Verkehrsinteresse hingegen überhaupt nicht oder jedenfalls unzureichend unterschieden, vgl. etwa Staudinger/*Gursky*, 892 Rn. 8 oder MünchKomm/*Quack*, §§ 932 ff., Rn. 1 ff. Vgl. die Kritik hieran bei *Hager*, Verkehrsschutz, S. 227.

[4] *Lobinger*, Rechtsgeschäftliche Verpflichtung, S. 52 f.; grundlegend zum Vertrauensschutz vor allem *Canaris*, Vertrauenshaftung, S. 1 ff.; vgl. auch *Bydlinski*, Privatautonomie, S. 131 ff.

[5] Hierauf wurde zum Teil im Rahmen der Untersuchung der einzelnen Tatbestandsmerkmale der Rechtsscheinlehre bereits hingewiesen (§ 2 C II 2 = S. 38 ff.).

[6] Die Begriffe der Mikro- und Makroperspektive gehen zurück auf *Lobinger*, Rechtsgeschäftliche Verpflichtung, S. 52.

[7] Vgl. insbesondere § 6 B (= S. 138 ff.).

I. Die verhaltenssteuernde Wirkung des Privatrechts

Eine ausschließlich auf den einzelnen Konfliktfall beschränkte Betrachtung vernachlässigt jedoch, dass die Privatrechtsordnung auch als Verhaltensrichtlinie für das menschliche Zusammenleben wirkt.[8] Im Regelfall agiert das einzelne Privatrechtssubjekt nicht ohne Rücksicht auf diese Verhaltensrichtlinien und wartet nicht, bis es durch die staatliche Autorität in seine Schranken verwiesen wird, sondern versucht, sich von vornherein in den von der Rechtsordnung gezogenen Grenzen zu bewegen. Die Motive hierfür können etwa Rechtstreue, aber auch schlicht wirtschaftliche Erwägungen sein.[9] So führt eine Missachtung der Privatrechtrechtsordnung nicht nur dazu, dass der Betroffene möglicherweise mit Verfahrenskosten belastet wird, sondern bedeutet oftmals auch eine Fehlinvestition. Man denke etwa an einen Bauherrn, der ein Haus auf einem fremden Grundstück gebaut hat und anschließend abreißen muss, oder einen Verleger, der wegen der Verletzung eines Persönlichkeitsrechts ein bereits gedrucktes Buch nicht vertreiben darf. Ebenso muss beispielsweise derjenige, der sorgfaltswidrig gehandelt und dadurch einen Schaden verursacht hat, dem Geschädigten Ersatz leisten.

Untersucht man die vom Privatrecht ausgehende Verhaltenssteuerung in Hinblick auf dessen verschiedenen Teilgebiete im Überblick, ist zunächst die Güterzuweisung zu betrachten. Die Güterzuweisung betrifft die Anerkennung, Ausgestaltung und den Schutz subjektiver Rechte. Hier findet eine Verhaltenssteuerung auf der *Primärebene* vor allem durch die an die absoluten Rechte geknüpften negatorischen Ansprüche statt. In der Person des Verpflichteten wirkt sich dies dahingehend aus, dass er beispielsweise Übergriffe auf fremdes Eigentum oder die Verletzung von Persönlichkeits- oder Patentrechten unterlässt. Für den Inhaber des subjektiven Rechts begründet dessen Anerkennung und Schutz einen bestimmten Freiraum, innerhalb dessen er sich im Vertrauen auf die Rechtsordnung entfalten kann und der ihm verschiedene Gestaltungsmöglichkeiten eröffnet. So bestellt beispielsweise der Bauer das Feld u.a., weil er weiß, dass allein er später dessen Früchte ernten darf. Wäre er sich keines entsprechenden Schutzes durch die Rechtsordnung sicher, würde er möglicherweise von seinem Vorhaben ganz Abstand nehmen oder zumindest einen Teil der ihm zur Verfügung stehenden Mittel darauf verwenden, die Ernte gegenüber anderen zu verteidigen.[10] Ebenso investiert z.B. ein Pharmaunternehmen hohe Beträge in die Entwicklung eines neuen Medikaments, weil es die Aussicht hat,

---

[8] Vgl. *Zippelius*, Rechtsphilosophie, S. 70.

[9] Auf letzteren Aspekt beschränkt sich die ökonomischen Analyse des Rechts, nach der die Beachtung einer Rechtsnorm ausschließlich von der mit deren Missachtung verbundenen Kosten abhängt (vgl. zum Normverständnis des homo oeconomicus *Eidenmüller*, Effizienz, S. 34).

[10] Vgl. *Schäfer/Ott*, Ökonomische Analyse, S. 525.

aufgrund eines Patentrechts für einen bestimmten Zeitraum eine ausschließliche Nutzungsbefugnis an der Erfindung zu erhalten. Allein hierauf basiert die Erwartung, einen Ertrag zu erzielen, der die aufgewandten Kosten übersteigt.

Auf der *Sekundärebene* spielt die außervertragliche Schadensersatzhaftung eine besondere Rolle. Zum einen sanktioniert sie die vorsätzliche Missachtung von absoluten Rechten und erhöht somit die Motivation, die auf Primärebene bestehenden negatorischen Ansprüche zu beachten. Groß ist ihre Bedeutung aber auch für den Bereich der Handlungsfreiheit, der nicht die vorsätzliche Beeinträchtigung fremder Rechtsgüter betrifft. Insoweit ist zu bedenken, dass fast jede menschliche Handlung ein Gefahrenpotential hinsichtlich der Verletzung fremder Rechtsgüter darstellt. Diesbezüglich nimmt die Privatrechtsordnung insbesondere durch das Deliktsrecht auf das Verhalten des Einzelnen Einfluss, indem es bestimmt, welche Gefährdungen anderer Rechtsgüter er vornehmen darf, ohne im Fall, dass die Handlung tatsächlich zu einer Rechtsgutverletzung führt, für den entstandenen Schaden einstehen zu müssen.[11] In diesem Zusammenhang spielt vor allem die Statuierung von Verkehrspflichten eine Rolle, bei denen es sich um nichts anderes als Gefahrvermeidungs- und Gefahrabwendungspflichten handelt.[12]

Neben der Güterzuweisung wird das Verhalten der Privatrechtssubjekte auch durch die vom Privatrecht zur Verfügung gestellten Regelungen zur Organisation interpersonaler Beziehungen beeinflusst. Sie umfassen u.a. familien- und gesellschaftsrechtliche Organisationsformen, aber vor allem den Bereich der den Güter- und Warenaustausch betreffenden Vertragsfreiheit. Letztere baut auf der Güterzuweisung auf und ermöglicht dem Einzelnen, Güter vollständig oder zumindest einzelne auf sie bezogene Befugnisse zu übertragen. Das hieraus resultierende System der Marktwirtschaft gibt den Privatrechtssubjekten zum einen die Gelegenheit, ihre Bedürfnisse durch Tausch am Markt zu befriedigen. Des Weiteren begründet es ein System des Wettbewerbs, das durch die Belohnung von Tugenden wie Einfallsreichtum und Fleiß auf das Verhalten von Privatrechtssubjekten Einfluss nimmt.[13] Zusätzlich bietet auch die konkrete *Ausgestaltung* der Vertragsfreiheit eine besondere Möglichkeit der Verhaltenssteuerung. Mit Ausgestaltung ist insoweit jede Abweichung von einer theoretisch denkbaren absoluten Vertragsfreiheit, in der durch zwei übereinstimmende Willenserklärungen eine Rechtsfolge beliebigen Inhalts herbeigeführt werden kann, gemeint. Man mag in diesem Zusammenhang beispielsweise an die Formvorschrift des § 311 b Abs. 1 Satz 1 BGB oder das Eintragungserfordernis des

[11] So ist beispielsweise Radfahren eine nicht ungefährliche Tätigkeit, die jedoch, ohne dass andere eine Sorgfaltswidrigkeit begründenden Umstände hinzutreten, im Schadensfall noch keine Ersatzpflicht begründet.

[12] *Larenz/Canaris*, Schuldrecht II/2, § 76 III 1 d.

[13] *Canaris*, iustitia distributiva, S. 69.

§ 873 Abs. 1 BGB denken. Aus Sicht desjenigen, der einen vertraglichen Anspruch geltend macht oder ein subjektives Recht erwerben will, ist bedeutsam, von welchen Voraussetzungen die Rechtsordnung die Anerkennung des Anspruchs bzw. die Übertragung des Rechts abhängig macht. M.a.W. geht es um die Frage, was das einzelne Privatrechtssubjekt beachten muss, damit ihm die Rechtsordnung „zur Seite steht". Erfüllt es die entsprechenden Voraussetzung nicht, geht es ihm wie dem Kläger im sog. Edelmannfall, der sich entgegenhalten lassen musste, dass derjenige, der ein Geschäft bewusst nicht der Rechtsordnung unterstellt, sich auch nicht auf deren Hilfe berufen kann.[14] Umgekehrt spielt die Ausgestaltung des Vertragsrechts natürlich auch dort eine Rolle, wo es darum geht, unter welchen Voraussetzungen man sich von vertraglichen Verpflichtungen lösen kann. Dem Betroffenen stellt sich hier gewissermaßen umgekehrt die Frage, was er zu beachten hat, damit die Rechtsordnung nicht seinem Gegenüber „zur Seite steht". Nur exemplarisch sei hier auf die Kündigungsschutzvorschriften bei Dauerschuldverhältnissen verwiesen, die nicht nur das Verhalten der Parteien nach, sondern häufig auch schon vor Abschluss des Vertrags beeinflussen.[15]

II. Der Zusammenhang zwischen dem Verhalten der einzelnen Privatrechtssubjekte und dem Allgemeinwohl

Indem das Privatrecht das Verhalten der einzelnen Privatrechtssubjekte beeinflusst, reicht es in seiner Wirkung über die Konfliktlösung im Einzelfall hinaus und nimmt Einfluss auf Belange des Allgemeinwohls. Obgleich die so verfolgbaren Allgemeinwohlinteressen ihrer Art nach sicherlich nicht auf einen nummerus clausus beschränkt sind, lassen sich im wesentlichen drei Aspekte unterscheiden. Es handelt sich hierbei um die Aspekte der Ordnung, der Wohlfahrt und der Verteilung.

1. Die Ordnungsfunktion des Privatrechts

Indem das Privatrecht Regeln für das Zusammenleben von Privatrechtssubjekten aufstellt, schafft es wie alles Recht Ordnung. Es zieht gewissermaßen *„unsichtbare Grenzen"* zwischen den einzelnen Privatrechtssubjekten.[16] Hierdurch fördert es nicht nur Frieden im Sinne von Gewaltfreiheit (ein Gewaltver-

---

[14] RGZ 117, 121 ff.

[15] So führt ein besonders starker Kündigungsschutz häufig dazu, dass ein Dauerschuldverhältnis aufgrund der Furcht der Gegenseite, sich hiervon nicht mehr lösen zu können, gar nicht erst begründet wird, vgl. *Eichenhofer*, JuS 1996, 857, 864.

[16] *Savigny*, System des heutigen römischen Rechts, Bd. 1, S. 331 f.

bot wäre theoretisch auch unabhängig von einer Privatrechtsordnung denkbar), sondern verhindert auch, dass die einzelnen Privatrechtssubjekte ihr u.U. nur vermeintliches Recht im Meinungsstreit selbst suchen.[17] Auf diese Weise dient eine gesetzliche Regelung im Fall eines Interessenkonflikts den Parteien idealerweise als Richtschnur, wie dieser zu lösen ist, und schließt Meinungsverschiedenheiten von vornherein aus. Auch wenn andere überindividuelle Funktionen des Privatrechts teilweise auf der so beschriebenen Ordnungsfunktion aufbauen (hier ist vor allem an die wohlfahrtsteigernde Funktion zu denken), kommt ihr ein eigenständiger Wert zu.[18]

2. Der Zusammenhang zwischen Privatrecht und Wohlfahrt

Daneben hat das Privatrecht auch erhebliche Auswirkungen auf die Effizienz, mit der eine Gesellschaft die ihr zur Verfügung stehenden Ressourcen nutzt, und wirkt sich somit auf deren Wohlfahrt aus.[19] Besondere Bedeutung hat hierbei die Gewährleistung subjektiver Rechte – vor allem des Privateigentums – und das Institut der Vertragsfreiheit. Der Einfluss des durch die Vertragsfreiheit geprägten Systems der Marktwirtschaft auf die Leistungsbereitschaft der einzelnen Privatrechtssubjekte wurde bereits angedeutet. Dass diese wiederum Einfluss auf den gesamtgesellschaftlichen Wohlstand hat, ist unschwer zu erkennen. Im Hinblick auf die Bedeutung subjektiver Rechte für eine effiziente Ressourcennutzung sei an das obige Beispiel des Bauern, der ein Feld bestellt, erinnert. Es liegt auf der Hand, dass es wohlstandsmindernd wäre, wenn einzelne Ressourcen nicht mehr planmäßig genutzt würden, weil sich dies angesichts des ungehinderten Zugriffs Dritter auf deren Ertrag nicht mehr lohnt. Ebenso zeigt das Beispiel des Pharmaunternehmens, dass eine Rechtsordnung, die das geistige Eigentum nicht schützt, Innovation und somit wirtschaftliches Wachstum verhindert.[20] Das Institut der Vertragsfreiheit und die Gewährung subjektiver Rechte sind jedoch nicht die einzigen Aspekte des Privatrechts, die im Zusammenhang zum Effizienzkriterium stehen. Praktisch alle Regelungen des Privatrechts können in Hinblick auf ihre Auswirkungen auf das Effizienzkriterium betrachtet werden. An dieser Stelle sei exemplarisch nur auf die vertraglichen Formvorschriften hingewiesen, welche neben individuellen Zwecken (Warn- und Übereilungsschutz) auch dazu dienen, die Beweisbarkeit und Überprüfbarkeit von Rechtsgeschäften zu fördern. Da sie so die Rechtspflege entlasten bzw.

---

[17] *Bydlinski*, Methodenlehre, S. 325 f.; *Zippelius*, Rechtsphilosophie, S. 70 ff.

[18] Teilweise wird der Begriff der „Ordnungsgesichtspunkte" offensichtlich auch als Oberbegriff für jede Art überindividueller Privatrechtselemente verwendet, vgl. etwa *Larenz*, Methodenlehre, S. 9.

[19] Im einzelnen hierzu unten C II.

[20] *Eidenmüller*, Effizienz, S. 159.

die behördliche Überwachung von Verträgen erleichtern (z.B. im Kartellrecht), kommt auch ihnen letztlich wohlfahrtssteigernde Wirkung zu.[21]

3. Der Zusammenhang zwischen Privatrecht und Verteilung

Von der Wohlfahrt ist der Gesichtspunkt der Verteilung zu unterscheiden. Während sich erstere ausschließlich auf die Summe des gesamtgesellschaftlichen Wohlstands bezieht und somit mit einem Zustand ungerechter Verteilung vereinbar ist, betrifft letzterer die Frage, wie sich dieser Wohlstand auf die einzelnen Gesellschaftsmitglieder verteilt.[22] Das Privatrecht kann zwar nicht wie das Sozialrecht *staatliche* Mittel nach bestimmten Kriterien verteilen, doch ist es ihm möglich, gewisse distributive Effekte durch die Abweichung vom ansonsten im Privatrecht geltenden Prinzip der formalen Gleichheit zu erzielen. Dem Grundsatz der formalen Gleichheit entspricht die ausgleichende Gerechtigkeit (iustitia commutativa), die besagt, dass Rechte und Pflichten im Verhältnis zwischen den Privatrechtssubjekten ohne Ansehung deren Person zu verteilen sind.[23] So entspricht es beispielsweise der iustitia commutativa, dass ein Brot für den Millionär das gleiche kostet wie für einen Sozialhilfeempfänger.

Für die Verfolgung distributiver Ziele bieten sich sowohl vertragliche als auch gesetzliche Schuldverhältnisse an.[24] Aus dem Bereich der gesetzlichen Schuldverhältnisse mag § 829 BGB als Beispiel dienen, der abweichend vom ansonsten im Deliktsrecht geltenden Verschuldensprinzip das Bestehen eines Schadensersatzanspruchs u.a. von den Vermögensverhältnissen der Beteiligten abhängig macht. Der Ausgleich findet somit gerade nicht ohne Ansehung der Person statt, sondern knüpft vielmehr an ein personenbezogenes Differenzierungskriterium und erzielt so einen Umverteilungseffekt.[25] Häufiger finden sich

---

[21] Den überindividuellen Aspekt der Formvorschriften betont auch *Larenz/Wolf*, AT, § 1 Rn. 8.

[22] Zum Verhältnis von Effizienz und Verteilungsgerechtigkeit vgl. *Eidenmüller*, Effizienz, S. 273 ff.; *Ott/Schäfer*, JZ 1988, 213, 221 f.

[23] Vgl. *Eichenhofer*, JuS 1996, 857, 860. Zur ausgleichenden Gerechtigkeit siehe *Zippelius*, Rechtsphilosophie, § 16 II; *Canaris*, iustitia distributiva, S. 9 ff. Vereinfachend ausgedrückt, bedeutet die Abweichung vom Grundsatz der formalen Gleichheit, dass es nicht mehr darauf ankommt, was der Einzelnen *getan hat*, sondern *wer er ist* (Mieter oder Vermieter, Arbeitgeber- oder nehmer, arm oder reich).

[24] Wobei zu beachten ist, dass distributive Effekte durch gesetzliche Schuldverhältnisse einfacher zu realisieren sind als durch vertragliche Schuldverhältnisse, da bei letzteren grundsätzlich die Gefahr besteht, dass der Umverteilungseffekt durch den Preismechanismus kompensiert wird (ausführlich hierzu *Eidenmüller*, Effizienz, S. 294 ff.).

[25] *Larenz/Canaris*, Schuldrecht II/2, § 84 VII 2 b.

derart sozialpolitisch motivierte Regelungen jedoch im Vertragsrecht, wo durch zwingendes Recht teilweise einzelne Gesellschaftsgruppen bevorzugt werden.[26] Zu denken ist hier vor allem an das Arbeits- und Wohnraummietrecht. Wenn hier das Gesetz die Kündigungsmöglichkeit des Arbeitgebers bzw. des Vermieters einseitig erschwert, liegt dem offensichtlich nicht mehr der Grundsatz der formalen Gleichheit zugrunde. So bestimmt § 1 Abs. 3 Satz 1 KSchG ausdrücklich, dass es für die Kündigung auf soziale Gesichtspunkte in der Person des Arbeitnehmers ankommt. Im Wohnraummietrecht wird beispielsweise durch die Kündigungsschutzvorschrift des § 573 BGB pauschal der Mieter gegenüber dem Vermieter privilegiert.[27] Daneben hat es stets Versuche gegeben, soziale Aspekte im Privatrecht auch dort zu berücksichtigen, wo dies nicht durch den Gesetzgeber ausdrücklich angeordnet wurde. Hintergrund dieser Bestrebungen ist im Wesentlichen die Erkenntnis, dass das dem BGB zugrundeliegenden formale Äquivalenzprinzip, also die Annahme von einem ausgeglichenen Kräfteverhältnis der am Rechtsleben Beteiligten, der wirtschaftlich-sozialen Realität bei weitem nicht entspricht.[28] Es wird daher teilweise gefordert, soziale Aspekte generell bei der Auslegung privatrechtliche Normen zu berücksichtigen.[29]

Im Vergleich zu dem zuvor behandelten Aspekt der Wohlfahrt tritt bei der Umverteilung deren überindividuelle Dimension weniger deutlich zu Tage. Zwar lässt sich leicht sagen, dass es sich bei der Verhinderung von Arbeits- und Obdachlosigkeit um Allgemeinwohlinteressen handelt,[30] doch scheint der Unterschied zwischen individuellen und überindividuellen Interessen hier nur ein perspektivischer zu sein.[31] *Dass* die entsprechenden Regelungen überindividuell

---

[26] Ausführlich *Canaris*, iustitia distributiva, S. 1 ff., mit weiteren Beispielen.

[27] Man muss allerdings unterscheiden zwischen einer positiven Umverteilung durch das Privatrecht einerseits und der Verhinderung einer einseitigen Umverteilung durch den Markt andererseits. Verallgemeinernd kann man sagen, dass eine positive Umverteilung durch die *Schaffung* bzw. *Aufrecherhaltung* vertraglicher Bindung erreicht wird (z.B. Kontrahierungszwang, Kündigungsschutz), während man der einseitigen Umverteilung durch den Markt im Wege der *Verhinderung* vertraglicher Bindung entgegengewirkt. Um letzteren Aspekt geht es, wenn wie in den Bürgschaftsfällen die Sittenwidrigkeit eines Rechtsgeschäfts mit der ausgeprägten Unterlegenheit einer Partei begründet wird. Dieser Unterschied wird regelmäßig nicht thematisiert.

[28] Vgl. zur Kritik am sozialen Modell des BGB MünchKomm/*Säcker*, Einleitung zum BGB, Rn. 27 ff.; *Esser/Schmidt*, Schuldrecht I/1, S. 2 ff.

[29] Vgl. aus neuester Zeit *Esser/Schmidt*, Schuldrecht I/1, S. 10 ff. Aus den 70er Jahren ist in diesem Zusammenhang stellvertretend *Reifner*, Alternatives Wirtschaftsrecht, S. 91 ff., 99, zu nennen, der generell eine „soziale Auslegung" des bürgerlichen Rechts fordert und hiermit eine „Widerspiegelung der wesentlichen auch widersprüchlichen sozialen Zwecke und Funktionen rechtsrelevanter Handlungen in Rechtsgeschäft und Gesetz durch ein materielles Verständnis der formalen Abstraktion und Gerechtigkeitsziele des bürgerlichen Rechts" meint.

[30] So *Larenz/Wolf*, AT, § 1 Rn. 8.

[31] Anders ist dies beispielsweise beim ebenfalls der Kategorie der Umverteilung zuzurechnenden Mutterschutz, wo man mit dem Ziel einer Steigerung der Geburtenquote

motiviert sein müssen, ergibt sich jedoch allein daraus, dass sie nicht rechtsverhältnisintern zu rechtfertigen sind.[32]

C. Der Inhalt des Verkehrsinteresses

Während andere Allgemeinwohlinteressen beschreibende Begriffe meist aus sich selbst heraus verständlich sind, ist dies beim Begriff des Verkehrsinteresses nicht ohne weiteres der Fall. Umso mehr überrascht, dass obwohl das Verkehrsinteresse in der zivilrechtlichen Literatur mannigfach als Argumentationstopos dient, regelmäßig eine Auseinandersetzung mit dessen Inhalt fehlt.[33] Bekannt ist nur, dass mit „Verkehr" der Güter- und Warenverkehr gemeint ist. Doch in welchem genauen Zusammenhang steht der Güter- und Warenverkehr mit dem Wohl der Allgemeinheit? Dieser Frage ist im Folgenden nachzugehen.

I. Das Verhältnis von Verkehrsleichtigkeit und Verkehrssicherheit

Einen ersten Anhaltspunkt zum Inhalt des Verkehrsinteresses gewinnt man, wenn man die im Zusammenhang mit dem Verkehrsinteresse verwendeten Umschreibungen genauer analysiert. Es sind wohl zwei Aspekte, die unter dem Oberbegriff Verkehrsinteresse oder Verkehrsschutz zusammengefasst werden und die es auseinander zu halten gilt: der Aspekt der *Sicherheit* und der der *Leichtigkeit* des Verkehrs.[34]

---

ein sich deutlich von den Interessen der Mutter unterscheidbaren überindividuellen Aspekt ausmachen kann.

[32] Vgl. zu den Voraussetzungen einer rechtsverhältnisinternen bzw. individuellen Rechtfertigung unten § 6 A (= S. 136 f.). Die Frage, *weshalb* die Allgemeinheit ein Interesse an der Umverteilung hat, ist in diesem Zusammenhang letztlich zweitrangig. Man kann wohl vermuten, dass die Privilegierung Einzelner deshalb im Allgemeinwohlinteresse liegt, weil den einzelnen Gesellschaftsmitgliedern unabhängig von ihrem eigenen sozialen Status ein Mindestmaß an Verteilungsgerechtigkeit wünschenswert erscheint. Hierin mag man eine Abweichung von Verhaltensmodell des homo oeconomicus erblicken (hierzu näher unter C II 1). Wer daran festhalten will, mag das Allgemeinwohlinteresse daraus ableiten, dass die sozial Bessergestellten ein grundsätzliches Interesse daran haben, explosive Wohlfahrtdiskrepanzen nicht allzu groß werden zu lassen (vgl. *Eidenmüller*, Effizienz, S. 278).

[33] Kritik an dieser Tatsache bei *Bydlinski*, Privatautonomie, S. 131, der von einem „undifferenzierten Gebrauch" des Begriffs der Verkehrssicherheit spricht.

[34] Vgl. etwa *Lennen*, Funktionsbedingungen, S. 110; *Baur/Stürner*, Sachenrecht, § 52 Rn. 8. Der Begriff des Verkehrsinteresses wird in vielfältiger Form umschrieben. So spricht *Canaris*, AcP 184(1984), 201, 221 Fn. 69 a vom „flüssigen Geschäftsverkehr und Güterumsatz" oder Staudinger/*Wiegand*, Vor §§ 932 ff. Rn. 3, von der „Leichtigkeit und Sicherheit der Güterzirkulation". Teilweise wird auch nur von Verkehrssicherheit gesprochen, womit aber z.B. im Fall von *Bydlinski*, Privatautonomie, S. 131 ff., auch ein inhaltlicher Unterschied verbunden ist.

Der Begriff der Verkehrs*sicherheit* wird meist als eine besondere Ausformung der Rechtssicherheit für den rechtgeschäftlichen Bereich definiert.[35] Danach geht es um die Möglichkeit des Einzelnen, sein Verhalten im Rechtsleben nach der Erkenntnis auszurichten, welche rechtliche Wertung ein gedachter Tatbestand durch die Rechtsordnung erfahren wird.[36] Für den Rechtsverkehr bedeutet dies, dass der einzelne Teilnehmer sicher beurteilen kann, ob er durch eine entsprechende Erwerbshandlung ein Recht erwirbt und somit keine aus einer Fehleinschätzung resultierenden Schäden befürchten muss.[37]

Bei genauerer Betrachtung wird aber deutlich, dass eine Beschränkung auf das Verhältnis von Tatbestand und Rechtsfolge zu kurz greift. Die Verknüpfung von Tatbestand und Rechtsfolge erzeugt nämlich nur dann Verkehrssicherheit, wenn der Tatbestand für den Verkehrsteilnehmer auch zweifelsfrei zu ermitteln ist.[38] Hier wird jedoch häufig die Hauptschwierigkeit liegen, da das Vorliegen mancher Erwerbsvoraussetzungen, d.h. der Tatbestandmerkmale eines Rechtsgeschäfts, kaum oder nur mit hohem Aufwand sicher bestimmt werden kann. So würde beispielsweise der aus dem römischen Recht bekannte Grundsatz, dass niemand mehr Rechte übertragen kann, als ihm zustehen, sicherlich die Anforderungen an eine klare überschaubare Regelung erfüllen. Verkehrssicherheit würde hiermit indes nicht erzielt, da die auf Tatbestandsebene relevante Frage, ob dem Veräußerer das Recht, das erworben werden soll, auch wirklich zusteht, kaum mit Gewissheit beantwortet werden kann. Gleiches gilt für den Fall des Kontrahierens mit einem Vertreter, soweit die Ungewissheit dessen Vertretungsbefugnis betrifft. Folglich kann eine Rechtsordnung sich zur Schaffung von Verkehrssicherheit nicht mit der Zurverfügungstellung klarer rechtlicher Regelungen begnügen, sondern muss zusätzlich Bedingungen schaffen, die die Erkennbarkeit von Erwerbsvoraussetzungen steigern.

Leichtigkeit des Verkehrs bedeutet demgegenüber, dass die Herbeiführung eines rechtgeschäftlichen Erfolgs möglichst einfach, d.h. ohne zeitlichen oder sonstigen Aufwand erreicht werden kann.[39] Auf den ersten Blick würde ein Optimum an Verkehrsleichtigkeit somit durch die oben beschriebene absolute Vertragsfreiheit erreicht, in der jede beliebige Rechtsfolge durch zwei überein-

---

[35] *Leenen*, Symposium Wieacker, S. 108, 110; f. *Scholz*, Die Rechtssicherheit, S. 40 ff.; *Pahl*, Haftungsrechtliche Folgen, S. 148; anders hingegen *Ehrenberg*, JhJb 47, 273 ff., der Rechts- und Verkehrssicherheit als Gegensätze versteht.

[36] Vgl. zur Rechtssicherheit, *Bydlinski*, Methodenlehre, S. 325 ff.

[37] *Leenen*, Symposium Wieacker, S. 108,110.

[38] *Bydlinski*, Privatautonomie, S. 141, 146 ff. 173, stellt der Rechtssicherheit die Rechtsklarheit entgegen, wonach die Rechtsfolgen sicher und unschwer überschaubar sein müssen, wozu auch die Vermeidung von Beweisproblemen gehört; dies nimmt *Pahl*, Haftungsrechtliche Folgen, S. 149 f. auf.

[39] Vgl. *Leenen*, Symposium Wieacker, S. 108, 110 f.

stimmende Willenserklärungen erzielt werden kann. Alle hierüber hinausgehenden Anforderungen an ein Rechtsgeschäft scheinen der Leichtigkeit des Verkehrs ausschließlich zu schaden.

Schlägt man die Brücke zu Verkehrssicherheit, drängt sich der Eindruck auf, dass zwischen ihr und der soeben beschriebenen Leichtigkeit des Verkehrs ein Zielkonflikt besteht.[40] Das Streben nach einer Minimierung des zeitlichen und finanziellen Aufwandes verträgt sich scheinbar nicht mit dem Anliegen der Verkehrssicherheit, die zur Abwendung von Schäden eher zur „Vorsicht" mahnt. Dieser Verdacht scheint sich noch zu erhärten, wenn man die Mechanismen betrachtet, mit denen das Privatrecht teilweise die zur Erzielung von Verkehrssicherheit notwendige Erkennbarkeit von Erwerbsvoraussetzungen erreicht. Zu denken ist in diesem Zusammenhang etwa an das Grundbuch. Es ermöglicht den Verkehrsteilnehmern, mit einem hohen Maß an Sicherheit die Berechtigung desjenigen zu überprüfen, der ein Recht an einem Grundstück übertragen will. Um die Gewähr für die Richtigkeit des Grundbuchs zu steigern, verlangt § 873 Abs. 1 BGB neben der Einigung über die Rechtsänderung deren konstitutiv wirkende Eintragung in das Grundbuch. Ganz offensichtlich erhöht das Erfordernis der Eintragung aber den finanziellen und vor allem zeitlichen mit der Rechtsänderung verbundenen Aufwand erheblich und ist insoweit der Leichtigkeit des Verkehrs abträglich.

Bei genauerer Betrachtung ergeben sich gleichwohl Zweifel, ob tatsächlich ein Zielkonflikt zwischen den Aspekten der Verkehrsleichtigkeit und -sicherheit besteht. Was nützt es beispielsweise unter dem Gesichtspunkt der Leichtigkeit des Verkehrs, wenn bei Nichtexistenz eines Grundbuchs die Übertragung eines Grundstücksrechts durch bloße Einigung möglich ist, der Erwerber dafür aber – will er nicht ein hohes Risiko eingehen – umfassende Erkundigungen über die Berechtigung des Veräußerers einholen muss? Man denke in diesem Zusammenhang beispielsweise an den Erwerb von Anteilen an einer Gesellschaft mit beschränkter Haftung, die im Laufe der Jahre mehrfach ihren Inhaber gewechselt haben. Mangels Ersichtlichkeit der entsprechenden Abtretungsvereinbarungen aus dem Handelsregister kann der für eine auch nur halbwegs sichere Beurteilung der Berechtigung des Veräußerers erforderliche Aufwand im Einzelfall immens sein. Schon diese Überlegung deutet darauf hin, dass die durch das Grundbuch geschaffene Verkehrssicherheit in einer Gesamtbetrachtung der Leichtigkeit des Verkehrs durchaus zuträglich sein kann.

Analysiert man das Verhältnis beider Elemente im Einzelnen, wird deutlich, dass die Verkehrssicherheit als solche die Leichtigkeit des Verkehrs sogar *ausschließlich* fördert. Lediglich die mit der Schaffung von Verkehrssicherheit

---

[40] In diesem Sinn *Leenen*, Symposium Wieacker, S. 108, 111, auch wenn er zugibt, dass es noch weitere „Querverbindungen" der einzelnen Aspekte gibt.

verbundenen „Nebenwirkungen“ sind der Verkehrsleichtigkeit u.U. abträglich. Verständlich wird dies, wenn man andere rechtliche Arrangements betrachtet, die der Gesetzgeber zur Steigerung von Verkehrssicherheit gewählt hat. So hat er sich beispielsweise im Bereich der beweglichen Sachen gegen ein Register und somit einen künstlichen Rechtsscheinträger entschieden. Statt dessen ersetzen die §§ 932 ff. BGB unter bestimmten Voraussetzungen einfach die schwer erkennbare Erwerbsvoraussetzung der Berechtigung des Veräußerers durch die leichter erkennbare Voraussetzung des Besitzes. Indem somit neben der Einigung keine zusätzlichen Erwerbshandlungen erforderlich sind,[41] bleiben die beschriebenen Nebenwirkungen aus und es gelingt, Verkehrssicherheit zu schaffen, die ausschließlich positive Auswirkungen auf die Verkehrsleichtigkeit hat. Im Ergebnis ist daher festzuhalten, dass der erste Eindruck, wonach zwischen Verkehrsleichtigkeit und -sicherheit ein Zielkonflikt besteht, falsch ist.

Die Art und Weise, wie die Regelungen der Rechtsscheinlehre Verkehrssicherheit und Verkehrsleichtigkeit fördern, lässt noch einen weiteren wichtigen Rückschluss auf das Verhältnis von Verkehrssicherheit und -leichtigkeit zu, der über die eben erörterten Alternativen von Zielkonflikt oder Zielharmonie hinausgeht. Er betrifft die Frage, ob zwischen beiden Kriterien ein Rangverhältnis besteht. Denn wenn es etwa den §§ 932 ff. BGB gelingt, durch eine (Erwerbs-)Tatsachenersetzung Verkehrssicherheit zu schaffen, so darf nicht übersehen werden, dass hiermit zwar keine für die Verkehrsleichtigkeit negativen Nebenwirkungen verbunden sind, eine erhebliche „Nebenwirkung“ aber darin besteht, dass der Eigentümer sein Eigentum verliert und daher u.U. seinerseits einen Schaden erleidet. Liegt aber der Grund für die Schaffung von Verkehrssicherheit darin, aus Fehleinschätzungen resultierende Schäden möglichst zu vermeiden, scheint das Prinzip der Tatsachenersetzung insoweit lediglich zu einer sinnlosen Umverteilung zu führen. Die §§ 932 ff. BGB verringern zwar die Gefahr, dass dem potentiellen Erwerber aufgrund der Nichtberechtigung seines Vertragspartners Schäden entstehen, doch geschieht dies nur unter Inkaufnahme möglicher Schäden des Eigentümers. Insbesondere vor dem Hintergrund, dass die mit der Taschenersetzung einhergehende Rechtsscheinentsprechung zu einer Belastung führt, die u.U. erheblich über das hinausgeht, was zur Schadlosstellung des Gutgläubigen unbedingt erforderlich ist,[42] wird deutlich, dass insoweit unter dem Aspekt der „Schadensvermeidung“ allenfalls ein Nullsummenspiel vorliegt. Die Vermeidung von aus Fehleinschätzungen resultierenden Schäden und somit die Schaffung von Verkehrssicherheit kann daher kein Selbstzweck sein. Der Sinn der beschriebenen Umverteilung resultiert vielmehr einzig daraus, dass die geschaffene Verkehrssicherheit – wie zuvor

---

[41] Das Erfordernis der Übergabe dürfte insoweit zu vernachlässigen sein, da es nach Belieben ersetzt werden kann (§§ 930, 931 BGB).

[42] Vgl. oben § 2 B I (= S. 27 f.).

festgestellt – der *Leichtigkeit* des Verkehrs zuträglich ist. Bei Verkehrssicherheit und -leichtigkeit handelt es sich somit nicht um gleichberechtigte Ziele, zwischen denen zufällig eine Harmonie besteht, sondern der Verkehrssicherheit kommt gegenüber der Verkehrsleichtigkeit eine dienende Funktion zu. Bei der Vermeidung von aus Fehleinschätzungen resultierenden Schäden handelt es sich somit lediglich um ein Zwischenziel auf dem Weg zur Erreichung von Verkehrsleichtigkeit. Aus diesem Grund meint Verkehrsinteresse in erster Linie Verkehrsleichtigkeit. Die Verkehrssicherheit hat demgegenüber keine eigenständige Bedeutung.

II. Das Streben nach Effizienz als Inhalt des Verkehrsinteresses

Auch ohne eine genauere ökonomische Analyse deutet nach dem Gesagten alles darauf hin, dass das Verkehrsinteresse auf Maßstäbe wirtschaftlicher Effizienz verweist. Worin der Zusammenhang zwischen einem reibungslosen Güter- und Warenverkehr und einem Zustand von Effizienz genau besteht, ist indes keineswegs so offensichtlich, dass auf eine nähere Auseinandersetzung mit dieser Frage verzichtet werden könnte. Im Folgenden soll daher der Versuch unternommen werden, diesen Zusammenhang unter Einbeziehung der Erkenntnisse der ökonomischen Analyse des Rechts (ÖAR) aufzuhellen.

1. Der Ansatz der ökonomischen Analyse des Rechts

a) Die konzeptionellen Grundlagen der ökonomischen Analyse des Rechts

Gegenstand der ÖAR ist zunächst die Ermittlung der durch rechtliche Regelungen ausgelösten gesellschaftlichen Folgen, wobei im Mittelpunkt die Auswirkungen rechtlicher Arrangements auf die effiziente Nutzung von Ressourcen steht. Wesentliche Grundlagen der ÖAR sind die Hypothesen der Knappheit sowie die des rational und eigennützig handelnden homo oeconomicus (sog. REM-Hypothese).[43] Bei letzterem handelt es sich um ein Modell menschlichen Verhaltens, dass ermöglichen soll, die Reaktion des Einzelnen auf rechtliche Arrangements zu beschreiben. In dieser Funktion ersetzt es Verhaltensauswertung auf empirischer Basis. Über die positive Analyse hinaus trifft die ÖAR aber auch normative Bewertungen, d.h. sie bleibt nicht bei der Folgenbeschreibung stehen, sondern macht auch Aussagen darüber, welcher von zwei ver-

---

[43] Monographisch hierzu *Kirchgässner*, Homo Oeconomicus, S. 1 ff.; vgl. auch *ders.* JZ 1991, 104 ff.; *Schäfer/Ott*, Ökonomische Analyse, S. 56 ff.; *Eidenmüller*, Effizienz, S. 28 ff.

schiedenen gesellschaftlichen Zuständen vorzugswürdig ist. Hierbei stützt sie sich auf die Erkenntnisse der Wohlfahrtsökonomie.[44]

b) Die Unbedenklichkeit der ökonomischen Analyse des Rechts im vorliegenden Zusammenhang

Die ÖAR hat aus Reihen der Rechtswissenschaft zum Teil starke Ablehnung erfahren.[45] Im Wesentlichen bezieht sich die Kritik darauf, dass die ÖAR mit dem Effizienzkriterium fremde Erwägungen in das Recht hineintrage, und dass eine auf Effizienzerwägungen basierende Rechtsordnung nicht mit dem Gebot sozialer Gerechtigkeit vereinbar sei. Schließlich wird dem Modell des homo oeconomicus Realitätsferne vorgeworfen und angeführt, dass die Vorstellung eines bloßen Nutzenmaximierers mit dem Menschenbild der Rechtswissenschaft nicht vereinbar sei.[46]

Im Rahmen der vorliegenden Untersuchung spielt allenfalls die Kritik am Verhaltensmodell des Model des homo oeconomicus eine Rolle. Denn die den normativen Teil der ÖAR betreffenden Vorbehalte bezüglich des Effizienzkriteriums gehen dort ins Leere, wo dem positiven Privatrecht wie im Fall der Rechtsscheinlehre in Form des Verkehrsinteresses ein Stück ökonomische Rationalität immanent ist. Der Vorwurf, dass externe Erwägungen in das Privatrecht hineingetragen werden, ist insoweit von vornherein gegenstandslos.[47] Die Mittel der ÖAR sollen an dieser Stelle allein dem Zweck dienen, die Auswirkungen der Regelungen der Rechtsscheinlehre auf das Allgemeinwohl näher zu untersuchen. Was die Kritik an dem in diesem Zusammenhang eine zentrale Rolle spielenden Modell des ho-

---

[44] Hierzu *Schäfer/Ott*, Ökonomische Analyse, S. 23 ff.

[45] Besonders deutlich *Fezer* JZ 1986, 817 ff.; *ders.* JZ 1988, 223 ff.; im Zusammenhang mit den Vorschriften des gutgläubigen Erwerbs auch *Hager*, Verkehrsschutz, S. 231 ff.; kritisch auch *Canaris*, Schuldrecht II/2, § 76 III 4 h, der meint, der Mehraufwand an schwieriger Terminologie stehe häufig außer Verhältnis zum Ertrag an sachhaltigen Argumenten. Vgl. die Aufarbeitung der verschiedenen gegen die ÖAR vorgebrachten Argumente bei *Kübler*, FS für Steindorff, S. 687, 690 ff.

[46] *Fezer*, JZ 1988, 223, 228.

[47] So *Walz*, KritV 1986, 131, 147, der anführt, dass man keine rechtsfremden Wertung in das Zivilrecht hineintrage, wo für seine Interpretation schon immer am marktrationalen Verhalten von Rechtssubjekten angesetzt worden ist. Ähnlich *Ott*, Allokationseffizienz in der Rechtsordnung, S. 25 ff. und *Grundmann*, RabelsZ 66 (1997) 423, 434, der betont, dass wenn ökonomische Effizienz zum Telos einer Norm gehört, Effizienzüberlegungen auch aus Auslegungsleitlinie heranzuziehen seien. Unverständlich insofern das in Zusammenhang mit der Rechtfertigung des gutgläubigen Erwerbs von *Hager*, Verkehrsschutz, S. 238 angeführte Argument, ökonomische Erkenntnisse seien keine Rechtsquelle. Bezeichnenderweise begründet *Bydlinski*, Methodenlehre, S. 331 seine Skepsis gegenüber der ÖAR auch gerade damit, dass diese nur auf eine Neuentdeckung längst bekannter ökonomischer Zwecke bestimmter Rechtsnormen oder Rechtsinstitute hinauslaufe.

mo oeconomicus anbetrifft, ist zu beachten, dass es sich hierbei nur um ein Instrument wirtschaftswissenschaftlicher Prognose handelt.[48] Insoweit sind ihm keine präskriptiven oder verhaltenssteuernden Aussagen immanent, sondern es dient ausschließlich dazu, deskriptive Aussagen darüber zu gewinnen, wie sich Individuen in Hinblick auf rechtliche Arrangements vermutlich verhalten werden.[49] Das Verhaltensmodell des homo oeconomicus ist somit positiv und nicht normativ.[50]

Bedeutend ist nur die Kritik, dass das Verhalten von Menschen nicht demjenigen des homo oeconomicus entspreche. Insoweit geht es um die Leistungsfähigkeit der REM-Hypothese als positivem Verhaltensmodell. Tatsächlich kann kein Zweifel daran bestehen, dass der homo oeconomicus in „Reinform" in der Realität nicht anzutreffen ist. In der empirischen Verhaltensforschung konnten eine Vielzahl irrationaler Verhaltensmuster nachgewiesen werden.[51] Dennoch könnte der bloße Befund, dass es in der Realität Abweichungen vom Verhaltensmuster des homo oeconomicus gibt, die REM-Hypothese nur dann grundsätzlich in Frage stellen, wenn sie den Anspruch hätte, ein empirisches Menschenbild exakt nachzuzeichnen. Vergegenwärtigt man sich dagegen ihren Modellcharakter, so impliziert dies bereits, dass sie die Wirklichkeit nicht maßstabsgetreu nachzeichnet.[52] Entscheidend ist vielmehr, dass das Modell des homo oeconomicus sinnvolle Ergebnisse liefert. Hierfür ist nicht erforderlich, dass sich alle Menschen stets rational und eigennützig verhalten, sondern dass sich die Mehrheit überwiegend so verhält. An letzterem kann kein ernsthafter Zweifel bestehen. Im übrigen wurde zu Recht darauf hingewiesen, dass auch die Rechtswissenschaft auf eine Abstraktion von Verhaltensmustern, wie sie dem Modell des homo oeconomicus zugrunde liegt, nicht verzichten kann und auch nie verzichtet hat.[53] Zu denken ist in diesem Zusammenhang beispielweise an das Steuerrecht, das mit Anreizen gezielt versucht, auf das Verhalten der Menschen Einfluss zu nehmen. Solche Regelungen wären sinnlos, wenn ihnen nicht auch das Modell rationalen und eigennützigen Verhaltens zugrunde läge.[54]

2. Der Zustand von Allokationseffizienz

Bevor man den Zusammenhang zwischen Privatrecht und Effizienz näher betrachtet, stellt sich zunächst die Frage, wie ein Zustand optimaler Ressourcen-

---

[48] *Schäfer/Ott*, Ökonomische Analyse, S. 3.

[49] *Kirchgässner*, JZ 1991, 104, 108.

[50] *Eidenmüller*, Effizienz, S. 28.

[51] Vgl. dazu *Schäfer/Ott*, Ökonomische Analyse, S. 63 ff.; *Trautmann*, Konkurrenz von Haftpflicht- und Versicherungsanspruch, S. 84 ff.

[52] *Eidenmüller*, Effizienz, S. 40.

[53] *Kübler*, FS für Steindorff, S. 687, 703; *Eidenmüller*, Effizienz, S. 37.

[54] *Eidenmüller*, Effizienz, S. 37.

nutzung aussieht. Die Ökonomie spricht in diesem Zusammenhang von einem Zustand der Allokationseffizienz oder Pareto-Effizienz.[55] Mit Blick auf die einzelnen Ressourcen liegt eine effiziente Nutzung dann vor, wenn ausgehend von einer Kosten-Nutzen-Rechnung der Ertrag der Ressource maximiert wird. Allein durch eine solche auf die einzelne Ressource beschränkte Betrachtung wird aber noch keine effiziente Ressourcennutzung erzielt. Denn häufig gibt es Wechselwirkungen zwischen der Nutzung verschiedener Ressourcen. Zum einen kann die Nutzung einer Ressource negative Auswirkungen auf eine andere Ressource haben.[56] Man denke beispielsweise an die Bebauung eines Grundstücks, welche dadurch, dass sie die Luftströmung sperrt, den Betrieb einer benachbarten Windmühle beeinträchtigt.[57] Ein Zustand gesamtgesellschaftlicher Effizienz erfordert daher, dass die Kosten-Nutzen-Rechnung nicht auf einzelne Ressourcen beschränkt bleibt, sondern die Kosten und Nutzen sämtlicher Ressourcen in Verhältnis zueinander setzt. Umgekehrt gibt es aber auch eine positive Wechselwirkung zwischen Ressourcen. So liegt es auf der Hand, dass, bezogen auf eine bestimmte Ressource wie beispielsweise ein Stück Ackerland, die Kosten-Nutzen-Rechnung maßgeblich davon abhängt, welche Kenntnisse derjenige mitbringt, der die Ressourcen nutzt. Ein Landwirt wird aufgrund seiner Kenntnisse zweifelsohne einen höheren Ertrag erwirtschaften können als beispielsweise ein Bäcker. Da es sich auch beim Know-how um eine Ressourcen handelt, kann man verallgemeinernd sagen, dass ein Zustand gesamtgesellschaftlicher Effizienz zusätzlich erfordert, dass auch jeweils die richtigen Ressourcen „kombiniert" werden. Die Wohlfahrtstheorie spricht insoweit von einem Zustand der Produktionseffizienz.[58]

Neben der Produktionseffizienz setzt Allokationseffizienz aber auch voraus, dass das Produktionsergebnis entsprechend des jeweiligen individuellen Nutzens zwischen den Gesellschaftsmitgliedern verteilt wird. Da dies durch Tausch geschieht, spricht man in diesem Zusammenhang von der Erforderlichkeit eines Tauschoptimums, das erzielt ist, wenn es in einer Gesellschaft keine Möglichkeiten eines Tausches mehr gibt, die eine Pareto-Verbesserung bewirken.[59] Zudem muss sich aber selbstverständlich bereits die Produktion an den Bedürfnissen der einzelnen Gesellschaftsmitglieder orientieren. Denn in aller Regel gibt es eine Vielzahl möglicher Güter, die unter Einsatz derselben Ressource produ-

[55] Vgl. *Schäfer/Ott*, Ökonomische Analyse, S. 26 ff.

[56] Diese Form der Wechselwirkung ist Gegenstand des Aufsatzes von *Coase*, The probelm of social cost, deutsche Übersetzung in: *Assmann/Kirchner/Schanze*, Ökonomische Analyse des Rechts, S. 129 ff.

[57] Eine Vielzahl weiterer Beispiele findet sich bei *Coase*, a.a.O.

[58] *Schäfer/Ott*, Ökonomische Analyse, S. 27 f.

[59] *Fritsch/Wein/Ewers*, Marktversagen und Wirtschaftspolitik, S. 24; statt von Tauschoptimum oder Tauscheffizienz spricht man auch von effizientem Konsum, vgl. *Schäfer/Ott*, Ökonomische Analyse, S. 27 ff.

ziert werden können. So kann beispielsweise ein Stück Land als Baugrundstück oder als Ackerland verwand werden und auch die menschliche Arbeitskraft ist selbstverständlich in verschiedenster Weise einsetzbar. Erforderlich ist daher auch eine effiziente Produktionsstruktur, wonach die Produktion von Gütern exakt den Bedürfnissen der einzelnen Gesellschaftsmitglieder entspricht.[60] Nur wenn alle dies Bedingungen – eine effiziente Produktion, effizienter Konsum und eine effiziente Produktionsstruktur – erfüllt sind, liegt ein Zustand von Allokationseffizienz vor.

3. *Der Einfluss der Rechtsordnung auf die Erzielung dieses Zustands*

a) Vorrechtlicher Zustand

Die Aufgaben, die sich dem Recht im Hinblick auf die Erzielung eines solchen Zustandes stellen, werden am deutlichsten, wenn man sich zunächst einen vorrechtlichen Zustand vorstellt. Dass sich in einem vorrechtlicher Zustand ohne jede Regulierung keine Effizienz einstellen wird, hat bereits das Beispiel des Bauers verdeutlicht, der ein Feld bestellen will. Wenn der Einzelne sich nicht der Früchte seiner Arbeit sicher sein kann, sinkt für ihn der Anreiz, eine Ressource zu nutzen. Umgekehrt verhindert der freie Zugang zu einer Ressource aber auch deshalb deren effiziente Nutzung, weil der Einzelne Kosten, die im Zusammenhang mit seiner Nutzung entstehen nur dann berücksichtigt, wenn sie *ihm* entstehen. So wird beispielsweise der Bauer, der eine Kuh auf eine Weide treibt, lediglich in Erwägung ziehen, was ihn die Kuh kostet und welchen Ertrag er erwarten kann. Nicht berücksichtigen wird er dagegen, dass durch seine Nutzung der Weide möglicherweise der Ertrag der anderen Kühe, die ihm nicht gehören, sinkt.[61] Auf diese Weise führt rational eigennütziges Verhalten des Einzelnen häufig zu einer suboptimalen Ressourcennutzung. Verallgemeinernd lässt sich sagen, dass es bei beiden angesprochenen Aspekten darum geht, dass die Interessen des homo oeconomicus und die einer optimalen Ressourcennutzung „von Natur aus" nicht deckungsgleich sind. Eigennütziges Handeln zeichnet sich gerade dadurch aus, dass der Einzelne eine persönliche und nicht eine ressourcenbezogene Kosten-Nutzen-Rechnung aufstellt. Nutzen, die nicht ihm zugute kommen, interessieren ihn genauso wenig wie Kosten, für die er nicht aufkommen muss. Man spricht in diesem Zusammenhang von externen Effekten, wobei externe Kosten und externe Ersparnisse unterschieden werden können.[62]

---

[60] *Schäfer/Ott*, Ökonomische Analyse, S. 29.

[61] Vgl. ausführlich zu diesem Beispiel *Lehmann*, Ökonomische Analyse, S. 36 ff.

[62] Vgl. *Schäfer/Ott*, Ökonomische Analyse, S. 78, 366.

b) System unter Ausschaltung des homo oeconomicus

Bei der rechtlichen Bewältigung dieses Problems sind grundsätzlich zwei Möglichkeiten denkbar. Zunächst könnte man überlegen, der aus dem eigennützigen Verhalten der Gesellschaftsmitglieder resultierenden Ineffizienz dadurch zu begegnen, dass man persönliche Kosten-Nutzen-Rechnungen möglichst ausschaltet. Dies entspräche dem System einer Planwirtschaft und würde bedeuten, dass der Staat zentrale Kosten-Nutzen-Analysen vornimmt und die einzelnen Gesellschaftsmitglieder hiernach so einsetzt, dass sie dem gesellschaftlichen Wohlstand am zuträglichsten sind. Es fällt nicht schwer zu erkennen, dass ein solches Vorgehen nicht nur mit unserer Verfassung unvereinbar, sondern auch praktisch nicht umsetzbar wäre. Wenn man es nicht schon von vornherein als unmöglich bezeichnet will, eine solche zentrale Analyse überhaupt vorzunehmen (die zudem ja auch ständig neuen Umständen angepasst werden müsste), so wäre sie doch zumindest zusammen mit den zu ihrer Umsetzung erforderlichen Maßnahmen mit völlig unverhältnismäßigen Kosten verbunden. Der Grund hierfür dürfte letztlich in nichts anderem als der Tatsache liegen, dass es sich beim Eigennutz des homo oeconomicus im weitesten Sinn ebenfalls um eine Ressource handelt, die durch die Ausschaltung individueller Kosten-Nutzen-Analysen brach läge und somit verschwendet würde.

c) System unter Einbeziehung des homo oeconomicus

(1) Internalisierung externer Effekte

Die bestehende Rechtsordnung versucht nicht, das eigennützige Verhalten des homo oeconomicus auszuschalten, sondern schafft vielmehr Rahmenbedingungen, unter denen es seinerseits der Erreichung einer effizienten Ressourcennutzung dient. Hierzu muss sie zunächst die Diskrepanz zwischen dem personenbezogenen Denken des homo oeconomicus und dem aus Effizienzgesichtspunkten erforderlichen ressourcenbezogenen Denken überwinden. In der Sprache der ÖAR geht es um die Internalisierung externer Effekte.[63] Einen wesentlichen Beitrag hierzu leistet die exklusive Zuweisung einer Ressource an ein Privatrechtssubjekt, wie dies vor allem durch das Institut des Privateigentums geschieht.[64] Hierdurch wird erreicht, dass die Diskrepanz zwischen dem Eigennutz des homo oeconomicus und der optimalen Nutzung dieser Ressource entfällt, da beides gewissermaßen gleichgesetzt wird.[65] Vor allem werden hierdurch externe

---

[63] Vgl. *Richter/Furubotn*, Neue Institutionenökonomik, S. 100 ff.

[64] *Richter/Furubotn*, Neue Institutionenökonomik, S. 79 ff.

[65] Eine effiziente Ressourcennutzung könnte daneben grundsätzlich auch durch Formen von Gemeinschaftseigentum erreicht werden, vgl. *Schäfer/Ott*, Ökonomische Ana-

Ersparnisse vermieden. Dies geschieht zum einen durch die zur Schaffung von Exklusivität unabdingbaren Abwehransprüche wie etwa § 1004 BGB. Der Vermeidung externer Ersparnisse dienen aber auch rechtliche Institutionen wie die §§ 953 ff. BGB oder das Patent- oder Urheberrecht, indem sie sicherstellen, dass auch die bei der Nutzung einer exklusiv zugewiesenen Ressource gewonnenen Früchte deren jeweiligem Inhaber zugute kommen. Umgekehrt bedeutet die exklusive Zuweisung einer Ressource auch, dass alle in Hinblick auf die Ressource auftretenden Kosten bei deren Inhaber entstehen und somit internalisiert werden.

Wesentliche Voraussetzung einer exklusiven Zuweisung von Handlungsrechten ist allerdings stets die *Spezifizierung* der jeweiligen Ressource.[66] Ohne sie fehlt es bereits an einem geeigneten Objekt der Zuweisung. Bei vielen Ressourcen wie beispielsweise beweglichen Sachen stellt die Spezifizierung kein rechtliches Problem dar. Es handelt sich insofern um natürlich abgegrenzte Güter, deren Spezifizierung ohne besondere rechtliche Rahmenbedingungen gewährleistet ist. Demgegenüber kommen beispielsweise Immobilien oder alle Formen geistigen Eigentums nicht ohne rechtliche Arrangements aus. Im Fall der Immobilie liegt dies daran, dass ein Grundstück regelmäßig keine natürlichen Grenzen hat und diese daher erst festgelegt werden müssen. Noch deutlicher wird dies im Fall des Patentrechts oder Warenzeichens. Hier kann sich die Rechtsordnung nicht damit begnügen, die Grenzen des Zuweisungsobjekts zu bestimmen, sondern muss vielmehr zuvor dessen Inhalt festlegen.[67] Der Zusammenhang zwischen Spezifizierung, exklusiver Zuweisung und der Internalisierung externer Effekte wird dort besonders deutlich, wo eine Spezifizierung wie im Beispiel der Atmosphäre unmöglich bzw. zu aufwendig ist. Bei der Luftverschmutzung handelt es sich daher um ein Paradebeispiel für externe Kosten, die mit Hilfe des Privatrechts nicht internalisiert werden können.[68]

Darüber hinaus muss die Rechtsordnung aber auch externe Effekte internalisieren, die sich aufgrund der beschriebenen möglichen negativen Auswirkungen verschiedener Ressourcennutzungen untereinander ergeben. Denn die exklusive Zuordnung von Ressourcen führt immer nur soweit zu einer Internalisierung externen Kosten wie das Objekt der Zuordnung selbst reicht. Der Eigentümer ei-

---

lyse, S. 521. Diese hängt dann aber stets noch von einer entsprechenden Organisationsstruktur zwischen den Berechtigten ab.

[66] *Walz*, KritV 1986, 131, 151; *Richter/Furubotn*, Neue Institutionenökonomik, S. 100 f.

[67] Vgl. *Leisner*, HbdStR, § 149 Rn. 67 f., der „natürlich abgegrenzte Güter", „wesentlich abgrenzungsbedürftige Güter" und „gesetzlich erst zu bestimmende Güter" unterscheidet.

[68] Dem kann allerdings durch öffentlich-rechtliche Arrangements, wie beispielsweise begrenzte Emissionskontingente begegnet werden. Vgl. zum Handel mit Emissionsrechten *Wagner*, ZBB 2003, 409 ff.

ner Sache wird daher bei deren Nutzung grundsätzlich zwar alle in Bezug auf *diese* Sache entstehenden Kosten in Betracht ziehen, doch werden Kosten, die hierbei durch Einwirkungen auf *andere* Ressourcen entstehen, grundsätzlich nicht in seine persönliche Kosten-Nutzen-Rechnung einfließen. Dem könnte man theoretisch wiederum dadurch begegnen, dass man sämtliche betroffenen Ressourcen einer Person zuordnet. Da dies dann wiederum nur der Staat sein könnte, würde man so aber erneut zu dem oben beschriebenen System der Planwirtschaft gelangen. Eine Alternative hierzu besteht darin, Ressourcen nicht nur pauschal exklusiv zuzuweisen, sondern die mit der Zuweisung verbundenen Handlungsbefugnisse im Hinblick auf ihre Auswirkung auf andere Ressourcen unter dem Gesichtspunkt der Effizienz auszutarieren. So kann man beispielsweise im Fall, dass ein Weizenfeld an eine Weidefläche für Schafe angrenzt und die Schafe regelmäßig einen Teil der Weizenernte beschädigen, die Beantwortung der Frage, ob der Feldeigentümer aus § 1004 BGB das Recht hat, vom Schafhirten die Errichtung einer Absperrung zu verlangen, davon abhängig machen, in welchem Verhältnis die hierfür erforderlichen Kosten zu den auftretenden Schäden stehen.[69] Die Zuweisung der betroffenen Ressourcen zu einer Person wird hierbei nicht praktisch vollzogen, wohl aber gedanklich vorgenommen, indem man fragt, wofür sich eine sog. ideelle Gesamtperson entscheiden würde, bei der sowohl die Vorteile als auch die Nachteile der in Frage stehenden Maßnahme anfallen.[70] Derselbe Ansatz kann auch auf den Bereich der nichtvorsätzlichen Schädigungen übertragen werden, indem man im Rahmen der Bestimmung von Sorgfaltspflichten die zu ihrer Erfüllung erforderlichen Kosten in Verhältnis zum drohenden Schaden sowie dessen Wahrscheinlichkeit setzt.[71] Auch hierbei handelt es sich um die Überlegung, was eine ideelle Gesamtperson täte, die sowohl die Sorgfaltspflicht erfüllen als auch einen möglichen Schaden tragen müsste.

(2) Die Bedeutung des Marktes

Die beschriebene Internalisierung externer Effekte durch die Zuweisung exklusiver Handlungsrechte sowie deren Abstimmung mit den Handlungsrechten an anderen Ressourcen kann alleine noch keinen Zustand effizienter Ressourcennutzung sicherstellen. Insbesondere gewährleistet die exklusive Zuweisung von Ressourcen keine optimale Ressourcenallokation. Der Einsatz von Ressourcen am Ort ihrer nützlichsten Verwendung muss vielmehr anders

---

[69] Vgl. Beispiel bei *Schäfer/Ott*, Ökonomische Analyse, S. 92

[70] Zu dieser Theorie der ideellen oder integrierten Gesamtperson *Adams*, JZ 1989, 787, 788; *Schäfer/Ott*, Ökonomische Analyse, S. 35.

[71] Dies ist Inhalt der sog. Learned Hand-Formel, vgl. hierzu *Schäfer/Ott*, Ökonomische Analyse, S. 146 f.

gefördert werden. In einem System der Planwirtschaft würde man versuchen, dies durch behördliche Zuweisung zu erreichen. Die hiermit verbundenen Nachteile wurden bereits angesprochen. Wie das Privatrecht das Ziel der optimale Ressourcenallokation fördern kann, ist nicht auf den ersten Blick ersichtlich. Eine originäre, am Kriterium der Allokationseffizienz ausgerichtete Zuweisung von Ressourcen durch das Privatrecht erscheint unmöglich. Insbesondere würde insoweit auch ein Zielkonflikt mit dem Erfordernis der Internalisierung externer Effekte eintreten. So verlangt diese, wie gesehen, beispielsweise, dass dem Erfinder zur Vermeidung externer Effekte ein Patenrecht zugebilligt wird. Eine ganz andere Frage ist jedoch, ob dieser auch in der Lage ist, die Erfindung optimal zu nutzen. Auf diesen Gesichtspunkt nimmt das Patentrecht ebenso wenig Rücksicht wie beispielsweise die §§ 953 ff. BGB. Hinsichtlich der richtigen Allokation von Ressourcen verlässt sich das Privatrecht vielmehr vollständig auf den Marktmechanismus, der die originäre Zuweisung verändert. Unter der Annahme, dass derjenige, der den höchsten Preis zu zahlen bereit ist, derjenige ist, für den eine Ressource den größten Nutzen hat, führt der Marktmechanismus unter idealen Bedingungen so zu einem Zustand von Allokationseffizienz.[72]

Große Bedeutung hat der Marktmechanismus aber auch hinsichtlich der oben angesprochenen für die Internalisierung externer Effekte erforderliche Austarierung der auf unterschiedliche Ressourcen bezogenen Handlungsrechte. Anders als hinsichtlich des Ziels der Allokationseffizienz ist das Privatrecht hierzu zwar, wie gesehen, nicht auf den Marktmechanismus angewiesen, sondern kann eine entsprechende Internalisierung bereits durch die originäre Ausgestaltung der Handlungsrechte beeinflussen. Inhalt des Coase-Theorems ist es jedoch, dass der Markt im Verhältnis zur gesetzlichen Primärzuweisung ein *funktionales Äquivalent* darstellt.[73] Um auf das obige Beispiel des an eine Schafweide angrenzenden Weizenfeldes zurückzukommen: Ausgehend vom Coase-Theorem spielt es keine Rolle, ob der Feldeigentümer einen Abwehranspruch hat, wonach der Schafhirte eine Absperrung errichten muss.[74] Wenn eine Absperrung weniger Kosten verursacht, als dem von den Schafen zu erwartende Schaden entspricht, wird sie selbst dann errichtet, wenn dem Feldeigentümer kein Abwehrrecht zusteht. Er wird in diesem Fall vernünftigerweise selbst für die Kosten aufkommen. Wären die Kosten der Absperrung dagegen höher, als der durch die Schafe zu erwartende Schaden, würde sie auch dann nicht errichtet, wenn dem Feldeigentümer ein Abwehranspruch zustünde. In dieser Konstellation wäre es für beide Parteien vorteilhaft, wenn

---

[72] Sog. willingness to pay (vgl. *Schäfer/Ott*, Ökonomische Analyse S. 34).

[73] *Ott/Schäfer*, JZ 1988, 213, 219.

[74] Vgl. zur Bedeutung von Transaktionskosten sogleich unter 4 b.

der Schafhirte dem Feldeigentümer sein Abwehrrecht abkauft. Die ineffiziente Primärzuweisung würde so durch den Markt korrigiert.[75]

Eine überragende Rolle spielt der Marktmechanismus schließlich für die Erzielung des erforderlichen Tauschoptimums und die Gewährleistung einer effizienten Produktionsstruktur. Insbesondere für letztere ist die Preisbildung am Markt unabdingbar. Durch sie wird die jeweilige Knappheit von Gütern abgebildet und so eine Ausrichtung ihrer Produktion an deren Nachfrage ermöglicht.[76]

4. Die rechtlichen Rahmenbedingungen eines Marktes für Handlungsrechte

a) Verkehrsfähigkeit von Handlungsrechten

Eine grundlegende Voraussetzung für einen Markt von Handlungsrechten ist, dass die Rechtsordnung deren Übertragung zulässt.[77] Dies wird durch das Institut der Privatautonomie grundsätzlich erfüllt. Doch gilt auch die Privatautonomie bekanntlich nicht schrankenlos. So wird die Übertragbarkeit von Handlungsrechten u.a. durch die Vorschrift des § 138 BGB beschränkt, wonach beispielsweise der Handel mit Organen ausgeschlossen ist. Ein Markt für Handlungsrechte betrifft aber nicht nur die Übertragung sämtlicher auf eine Ressource bezogenen Handlungsrechte wie im Fall der Übereignung, sondern erfasst wie gesehen auch Transaktionen, die lediglich im Verzicht auf ein gesetzliches Abwehrecht bestehen. In diesem Fall setzt die Verkehrsfähigkeit des entsprechenden Handlungsrechts die Möglichkeit eines solchen Verzichts voraus.

b) Der Einfluss von Transaktionskosten

(1) Transaktionskosten und Kooperationsgewinn

Wesentlichen Einfluss auf die Funktionsfähigkeit von Märkten hat darüber hinaus aber auch der Zusammenhang von Kooperationsgewinn und Transaktionskosten. Der Bäcker, der einen Acker und der Bauer, der eine Backstube geerbt hat, stellen sich beide besser, wenn sie sich zu einem Tausch entschließen. Gleiches gilt im oben geschilderten Fall, dass der Schafhirte dem Weizenbauern dessen Abwehrrecht abkauft, weil die verursachten Schäden geringer sind als

---

[75] *Schäfer/Ott*, Ökonomische Analyse, S. 92. Aus diesem Grund sollte sich eine Primärzuordnung unter Effizienzgesichtspunkten stets daran orientieren, welche Lösung die Parteien vernünftigerweise getroffen hätten (mimic the market). Dieser Gedanke ist letztlich mit der Theorie der ideellen oder integrierten Gesamtperson identisch.

[76] Vgl. näher zum Preismechanismus *Schäfer/Ott*, Ökonomische Analyse, S. 69 ff.

[77] *Eidenmüller*, Effizienz, S. 63.

die von den Schafen zu erwarteten Schäden. In beiden Fällen wird ein Kooperationsgewinn erzielt, den die Parteien untereinander aufteilen. Die Möglichkeit der Erzielung von Kooperationsgewinnen ist der Grund, weshalb Märkte überhaupt entstehen. Zwei rational und eigennützig handelnde Parteien werden keinen Tausch vornehmen, wenn sie hierdurch nicht jeweils einen Nutzen im Sinne eines Kooperationsgewinns erzielen könnten. Umgekehrt werden sie aber theoretisch jeden erzielbaren Kooperationsgewinn realisieren. Auf dieser Annahme basiert das angesprochene Coase-Theorem.

Der Kooperationsgewinn wird jedoch durch sämtliche Kosten, die im Zusammenhang mit dem Tausch entstehen, geschmälert. Solche sog. Transaktionskosten treten in verschiedensten Formen auf.[78] Zu denken ist vor allem an Informationskosten, die bereits bei der Suche nach einem Vertragspartner beginnen. Teilweise werden Transaktionskosten auch schlicht als die Kosten der Nutzung des Marktes definiert.[79] Ein anderer Ansatz grenzt sie negativ zu den Produktionskosten ab.[80] Allgemein wird man wohl vorvertragliche von nachvertraglichen Transaktionskosten unterscheiden können. Da die Parteien diese Kosten in ihre persönliche Kosten-Nutzen-Rechnung ebenso wie die zu erbringende Gegenleistung aufnehmen, kommt die Transaktion nicht zustande, wenn die Transaktionskosten den Kooperationsgewinn aufzehren. Transaktionskosten führen dann dazu, dass potentielle Kooperationsgewinne nicht erzielt werden. Der Markt kann in diesem Fall die ihm zugedachten Aufgaben der Erzielung von Allokationseffizienz und der Internalisierung externer Effekte nicht erfüllen. Obwohl ein anderer eine Ressourcen besser nutzen könnte, wird er sie nicht erwerben. Obwohl eine Absperrung zwischen zwei Grundstücken ökonomisch sinnlos ist, wird sie errichtet.

(2) Das Verkehrsinteresse als Synonym für das Streben nach Transaktionskostensenkung

Vor dem skizzierten Hintergrund fällt es schließlich nicht mehr schwer zu bestimmen, in welchem Zusammenhang das Verkehrsinteresse mit dem Ziel der effizienten Nutzung von Ressourcen steht. Wenn es die Leichtigkeit des Verkehrs ausmacht, dass die Herbeiführung eines rechtgeschäftlichen Erfolges möglichst einfach, d.h. ohne zeitlichen oder sonstigen Aufwand erreicht werden kann, so geht es hierbei um nichts anderes als die Senkung von Transaktionskosten. Das Verkehrsinteresse entspricht dem Interesse einer effizienten Nut-

---

[78] Allgemein zu Transaktionskosten *Eidenmüller*, Effizienz, S. 96 ff.; *Richter/Furubotn*, Neue Institutionenökonomik, S. 45 ff.

[79] *Schäfer/Ott*, Ökonomische Analyse, S. 90.

[80] Vgl. *Eidenmüller*, Effizienz, S. 99 ff.

zung knapper Ressourcen und somit dem Ziel der Wohlfahrtssteigerung. Wo das Privatrecht Verkehrsinteressen verfolgt, liegen ihm demnach von vornherein ökonomische Überlegungen zugrunde.

D. Zusammenfassung

Beim Verkehrsinteresse handelt es sich um ein Allgemeinwohlinteresse oder, m.a.W., ein überindividuelles Interesse. Der grundsätzlichen Möglichkeit der Verfolgung von Allgemeinwohlinteressen durch das Privatrecht steht nicht entgegen, dass der Staat als solcher anders als im öffentlichen Recht nicht Zuordnungssubjekt privatrechtlicher Regelungen ist. Indem das Privatrecht nicht nur Konfliktfälle löst, sondern auch allgemeine Verhaltensrichtlinien für das Zusammenleben von Privatrechtssubjekten aufstellt, steuert es deren Verhalten und nimmt auf diese Weise auch auf Belange des Allgemeinwohls Einfluss.

Was den Inhalt des Verkehrsinteresse anbetrifft, konnten erste Erkenntnisse durch eine genauere Analyse der häufig als Teilaspekte des Verkehrsinteresses genannten Elemente der Verkehrsleichtigkeit und der Verkehrssicherheit gewonnen werden. Hinsichtlich der Verkehrssicherheit hat sich gezeigt, dass es nicht genügt, wenn Verkehrsteilnehmer die Konsequenzen, die die Rechtsordnung an einen Tatbestand knüpft, vorhersehen können. Im Rahmen von Erwerbsgeschäften wird vielmehr häufig auch die Frage Schwierigkeiten bereiten, ob ein bestimmtes Tatbestandsmerkmal und somit eine Erwerbsvoraussetzung überhaupt vorliegt. Nur beispielhaft sei auf die möglichen Schwierigkeiten im Zusammenhang mit der Feststellung der Berechtigten des Veräußerers eines Rechts hingewiesen. Unter Verkehrsleichtigkeit versteht man, dass die Herbeiführung eines rechtgeschäftlichen Erfolgs möglichst einfach, d.h. ohne zeitlichen oder sonstigen Aufwand erreicht werden kann. Was das Verhältnis von Verkehrssicherheit und Verkehrsleichtigkeit anbetrifft, hat sich herausgestellt, dass ersterer lediglich eine untergeordnete, d.h. dienende Funktion zukommt. Das Verkehrsinteresse entspricht daher dem Streben nach Verkehrsleichtigkeit.

Als bedeutsame Erkenntnisquelle für die Bestimmung des Inhalts des Verkehrsinteresses hat sich ferner die aus der Wohlfahrtsökonomie entwickelte ÖAR erwiesen. Wichtig war insoweit zunächst die Erkenntnis, dass ein Zustand von Allokationseffizienz nicht ohne rechtliche Rahmenbedingungen erzielt werden kann. So überwindet das Privatrecht zunächst durch die exklusive Zuweisung von auf Ressourcen bezogenen Handlungsrechten das Problem, dass rational und eigennützig handelnde Privatrechtssubjekte grundsätzlich nur persönliche und nicht ressourcenbezogene Kosten-Nutzen-Rechungen aufstellen. Zusätzlich kann die Rechtsordnung externe Effekte internalisieren, die sich aus den negativen Auswirkungen der Nutzung verschiedener Ressourcen untereinander ergeben. Dies geschieht durch die Austarierung der auf die einzelnen Ressourcen bezogenen Handlungsrechte.

Daneben kommt dem Marktmechanismus elementare Bedeutung zu. Dieser führt unter idealen Bedingungen dazu, dass Ressourcen nicht nur irgendeinem Privatrechtssubjekt zur exklusiven Nutzung zugewiesen werden, sondern demjenigen Privatrechtssubjekt, dass mit der jeweiligen Ressource den größten Nutzen erzielen kann. Das Beispiel des Patentrechts hat gezeigt, dass dem Markt insoweit u.U. auch die Aufgabe zukommt, die zur Internalisierung externer Effekte erforderliche Primärzuweisung zu korrigieren. Ein weiteres Korrektiv stellt der Marktmechanismus im Hinblick auf die angesprochene Austarierung von Handlungsrechten dar. Ausgehend von der REM-Hypothese führt der Austausch auf dem Markt unter idealen Bedingungen dazu, dass auch insoweit eine ineffiziente Primärzuweisung berichtigt wird, indem sich Privatrechtssubjekte Handlungs- bzw. Abwehrrechte „abkaufen" lassen. Schließlich ist der Markt für die Erzielung von Tauscheffizienz sowie eine effiziente Produktionsstruktur unabdingbar.

Der Tausch von Gütern findet nicht außerhalb der Privatrechtsordnung statt, sondern wird maßgeblich durch deren Regelungen geprägt. Eine besondere Bedeutung spielen in diesem Zusammenhang Transaktionskosten. Voraussetzungen dafür, dass der Markt die beschriebenen Funktionen wahrnehmen kann, ist - neben der Zulässigkeit der erforderlichen Transaktionen -, dass der durch eine Transaktion erzielbare Kooperationsgewinn nicht durch Transaktionskosten aufgezehrt wird. Ausschließlich die Erzielung möglicher Kooperationsgewinne ist es nämlich, die den rational eigennützig handelnden Verkehrsteilnehmer dazu anhält, eine Transaktion bzw. einen Tauschvorgang durchzuführen. Wo grundsätzlich mögliche – und stets auf eine vorhandene Ineffizienz hindeutende – Kooperationsgewinne in zu großem Umfang durch Transaktionskosten gemindert werden, entfällt für die Verkehrsteilnehmer der Anreiz, die Transaktion durchzuführen und es verbleibt bei der Ineffizienz.

Wurde somit der Inhalt des Verkehrsinteresses als das Bestreben beschrieben, die Herbeiführung eines rechtgeschäftlichen Erfolgs mit möglichst geringem Aufwand zu erreichen, so ist deutlich geworden, dass hierbei auf nichts anderes als Maßstäbe wirtschaftlicher Effizienz verwiesen wird. Gegenstand des Verkehrsinteresse ist somit letztlich das Ziel der Wohlfahrtssteigerung.

2. Teil

Die verfassungsrechtliche Ausgangslage

§ 4 Die verfassungsrechtliche Bindung des Privatrechtsgesetzgebers

Im Folgenden geht es um die verfassungsrechtlichen Bindungen des Privatrechtsgesetzgebers. Einleitend ist der immer wieder im Zusammenhang mit der Grundrechtswirkung im Privatrecht benutzte Begriff der „Drittwirkung" auszuleuchten (dazu unter A). Nach Darlegung der grundsätzlichen Grundrechtsbindung des Privatrechtsgesetzgebers (dazu unter B) wird sodann ausführlich dargestellt, welchen Einfluss die Grundrechte einzelner Privatrechtssubjekte auf die Tätigkeit des Privatrechtsgesetzgebers haben (dazu unter C). In diesem Zusammenhang ist insbesondere auf das Zusammenspiel der grundrechtlichen Abwehr- und Schutzgebotsfunktion sowie das Verhältnis von Über- und Untermaßverbot einzugehen. Abschließend wird untersucht, welche Freiräume dem Privatrechtsgesetzgeber angesichts der festgestellten verfassungsrechtlichen Vorgaben verbleiben (dazu unter D).

A. Der Begriff der Drittwirkung

Für eine verfassungsrechtliche Überprüfung der Tatbestände der Rechtsscheinlehre ist zunächst abzuklären, ob und gegebenenfalls wie der Privatrechtsgesetzgeber an die Verfassung gebunden ist. In diesem Zusammenhang begegnet man unvermeidbar dem Begriff der „Drittwirkung", der jedoch gewisse Schwierigkeiten mit sich bringt.[1] Allgemein wird unter dem Stichwort Drittwirkung diskutiert, ob Adressat der Grundrechte ausschließlich der Staat ist, oder ob die Grundrechte auch zwischen den Bürgern gelten.[2] Auf den ersten Blick könnte man meinen, dass die Frage der verfassungsrechtlichen Bindung des Privatrechtsgesetzgebers hiermit nichts zu tun habe, da es insoweit um das Verhältnis zwischen dem Privatrechtsgesetzgeber, also einem Organ der öffentlichen Gewalt, und den Bürgern

---

[1] Vgl. zum Begriff der Drittwirkung *Stern*, Staatsrecht III/1, S. 1513 f.; *Rüfner*, HbdStR V, § 117, Rn. 59; *Canaris*, Zwischenbilanz, S. 35.

[2] Ausführliche Darstellung und Nachweise zur Diskussion um die Drittwirkung von Grundrechten findet sich bei *Stern*, Staatsrecht III/1, S. 1511 ff.

und nicht um das Verhältnis zwischen den Bürgern geht. In Frage steht demnach die ganz gewöhnliche Anwendung der Grundrechte in „Staatsrichtung". Dass trotzdem auch im Zusammenhang mit der verfassungsrechtlichen Bindung des Privatrechtsgesetzgebers immer wieder von Drittwirkung die Rede ist,[3] hat gleichwohl eine gewisse Berechtigung. Denn nur wenn man mit dem Begriff der Drittwirkung ausschließlich die Frage nach der Anwendbarkeit der Grundrechte als materiellem Recht zwischen Privatrechtssubjekten wie im Falle des Art. 9 Abs. 3 Satz 2 GG verbindet, besteht kein Zusammenhang mit dem Problem der verfassungsrechtlichen Bindung des Privatrechtsgesetzgebers. Anders ist dies dagegen, wenn man „Wirkung" im Sinne von Kausalität versteht. Geht es bei der Privatrechtsgesetzgebung um die Konfliktlösung zwischen Privatrechtssubjekten, stehen diese jeweils dem Gesetzgeber als Grundrechtsträger gegenüber. Wenn der Privatrechtsgesetzgeber die Interessen dieser Grundrechtsträger ausgleicht, liegt es zumindest nahe, dass der von ihm vorgenommene Ausgleich durch die Grundrechtspositionen *beider* Parteien beeinflusst wird. Auf diese Weise kommt es zu einer Wechselwirkung der jeweiligen Grundrechte, die man als Drittwirkung bezeichnen kann. Verbietet der Gesetzgebers beispielweise einem Privatrechtssubjekt durch § 1004 BGB, das Eigentum eines Dritten zu beeinträchtigen, und spielt hierbei Art. 14 GG eine Rolle, so bekommt der Adressat des Verbots die Auswirkung des Grundrechts des Dritten „zu spüren", ohne dass zwischen ihm und dem Dritten die Grundrechte unmittelbar gelten würden.[4]

B. Die grundsätzliche Grundrechtsbindung des Privatrechtsgesetzgebers

Die Frage, *ob* der Privatrechtsgesetzgeber an die Verfassung, insbesondere die Grundrechte, gebunden ist, erfährt durch Art. 1 Abs. 3 GG eine klare Antwort: Die ausdrückliche Nennung der Gesetzgebung bezieht auch das Gebiet des Privatrechts mit ein.[5] Daran ändert auch die Tatsache nichts, dass ein prä-

---

[3] Vgl. Maunz/Dürig/Herzog/Scholz/*Dürig*, Art. 3 Abs. 1, Rn. 513; *Bleckmann*, Staatsrecht II, S. 158; *Larenz*, AT; § 4 III; *Canaris*, AcP 84 (1984), 201, 226.

[4] Treffend die Ausführungen von *Alexy*, Theorie der Grundrechte, S. 490, der davon spricht, dass „aus grundrechtlichen Gründen bestimmte Rechte und Nicht-Rechte, Freiheiten und Nicht-Freiheiten, Kompetenzen und Nicht-Kompetenzen in der Bürger-Bürger-Relation bestehen, die ohne diese Gründe nicht bestehen würden". Sinnvoll wäre es, diese Auswirkungen als *Drittwirkung* zu bezeichnen und im Fall des Art. 9 Abs. 3 Satz 2 GG von *Grundrechtsgeltung* zu sprechen (diese Begriffe schlägt auch *Canaris*, Zwischenbilanz, S. 35, vor, benutzt sie aber genau entgegengesetzt). Demgegenüber hat der von *Bethge*, Grundrechtskollisionen, S. 19 und *Alexy*, Theorie der Grundrechte, S. 475, benutzte Begriff der *Horizontalwirkung* gegenüber dem der Drittwirkung keinerlei Vorteil.

[5] Ganz h.M., vgl. *Stern*, Staatsrecht III/1, S. 1563, 1565 ff.; *Canaris*, Zwischenbilanz, S. 11; *ders.*, JuS 1989, 161, 162; *Hesse*, Verfassungsrecht, Rn. 355; Jarass/Pie-

gendes Prinzip des Privatrechts das der Privatautonomie ist. Die Privatautonomie betrifft ausschließlich die *autonome* Ausgestaltung der Rechtverhältnisse der Bürger untereinander durch Rechtsgeschäfte, während es sich bei Akten des Privatrechtsgesetzgebers um *heteronome* staatliche Regelungen handelt.[6] Auf die Privatautonomie können sich daher nur Privatrechts*subjekte*, nicht jedoch der Privatrechts*gesetzgeber* berufen.

C. Die Ausgestaltung der Grundrechtsbindung des Privatrechtsgesetzgebers

Schwieriger ist die Antwort auf die Frage nach der inhaltlichen Ausgestaltung der verfassungsrechtlichen Bindung des Privatrechtsgesetzgebers. Hierzu findet man eine Vielzahl verschiedener Ansätze. Auffallend ist dabei die Tendenz, motiviert durch die Sorge um die Eigenständigkeit des Privatrechts, den Einfluss der Verfassung möglichst gering zu halten.[7] Gewarnt wird in diesem Zusammenhang vor der Gefahr eines „Grundrechtstotalitarismus"[8] oder eines „untragbaren Abbau(s) von Freiheit".[9] Wohl aus diesen Gründen wurde zumindest in der Vergangenheit häufig den Grundrechten im Privatrecht allgemein (d.h. in Bezug auf Rechtsgeschäfte *und* Normen des Privat-

---

roth/*Jarass*, Art. 1 Rn. 23; *Bleckmann*, Staatsrecht II, S. 193; *Hager*, Verkehrsschutz, S. 19 f.; *Peters*, Entzug des Eigentums, S. 17 f.; *Ruffert*, Vorrang der Verfassung, S. 32 ff.; Dreier/*Dreier*, Vorb. 58. Vgl. Nachweise zur Rechtsprechung des Bundesverfassungsgerichts bei *Hager*, JZ 373, 374. Gegen die Ableitung einer Grundrechtsbindung des Privatrechtsgesetzgebers aus Art. 1 Abs. 3 GG zuletzt *Diederichsen*, AcP 198 (1998), 171, 225 f., mit der Argumentation, dass die Vorschrift lediglich dazu dienen sollte, in Abkehr von der Weimarer Reichsverfassung die Grundrechte von bloßen Programmsätzen in den Rang von unmittelbar geltendem Recht zu erheben. Aus diesem Grund meint *Diederichsen*, handele es sich um eine Fehlinterpretation, wenn man meine, Art. 1 Abs. 3 GG habe zusätzlich die Funktion, die Grundrechtsbindung auch auf den Privatrechtsgesetzgeber zu erstrecken. Hiergegen trägt *Canaris*, Zwischenbilanz, S. 12, überzeugend vor, dass man Art. 1 Abs. 3 GG nicht als Erweiterung des Kreises der Normadressaten der Grundrechte gegenüber der Weimarer Reichsverfassung verstehen muss, um eine Grundrechtsbindung des Privatrechtsgesetzgeber zu begründen. Dieser war schon zu Zeiten der Weimarer Reichsverfassung Normadressat, so dass die durch Art. 1 Abs. 3 GG intensivierte Grundrechtsbindung sich automatisch auch auf den Privatrechtsgesetzgeber erstreckt. *Diederichsen*, AcP 198 (1989), 171, 234 ff., erkennt aber zumindest eine Beeinflussung der Privatrechtsnormen durch die Grundrechte über das „Medium" der unbestimmten Rechtsbegriffe und Generalklauseln an.

[6] *Hager*, Verkehrsschutz, S. 27.

[7] Auf Seiten der Vertreter des Privatrechts sind in diesem Zusammenhang vor allem *Diederichsen*, AcP 198 (1998), 171, 225 ff. und *Zöllner*, AcP 196 (1996), 1 ff., zu nennen. So spricht beispielsweise *Zöllner*, a.a.O., S. 7, davon, man habe dem „Staatsrecht den kleinen Finger gegeben, für den es nun die ganze Hand fordert."

[8] *Starck*, JuS 1981, 244.

[9] *Rupp*, AöR 101 (1976), 169.

rechts) nur eine Ausstrahlungswirkung zugesprochen.[10] Für den Privatrechtsgesetzgeber sollen demnach nicht die Grundrechte „als solche“, sondern nur die „hinter ihnen stehenden und erkennbar werdenden allgemeinen Grundentscheidungen“ gelten.[11] Canaris spricht in diesem Zusammenhang von einer Art „Münchhausentheorem“, „das den Privatrechtlern die Möglichkeit verschaffen soll, sich am eigenen Schopf aus dem Sumpf des Verfassungsrechts herauszuziehen.“[12] Im Folgenden soll gezeigt werden, weshalb die Versuche, eine abgeschwächte Wirkung der Grundrechte auf das Privatrecht zu begründen, nicht überzeugen können (vgl. unter I und II). Daneben soll aber auch herausgearbeitet werden, welcher Handlungsspielraum dem Privatrechtsgesetzgeber trotz der ihm gemachten verfassungsrechtlichen Vorgaben verbleibt (vgl. unter III).

I. Der Schutz des Belasteten durch seine Grundrechte als Abwehrrechte

Unzweifelhaft können privatrechtliche Normen in gleicher Weise wie die Normen des öffentlichen Rechts zu einer Belastung von Privatrechtssubjekten führen.[13] Insbesondere mit Blick auf die Tatbestände der Rechtsscheinlehre dürfte angesichts der durch sie ausgelösten Rechtsfolgen der Haftung bzw. des Rechtsverlustes hieran kein Zweifel bestehen. Für den öffentlich-rechtlichen Bereich ist es selbstverständlich, dass in dieser Situation dem Betroffenen seine Grundrechte in ihrer Funktion als Abwehrrechte zur Seite stehen. Angesichts des klaren Wortlauts von Art. 1 Abs. 3 GG bedürfte es einer positiven Begrün-

---

[10] Das entspricht dem Ansatz der Lehre von der sog. mittelbaren Drittwirkung, wie sie vor allem von *Dürig*, FS für Nawiasky, S. 156, 167 ff.; Maunz/Dürig/Herzog/Scholz/*Dürig*, Art. 3 Abs. 1, Rn. 510 vertreten wurde. Ähnliche Aussagen finden sich in neuerer Zeit bei v.Münch/Kunig/*v.Münch*, Vor Art. 1-19, Rn. 33; *Zöllner/Loritz*, Arbeitsrecht, § 7 vor I. Wenn *Hager*, JZ 1994, 373, Fn. 1 auch *Canaris*, AcP 184 (1984), 201, 210 ff. als Vertreter der Lehre von der mittelbaren Drittwirkung nennt, so ist dies zumindest missverständlich, da dessen Konzept mit der ursprünglichen Lehre von der mittelbaren Drittwirkung wenig gemein hat.

[11] *Kopp*, 2. Festschrift für Wilburg, 1975, S. 149. Auch wenn Kopp insoweit ausdrücklich auf den Privatrechtsgesetzgeber abstellt, ist nicht zu übersehen, dass die Vertreter der Lehre von der sog. mittelbaren Drittwirkung häufig nicht zwischen autonomen Regelungen der Bürger untereinander und heteronomen Regelungen durch den Gesetzgeber unterscheiden. Es erscheint zumindest häufig so, als wäre eher es die Sorge um die Beschränkung der Handlungsmöglichkeiten von Privatrechtssubjekten im rechtsgeschäftlichen Bereich als die Sorge um den Gestaltungsspielraum des Privatrechtsgesetzgebers, der diese Aussagen motiviert. Ausdrücklich gegen eine unmittelbare Grundrechtsbindung des Privatrechts*gesetzgeber*s jedoch, *Diederichsen*, AcP 198 (1998), 171, 225 ff.

[12] *Canaris*, Zwischenbilanz, S. 18.

[13] *Stern*, Staatsrecht III/1, S. 1567; *Canaris*, Zwischenbilanz, S. 13.

dung, weshalb diesbezüglich ein Unterscheid zwischen öffentlich-rechtlicher und privater Gesetzgebung bestehen soll.

Einen solchen Versuch unternimmt *Dürig* mit dem Hinweis, dass, anders als im öffentlichen Recht, im Privatrecht stets *zwei* Grundrechtsträger einander gegenüberstehen.[14] Dem wird zu Recht entgegengehalten, dass Konflikte zwischen mehreren Privatrechtssubjekten durchaus auch im öffentlichen Recht vorkommen (man denke beispielsweise an das öffentliche Baurecht).[15] Allein mit diesem Hinweis ist das Argument *Dürigs* jedoch noch nicht widerlegt. Es ist zunächst lediglich festzustellen, dass eine Unterscheidung von öffentlichem und privatem Recht in der Form, dass ersteres immer nur die Verfolgung von Allgemeinwohlinteressen bezweckt, während letzteres ausschließlich der Abgrenzung von Individualinteressen dient, ungenau ist.[16] So ist inzwischen anerkannt, dass in vielen Fällen öffentlich-rechtliche und privatrechtliche Regelung funktionell austauschbar sind, d.h. einzelne Lebensbereiche ebenso öffentlich- als auch privatrechtlich ausgestaltet werden könnten.[17] Dennoch bleibt zu überlegen, ob *Dürig* nicht insoweit Recht hat, als dass es unabhängig von der Grenzziehung zwischen öffentlichem und privatem Recht für die Grundrechtsbindung des Gesetzgebers einen Unterschied macht, ob von einer Norm lediglich ein Grundrechtsträger betroffen ist oder ob die Norm (zumindest auch) die gegensätzlichen Interessen zweier Grundrechtsträger ausgleicht. An die Stelle der Unterscheidung von öffentlichem und privatem Recht hat daher die Unterscheidung von *zweiseitigen* Konstellationen, an der nur der Staat und *ein* Grundrechtsträger beteiligt sind, und *mehrseitigen* Konstellationen, an der der Staat und *mehrere* Grundrechtsträger beteiligt sind, zu treten.[18]

Es ist somit zu überlegen, ob ein Unterschied zwischen legislativen Belastungen im Rahmen von zweiseitigen und mehrseitigen Konstellationen besteht. Grundsätzlich wird die Abwehrfunktion durch einen staatlichen *Eingriff* in den Schutzbereich des Grundrechts ausgelöst. Ein Eingriff im engen Sinn ist durch den klassischen Eingriffsbegriff als ein staatliches Handeln definiert, das final, unmittelbar in Form eines Rechtsaktes erfolgt und auch mit Zwang durchgesetzt werden kann.[19] Alle diese Kriterien treffen offensichtlich auch auf Normen zu, die zum Zweck des Interessenausgleichs zweier Privatrechtssubjekte eines von

---

[14] Maunz/Dürig/Herzog/Scholz/*Dürig*, Art. 3 Abs. 1, Rn. 513.

[15] *Canaris* AcP 84 (1984), 201, 212; *ders.* JZ 1987, 993; *Hager*, JZ 1994, 373, 375.

[16] Eine entsprechende Unterscheidung war jedoch Gegenstand der heute allerdings nicht mehr vertretenen *Interessentheorie*, vgl. *Mauer*, Verwaltungsrecht, § 3 Rn. 15.

[17] Vgl. *Krause*, JZ 1984, 656, 662 f., *Hager*, Verkehrsschutz, S. 26, 38 a.E.; *Bethge*, Grundrechtskollisionen, S. 408.

[18] *Isensee*, HbdStR V, § 111 Rn. 116, spricht von „*bipolaren*" und „*tripolaren*" Konstellationen.

[19] Vgl. zu dessen Voraussetzungen *Pieroth/Schlink*, Staatsrecht II, Rn. 238.

beiden belasten. Sollte die Belastung dennoch nicht die Abwehrfunktion dessen Grundrechte aktivieren, kann dies folglich nicht mit dem *Fehlen* eines Eingriffs, sondern allenfalls mit dem besonderen *Zweck* des Eingriffs begründet werden. Nun könnte man argumentieren, dass beim staatlichen Ausgleich verschiedener privater Interessen anders als beim rein allgemeinwohlorientierten Handeln des Staates dieser durch den Eingriff nur dem einen Bürger soviel Freiheit nimmt, wie er dem anderen Bürger gewährt. Es findet demnach kein Transfer bürgerlicher Freiheiten in Richtung Staat, sondern lediglich eine Umverteilung von Freiheit zwischen den Bürgern statt. Eine solche Betrachtungsweise würde indes bedeuten, die Freiheit aller beteiligten Grundrechtsträger einfach zu summieren. Ein Mehr an Freiheit des einen würde demnach das Weniger an Freiheit des anderen kompensieren. Dass eine solche Sichtweise unzutreffend ist, zeigt ein einfacher Blick auf Art. 3 Abs. 1 GG. In ihm kommt die besondere Bedeutung der Individualität jedes einzelnen Grundrechtsträgers zum Ausdruck. Die Grundrechte sollen den *Einzelnen* vor staatlichen Eingriffen schützen und nicht den Bürgern *insgesamt* ein gewisses Maß an Freiheit sichern.[20]

Im Ergebnis ist daher kein Grund ersichtlich, weshalb die Grundrechtsbindung des Gesetzgebers in der mehrseitigen Konstellation schwächer sein sollte als in der zweiseitigen Konstellation. Insbesondere eine bloße Berücksichtigung des objektiven Gehalts der Grundrechte unter Ausklammerung ihrer subjektiven Komponente ist nicht zu rechtfertigen.[21] Dies entspricht schließlich auch der Interessenlage des jeweils Belasteten: Für ihn stellt es keinen Unterschied dar, ob er das Eigentum an seinem Haus verliert, weil es ein anderer gutgläubig erworben hat oder weil eine öffentliche Straße auf seinem Grundstück gebaut wird. Der Zweck des Grundrechtseingriffs ist demnach zumindest für die Frage, ob die Funktion eines Grundrechts als Abwehrrecht aktiviert wird, ohne Bedeutung. Im Ergebnis kann festgehalten werden, dass der Handlungsspielraum des Gesetzgebers in der mehrseitigen wie in der zweiseitigen Konstellation durch die Abwehrfunktion der Grundrechte desjenigen, der durch ein Gesetz belastet wird, beschränkt ist.[22]

---

[20] Ausdrücklich *Ruffert*, Vorrang der Verfassung, S. 139 f.: „Das staatlich verantwortete ‚Nehmen' ist auch dann an den Vorgaben aus den Grundrechten als Abwehrrechten zu messen, wenn es dem Ausgleich von Grundrechtspositionen, Interessen und Belangen im Verhältnis zu anderen Privaten dient und ihm auf der anderen Seite ein 'Geben' gegenübersteht. "

[21] Wenn *Diederichsen,* AcP 198 (1998), 171, 234 ff., demgegenüber meint, die Grundrechte würden auf Akte des Privatrechtsgesetzgeber nur über die unbestimmten Rechtsbegriffe und die Generalklauseln des *Privatrechts* (!) wirken, so bedeutet dies, dass die Verfassungsmäßigkeit von Normen des Privatrechts von deren Vereinbarkeit mit anderen Normen des Privatrechts abhinge. Dies erscheint in der Tat *„denkunmöglich"* (*Canaris*, Zwischenbilanz, S. 17).

[22] Dies entspricht der ganz h.M.: BVerfGE 10, 59, 66 ff.; 61, 358, 371 ff.; 74, 33, 38 ff.; 79, 256, 266; 92, 158, 176 ff.; *Canaris*, Zwischenbilanz, S. 16 ff., m.w.N.; *ders.*

II. Die Verpflichtung des Staates zur Gewährung von Schutz vor privaten Beeinträchtigungen

Mit der Bejahung verfassungsrechtlicher Vorgaben hinsichtlich der *Belastung* von Privatrechtssubjekten stellt sich sogleich die Frage, ob die Verfassung dem Gesetzgeber umgekehrt auch bestimmte Vorgaben im Hinblick auf die *Begünstigung* von Privatrechtssubjekten macht. Mit anderen Worten: Genügt es, wenn der Privatrechtsgesetzgeber nicht zu tief oder gar nicht in die Grundrechte des einen Privatrechtssubjekts eingreift, oder stehen dem möglicherweise umgekehrt die verfassungsrechtlich geschützten Interessen desjenigen entgegen, der demnach weniger oder gar nicht begünstigt wird? Könnte der Privatrechtsgesetzgeber beispielsweise Normen wie § 1004 BGB oder § 823 Abs. 1 BGB ersatzlos streichen, ohne dass dem die Verfassung entgegenstünde?

Für eine verfassungsrechtliche Verpflichtung des Staates zur Begünstigung von Privatrechtssubjekten spricht, dass die Schutzgüter der Grundrechte nicht nur durch staatliche Eingriffe, sondern auch durch Beeinträchtigungen anderer Privatrechtssubjekte gefährdet sind.[23] So kann beispielsweise die Berufsfreiheit eines Unternehmers durch den u.U. mit unwahren Tatsachenbehauptungen verbundenen Boykottaufruf eines Mitbewerbers in gleicher Weise wie durch eine staatliche Warnung vor der Gefährlichkeit seiner Produkte betroffen sein. Gegen die private Beeinträchtigung gewähren die Grundrechte als reine Abwehrrechte gegenüber staatlichem Handeln jedoch keinen Schutz. Es wird daher auch von der „offenen Flanke des Grundrechtsschutzes“ gesprochen.[24] Zur Frage, wie diese offene Flanke geschlossen werden kann und welche Anforderungen die Grundrechte diesbezüglich an den Privatrechtsgesetzgeber stellen, finden sich verschiedene Ansätze.

1. Konzepte der Gleichstellung staatlicher und privater Beeinträchtigungen

Zunächst sind in diesem Zusammenhang zwei Ansätze zu nennen, die beide im Ergebnis zu einer weitgehenden Gleichstellung von staatlichen und privaten

---

AcP 184 (1984), 201, 212; *Ruffert*, Vorrang der Verfassung, S. 88 f.; *Hesse*, Verfassungsrecht, Rn. 355; *Singer*, JZ 1995, 1033, 1136; *Stern*, Staatsrecht III/1, S. 1563 f.; *Pieroth/Schlink*, Staatsrecht II, Rn. 178; *Hager*, JZ 1994, 373, 374.

[23] Zur Terminologie: Der Begriff des *grundrechtlichen Schutzgutes* wird dem des *Grundrechts* vorgezogen, um deutlich zu machen, dass die Anerkennung der Möglichkeit einer Beeinträchtigungen grundrechtlicher Schutzgüter durch Private nicht die Anwendbarkeit der Grundrechte zwischen Privaten impliziert. M.a.W.: Auch wenn die Grundrechte nicht als materielles Recht zwischen Privatrechtssubjekten gelten, können Privatrechtssubjekte grundrechtlich geschützte Positionen des jeweils anderen beeinträchtigen. Aus dem gleichen Grund wird dem Begriffs des Grundrechts*eingriffs*, der traditionell ein staatliches Handeln bezeichnet, dem der Grundrechts*beeinträchtigung* vorgezogen.

[24] *Isensee*, HbdStR V, § 111, Rn. 85.

Beeinträchtigungen gelangen. Es handelt sich um die Lehre von der unmittelbaren Drittwirkung und die vor allem von *Schwabe* vertretene sog. etatistische Konvergenztheorie.[25]

a) Die Theorie der unmittelbaren Drittwirkung

Die vielleicht nächstliegende Lösung, die „offene Flanke" des Grundrechtsschutzes zu schließen, haben die Vertreter der Lehre von der unmittelbaren Drittwirkung gewählt.[26] Hiernach ist Adressat der Grundrechte nicht nur der Staat, sondern auch jedes Privatrechtssubjekt. Nicht nur Art. 9 Abs. 3 Satz 2 GG, sondern auch alle anderen Grundrechte gelten hiernach zwischen Privaten. In der Konsequenz bedeutet dies, dass der Einzelne gegenüber privaten Beeinträchtigungen seiner grundrechtlichen Schutzgüter die Grundrechte als Abwehrrechte geltend machen kann. So stünde dem Unternehmer in dem obigen Beispiel gegen den Boykottaufruf seines Konkurrenten möglicherweise ein Unterlassungsanspruch unmittelbar aus Art. 12 Abs. 1 GG zu.

Da die Grundrechte hiernach als materielles Privatrecht unmittelbar zwischen den einzelnen Privatrechtssubjekten wirken, bedarf es nach diesem Ansatz grundsätzlich keines Umsetzungsaktes durch den Privatrechtsgesetzgeber.[27] Staatlicher Schutz vor privaten Beeinträchtigungen wird hiernach unmittelbar durch die Verfassung gewährt. Ohne das Erfordernis eines einfaches Gesetzes könnte der Betroffene vor dem Zivilrichter aufgrund seiner Grundrechte Schutz vor private Beeinträchtigungen verlangen. Eine zusätzliche verfassungsrechtliche Bindung des *Privatrechtsgesetzgebers* begründet der Ansatz der Lehre der unmittelbaren Drittwirkung somit nicht.

b) Die Zurechnung privater Beeinträchtigungen auf den Staat

Nach Ansicht von *Schwabe* stellt sich die Frage nach der Geltung der Grundrechte zwischen Privatrechtssubjekten gar nicht.[28] Ihm zufolge sind sämtliche

---

[25] Die Bezeichnung der Position von *Schwabe* als „etatistische Konvergenztheorie" stammt von *Isensee*, HbdStR V, § 111, Rn. 118.

[26] *Enneccerus/Nipperdey*, AT/1, S. 94; *ders.* in Grundrechte und Privatrecht, S. 15; ähnlich *Leisner*, Grundrechte und Privatrecht, S. 19; weitere Nachweise bei *Stern*, Staatsrecht III/1, S. 1583 ff.; zuletzt in abgeschwächter Form auch *Lücke*, JZ 1999, 377 ff. Demgegenüber meint *Hager*, JZ 1994, 373, 374, wenn er von einer unmittelbaren Drittwirkung der Grundrechte spricht, anscheinend nur eine unmittelbare Grundrechtsbindung des Privatrechtsgesetzgeber.

[27] *Enneccerus/Nipperdey*, AT/1, S. 97.

[28] *Schwabe*, Drittwirkung, S. 65 ff.; *ders.* Probleme der Grundrechtsdogmatik, S. 211 ff.; *ders.* AcP 185 (1985), 1 ff. In DVBl. 1971, 689, 690, bezeichnet *Schwabe* die

privaten Beeinträchtigungen dem Staat zurechenbar, so dass auch diesbezüglich dem Betroffenen seine Grundrechte als Abwehrrechte zur Seite stehen. Die Zurechnung begründet *Schwabe* mit folgender Überlegung: Wenn der Staat eine private Beeinträchtigung grundrechtlicher Schutzgüter nicht verbietet, bedeutet dies automatisch, dass er sie erlaubt. Zudem korrespondiere mit einer Erlaubnis stets auch eine an den Grundrechtsträger gerichtete Duldungspflicht, die es dem Einzelnen auch verbietet, sich mit Gewalt gegen eine Beeinträchtigung zur Wehr zu setzen. Da diese Duldungspflichten gegebenenfalls staatlich durchgesetzt werden, beteilige sich der Staat an der privaten Beeinträchtigung. Folglich müsse er sich diese als eigene zurechnen lassen.[29]

Anders als nach dem Konzept der unmittelbaren Drittwirkung kann sich der Einzelne nach dieser Konzeption bei privaten Beeinträchtigungen dessen Verursacher gegenüber nicht auf seine Grundrechte berufen, sondern lediglich vom Staat ein Eingreifen verlangen. In der Konsequenz führt die Ansicht von *Schwabe* daher zu einer zweifachen Bindung des Privatrechtsgesetzgeber an die Grundrechte als Abwehrrechte: Unterlässt er die Untersagung von privaten Beeinträchtigungen, greift er in den status negativus der Grundrechte des beeinträchtigten Privatrechtssubjekts ein. Untersagt er die private Beeinträchtigungen, greift er in den status negativus der Grundrechte des Verursachers ein.[30]

2. Die Unterscheidung der h.M. zwischen privaten und staatlichen Beeinträchtigungen

a) Die Entwicklung von der Lehre der mittelbaren Drittwirkung zu einem Schutzgebotskonzept

Im Gegensatz zur Lehre von der unmittelbaren Drittwirkung und der etatistischen Konvergenztheorie betonte die h.M. stets den Unterschied von staatlichen und privaten Beeinträchtigungen grundrechtlich geschützter Güter. So führte *Dürig* als Hauptbegründer der Lehre von der *mittelbaren Drittwirkung* aus:

Drittwirkung von Grundrechten als ein „Phantom“. Im Ansatz ähnlich *Pietzcker*, FS Dürig, S. 344.

[29] *Schwabe*, Probleme der Grundrechtsdogmatik, S. 213 ff. Einen ähnlichen Standpunkt vertritt *Murswiek*, Staatliche Verantwortung, S. 91 ff.: Indem der Staat dem Einzelnen verbiete, sich gegen „unverbotene“ Beeinträchtigungen mit Gewalt zu erwehren, schulde er ihm Schutz. Anders als *Schwabe* spricht er jedoch insoweit von an den Staat gerichteten *Schutzgeboten*. Durch die geschilderte Beteiligung des Staates an der Beeinträchtigung seien diese Schutzgebote jedoch nur unselbständiger Teil der Abwehrrechte. Obwohl *Murswiek*, Staatliche Verantwortung, S. 102, 104, zu deren Begründung auch noch den objektiven Normgehalt der Grundrechte bemüht, indem er auf der Aufgabe des Staats als Friedensordnung hinweist, bleibt er letztlich dabei, dass die Schutzpflichten dem status negativus zuzurechnen seien.

[30] Vgl. zur Unterscheidung von status negativus und status positivus *Pieroth/ Schlink*, Staatsrecht II, Rn. 58 ff.

„Die primäre Entscheidung des Grundgesetzes für ein gegen den Staat gerichtetes generelles Freiheitsrecht (Art. 2 Abs. 1 GG) [...] umschließt begrifflich auch die *Freiheit dem Staat gegenüber, von ihm ungehindert in der unter gleichgeordneten Privaten bestehenden Verkehrs- und Tauschgerechtigkeit des Zivilrechts von Grundsätzen, die für staatliches Handeln unabdingbar sind, abweichen zu können.*“[31] Die Hauptaussage der lange herrschenden Lehre von der mittelbaren Drittwirkung bestand hiernach darin, dass die Grundrechte zwischen Privaten nicht unmittelbar anwendbar sind und daher gegenüber privaten Beeinträchtigungen in ihrer Funktion als Abwehrrechte keine Rolle spielen. Ihr Hauptaugenmerk lag jedoch weniger auf den verfassungsrechtlichen Vorgaben an den Privatrechtsgesetzgeber als vielmehr der Rolle der Grundrechte für die Rechtsanwendung durch die Zivilgerichte.[32] Einbruchstelle der Grundrechte in das Zivilrecht seien dessen wertausfüllungsfähigen und wertausfüllungsbedürftigen Normen der §§ 138, 242, 826 BGB.[33] Bei deren Auslegung sollen die Gerichte die Ausstrahlungswirkung der objektiven Wertordnung des Grundgesetzes beachten. In diesem Zusammenhang sprach *Dürig* auch erstmals von „Schutzpflichten“ und betonte, „dass die in den Grundrechten dem Staat gegenüber abgesicherten Werte von der staatlichen Gewalt auch *dann* gewahrt werden müssen, wenn sie von privaten Einzelnen oder gesellschaftlichen Kollektiven angegriffen werden“. [34]

Als eine Art Fortentwicklung des beschriebenen Ansatzes ist das Konzept zu verstehen, wonach zur Erklärung der Wirkung der Grundrechte im Privatrecht vor allem auf deren Schutzgebotsfunktion abgestellt wird.[35] Das insbesondere durch einen Beitrag von Canaris im Jahr 1984 begründete Konzept entspricht inzwischen der h.M.[36] Es knüpft hierbei an die Rechtsprechung des Bundesverfassungsgerichts an, wonach der Abwehrfunktion der Grundrechte eine *Schutzgebotsfunktion* gegenübersteht.[37] Die hieraus resultierenden Schutzgebote sollen eine Verpflichtung des Staates begründen, den Einzelnen auch vor Übergriffen Drit-

---

[31] *Dürig*, FS Nawiasky, S. 157, 158 f. (*Hervorhebung im Original*).

[32] Dies zeigt schon der Titel von *Dürigs* wichtigstem Beitrag „Grundrechte und Zivilrechtssprechung“ (in Festschrift Nawiasky, 1956, 157 ff.).

[33] *Dürig*, Handbuch der Grundrechte/2, S. 525.

[34] Maunz/Dürig/Herzog/Scholz/*Dürig*, Art. 1 Abs. 3 GG Rn. 131 (*Hervorhebung im Original*).

[35] Vgl. die Darstellung dieser Entwicklung bei *Ruffert*, Vorrang der Verfassung, S. 63 ff.

[36] Grundlegend, *Canaris*, AcP 184 (1984), 201 ff.; *ders.*, Zwischenbilanz, S. 1 ff. Vgl. ferner *Alexy*, Theorie der Grundrechte, S. 485; *Isensee*, HbdStR V, § 111, Rn. 134; *Hesse*, Verfassungsrecht, Rn. 349; *Robbers*, Sicherheit als Menschenrecht, 1987, S. 201 f.; *Ruffert*, Vorrang der Verfassung, S. 21 f., mit weiteren umfassenden Literaturnachweisen.

[37] Nachweise der Rechtsprechung des Bundesverfassungsgerichts bei *Stern*, Staatsrecht III/1, S. 937.

ter in seinen grundrechtlich geschützten Positionen in Schutz zu nehmen. Der Schutzgebotsaspekt wird hiernach Bestandteil der allgemeinen Grundrechtsdogmatik und gilt für alle Freiheitsgrundrechte.[38] Seine Wirkung erstreckt sich auf alle Bereiche des Rechts und somit vor allem auch auf die Privatrechtsordnung. Im Gegensatz zur Lehre der mittelbaren Drittwirkung richtet das Schutzgebotskonzept sein Hauptaugenmerk auf den Einfluss der Grundrecht auf den Privatrechts*gesetzgeber*, welcher in erster Linie zur Umsetzung der Schutzpflichten berufen sein soll.[39] Zudem beschränkt sich der Einfluss der Grundrechte hiernach nicht auf die Generalklauseln des Privatrechts. Der Privatrechtsgesetzgeber steht vielmehr unter einem durch das Zusammenspiel von Schutzgebots- und Abwehrfunktion ausgelösten doppelten Rechtfertigungszwang.[40] Dieser resultiert daraus, dass dort, wo zwei Grundrechtsträger sich gegenüberstehen, die Erfüllung einer Schutzpflicht gegenüber dem einen regelmäßig nur durch einen Eingriff in die Grundrecht des Gegenübers möglich ist und hierbei deren Abwehrfunktion aktiviert. Auf diese Weise kommt es, ohne dass die Grundrechte zwischen Privaten *gelten*, zu einer Dritt*wirkung* der Grundrechte. Adressat der Grundrechte bleibt dennoch ausschließlich der Staat. Betrachtet man das für die mehrseitige Konstellation typische *Rechtsdreieck*,[41] bestehend aus *Staat*, *Störer* und *Opfer*[42], wirken hier die Grundrechte nicht unmittelbar über den Schenkel zwischen den Privatrechtssubjekten, sondern vermittelt vom Staat gewissermaßen „übers Eck".[43]

b) Die dogmatische Herleitung der grundrechtlichen Schutzgebotsfunktion

Dass die Grundrechte neben ihrer Abwehr- auch eine Schutzgebotsfunktion haben, entspricht heute sowohl der ständigen Rechtsprechung des Bundesver-

---

[38] *Isensee*, HbdStR V, § 111, Rn. 86; *Canaris*, AcP 184 (1984), 201, 227.

[39] *Canaris*, Zwischenbilanz, S. 81.

[40] *Isensee*, HbdStR V, § 111 Rn. 165.

[41] Der Begriff des Rechtsdreiecks findet sich u.a. bei *Isensee*, HbdStR V, § 111, Rn. 5 und *Stern*, Staatsrecht III/1, S. 946.

[42] Zu betonen ist die wertneutrale Verwendung dieses Begriffs im vorliegenden Kontext. *Störer* ist schlicht dasjenige Privatrechtssubjekt, das eine Handlung vornimmt und dadurch ein grundrechtliches Schutzgut eines anderen Privatrechtssubjekt, des Opfers, beeinträchtigt. Ein Unwerturteil ist mit dieser Bezeichnung nicht verbunden (so auch *Lerche*, Übermaß, S. 132 und *Isensee*, HbdStR V, § 111, Rn. 85 ff.).

[43] Aus diesem Grund böte es sich geradezu an von einer *mittelbaren* Drittwirkung zu sprechen. Hiervon wird indes abgesehen, da dieser Begriff historisch durch ein bestimmte Denkweise geprägt ist (vgl. oben vor C I mit Fn. 11) und sich das Konzept des Zusammenspiels von Abwehr- und Schutzgebotsfunktion demgegenüber in wesentlichen Punkten unterscheidet. Für eine Ersetzung der Lehre von der mittelbaren Drittwirkung durch ein Schutzgebotskonzept *Isensee*, FS Großfeld, S. 485, 498; *Schnapp/Kaltenborn*, JuS 2000, 937, 940 f.; *Oldiges*, FS Friauf, S. 281, 300. Vgl. hierzu auch *Ruffert*, Vorrang der Verfassung, S. 14 f.

fassungsgerichts[44] als auch der ganz h.M. in der Literatur.[45] Da diese Grundrechtsfunktion aber dem Wortlaut der Verfassung nicht ohne weiteres zu entnehmen ist, bedarf es zu ihrer Herleitung eines dogmatischen Fundaments.[46] Besondere Bedeutung kommt in diesem Zusammenhang Art. 1 Abs. 1 Satz 2 GG zu, auf den sich auch das Bundesverfassungsgericht stützt[47] und der bei der Entwicklung dieser Grundrechtsfunktion gewissermaßen „Geburtshilfe"[48] leistete. Hiernach ist es nicht nur Aufgabe des Staates, die Menschenwürde zu „achten", sondern auch, sie zu „schützen". Da staatliche Bedrohungen schon vom Begriff des *Achtens* erfasst werden, kann der Begriff des *Schutzes* nur den Schutz vor Bedrohungen durch andere Privatrechtssubjekte meinen.[49] Neben Art. 1 Abs. 3 Satz 1 GG hat sich das Bundesverfassungsgericht auf die objektive Wertordnung des Grundgesetzes als Grundlage der Schutzgebotsfunktion berufen.[50] In der Literatur wird darüber hinaus die grundsätzliche Staatsaufgabe der Sicherheit als Begründung der Schutzgebotsfunktion herangezogen.[51] Historisch gesehen sei es primärer Zweck des Staates, „den anarchistischen Zustand allseitiger Gefährlichkeit der Individuen abzulösen durch allgemeine Sicherheit, den Antagonismus der Menschen in die Bahnen der Zivilität, Friedlichkeit und Gesittung zu leiten und Eigenmacht wie Selbstjustiz zu ersetzen durch faire Verfahren des staatlichen Rechtsschutzes."[52] Diese Aufgabe des Staates sei

---

[44] U.a. BVerfGE 39, 1, 41ff.; 53, 30, 57; 88, 203 ff.; vgl. die umfangreichen Nachweise bei *Ruffert*, Vorrang der Verfassung, S. 141 ff. und *Stern*, Staatsrecht III/1, S. 938 ff., die beide auch die Entwicklung der Schutzgebotsfunktion in der Rechtsprechung des Bundesverfassungsgerichts beschreiben. Bisher hat das Bundesverfassungsgericht jedoch noch nicht ausdrücklich zu einer auf dem Zusammenspiel von Abwehr- und Schutzgebotsfunktion basierenden Konzeption des Grundrechtsgeltung im Privatrecht Stellung genommen. Lediglich vereinzelt hat es im privatrechtlichen Kontext auf die Schutzgebotsfunktion angespielt (vgl. insoweit die Aufbereitung der Rechtsprechung des Bundesverfassungsgericht durch *Ruffert*, Vorrang der Verfassung, S. 146 ff.).

[45] Vgl. u.a. *Isensee*, HbdStR V, § 111, Rn. 82; *Canaris*, AcP 184 (1984), 201, 228; *Ruffert*, Vorrang der Verfassung, S. 141 ff.; monographisch zur Schutzgebotsfunktion *Isensee*, Grundrecht auf Sicherheit, 1983; *Hermes*, Das Grundrecht auf Leben und Gesundheit, 1987; *Robbers*, Sicherheit als Menschenrecht, 1987; *Dietlein*, Die Lehre von den grundrechtlichen Schutzpflichten, 1992 und *Unruh*, Zur Dogmatik der grundrechtlichen Schutzpflichten, 1996.

[46] Ausführlich zur Herleitung der Schutzgebotsfunktion *Isensee*, HbdStR V, § 111 Rn. 80 ff. und *Ruffert*, Vorrang der Verfassung, S. 152 ff.

[47] BVerfGE 319, 1, 41; 46, 160, 164; 49, 89, 142.

[48] So der Ausdruck von *Isensee*, HbdStR V, § 111, Rn. 80.

[49] *Canaris* AcP 184 (1984), 226.

[50] Vgl. u.a. BVerfGE 57, 250, 284 f.; 77, 170, 214.

[51] *Isensee*, HbdStR V, § 111, Rn. 83 ff.; *Canaris* AcP 84 (1984), 201, 226; vgl. auch *Robbers*, Sicherheit als Menschenrecht, S. 1 ff.; *Isensee*, Grundrecht auf Sicherheit, S. 1 ff.

[52] *Isensee*, HbdStR V, § 111, Rn. 83.

überhaupt erst der Grund, weshalb er mit Gehorsamsanspruch, Macht und Gewaltmonopol ausgestattet ist.[53]

c) Tatbestand und Rechtsfolge der Schutzgebote

Ebenso wie die Abwehrfunktion der Grundrechte nicht schlichtweg jeden Eingriff in deren Schutzbereich verbietet, kann die Schutzgebotsfunktion den Staat nicht dazu verpflichten, den Grundrechtsträger vor allen privaten Beeinträchtigungen zu schützen. Insbesondere Isensee und Canaris haben sich daher bemüht, die Struktur des Tatbestandes und der Rechtsfolge der grundrechtlichen Schutzpflichten herauszuarbeiten.[54]

Tatbestandlich setzt hiernach das Bestehen einer Schutzpflicht zunächst eine *private Beeinträchtigung* bzw. die Gefahr einer solchen Beeinträchtigung voraus. Die Beeinträchtigung besteht regelmäßig in einem positiven Tun, doch kommt ausnahmsweise auch ein Unterlassen in Betracht. Letzteres gilt beispielweise hinsichtlich der Weigerung der Mutter, dem Kind Auskunft über die Person seines leiblichen Vaters zu geben.[55] Eine Beeinträchtigung durch positives Tun liegt beispielweise vor, wenn eine Verlag zum Boykott einer Zeitung aufruft[56] oder ein Graffiti-Künstler sich auf einer fremden Hauswand verewigt.[57] Durch die Beeinträchtigung muss das entsprechende Grundrecht, aus dem sich eine Schutzpflicht ergeben soll, *tatbestandlich* berührt sein.[58] Besondere Bedeutung kommt der Frage zu, anhand welcher Kriterien unterschieden werden soll, welche privaten Beeinträchtigungen der Grundrechtsträger hinzunehmen hat beziehungsweise der Staat auf sich beruhen lassen darf, und welche Beeinträchtigungen staatliche Schutzpflichten auslösen. Isensee stellt hier auf das Kriterium der *Rechtswidrigkeit* ab.[59] Rechtswidrig soll eine private Beeinträchtigung sein, wenn sie im Gegensatz zur Verfassung steht.[60] Dies betrifft nach Isensee vor allem die Mittel der physischen Gewalt, aber auch jede Erniedrigung, Entehrung, Bloßstellung und Degradierung zum Objekt.[61] Allgemein sei eine Beeinträchtigung rechtswidrig, wenn sie gegen ein vorpositives rechtsethisches

[53] *Isensee*, HbdStR V, § 111, Rn. 83.

[54] *Canaris*, Zwischenbilanz, S. 71 ff.; *Isensee*, HbdStR V, § 111, Rn. 88 ff.

[55] BVerfGE 96, 56; dazu *Canaris*, Zwischenbilanz, S. 63 f.

[56] BVerfGE 25, 256 (Blinkfüer).

[57] BVerfG NJW 1984, 1293 (Sprayer von Zürich).

[58] *Canaris*, Zwischenbilanz, S. 72 ff., will bereits auf dieser Ebene private Beeinträchtigungen ausscheiden, die zwar das Schutzgut eines Grundrechts betreffen, vor denen das Grundrecht aber offensichtlich keinen Schutz gewährt.

[59] *Isensee*, HbdStR V, § 111, Rn. 89 u. 97 ff.

[60] *Isensee*, HbdStR V, § 111, Rn. 100 ff.

[61] *Isensee*, HbdStR V, § 111, Rn. 101 ff., 104.

Gebot verstoße.[62] Canaris weist darauf hin, dass das Kriterium der Rechtswidrigkeit letztlich von geringem Nutzen sei, da die Rechtswidrigkeit ihrerseits erst einer Begründung bedarf, wenn man nicht Gefahr laufen wolle, einem Zirkelschluss zu erliegen.[63] In den Mittelpunkt stellt Canaris vielmehr die Frage, ob der jeweilige Grundrechtsträger auf Schutz *angewiesen* ist.[64] Dies sei der Fall, wenn er ohne den Schutz sein Grundrecht nicht mehr in „effizienter Weise“ ausüben kann.[65] Daneben spiele auch der Rang des betroffenen Grundrechts eine Rolle.[66]

Unterschiede zur Abwehrfunktion bestehen auch auf der *Rechtsfolgenseite* der Schutzpflichten. Während das tatbestandliche Eingreifen der Abwehrfunktion hier zu einem schlichten Eingriffs*verbot* führt, fordern die Schutzpflichten ein positives staatliches Tun, bezüglich dessen eine Vielzahl von Alternativen denkbar sind.[67] Zwar steht dem Gesetzgeber nach Ansicht des Bundesverfassungsgerichts hierbei ein „weiter Einschätzungs-, Wertungs- und Gestaltungsbereich“ zu[68], doch hat es sich in seinem zweiten Abtreibungsurteil mit dem *sog. Untermaßverbot* ein Kriterium zu eigen gemacht, das es ermöglicht, auch die Erfüllung von Schutzgeboten einer Kontrolle zu unterziehen.[69] Der Inhalt des Untermaßverbots ist bisher erst Gegenstand weniger Untersuchungen gewesen.[70] Das Bundesverfassungsgericht spricht in Anlehnung an Isensee von der Bestimmung von „Mindestanforderungen“ staatlicher Maßnahmen im Hinblick

---

[62] *Isensee*, HbdStR V, § 111, Rn. 105.

[63] *Canaris*, Zwischenbilanz, S. 78; vgl. auch dort S. 75 Fn. 223; zustimmend *Ruffert*, Vorrang der Verfassung, S. 196 f. Es erscheint daher inkonsequent, dass *Canaris* dieses Kriterium dennoch im Zusammenhang mit physischen Beeinträchtigungen benutzt und mit anderen die Rechtswidrigkeit erst begründenden Kriterien auf eine Stufe stellt (a.a.O., S. 75 f., 80).

[64] A.a.O. S. 74 ff. Das von *Canaris* daneben genannte Kriterium der „Gefährdung“ kann demgegenüber keine Eigenständigkeit beanspruchen, da die Gefährdung nur eine besondere Art von Beeinträchtigung beschreibt und als ein eine Schutzpflichten auslösendes Kriterium untauglich ist. Gleiches gilt für das Kriterium der „Möglichkeit des Grundrechtsträgers zum effizienten Selbstschutz“ (a.a.O. S. 80), da es hierbei letztlich um nichts anderes als die Begründung von „Angewiesenheit“ geht.

[65] *Canaris*, Zwischenbilanz, S. 78.

[66] *Canaris*, Zwischenbilanz, S. 80.

[67] *Alexy*, Theorie der Grundrechte, S. 420 f.; *Canaris*, Zwischenbilanz, S. 81.

[68] BVerfGE 77, 140, 214; 79, 174, 202; 85, 191, 212.

[69] BVerfGE 88, 203, 254.

[70] Das Untermaßverbot wurde erstmals von *Canaris*, AcP 184, 201, 228 in die wissenschaftliche Diskussion eingebracht und von *Isensee*, HbdStR V, § 111 Rn. 165 aufgegriffen. Vgl. zum Untermaßverbot ferner *Canaris*, Zwischenbilanz, S. 43 ff, 80 ff.; *ders.* JuS 1989, 161, 163 f.; *Ruffert*, Vorrang der Verfassung, S. 215 ff.; Dreier/*Dreier*, Vorb., Rn. 64; *Stern*, Staatsrecht III/2, S. 813 f.; *Erichsen*, Jura 1997, 85, 88; *Hain*, DVBl. 1993, 982 ff.; *Dietlein*, ZG 1995, 131, 136 ff.; *Starck*, JZ 1993, 816 ff.; *Hager*, JZ 1994, 373, 382.

auf die Erfüllung bestehender Schutzpflichten.[71] Der Schutz müsse *angemessen* und *wirksam* sein.[72] Dem hat sich Canaris weitestgehend angeschlossen.[73] Seiner Ansicht nach müsse das einfache Recht in seiner Gesamtheit einen effektiven Grundrechtsschutz gewährleisten.[74]

Im Hinblick auf die mehrseitige Konstellation stellt sich in diesem Zusammenhang die Frage, in welchem Verhältnis das Untermaßverbot zum Übermaßverbot steht. Denn die Besonderheit der mehrseitigen Konstellation besteht ja gerade darin, dass der Schutz des einen Grundrechtsträgers nur durch einen Eingriff in die Grundrechte eines anderen Grundrechtsträgers gewährt werden kann. Isensee spricht daher auch von einem *Schutzeingriff*.[75] Das Übermaßverbot bewirkt insoweit, dass der Schutzeingriff nicht zu intensiv ausfallen darf, während das Untermaßverbot sicherstellt, dass er nicht zu schwach ausfällt. Umstritten ist in diesem Zusammenhang, ob Über- und Untermaßverbot dem Gesetzgeber zwei unterschiedliche Grenzen im Sinne einer Ober- und einer Untergrenze setzen und somit einen Spielraum belassen.[76] Auf diese Frage wird noch zurückzukommen sein.[77]

3. Stellungnahme

a) Die Berechtigung der Unterscheidung von staatlichen und privaten Beeinträchtigungen

(1) Ablehnung der Theorie der unmittelbaren Drittwirkung und der etatistischen Konvergenztheorie

Die Gründe, die gegen die Theorie der unmittelbaren Drittwirkung und die etatistische Konvergenztheorie sprechen, sind mannigfach ausgeführt worden und sollen hier nicht noch einmal im einzelnen dargestellt werden.[78] Der Lehre

---

[71] BVerfGE 88, 203, 255.

[72] BVerfGE 88, 203, 254.

[73] *Canaris*, Zwischenbilanz, S. 43 ff.; 80 ff.

[74] *Canaris*, Zwischenbilanz, S. 43 ff.; 82.

[75] *Isensee*, HbdStR V, § 111 Rn. 165; vgl. in diesem Zusammenhang auch den Beitrag von *Wahl/Masing*, JZ 1990, 553 ff.

[76] Ausdrücklich vertreten wird ein entsprechendes Verhältnis von Über- und Untermaßverbot von *Canaris*, a.a.O. (vgl. Fn. 60), *Jarass*, AöR 110 (1985), 363, 383 f.; *Ruffert*, Vorrang der Verfassung, S. 216 ff.; *Dietlein*, ZG 1995, 131, 136 f.

[77] Vgl. unten 3 c (= S. 100 ff.).

[78] Vgl. zur Kritik an der Lehre von der unmittelbaren Drittwirkung *Alexy*, Theorie der Grundrechte, S. 416 ff.; *Canaris*; AcP, 184 (1984), 201, 203 ff.; *ders*. Zwischenbilanz, S. 34 f.; *Medicus*, AcP 192 (1992), 35, 43; *Stern*, Staatsrecht III/1, S. 1553 ff.; *Pieroth/Schlink*, Staatsrecht II, Rn. 175. Zur Kritik an der etatistischen Konvergenztheo-

von der unmittelbaren Drittwirkung steht vor allem der Wortlaut von Art. 1 Abs. 3 GG, der ausdrücklich nur die staatliche Gewalt den Grundrechten unterstellt, entgegen.[79] Zudem zeugt die offensichtlich nur auf staatliche Eingriffe konzipierte Schrankensystematik der einzelnen Grundrechte eindeutig von deren reiner Staatsgerichtetheit.[80] Allein die Tatsache, dass Grundrechtsträger auch gegenüber privaten Beeinträchtigungen schutzbedürftig sind, vermag nicht, diesen eindeutigen Befund etwa im Wege einer teleologische Extension von Art. 1 Abs. 3 GG zu überwinden.[81]

Gegen die von *Schwabe* vorgenommene Gleichstellung staatlicher und privater Grundrechtsbeeinträchtigungen ist vor allem einzuwenden, dass vom Nichtverbieten nicht automatisch auf eine Duldungspflicht geschlossen werden kann, da es dem Bürger unbenommen bleibt, sich mit erlaubten Mitteln gegen die Beeinträchtigung zu wehren.[82] Auch der Hinweis auf das Verbot der Gewaltanwendung gegenüber nichtverbotenen Handlungen kann eine Zurechnung nicht begründen, weil dieses Verbot unabhängig davon besteht, ob die Beeinträchtigung ihrerseits verboten oder erlaubt ist.[83] Das staatliche Gewaltmonopol verbietet es gerade auch, gegen unerlaubte Beeinträchtigung mit Gewalt vorzugehen. Die etatistische Konvergenztheorie basiert letztlich auf der unzutreffenden Annahme einer umfassenden Verantwortung des Staates, die keinen Raum für einen eigenen Verantwortungsbereich des Bürgers zulässt.

Obgleich die beiden Konzeptionen inhaltlich stark divergieren, ist ihnen doch gemein, dass sie den Unterschied zwischen privaten und staatlichen Beeinträchtigungen negieren oder hieran zumindest keine Konsequenzen knüpfen wollen. Die grundrechtlichen Schutzgüter werden auf diese Weise gegenüber

---

rie *Canaris*, AcP 185 (1985), 9 ff.; *Isensee*, HbdStR V, § 111, Rn. 118 f.; *Stern*, Staatsrecht III/1, S. 730 ff., S. 1550 ff.

[79] Vgl. statt vieler *Stern*, Staatsrecht III/1, S. 1553.

[80] *Canaris*, AcP 184 (1984), 201, 204.

[81] Auch die Ableitung einer unmittelbaren Drittwirkung aus Art. 19 Abs. 3 GG durch *Lücke* (JZ 1999, 377 ff.) vermag nicht zu überzeugen. Lediglich seiner Ausgangsthese, wonach der Wortlaut der Vorschrift („gelten") wegen seiner Offenheit grundsätzlich auch eine Interpretation als Grundrechtsverpflichtungsnorm ermöglicht, ist zuzustimmen (a.a.O., S. 378). Die systematische Stellung und vor allem der Sinngehalt von Art. 19 Abs. 3 GG widersprechen jedoch eindeutig dem Konzept von *Lücke*. So ist bereits sein Schluss, dass die Grundrechtrechtsbindung sich über den Wortlaut des Art. 19 Abs. 3 GG hinaus auch auf ausländische juristische Personen beziehen müsse, da die Vorschrift – verstanden als Grundrechtsberechtigungsnorm – inländische gegenüber ausländischen juristischen Personen begünstigen wolle, methodisch zweifelhaft und zeigt letztlich, dass *Lücke* bei seiner Interpretation Art. 19 Abs. 3 GG „Gewalt antut" (a.a.O., S. 378). Ebenfalls nicht zu überzeugen vermag seine Schlussfolgerung, dass sich der „Wesensvorbehalt" des Art. 19 Abs. 3 GG auch auf natürliche Personen erstrecke, weil Art. 1 Abs. 3 GG nur den Staat vorbehaltlos an die Grundrechte binden wolle (a.a.O., S. 379).

[82] *Stern*, Staatsrecht III/1, S. 730.

[83] *Stern*, Staatsrecht III/1, S. 731.

privaten Beeinträchtigungen verteidigt, ohne den Besonderheiten der mehrseitigen Konstellation, nämlich dem Rechtsdreieck aus Staat, Störer und Opfer Rechnung zu tragen. Beide Konzeptionen gelangen so zur undifferenzierten Anwendung der Grundrechte als Abwehrrechte. Die richtige Lösung kann nur eine sein, die den Besonderheiten der Dreieckskonstellation gerecht wird.

(2) Die Bedeutung der gegensätzlichen Erwartungshaltungen von Opfer und Störer

Der für die mehrseitige Konstellation typische Interessenkonflikt zweier Privatrechtssubjekte ist dadurch gekennzeichnet, dass das eine Privatrechtssubjekt (Störer) eine Handlung vornimmt oder vornehmen will, die ein anderes Privatrechtssubjekt (Opfer) in irgendeiner Weise beeinträchtigt, und die letzteres deshalb verhindern will. In diesem Sinne ruft beispielweise im Lüth-Fall[84] Erich Lüth zum Boykott eines Films von Veit Harlan auf oder will der Mieter im Parabolantennenfall[85] an der Außenwand eines Wohnhauses eine Parabolantenne anbringen. So wie Veit Harlan den Boykottaufruf stoppen möchte, versucht der Eigentümer des Mietshauses die Anbringung der Parabolantenne zu verhindern. Im Fall des Auskunftsverlangens des Kindes gegenüber der Mutter auf Nennung seines leiblichen Vaters besteht die Beeinträchtigung im Schweigen der Mutter und die Geltendmachung des Auskunftsanspruchs durch das Kind ist der Versuch, diese Beeinträchtigung zu beenden.

Da durch Art. 2 Abs. 1 GG selbst die allgemeine Handlungsfreiheit geschützt wird, sind durch diese Konflikte regelmäßig sowohl auf Opfer- als auch auf Störerseite grundrechtliche Schutzgüter betroffen und es liegt eine Grundrechtskollision vor.[86] Die Unterscheidung von Abwehr- und Schutzgebotsfunktion bezieht ihre Berechtigung daraus, dass die betroffenen Privatrechtssubjekte grundsätzlich

[84] BVerfGE 7, 198 ff.

[85] BVerfGE 90, 27 ff.

[86] Vgl. *Jarass*, AöR 110 (1985), 363, 382. Etwas anderes gilt nur dann, wenn die private Beeinträchtigung mit Mitteln der Gewalt erfolgt. Dessen Unzulässigkeit ergibt sich bereits aus dem staatlichen Gewaltmonopol, so dass die entsprechende Handlungen nach wohl richtiger Auffassung schon gar nicht in den Schutzbereich des jeweiligen Grundrechts fallen. In diesen Fällen kommt es nicht zu einer Grundrechtskollision. Darüber hinausgehende Schutzbereichsbegrenzungen, etwa durch die Eigentumsordnung (so beispielsweise *Canaris*, Zwischenbilanz, S. 61, Fn. 118), sind auf Grundlage der hier vertretenen Auffassung abzulehnen (vgl. dazu sogleich unten b (1) = S. 93 ff.). Vgl. allgemein zur Auseinandersetzung von weiter und enger Tatbestandstheorie *Isensee*, HbdStR V, § 111 Rn. 172 ff.

Auffallend ist, dass im Zusammenhang mit der Einwirkung der Grundrecht auf das Privatrecht der Begriff der Grundrechtskollision nur ungern verwandt wird. Dem liegt offensichtlich die Befürchtung zugrunde, dass im Fall von Grundrechtskollisionen dem Privatrechtsgesetzgeber kein Gestaltungsspielraum verbleibt (dazu unter III).

unterschiedliche *Erwartungshaltungen* gegenüber dem Staat haben: Während das Opfer möchte, dass der Staat einschreitet, indem er die Beeinträchtigungen verhindert – im Fall des positiven Tuns durch ein Handlungs*verbot*, im Fall des Unterlassens durch ein Handlungs*gebot* –, möchte der Störer, dass sich der Staat neutral verhält und gar nichts unternimmt.[87] Das Opfer bemüht insoweit die Schutzgebotsfunktion seiner Grundrechte, der Störer deren Abwehrfunktion.[88]

b) Die Voraussetzungen für die Entstehung von Schutzpflichten

(1) Die faktische Auswirkung der privaten Beeinträchtigung

Aus der Verschiedenheit der Erwartungshaltungen von Störer und Opfer lässt sich ein für die Konkretisierung des Tatbestandes der Schutzpflichten wichtiges Kriterium ableiten: Die eine staatliche Schutzpflicht auslösende private Beeinträchtigung muss *faktischer* Natur sein, d.h. *faktische* Auswirkungen auf das Opfer haben.[89] So besteht keine eine Schutzpflicht auslösende private Beeinträchtigungen darin, dass das Opfer gegenüber dem Störer lediglich einen Abwehranspruch geltend macht. Indem es dies tut, beruft es sich lediglich auf die Rechtsordnung und somit auf staatliches Handeln.[90] Die Berufung auf die Rechtsordnung als solche hat jedoch keine faktische Auswirkung auf den Störer. Ihm ist es in tatsächlicher Hinsicht nach wie vor möglich, die Beeinträchtigungen vorzunehmen bzw. fortzusetzen.

---

[87] Im Grundsatz ebenso *Ruffert*, Vorrang der Verfassung, S. 253; vgl. auch *Alexy*, Theorie der Grundrechte, S. 417.

[88] Dies schließt nicht aus, dass Abwehr- und Schutzgebotsfunktion parallel Anwendung finden können. Hierzu kommt es, wenn die grundrechtlichen Schutzgüter eines Grundrechtsträgers sowohl von staatlicher als auch privater Seite beeinträchtigt werden. Dies wurde etwa in Bezug auf die staatliche Förderung des Schwangerschaftsabbruchs diskutiert (vgl. *Isensee*, HbdStR V, § 111 Rn. 116).

[89] Dem Grundsatz nach vertritt dies auch *Canaris*, Zwischenbilanz, S. 74 f. Zu den von ihm vorgenommenen Ausnahmen sogleich im Text. *Hager*, JZ 1994, 373, 379, geht auf diese Frage beiläufig ein und äußert Zweifel an einer Beschränkung der Schutzpflichten auf tatsächliche Beeinträchtigungen.

[90] Gewissermaßen um den umgekehrten Fall handelt es sich bei der öffentlich-rechtlichen Genehmigung eines privaten Vorhabens (Bsp. Genehmigung nach dem Bundesimmissionsschutzgesetz). Hier ist offensichtlich der Betreiber der Anlage, der auf Grundlage der Genehmigung u.U. die grundrechtlichen Schutzgüter eines Dritter beeinträchtigt, Störer und es stellt sich die Frage, ob auch der Staat durch die Genehmigung selbst in die Grundrechte des Dritten eingreift (laut BVerwGE 32, 173, 179 ist dies der Fall, wenn der Nachbar „schwer und unerträglich betroffen ist"). Würde in diesem Fall der Dritte die Genehmigung wegen eines Verstoßes gegen einfaches Recht anfechten und einen Folgenbeseitigungsanspruch gerichtet auf Stilllegung der Anlage geltend machen, käme auch niemand auf die Idee, hierin eine private Beeinträchtigung durch den Dritten zu erblicken, die möglicherweise im Hinblick auf die Grundrechte des Betreibers eine Schutzpflicht auslöst.

(a) Einwände gegen die Position von Canaris zur verfassungsrechtlichen Behandlung des Eigentums

Die vorstehenden Erwägungen sollen anhand des Parabolantennenfalls veranschaulicht werden. Die private Beeinträchtigung, um die es hier geht, ist die Anbringung der Parabolantenne. Durch sie würde der Mieter faktisch Einfluss auf das Eigentum des Vermieters nehmen. Indem dieser dem Mieter die Anbringung verbietet und sich somit auf seinen Anspruch aus § 1004 BGB beruft, unternimmt er nicht selbst eine faktische Beeinträchtigungen der durch Art. 5 Abs. 1 GG geschützten Informationsfreiheit des Mieters, sondern beruft sich vielmehr auf deren *rechtlichen* Grenzen. Da es dem Mieter trotz des Verbots ohne weiteres möglich ist, die Antennen zu montieren, hat das Verhalten des Eigentümers keine faktische Auswirkung. Canaris löst diesen Fall dagegen anders.[91] Seiner Ansicht nach greift § 1004 BGB, der es dem Mieter verbietet, die Parabolantenne am Haus des Vermieters zu befestigen, nicht in das Grundrecht des Mieters auf Informationsfreiheit aus Art. 5 Abs. 1 GG ein, weil dessen Schutzbereich von vornherein nicht die Nutzung fremden Eigentums erfasse.[92] Demgegenüber soll aber die Schutzgebotsfunktion von Art. 5 Abs. 1 GG zum Zuge kommen. Hiernach sei der Staat verpflichtet, dem Mieter die Anbringung der Antenne zu gestatten.[93]

Die Lösung von Canaris verwundert, da er selbst darauf hinweist, dass es bei der Abwehrfunktion der Grundrechte um die *rechtliche* Dimension geht, während die Schutzgebotsfunktion die *tatsächlichen* Grundlagen des grundrechtlich gewährleisteten Gutes betrifft.[94] Eigenartig erscheint bereits die dogmatische Konstruktion, wonach einerseits das staatliche *Verbot* einer Handlung (das Anbringen der Parabolantenne) noch nicht einmal den Schutzbereich von Art. 5 Abs. 1 GG berührt, umgekehrt aber die Schutzgebotsfunktion *desselben* Grundrechts dem Staat sogar gebieten soll, diese Handlung zu *erlauben*. Die Schutzgebotsfunktion wird insoweit instrumentalisiert, um die Lücke zu schließen, die durch die Begrenzung des Schutzbereiches des Grundrechts erst entstanden ist. Die Zweifelhaftigkeit dieser Argumentation tritt noch deutlicher hervor, wenn man sich wiederum des Erwartungshorizonts der Beteiligten an den Staat besinnt: Ein Eingreifen des Staates will der Eigentümer, dem Mieter wäre dagegen

---

[91] *Canaris*, Zwischenbilanz, S. 60 ff.

[92] *Canaris*, Zwischenbilanz, S. 61, Fn. 118. Vgl. oben Fn. 80.

[93] Denselben Ansatz verfolgt auch *Ruffert*, Vorrang der Verfassung, S. 139, der im Hinblick auf eine andere Entscheidung des Bundesverfassungsgericht (BVerfGE 89, 1) betont, dass der Mieter nicht durch Rechtsnormen, sondern allein die Handlungen des Vermieters beeinträchtigt werde.

[94] *Canaris*, Zwischenbilanz, S. 61, Fn. 188. Er meint damit offensichtlich, dass das Verbot des Eigentümers in seiner rechtlichen Auswirkung nicht dazu geeignet ist, die Abwehrfunktion der Grundrechte des Mieters auszulösen, während die tatsächlichen Auswirkungen des Verbots (welche?) die Schutzgebotsfunktion aktivieren.

damit gedient, wenn sich der Staat neutral verhielte. Wenn Canaris dagegen auf die Schutzgebotsfunktion des Grundrechts des Mieters abstellt, führt dies im Ergebnis dazu, dass er den Staat dazu verpflichtet, den Mieter nicht vor einer tatsächlichen Beeinträchtigung durch den Eigentümer, sondern vor seinen *eigenen*, d.h. *staatlichen Verboten* zu schützten. Der „Schutz" vor staatlichen Verboten ist aber nicht Gegenstand der Schutzgebots-, sondern der Abwehrfunktion der Grundrechte.

Der Auffassung von Canaris liegt gewissermaßen die Annahme zugrunde, dass die Eigentumsordnung „gottgegeben" sei und der Staat sie vorfinde, ohne für sie verantwortlich zu sein. Nur so lässt sich erklären, weshalb er die Einschränkung der an das Eigentum geknüpften Ausschlussrechte als Eingriff in das Werk eines vom Staat verschiedenen Dritten wertet. Richtigerweise besteht aber wohl eine Vermutung dafür, dass das Interesse des potentiellen Verletzers und das des potentiellen Rechtsinhabers gleichrangig ist und daher das Ausschlussrecht einer Begründung bedarf.[95] Ohnehin könnte die Eigentumsordnung allenfalls dann eine starre, den Schutzbereich von anderer Grundrechten beschneidende Grenze darstellen, wenn das Eigentum nicht grundsätzlich auch sozialpflichtig wäre.[96] Art. 14 Abs. 2 GG zeigt aber gerade, dass bei Vorliegen entsprechender Umstände (und diese liegen im Parabolantennenfall vor) vom Prinzip der Privatnützigkeit abgewichen werden kann.

(b) Einwände gegen die Position von Canaris zur verfassungsrechtlichen Behandlung der Privatautonomie

Die Überlegungen zur verfassungsrechtlichen Behandlung des Eigentums lassen sich auf die Behandlung der Privatautonomie übertragen. Auch hier muss man die Frage stellen, welche Partei welche Erwartung an den Staat hat. Instruktiv ist in diesem Zusammenhang die Handelsvertreterentscheidung des Bundesverfassungsgerichts.[97] Der Handelsvertreter will seinen Beruf weiter ausüben und sich nicht an die Vereinbarung eines nachvertraglichen Wettbewerbsverbots halten. Ebenso wie dem Mieter in der Parabolantennenentscheidung wäre ihm gedient, wenn sich der Staat neutral verhielte. Auf staatliche Hilfe ist dagegen der ehemalige Arbeitgeber angewiesen, der verhindern will, dass der Handelsvertreter für die Konkurrenz tätig wird. Wenn sich der Handelsvertreter nicht an die Vereinbarung

[95] So auch *Walz*, KritV 1986, 131, 147 f., nach dessen Ansicht die Gewährung eines Exklusivrechts erst der „rechtspolitisch-marktrationale(n) Begründung" bedürfe. Gegen die Existenz eines vorrechtlichen Eigentums auch Mangoldt/Klein/Starck/*Depenheuer*, Art. 14 Rn. 30.

[96] Auch *Denninger*, HbdStR VI, § 146, Rn. 40, steht einer Schutzbereichsbegrenzung der übrigen Grundrechte durch die Eigentumsordnung skeptisch gegenüber.

[97] BVerfGE 81, 242; vgl. Anmerkungen von *Schwabe*, DVBl 1990, 477 ff., *Hermes*, NJW 1990, 1764 ff.

hält, bleibt dem ehemaligen Arbeitgeber nur die klageweise Durchsetzung des Unterlassungsanspruchs. Folglich sind die Grundrechtsfunktionen wie folgt verteilt: Die Grundrechte des Handelsvertreters finden als Abwehrrechte Anwendung, die des Arbeitgebers als Schutz- bzw. Handlungsgebote.[98]

Canaris wendet die Grundrechtsfunktionen wiederum entgegengesetzt an.[99] Er kommt zu einer Anwendung der Schutzgebotsfunktion auf Seiten des Handelsvertreters, indem er die Berufung des Arbeitgebers auf die Vereinbarung als private Beeinträchtigung qualifiziert.[100] Ebenso wie im Fall des Eigentumsschutzes stellt sich aber die Frage, ob die Berufung auf eine Rechtsposition eine private Beeinträchtigung sein kann, die eine Schutzpflicht auslöst. Eine faktische Beeinträchtigung stellt sie jedenfalls nicht dar. Der Handelsvertreter als Schuldner hat in tatsächlicher Hinsicht die Möglichkeit, den Anspruch nicht zu erfüllen. Dennoch besteht im Vergleich zur Parabolantennenentscheidung ein Unterschied darin, dass anders als dort der Eigentümer sich hier der Arbeitgeber nicht auf einen *gesetzlichen*, sondern einen *vertraglichen* Anspruch beruft.

---

[98] *Schapp*, AcP 192 (1992), 355, 375 führt – wenn auch nicht im Hinblick auf das Verfassungsrecht – aus: „Der Eigentümer einer Sache und die Vertragspartner des schuldrechtlichen Vertrags bedürfen des rechtlichen Schutzes, der Eigentümer gegenüber jedermann, die Vertragspartner gegeneinander“.

[99] Konkret zur Handelsvertreterentscheidung des Bundesverfassungsgericht *Canaris*, AP 1990, Art. 12 GG Nr. 65 Bl. 458 ff.; Hermes, NJW 1990, 1764 ff; allgemein AcP 184 (1984), 201, 232 ff.; zustimmend *Singer*, JZ 1995, 1033, 1133, 1136 ff. Ob sich der Bundesverfassungsgericht in der Handelsvertreterentscheidung dieser Auffassung wirklich angeschlossen hat (so *Singer*, JZ 1995, 1033, 1136), indem es von einem „Schutzauftrag der Verfassung“ spricht (BVerfGE 81, 242, 256), erscheint fraglich. Auch *Ruffert*, Vorrang der Verfassung, S. 352, geht ausdrücklich davon aus, dass die Anerkennung des Ergebnisses privatautonomer Entscheidungen durch den Staat ein Postulat der *Abwehrfunktion* der grundrechtlich geschützten Privatautonomie sei, wobei er jedoch allgemein nicht hinreichend zwischen dem status positivus und dem status negativus der Privatautonomie differenziert. So qualifiziert er ohne nähere Erläuterung Fälle des Kontrahierungszwangs und Inhaltsverbote gleichermaßen als Eingriffe in die Privatautonomie (a.a.O., S. 317).

[100] *Isensee*, HbdStR V, § 111 Rn. 128 ff. nimmt demgegenüber losgelöst von der Handelvertreterentscheidung noch eine andere Position ein. Seiner Ansicht nach betrifft der „Schutz“ des Einzelnen vor zu weit gehenden vertraglichen Bindungen zwar auch den status positivus der Grundrechte des Schuldners und fordert daher ein positives Tun des Staates, doch betrifft dies nach Auffassung von *Isensee*, HbdStR V, § 111, Rn. 131, nicht die Schutzgebotsfunktion der Grundrechte, sondern Schutzvorkehrungen des Sozialstaates. Wenn er dies damit begründet, dass die gerechte Verteilung von Lebensgütern dynamischen Charakter hat, während Schutzpflichten den Schutz von Rechtspositionen zu Inhalt haben, so trifft dies jedoch nicht zu. *Isensee* verkennt insoweit, dass der Staat in Fällen, in denen er einer vertraglichen Vereinbarung die Anerkennung verweigert, nicht positiv umverteilt, sondern lediglich verhindert, dass durch den Markt eine einseitig zu Lasten des sozial Schwächeren ausfallende Umverteilung erfolgt (vgl. bereits oben § 3 Fn. 27). Insoweit geht es durchaus um den Schutz von Rechtspositionen. Aus diesem Grund setzt der entsprechende „Schutz“ des Staats entgegen *Isensee* auch keine „verfügbare Verteilungsmasse“ voraus.

Die entscheidende Frage ist daher, ob die in der Privatautonomie enthaltene Möglichkeit Privater, autonom Recht zu setzen, bedeutet, dass Privatrechtssubjekten ausnahmsweise die *rechtliche* Beeinträchtigung grundrechtlicher Schutzgüter anderer Privatrechtssubjekte möglich ist. Die Voraussetzung muss präzisiert werden: Erforderlich wäre, dass man die Beeinträchtigungen *exklusiv* dem Privaten zurechnen kann, man also sagen könnte, dass der Staat für sie keinerlei Verantwortung trägt. Nur so nämlich ließe sich erklären, dass er dem Ergebnis privatautonomer Vereinbarungen, anders als im Fall des soeben behandelten Eigentums, wie ein unbeteiligter Dritter gegenüberstünde, und daher die Schutzgebots- und nicht die Abwehrfunktion der Grundrechte des Schuldners einschlägig wäre.[101] Die Frage wird man aber verneinen müssen. Wenn Canaris ausführt, dass Privatautonomie eine allem positiven Recht vorausliegende Gestaltungsmöglichkeit sei,[102] so kann dem nur gefolgt werden, soweit man unter Privatautonomie lediglich einen den status negativus betreffenden Ausschnitt der allgemeinen Handlungsfreiheit versteht. Bedeutsamer ist aber der status positivus der Privatautonomie, wonach der Staat die Mittel zur Verfügung stellen muss, die es Privatrechtssubjekten ermöglicht, rechtverbindliche Regelungen zu schaffen. Hierzu gehört insbesondere, dass er private Vereinbarungen bei entsprechendem „Wunsch“ mit Rechtszwang ausstattet.[103] Insoweit liegt das Institut der Privatautonomie aber gerade nicht jedem positivem Recht voraus, sondern wird durch positives Recht erst geschaffen. Verallgemeinernd kann man sagen, dass rechtliche Folgen privaten Handelns stets dem Staat zuzurechnen sind.[104] Im Fall vertraglicher Vereinbarungen mag der Staat daher zwar für deren Inhalt „an sich“ nicht verantwortlich sein; für ihre verbindliche Anerkennung und gegebenenfalls sogar zwangsweise Durchsetzung trägt er fraglos die Verantwortung. Um auf die Handelsvertreterentscheidung zurückzukommen: Soll die Berufsfreiheit des Handelsvertreters dessen staatlichen „Schutz“ vor der entsprechenden Vertragsklausel erfordert, so geht es auch in diesem Fall darum, dass die Grundrechte den Handelsvertreter vor dem Staat, genauer: vor der hoheitlichen Durchsetzung der privatautonomen Vereinbarung, bewahren soll. Dies betrifft jedoch die Abwehrfunktion von Art. 12 Abs. 1GG.

---

[101] Interessanterweise führt *Canaris*, Zwischenbilanz, S. 75, die wirksame Verfügung des Nichtberechtigten als ein Beispiel für eine Ausnahme von dem von ihm selbst vertretenden Grundsatz an, dass Privatrechtssubjekte rechtliche Beeinträchtigungen anderer Privatrechtssubjekt nicht möglich sind. Es dürfte indes kein Zweifel daran bestehen, dass der Verlust des Eigentums durch gutgläubigen Erwerb dem Staat zuzurechnen ist und sich dieser nicht darauf berufen kann, dass die Verfügung von einem Privatrechtssubjekt vorgenommen wurde (so auch *Hager*, Verkehrsschutz, S. 32).

[102] *Canaris*, AcP 184 (1984), 201, 218.

[103] Vgl. in diesem Zusammenhang auch die Ausführungen unter § 5 A I 1 (= S. 119 ff.).

[104] Vgl. zu dieser Frage der Zurechnung in anderem Zusammenhang *Hager*, Verkehrsschutz, S. 28.

Canaris hingegen verneint ausdrücklich, dass es sich bei der zwangsweisen staatlichen Durchsetzung vertraglich begründeter Pflichten um Grundrechtseingriffe handelt.[105] Sein Hinweis, dass auch im Strafrecht die Vollstreckung keinen eigenständigen Grundrechtseingriff darstelle, vermag jedoch nicht zu überzeugen.[106] Denn im Strafrecht handelt es sich unstreitig bei dem die Strafe aussprechenden Urteil um einen Grundrechtseingriff.[107] Nur vor diesem Hintergrund macht überhaupt die Fragestellung Sinn, ob die Vollstreckung darüber hinaus einen *weiteren*, *eigenständigen* Grundrechtseingriff darstellt. Wenn man jedoch wie Canaris die Anerkennung vertraglicher Vereinbarung bzw. deren gerichtliche Feststellung gar nicht als Grundrechtseingriffe wertet, geht auch der Vergleich zum Strafrecht ins Leere. Man könnte allenfalls argumentieren, dass der Eingriffscharakter der staatlichen Anerkennung und Durchsetzung vertraglicher Pflichten möglicherweise deshalb entfällt, weil der Schuldner der Verpflichtung zugestimmt und somit auf den Grundrechtsschutz verzichtet hat. Auch wenn *Canaris* den Terminus des Grundrechtsverzichts nicht benutzt, klingt eine entsprechende Argumentation an, wenn er von „Selbsteinschränkung" spricht.[108] Doch selbst ohne eine detaillierte Auseinandersetzung mit der Dogmatik des Grundrechtsverzichts wird deutlich, dass auch auf diese Weise das von Canaris vertretene Ergebnis nicht erklärt werden kann.[109] Zum einen sprechen gute Gründe dafür, dass der Grundrechtsverzicht keinen Einfluss auf den Eingriffscharakter hoheitlichen Handelns, sondern allenfalls dessen Rechtmäßigkeit hat.[110] Keinesfalls ersichtlich ist jedenfalls, wie die Figur des Grundrechtsverzichts zur Anwendung der Grundrechte des Schuldners in ihrer *Schutzgebotsfunktion* führen soll. Denn ist man der Ansicht, dass die entsprechende Vereinbarung oder zumindest ihre zwangsweise Durchsetzung in den Kernbereich dessen eindringt, auf was der Schuldner zur effektiven Ausübung seiner Grundrechte angewiesen ist, so liegt es nahe, den Grundrechtsverzicht einfach insoweit für unzulässig zu erklären.[111] In diesem Fall würde eine den-

---

[105] *Canaris*, AcP 184 (1984), 201, 219; ausdrücklich den Eingriffscharakter der Vollstreckung bejahend *Hager*, JZ 1994, 373, 382 und *Schwabe,* NJW 1973, 229, 230.

[106] *Canaris*, AcP 184 (1984), 201, 219.

[107] BVerfGE 43, 130, 135; 93, 266, 296.

[108] *Canaris*, Zwischenbilanz, S. 75; vgl. auch *Medicus*, AcP 92 (1992), 35, 61.

[109] Vgl. zum Zusammenhang von Grundrechtsverzicht und Privatautonomie, *Singer*, GS Jeand'Heur, 171 ff.; auch *Hager*, JZ 1994, 373, 380, geht kurz auf die Problematik ein. Vgl. aus der verfassungsrechtlichen Literatur allgemein zum Grundrechtverzicht, *Stern*, Staatsrecht III/2, S. 887 ff.; *Bleckmann*, Staatsrecht II, § 15; *ders*. JZ 1988, 57 ff.; *Robbers*, JuS 1985, 925 f.

[110] So ausdrücklich *Stern*, Staatsrecht III/2, S. 918.

[111] Das meint wohl auch *Hager*, JZ 1994, 373, 380, wenn er ausführt, dass es ja gerade die Frage sei, inwieweit ein Verzicht auf den Schutz der Grundrechte zulässig ist. Auch die in Fn. 109 genannten Vertreter des Verfassungsrechts, kommen nicht auf den Gedanken, die Grenzen des Grundrechtsverzicht in Zusammenhang mit staatlichen Schutzpflichten zu bringen. So ist beispielweise *Bleckmann*, Staatsrecht II, § 15, Rn. 17,

noch vorgenommene staatliche Durchsetzung einen rechtswidrigen Eingriff darstellen, der schlicht zu unterlassen ist. Ein positives Tun im Sinne der Erfüllung einer Schutzpflicht ist auch dann nicht erforderlich.[112]

(2) Konkretisierung des Angewiesenheitskriteriums

Als weiteres Tatbestandsmerkmal der Schutzpflichten soll nachfolgend auf das Kriterium der Angewiesenheit eingegangen werden. Worauf ein Grundrechtsträger zur effektiven Ausübung seines Grundrechts zwingend angewiesen ist, hängt natürlich in besonderem Maße von der *Art des betroffenen Grundrechts* ab. Verallgemeinernd wird man jedoch sagen können, dass es jeweils darauf ankommt, ob es mit der Natur des Grundrechts vereinbar wäre, wenn man den Störer auf *alternative* Handlungen bzw. das Opfer auf die *Alternativen* der (gewaltfreien) Selbsthilfe oder der Duldung verweist. Für das Grundrecht der Meinungsfreiheit dürfte sich beispielsweise ein Unterschied daraus ergeben, ob es um die Meinung als solche oder nur die Form ihrer Äußerung geht.[113] So widerspräche es dem Grundrecht der Meinungsfreiheit zweifelsohne, wenn man denjenigen, der wegen einer Meinungsäußerung Ziel eines mit wirtschaftlichen Druckmitteln durchgesetzten privaten Boykottaufrufs wird, darauf verweisen würde, er könne dem dadurch entgehen, dass er eine andere Meinung vertritt. Umgekehrt widerspricht es der Natur des Grundrechts der Meinungsfreiheit sicher nicht, wenn der Mieter in der Wahlplakatentscheidung darauf verwiesen wird, dass es hinsichtlich der Verbreitung seiner Meinung Alternativen zur Nutzung des Eigentums des Vermieters gibt.[114] Ähnlich ist dies im die Kunstfreiheit betreffenden Fall des Sprayers von Zürich. Hier steht es der Natur der Kunstfreiheit offensichtlich nicht entgegen, wenn man den Grafitti-Künstler auf Alternativen zur Nutzung fremden Eigentums verweist. Schließlich hat die Lüth-Entscheidung gezeigt, dass es im Fall eines nicht mit wirtschaftlichem Druck durchgesetzten Boykottaufrufs das richtige Verständnis des Grundrechts der Meinungsfreiheit geradezu verlangt, den Betroffenen als Alternative zu staatlichem Schutz auf die Selbsthilfe im Meinungskampf zu verweisen.

---

der Ansicht, dass der Gesetzesvorbehalt aufgrund der Privatautonomie bei privatrechtlichen Vereinbarung grundsätzlich keine Anwendung findet, dass sich dies jedoch ändere, wenn zwischen den Parteien eine Ungleichgewichtslage besteht. Unklar *Singer*, GS Jeand'Heur, S. 171 ff.

[112] Vgl. zur Bedeutung des Grundrechtsverzicht auch unten Fn. 154.

[113] Dies ist auch im Hinblick auf staatliche Eingriffe anerkannt, vgl. BVerfGE 42, 143, 149 f.

[114] So weist das Bundesverfassungsgericht ausdrücklich darauf hin, dass durch das Verbot der Anbringung des Plakats der Mieter in der Möglichkeit, seine politische Meinung zu äußern nicht nennenswert beeinträchtigt wird, da ihm eine Vielzahl anderer Formen der Meinungsäußerung zur Verfügung stünden (BVerfGE 7, 230, 237).

c) Das Verhältnis von Über- und Untermaßverbot (Rechtsfolge)

Als wesentlicher die Rechtsfolgenseite der Schutzpflichten betreffender Aspekt wurde bereits das Zusammenspiel von Über- und Untermaßverbot angesprochen. Wenn das Bundesverfassungsgericht im Zusammenhang mit dem Untermaßverbot von einem Mindeststandard an Schutz sowie einem weiten Ermessens- und Gestaltungsspielraum spricht, erweckt dies zunächst den Eindruck, als würde dem Gesetzgeber lediglich eine Untergrenze gesetzt, die er nach oben ohne weiteres überschreiten könnte. Die Besonderheit der mehrseitigen Konstellation besteht aber gerade darin, dass der Schutz nur durch einen Eingriff in die Grundrechte des Störers realisiert werden kann, welcher sich seinerseits am verfassungsrechtlichen Übermaßverbot messen lassen muss.[115] Für die Frage, ob Über- und Untermaßverbot dem Gesetzgeber tatsächlich lediglich eine Ober- und einer Untergrenze vorgeben, zwischen denen ihm ein Gestaltungsspielraum verbleibt, ist von wesentlicher Bedeutung, ob man das Untermaßverbot ebenso wie das Übermaßverbot als Optimierungsgebot versteht.[116] Beim Übermaßverbot handelt es sich deshalb um ein Optimierungsgebot, weil es sicherstellt, dass dem Gesetzgeber kein intensiverer Eingriff erlaubt ist, als zur Verfolgung des gesetzgeberischen Zweck erforderlich ist. Auf diese Weise gewährleistet es, dass die betroffenen grundrechtlichen Schutzgüter so weit wie möglich erhalten bleiben.[117] Sollte bei einem Schutzeingriff zwischen Über- und

---

[115] Vgl. bereits oben unter II 2 c (= S. 88 ff.)

[116] Vgl. zur Diskussion um das Verhältnis von Über- und Untermaßverbot *Canaris*, JuS 1989, S. 163 f. *ders.* Zwischenbilanz, 83 ff.; *Unruh*, Schutzpflichten, S. 83 ff.; *Jarass*, AöR 110 (1985), 363, 384; *Hain*, DVBl. 1993, 982 ff.; *ders.*, ZG 1989, 75 ff.; *Starck*, JZ 1993, 816 ff.; *Dietlein*, ZG 1995, 131 ff.; *Ruffert*, Vorrang der Verfassung, S. 216 f.

[117] Die Bezeichnung der Erforderlichkeitsprüfung als ein Optimierungsgebot steht nur in scheinbaren Widerspruch zu dem zu Recht betonten Unterschied zwischen dem Verhältnismäßigkeitsprinzip und dem Prinzip der praktischen Konkordanz. So meint *Grabitz*, AöR 98 (1973), 568, 576, dass die Feststellung im Rahmen des Verhältnismäßigkeitsprinzips (Übermaßverbots), dass Zweck und Mittel nicht außer Verhältnis stehen, noch kein Urteil darüber enthält, dass dieses Verhältnis auch optimal sei. Nach *Jakobs*, DVBl. 1985, 97, 99, bezeichnet das Übermaßverbot eine „Erträglichkeitsgrenze", während das Prinzip der praktischen Konkordanz einen „Optimierungspunkt" bestimme. Der Unterschied besteht darin, dass es sich beim Verhältnismäßigkeitsprinzip lediglich um ein einseitiges Optimierungsgebot handelt, während das Prinzip der praktischen Konkordanz ein zweiseitiges Optimierungsgebot ist. Ersteres setzt insbesondere im Rahmen der Erforderlichkeitsprüfung den jeweiligen Regelungszweck als *Konstante* voraus und stellt unter *dieser* Prämisse sicher, dass der Bestand des Grundrechts in das zu dessen Verfolgung eingegriffen wird, so weit wie möglich bestehen bleibt. Ebenso wird auf der letzten Stufe des Übermaßverbot, der Verhältnismäßigkeitsprüfung i.e.S., lediglich geprüft, ob das verwandte Mittel nicht außer Verhältnis zum als konstant vorausgesetzten Regelungszweck steht. Demgegenüber geht das Prinzip der praktischen Konkordanz davon aus, dass sich zwei Grundrechte als Variablen gegenüberstehen, die in einen optimalen Ausgleich zu bringen sind.

Untermaßverbot nun ein Gestaltungsspielraum liegen, würde dies voraussetzen, dass das Untermaßverbot, anders als das Übermaßverbot, es zuließe, dass der Gesetzgeber ein beschränktes Maß an Schutz gewährt, obwohl (im Hinblick auf Übermaßverbot) ein „Mehr" an Schutz möglich wäre. Es ließe somit suboptimalen Schutz ausreichen.

Ein solches Verständnis des Untermaßverbots erscheint jedoch vor dem Hintergrund des hier vertretenen dogmatischen Verständnisses der Schutzgebotsfunktion nicht möglich. Wenn das Vorliegen einer Schutzpflicht auf Tatbestandsseite erfordert, dass eine private Beeinträchtigung in eine Art *Kernbereich* dessen eindringt, worauf der jeweilige Grundrechtsträger zur effektiven Ausübung seines Grundrechts angewiesen ist, erscheint es nicht verständlich, weshalb der Gesetzgeber nicht alles *rechtlich* Mögliche tun müsste, um diesen Kernbereich zu schützen. Insbesondere lässt sich eine schwächere Wirkung des Untermaßverbots gegenüber dem Übermaßverbot nicht damit begründen, dass es im einen Fall um staatliches und in anderen Fall um privates Handeln geht. Dem Unterschied von privatem und staatlichem Handeln wird nämlich bereits auf *Tatbestandsseite* Rechung getragen. Während das Angewiesenheitskriterium bezüglich der Schutzgebotsfunktion dazu führt, dass nur bestimmte private Beeinträchtigungen ein staatliches Einschreiten verlangen, existiert im Hinblick auf die Abwehrfunktion auf Tatbestandsseite kein entsprechender „Filter".[118] Die Qualifizierung von Art. 2 Abs. 1 GG als Aufganggrundrecht impliziert vielmehr, dass jede staatliche Belastung die Abwehrfunktion auslöst. Das Untermaßverbot betrifft hingegen die *Rechtsfolge* von Schutzpflichten, setzt also deren Bestehen voraus und besagt, welchen Anforderungen der Staat bei ihrer Erfüllung genügen muss. Da es somit ebenso wie beim Übermaßverbot um die Überprüfung *staatlichen* Handelns geht, spricht vielmehr alles dafür, dass Untermaßverbot ebenfalls im Sinne eines Optimierungsgebots zu versehen.[119]

---

[118] Vgl. jedoch in diesem Zusammenhang die Ausführungen zur Bedeutung des Angewiesenheitskriteriums als sog. Schranke-Schranke unter d.

[119] So auch *Isensee*, HbdStR V, § 111 Rn. 137 der ausdrücklich von einem Optimierungsgebot spricht, wonach der Staat zur Erfüllung der Schutzpflicht gehalten sei, die ihm rechtlich wie tatsächlich verfügbaren Mittel so effektiv wie möglich einzusetzen. Richtigerweise wird man allerdings zwischen *rechtlichen* und *tatsächlichen* Mittel differenzieren müssen. Geht es etwa darum, zum Schutz des ungeborenen Lebens Beratungsstellen einzurichten, so sind dem nicht durch die Rechte der Mutter, sondern in tatsächlicher, d.h. vor allem finanzieller Hinsicht, Grenzen gesetzt. Eine Pflicht zur Optimierung des Schutzes würde insoweit die Haushaltskompetenz von Regierung und Parlament berühren, deren Mittel nun einmal begrenzt sind (vgl. *Unruh*, Schutzpflichten, S. 88.). In diesem Zusammenhang wird man das Untermaßverbot zumindest nicht als Optimierungsgebot anwenden können. Relevant ist dies allerdings nur in der zweiseitigen Konstellation. Im Verhältnis von Über- und Untermaßverbot geht es hingegen um die rechtlichen Grenzen, die der Gesetzgeber in der mehrseitigen Konstellation bei der Erfüllung von Schutzpflicht durch Schutzeingriffe beachten muss.

Versteht man das Untermaßverbot in dem soeben beschriebenen Sinn, kommt ihm im Rahmen der mehrseitige Konstellation beim *reinen Schutzeingriff*[120] tatsächlich kaum eine eigenständige Bedeutung zu. Während man beim Übermaßverbot auf zweiter Stufe prüft, was zur Verfolgung des Eingriffszwecks *erforderlich* ist, muss entsprechend beim Untermaßverbot prüfen, was zum Schutz des grundrechtlichen Schutzgutes rechtlich *möglich* ist. Dabei ist zu beachten, dass im Rahmen des Untermaßverbots einziger legitimer Zweck der Nichtgewährung von Schutz die Wahrung des konkurrierenden grundrechtlichen Schutzgutes ist.[121] Soweit dessen „Schonung" im Sinne der Erforderlichkeitsprüfung des Übermaßverbots erforderlich ist, ist die Gewährung von Schutz im Sinne des Untermaßverbot nicht möglich. Da umgekehrt der Zweck

---

Ruffert, Vorrang der Verfassung, S. 208 ff., 218 ff., verneint hingegen grundsätzlich die Eigenschaft des Untermaßverbots als Optimierungsgebot. Zwar sei der Gesetzgeber zur optimalen Auflösung von Grundrechtskollisionen verpflichtet. Von dieser an den Gesetzgeber gerichteten *Handlungsnorm* unterscheidet *Ruffert* jedoch die für die Verfassungsgerichtsbarkeit maßgebliche *Kontrollnorm* des Untermaßverbots. Die unterschiedliche demokratische Legitimation und das Prinzip der Gewaltenteilung gebieten es, dass „auf Ebene der Kontrollnorm das Leitbild der Optimierung durch das Leitbild des Mindestschutzes ersetzt" wird (a.a.O., S. 219). *Ruffert* führt weiter aus: „Auf diese Weise reduziert sich weniger der Einfluss des Verfassungsrechts im materiellen Sinne als vielmehr der Zugriff des Bundesverfassungsgericht auf funktionaler Ebene" (a.a.O., S. 222). Das Bestreben von *Ruffert*, dem Gesetzgeber einen Vorrang bei der Verfassungsinterpretation (Konkretisierungskompetenz) zu gewähren, ist zwar grundsätzlich zu begrüßen. Das Untermaßverbot zu diesem Zweck seiner Eigenschaft als materiellrechtlichem Prüfungsmaßstab zu berauben, erscheint jedoch nicht erforderlich und findet vor allem auch keine Parallele im dogmatischen Verständnis des Übermaßverbots (ausdrücklich ein „spiegelbildliches" Verhältnis von Über- und Untermaßverbot bejahend Mangoldt/Klein/Starck/*Starck*, Art. 1, Rn. 160 Fn. 126; *Hain*, DVBl. 1993, 982 ff.; dagegen *Dietlein*, ZG 1995, 131, 136 ff.). Es erscheint daher näherliegend, von einem funktionalen Gestaltungsspielraum des Gesetzgebers aufgrund dessen Einschätzungsprärogative im Hinblick auf das Vorliegen der *Voraussetzungen* des Untermaßverbots auszugehen (vgl. dazu unten III 2).

[120] Unter „reinem Schutzeingriff" wird hier verstanden, dass der Eingriff *ausschließlich* der Erfüllung der Schutzpflicht dient und mit ihm nicht zusätzlich auch Allgemeinwohlinteressen verfolgt werden. Ohne diese Einschränkung sprechen dem Untermaßverbot auch *Hain*, DVBl. 1993, 982 ff.; *ders.*, ZG 1989, 75 ff.; *Starck*, JZ 1993, 816 ff.; *Erichsen*, Jura 1997, 85, 88; *Hager*, JZ 1994, 373, 382 mit Fn. 111 eine eigenständige Bedeutung ab. Skeptisch gegenüber der Figur des Untermaßverbots auch Dreier/*Dreier*, Vorb. Rn. 64 und *Stern*, Staatsrecht III/2, S. 813 f.

[121] Demgegenüber lehnt *Robbers*, Sicherheit als Menschenrecht, S. 170 ff., die Anwendung des Verhältnismäßigkeitsprinzips auf die Erfüllung von Schutzpflichten u.a. mit der Begründung ab, dass sich bei gesetzgeberischem Unterlassen in der Regel kein eindeutiger Zweck ausmachen lasse, der als Grundlage für die Verhältnismäßigkeitsprüfung dienen könne. Die Ausführungen *Robbers* erscheinen jedoch nicht ohne weiteres auf den vorliegenden Zusammenhang übertragbar (dennoch bezieht sich *Canaris*, Zwischenbilanz, S. 87 Fn. 265, ausdrücklich hierauf). Zum einen trennt *Robbers* nicht strikt zwischen Tatbestand und Rechtsfolge von Schutzpflichten und zum anderen beschränkt er sich nicht auf die mehrseitige Konstellation. So bezieht er sich, a.a.O. S. 171, beispielsweise ausdrücklich auch auf Gefahren, die von der Natur ausgehen.

des Eingriffs die Erfüllung der Schutzpflicht ist, fallen die Kriterien des Möglichen im Sinne des Untermaßverbots und des Erforderlichen im Sinne des Übermaßverbots zusammen. Über- und Untermaßverbot wirken somit nicht unabhängig voneinander und liefern demzufolge nicht eine Ober- und eine Untergrenze, sondern stehen vielmehr in einer Wechselwirkung miteinander. Da sie hierbei jeweils in entgegensetzte Richtungen wirken und ihrer Natur als Optimierungsgebote entsprechend keine suboptimalen Ergebnisse zulassen, kann der Ausgleich denklogisch nur in einem Punkt erfolgen. Über- und Untermaßverbot bezeichnen hiernach lediglich die Anwendung des Verhältnismäßigkeitsprinzips aus jeweils verschiedenen Perspektiven und führen im Ergebnis dazu, dass keines der beiden Grundrechte über das unbedingt Erforderliche hinaus in seiner Geltung beschnitten werden darf. *Hain* hat dies anschaulich mit der Metapher der Waage beschrieben: Auch hier lässt sich ein Gleichgewicht nicht in verschiedenen, sondern nur in einem Punkt herstellen.[122] Das Ergebnis verwundert auch insofern nicht, als es letztlich dem *Optimierungsgebot* der *praktischen Konkordanz* entspricht, wonach beide Grundrechte in einen optimalen Ausgleich zu bringen sind.[123] Da ein optimaler Ausgleich auch immer nur in einem bestimmten Punkt erfolgen kann, könnte man das Zusammenspiel von Übermaß- und Untermaßverbot somit als dogmatische Grundlage des Grundsatzes der praktischen Konkordanz bezeichnen.

Diese „Kongruenzthese" wird von Dietlein und Canaris ausdrücklich bestritten.[124] Beide führen insbesondere an, dass Über- und Untermaßverbot jeweils auf „verschiedenen normativen Ebenen rangieren". Die Erforderlichkeitsprüfung im Rahmen des Übermaßverbot werde durch den Gesetzgeber selbst maßgeblich bestimmt, indem er kraft seiner Zwecksetzungskompetenz den Regelungszweck des Gesetzes festlege, dessen Relation zum konkreten Gesetz dann Gegenstand der Erforderlichkeitsprüfung sei. Demgegenüber würde die Erforderlichkeit im Rahmen des Untermaßverbots eine vom konkreten Gesetz losge-

---

[122] *Hain*, DVBl. 1993, 982, 983.

[123] Zum Verhältnis von Verhältnismäßigkeitsprinzip und Prinzip der praktischen Konkordanz vgl. bereits oben Fn. 117. Die hier gefundene Lösung entspricht im Ergebnis exakt der Lösung von *Grabitz*, AöR 98(1973), 568, 577 ff., der in der zweiseitigen Konstellation das Untermaßverbot und in der mehrseitigen Konstellation das Prinzip der praktischen Konkordanz anwenden will. Auch *Lerche*, Übermaß, S. 152, deutete bereits eine Verhältnismäßigkeitsprüfung in *zwei Richtungen* an: „Die Normen, die diese Konkurrenz auflösen sollen, greifen daher in beide Rechtsbezirke ein, und sind durch die Grundsätze des Übermaßverbots nicht einseitig nur von einem Pol aus gesteuert; sie werden von beiden Endpunkten her gespannt." *Seetzen*, NJW 1975, 429, 433, geht ebenfalls davon aus, dass grundsätzlich jede Abweichung vom Prinzip des schonendsten Ausgleichs eine falsche Inhaltsbestimmung der Grundrechte ist. Sehr anschaulich zur Einschränkung des gesetzgeberischen Gestaltungsspielraums beim Vorliegen zweier gegenläufiger Interessen *Alexy*, Theorie der Grundrechte, S. 422 f.

[124] *Dietlein*, ZG 1995, 131, 136 ff.; *Canaris*, Zwischenbilanz, S. 45, 83 ff.; zustimmend *Ruffert*, Vorrang der Verfassung, S. 216 f.

löste, unmittelbar aus der Verfassung bezogene Größe darstellen. Diese Aussage trifft zumindest in ihrer Allgemeinheit aber nicht zu.[125] Sofern man den *reinen* Schutzeingriff im Blick hat, bei dem der Gesetzgeber ausschließlich zur *Erfüllung der Schutzpflicht* in die Grundrechte des Störers eingreift, bedarf es gerade keiner gesetzgeberischen Zwecksetzung.[126] Regelungszweck des entsprechenden Gesetzes ist die Erfüllung der Schutzpflicht selbst, so dass auch insoweit die Erforderlichkeitsprüfung im Rahmen des Übermaßverbots von einer auf das Verfassungsrecht bezogenen Größe, nämlich der Schutzpflicht, bestimmt wird. Lediglich wenn der Gesetzgeber mit dem entsprechenden Gesetz neben der Erfüllung der Schutzpflicht noch einen weiteren (notwendigerweise überindividuellen) Regelungszweck verfolgt, kommt seine Zwecksetzungskompetenz zum Tragen. In diesem Fall kann er tatsächlich u.U. mehr Schutz gewähren, als zur Erfüllung der Schutzpflicht nach Maßgabe des Untermaßverbots erforderlich ist.[127] Die Erforderlichkeitsprüfung des Übermaßverbots kann das Gesetz dann nur bestehen, weil mit dem geschützten grundrechtlichen Schutzgut auch ein Allgemeinwohlinteresse streitet. Eine eigenständige Bedeutung des Untermaßverbots mag allerdings auch das nicht begründet. Gewährt der Gesetzgeber ohnehin mehr Schutz, als ohne das Allgemeinwohlinteresse erforderlich wäre, gelangt die durch das Untermaßverbot gesetzte Grenze gar nicht zur Anwendung.

d) Das Zusammenspiel von Schutzgebots- und Abwehrfunktion

Nachdem die Analyse des Verhältnisses von Über- und Untermaßverbot bereits erste Zusammenhänge von Abwehr- und der Schutzgebotsfunktion aufgezeigt hat, soll das Zusammenspiel dieser beiden Grundrechtsfunktionen im Folgenden eingehend beleuchtet werden. Dies ist im Hinblick auf die verfassungsrechtliche Bindung des Privatrechtsgesetzgebers deshalb von großer Bedeutung, weil dieser es nie isoliert mit der einen oder der anderen Grundrechtsfunktionen zu tun hat, sondern in der ihn betreffenden mehrseitigen Konstellation sein Handeln stets zumindest potentiell durch beide Grundrechtsfunktionen determiniert wird.

---

[125] Kritisch auch *Hain*, ZG 1996, 75, 78 ff. und *Unruh*, Schutzpflichten, S. 86 f.

[126] So auch *Lerche*, Übermaß, S. 126, der daher vom Typus der konkurrenzlösenden Normen spricht, die sich im ihrem Zweck von anderen Normen darin unterscheiden, dass sie Grundrechtskollisionen lösen.

[127] Dies entspricht den Fällen, die *Canaris*, Zwischenbilanz, S. 84, gegen die Kongruenzthese anführt. Mutter-, Arbeitnehmer- und Wohnungsmieterschutz dienen eben nicht nur der Erfüllung von Schutzpflichten, sondern daneben auch überindividuellen Zwecken des Allgemeinwohls (vgl. oben § 3 B II 3 = S. 57 ff.). Zur Zwecksetzungskompetenz des Gesetzgebers unten III 2.

Von Bedeutung ist insoweit zunächst die Erkenntnis, dass das Angewiesenheitskriterium nicht nur im Zusammenhang mit der Schutzgebotsfunktion, sondern unter bestimmten Voraussetzungen auch im Rahmen der Abwehrfunktion Bedeutung entfalten kann. Ebenso wie das Opfer argumentieren mag, es sei darauf angewiesen, dass der Staat eine ihn beeinträchtigende Handlung verhindert (Bsp.: Blinkfüerentscheidung), kann nämlich der Störer im Einzellfall argumentieren, dass er zur effektiven Ausübung seines Grundrechts auf die Vornahme einer entsprechenden Handlung angewiesen sei (Bsp. Parabolantennenentscheidung).[128] Wurde daher im Hinblick auf das Angewiesenheitskriterium von einer Art Kernbereich des Opfers gesprochen, in dem dieses zur effektiven Ausübung seiner Grundrechte auf Schutz vor privaten Beeinträchtigungen angewiesen ist, so existiert grundsätzlich auch umgekehrt auf Seiten des Störers ein Kernbereich, in dem dieser auf die Möglichkeit angewiesen ist, bestimmte Handlungen auch dann vornehmen zu dürfen, wenn sie die grundrechtlichen Schutzgüter anderer beeinträchtigen. Die so beschriebenen Kernbereiche von Opfer und Störer stehen sich prinzipiell im Rahmen jeder Grundrechtskollisionen gegenüber und spielen auf diese Weise eine entscheidende Rolle für das Verständnis der unterschiedlichen verfassungsrechtlichen Behandlung staatlicher und privater Beeinträchtigungen sowie der verfassungsrechtlichen Bindung des Privatrechtsgesetzgebers.

---

[128] Anders als bei der Schutzgebotsfunktion spielt das Angewiesenheitskriterium im Zusammenhang mit der Abwehrfunktion jedoch nicht schon auf Tatbestandsseite eine Rolle, d.h. die Abwehrfunktion greift nicht erst ein, wenn der Grundrechtsträger zur effektiven Ausübung seiner Grundrechte auf die entsprechende Handlung angewiesen ist (vgl. bereits oben unter c). Bedeutung kann es lediglich auf Rechtfertigungsebene erlangen. So besteht in der erörterten Parabolantennenentscheidung der staatliche Eingriff in dem gesetzlichen Abwehrrecht des Eigentümers aus § 1004 BGB und das Angewiesenheitskriterium dient dazu, zu bestimmen, ab welchem Punkt die Grundrechte Dritter (hier des Mieters) es gebieten, der Privatnützigkeit des Eigentum und somit dem Anspruch des Eigentümers aus § 1004 BGB Grenzen zu setzen. Da Ausgangspunkt der Eingriff in die Grundrechte des Mieters ist (Informationsfreiheit), diese grundsätzlich durch das Eigentumsgrundrecht des Vermieters beschränkt werden, kann man davon sprechen, dass das Angewiesenheitskriterium erst als sog. Schranken-Schranke Bedeutung erlangt.

Wenn das Angewiesenheitskriterium nach Ansicht von *Canaris* im Rahmen der Abwehrfunktion keine Rolle spielt, so liegt dies an seiner soeben dargestellten, von der hier vertretenen Auffassung abweichenden Behandlung des Instituts des Eigentums und der Privatautonomie. Dennoch fällt auf, dass schon im Rahmen der von ihm vertretenen Schutzbereichsbegrenzung durch die Eigentumsordnung im Grunde bereits das Kriterium der Angewiesenheit eine Rolle spielt. So hat auch das Bundesverfassungsgericht in der von *Canaris* zur Stützung seiner Auffassung zitierten Entscheidung zum Sprayer von Zürich (Zwischenbilanz, S. 61, Fn. 118) die Schutzbereichbegrenzung damit begründet, dass sich in der Bundesrepublik Kunst auch ohne Beschädigung fremden Eigentums entfalten könne (NJW 1984, 1293, 1294). Dies bedeutet letztlich nichts anderes, als dass der Sprayer von Zürich zur effektiven Ausübung seiner Kunstfreiheit nicht auf die Nutzung fremden Eigentums *angewiesen* ist. In diese Richtung zielt auch die Argumentation bei *Denninger*, HbdStR VI, § 146, Rn. 41.

(1) Die staatliche Neutralitätspflicht im Freiraum zwischen den Kernbereichen

Von großer Bedeutung ist zunächst die Erkenntnis, dass meist zwischen den jeweiligen Kernbereichen von Störer und Opfer ein erheblicher „Freiraum" verbleibt.[129] Dieser Freiraum resultiert daraus, dass die beiden Kernbereiche lediglich einen Minimalbestand an Freiheit zur effektiven Grundrechtsausübung sichern sollen. Es gibt also regelmäßig eine Vielzahl von Handlungen, auf die der Störer zur effektiven Ausübung seines Grundrechts nicht unbedingt angewiesen ist, deren Verhinderung aber umgekehrt zur Gewährleistung der effektiven Ausübung der Grundrechte des Opfers ebenfalls nicht zwingend erforderlich ist. So kann beispielsweise im Rahmen wirtschaftlichen Wettbewerbs ein Unternehmer einen Wettbewerber grundsätzlich sogar wirtschaftlich ruinieren und dadurch dessen Berufsfreiheit beeinträchtigen, ohne dass er auf dieses Verhalten zur Ausübung seiner eigenen Berufsfreiheit unbedingt angewiesen ist. Auch der Lüth-Fall mag als Beispiel dienen. Hier kann man wohl ohne weiteres sagen, dass Erich Lüth zur Ausübung seiner Meinungsfreiheit nicht zwingend darauf angewiesen war, neben seiner Meinungskundgabe bezüglich der Person von Veit Harlan (insbesondere zu dessen antisemitischer Vergangenheit) *zusätzlich* zum Boykott seines neuen Films aufzurufen.[130] Umgekehrt ist aber auch Veit Harlan zur Ausübung seiner Kunstfreiheit nicht zwingend darauf angewiesen, dass der Boykottaufruf verhindert bzw. gestoppt wird. Das Grundrecht der Kunstfreiheit dient nicht dazu, Kritik zu unterbinden, sondern verlangt bei richtigem Verständnis, dass sich die Kunst ihr gegenüber aus eigener Kraft durchsetzt.[131]

Die Konsequenz der Unterscheidung von staatlichen und privaten Beeinträchtigungen und der hiermit parallel verlaufenden Unterscheidung von Abwehr- und Schutzgebotsfunktion ist, dass den Staat im geschilderten Freiraum

[129] Es gibt allerdings auch Ausnahmen, in denen sich die beiden Kernbereiche gar zu überschneiden scheinen. Zu denken ist hier beispielweise an den Konflikt zwischen dem Schutz des ungeborenen Lebens und dem Selbstbestimmungsrecht der Schwangeren oder dem im Fall der heterologen Insemination auftretenden Konflikt zwischen dem Recht des Kindes auf Kenntnis seiner eigenen Abstammung mit dem Grundrecht des Spenders auf informelle Selbstbestimmung (zu letzterem vgl. *Hager*, Die Stellung des Kindes nach heterologen Insemination, S. 1 ff.; *Canaris*, Zwischenbilanz, S. 65 ff.).

[130] Teilweise wird sogar vertreten, dass der Boykottaufruf gar nicht vom Schutzbereich der Meinungsfreiheit erfasst werde, vgl. *Roellecke*, JZ 1981, 688, 693.

[131] *Canaris*, JuS 1989, 161, 168. In Zwischenbilanz, S. 73 vertritt *Canaris* sogar die Ansicht, dass deshalb das von Veit Harlan in Anspruch genommene Grundrecht der Kunstfreiheit schon „tatbestandlich nicht einschlägig" sei. Dies erscheint überzogen. M.E. dürfte das, was bei der Prüfung der Schutzgebotsfunktion eines Grundrechts von *Canaris* als „tatbestandliche Einschlägigkeit" (a.a.O. S. 72 ff.) bezeichnet wird, trotz des dogmatischen Unterschiedes in seiner Reichweite mit dem herkömmlichen Verständnis des Schutzbereiches übereinstimmen. Dieser wäre wohl unzweifelhaft berührt, wenn nicht ein Privater, sondern der Staat zum Boykott eines Filmes aufriefe.

zwischen den beiden Kernbereichen eine grundsätzliche *Neutralitätspflicht* trifft. Diese staatliche Neutralität bedeutet, dass der Störer eine Vielzahl von Handlungen vornehmen kann, die über den Kernbereich dessen hinausgehen, worauf er zur effektiven Ausübung seiner Grundrechte unbedingt angewiesen ist, ohne dass der Staat ihm dies verbieten *muss* oder auch nur *darf*. Dass er dies nicht muss, hat seine Ursache im Fehlen einer entsprechenden Schutzpflicht. Dass er dies nicht darf, ist Konsequenz der Abwehrfunktion der Grundrechte des Störers.[132] Erst wenn die Handlung des Störers in den Kernbereich des Opfers eindringt, ist der Staat durch die Schutzgebotsfunktion dessen Grundrechts dazu verpflichtet, diese durch einen *Schutzeingriff* zu verhindern.[133] Hier endet die staatliche Neutralitätspflicht und wandelt sich in eine Schutzpflicht um.

Da die der Handlungsfreiheit des Störers gesetzte Grenze sich ausschließlich nach dem für die effektive Grundrechtsausübung des Opfers erforderlichen Mindeststandard richtet, handelt es sich um eine absolute, d.h. in keinem Verhältnis zum Störer stehende Grenze. Wann sie erreicht wird, hängt insbesondere nicht davon ab, welchen Zweck der Störer mit seiner Handlung verfolgt. Anders als staatliches Handeln braucht daher privates Handeln nicht dem Grundsatz der *Verhältnismäßigkeit* zu genügen.[134]

Aus der Überantwortung des Freiraums zwischen den beiden Kernbereichen an den Störer resultiert eine *Asymmetrie* in der Grundrechtsanwendung zwischen Störer und Opfer.[135] Diese ist jedoch lediglich die folgerichtige Konsequenz der Unterscheidung von staatlichem und privatem Handeln und sichert die bereits von *Dürig* unter Bezugnahme auf Art. 2 Abs. 1 GG proklamierte Freiheit gegenüber dem Staat, die es den Bürgern ermöglicht, ihr Zusammenleben nach eigenen Maßstäben zu gestalten.[136] Die Asymmetrie verwirklicht somit das Prinzip des Vorrangs der Gesellschaft gegenüber dem Staat.[137] Sie bevorzugt nicht einen Grundrechtsträger gegenüber dem anderen, sondern die

---

[132] Diese Aussage beschränkt sich auf die Grundrechtskollision und berücksichtigt noch nicht die Möglichkeit des Gesetzgebers, kraft seiner Zwecksetzungskompetenz zusätzlich Allgemeinwohlinteresse zu verfolgen (dazu unten III 3).

[133] Vgl. zum Begriff des Schutzeingriffes bereits oben unter II 2 c (=S. 88 ff.).

[134] Aus diesem Grund ist m.E. im Lüth-Fall entgegen der Auffassung des Bundesverfassungsgerichts, einzig entscheidend, dass Lüth zur Durchsetzung seines Boykottaufrufs keinen wirtschaftlichen oder sozialen Druck einsetzte (a.A. *Canaris*, JuS 1989, 161, 167 f., der dagegen in Übereinstimmung mit dem Bundesverfassungsgericht auch für entscheidungserheblich hält, dass Lüth nicht aus wettbewerblichen oder anderen sachwidrigen Motiven handelte). Zutreffend *Köndgen*, AcP 184 (1984), 600, 602, der – wenn auch in anderem Zusammenhang – betont, dass die jeweilige Motivation des Privatrechtssubjekts tabu zu bleiben hat.

[135] Dies kritisiert *Hager*, JZ 1994, 373, 381; vgl. die Erwiderung von *Canaris*, Zwischenbilanz, S. 47.

[136] Vgl. oben 2 a (= S. 84 ff.).

[137] *Canaris*, Zwischenbilanz, S. 47.

allgemeine Handlungsfreiheit im privaten Bereich gegenüber einer absoluten staatlichen Reglementierung. Indem sie jedem die Möglichkeit gibt, bis zu einer bestimmten Grenze Störer zu sein, trägt sie dem Gedanken der Selbstverantwortung Rechnung.

(2) Die Ersetzung der staatlichen Neutralitätspflicht durch besondere Handlungspflichten

Das so gezeichnete Bild der sich im Fall von Grundrechtskollisionen gegenüberstehenden Kernbereiche bedarf hinsichtlich der Fälle der verfassungsrechtlich gewährleisteten Eigentums und der Privatautonomie einer gewissen Modifizierung. Die Besonderheit der beiden Grundrechte besteht insoweit darin, dass sie normgeprägt sind und der Staat daher nicht lediglich einen dem einfachen Recht vorausliegenden Kernbereich schützen, sondern das Grundrecht als solches erst ausgestalten muss.

(a) Das Institut des Privateigentums

Eigentum im Sinne von Art. 14 GG ist durch Privatnützigkeit, d.h. die Zuweisung des Objekts des Eigentums an einen Rechtsträger gekennzeichnet.[138] Neben der bloßen Zuweisung setzt ein Institut des Privateigentums vor allem auch die Gewährung von Ausschlussrechten voraus, ohne die das Eigentum leerliefe. Für den Gesetzgeber begründet die Institutsgarantie des Art. 14 GG somit eine Handlungspflicht.[139] Der Erfüllung dieser Handlungspflicht dienen u.a. die §§ 1004, 985 BGB, deren ersatzlose Streichung mit der Verfassung unvereinbar wäre.

In ihrer Schutzrichtung ähnelt die beschriebene Handlungspflicht den grundrechtlichen Schutzpflichten. Denn ebenso wie die in Erfüllung von Schutzpflichten zu erlassenden Gesetze dienen auch die §§ 1004, 985 BGB der Abwehr privater Beeinträchtigungen.[140] Im Übrigen unterscheidet sich die aus

[138] BVerfGE 53, 257, 290.

[139] Zu eng erscheint die traditionelle Sichtweise, wonach die Institutsgarantie dem Gesetzgeber ausschließlich eine Unterlassenspflicht auferlegt, die es ihm verbietet, vorhandene Regelungen abzuschaffen (so ausdrücklich *Ruffert*, Vorrang der Verfassung, S. 82, 85). Zwar mag man sagen, dass mit der Erfüllung einer Schutzpflicht stets eine Unterlassungspflicht entsteht, die es dem Gesetzgeber verbietet, den gewährten Schutz wieder zu entziehen. Insoweit handelt es sich jedoch um einen bloßen Reflex, der nichts an der Existenz der zugrundliegenden Handlungspflicht ändert.

[140] Ob man insoweit von einer Schutzpflicht sprechen möchte, erscheint eher als Geschmacksfrage. Wenn *Isensee*, HbdStR V, § 111 Rn. 94, hingegen die Ableitung von Schutzpflichten aus der Institutsgarantie mit der Begründung ablehnt, die Institutsga-

Art. 14 GG resultierende Handlungspflicht in ihrer Struktur jedoch von den bisher behandelten Schutzpflichten. Während letztere dazu dienen, dem Grundrechtsträger einen Kernbereich zu sichern, in dem dieser vor privaten Beeinträchtigungen geschützt wird, zielt das Prinzip der Privatnützigkeit umgekehrt darauf ab, dem Eigentümer in Hinblick auf das Eigentumsobjekt ein Höchstmaß an Freiheit zu gewähren.[141] Folgerichtig hängt der Schutz der §§ 1004, 985 BGB nicht davon ab, ob der Eigentümer hierauf zwingend angewiesen ist. Man muss daher beispielsweise in der Wahlplakatentscheidung nicht diskutieren, ob der Eigentümer zur effektiven Ausübung seines Eigentums zwingend darauf angewiesen ist, dass das Plakat nicht an der Außenwand seines Wohnhauses angebracht wird.[142] Um auf das oben unter (1) gezeichnete Bild der sich bei Grundrechtskollisionen gewöhnlich gegenüberstehenden Kernbereiche zurückzukommen, bedeutet dies, dass im Fall des Art. 14 GG kein zwischen zwei Kernbereichen bestehender Freiraum mit einer entsprechenden staatlichen Neutralitätspflicht existiert. Die Neutralitätspflicht wird vielmehr durch die besondere Handlungspflicht des Art. 14 GG *ersetzt*.[143] Der verfassungsrechtliche Eigentümer braucht sich daher nicht auf einen Kernbereich grundrechtlicher Freiheit verweisen zu lassen. Im Gegenzug gewinnt in dieser Konstellation der jeweilige Kernbereich des Störers Bedeutung, indem er dem Gesetzgeber bei der Erfüllung der Handlungspflicht aus Art. 14 GG neben dem Übermaßverbot eine zusätzliche sog. Schranken-Schranke setzt.[144] Soweit der störende Nichteigentümer zur effektiven Ausübung eigener Grundrechte zwingend auf eine Be-

---

tie beträfe nur die Ausgestaltung und nicht den Inhalt des Schutzgutes, vermag dies nicht zu überzeugen. Durch die Gewährung von Ausschlussrechten wird das Eigentum nicht (nur) geschützt, sondern auch konstituiert. Nach Auffassung von *Ruffert*, Vorrang der Verfassung, S. 186 ff., kommt der Schutzgebotsfunktion hingegen auch bei normgeprägten Grundrechten eine eigenständige Funktion neben der gesetzgeberischen Aufgabe der Grundrechtsprägung zu. Beide Handlungspflichten seien aber „ineinander verschlungen" (a.a.O., S. 186).

[141] Näher hierzu unter § 5 A II 2 (= S. 126 ff.).

[142] Dass das Bundesverfassungsgericht in seiner Entscheidung dennoch darauf abstellt, dass der Eigentümer beim Verbot der Anbringung des Wahlplakats zur Erhaltung des Friedens innerhalb der Hausgemeinschaft gehandelt habe, ist daher bedenklich (BVerfGE 7, 230, 237).

[143] Dagegen wäre es wohl nicht richtig, im Fall des Eigentums von einer *Ausdehnung des Kernbereichs* des Eigentümers als potentiellem Opfer zu sprechen. Denn ein Kernbereich setzt voraus, dass dieser positiv und somit aus sich selbst heraus bestimmbar ist. Demgegenüber ist die Freiheit des Eigentümers grundsätzlich „maximal" und findet ihre Grenze erst dort, wo die Kernbereiche anderer Grundrechte (oder gegebenenfalls Allgemeinwohlinteressen) berührt werden. Anders als ein Kernbereich ist die Eigentumsfreiheit daher negativ zu bestimmen.

[144] Vgl. zur Einordnung des den Kernbereich bestimmenden Angewiesenheitskriteriums als Schranken-Schranke bereits oben Fn. 128.

Der Kernbereich des Opfers spielt somit wie Über- und Untermaßverbot erst auf Rechtsfolgenseite eine Rolle.

einträchtigung des fremden Eigentums angewiesen ist, muss der Schutz des Eigentümers zurücktreten.[145] Eben dies ist beispielsweise in der Parabolantennenentscheidung der Fall. Dass der Verfassungsgesetzgeber dieses „Ende", d.h. die Grenzen der Privatnützigkeit des Eigentums vorausgesehen und gewollt hat, zeigt Art. 14 Abs. 2 GG, der die Sozialpflichtigkeit des Eigentums statuiert.

(b) Das Institut der Privatautonomie

Die zum Eigentum gemachten Überlegungen lassen sich weitesgehend auf die verfassungsrechtlich gewährleistete Privatautonomie übertragen. Auch wenn das Grundgesetz die Institutsgarantie der Privatautonomie nicht ausdrücklich nennt, entspricht ihre Existenz der ganz h.M.[146] Abgeleitet wird sie vor allem aus Art. 2 Abs. 1 GG. Zusätzlich werden aber auch Art. 1 Abs. 1 GG und das Demokratieprinzip als verfassungsrechtliche Grundlagen genannt.[147] Dass dem Institut der Privatautonomie nicht damit genüge getan ist, Privatrechtssubjekten einen Freiraum zum Abschluss von Verträgen zu geben (status negativus), wurde bereits ausgeführt.[148] Ein entsprechender Freiraum resultiert bereits aus der allgemeinen Handlungsfreiheit.[149] Das Institut der Privatautonomie ist vielmehr dadurch gekennzeichnet, dass es Privatrechtssubjekten ermöglicht, verbindliche Rechtsfolgen zu schaffen, die gegebenenfalls mit staatlichem Zwang durchgesetzt werden.[150] Um mit den Worten des Bundesverfassungsgerichts zu sprechen: „Die Privatautonomie ist zwingend auf staatliche Durchsetzung angewiesen, daraus folgt die Pflicht des Staates, im Streitfall durchsetzbare Rechtspositionen zu schaffen."[151] Im Ergebnis bedeutet dies nichts anderes, als dass auch die verfassungsrechtliche Garantie der Privatautonomie eine besondere Handlungspflicht des Gesetzgebers begründet, welche in ihrer Struktur der aus Art.14 GG abgeleiteten Handlungspflicht ähnelt. Ebenso wie diese verdrängt sie die grundsätzliche staatliche Neutralitätspflicht und rechtfertigt die zu ihrer Erfüllung erforderlichen Eingriffe in die Grundrechte des Schuldners.

---

[145] Diese Grenze ist im Beispiel von *Diederichsen*, AcP 198 (1998), 171, 212, in Bezug auf keines der Grundrechte der Hausbesetzer erreicht (nur im Ergebnis genauso *Canaris*, Zwischenbilanz, S. 13 Fn. 15).

[146] BVerfGE 70,115, 123; 72, 155, 170; BVerfG ZIP 93, 1780; *Ruffert*, Vorrang der Verfassung, S. 304 ff. m.w.N.; *Raiser*, JZ 1958, 1, 5; *Schmidt-Salzer*, NJW 1979, 8, 10 und 15; v.Münch/Kunig/*v.Münch*, Vor. Art. 1 – 19, Rn. 23.

[147] Ausführlich zur verfassungsrechtlichen Ableitung der Privatautonomie *Canaris*, JZ, 1987, 994 f.

[148] Vgl. oben b (1) (b) (= S. 95 ff.).

[149] Vgl. zum Verhältnis von allgemeiner Handlungsfreiheit und Privatautonomie auch *Bleckmann*, JZ 1988, 57, 59, Fn. 34, sowie unten § 5 A I (= S. 119 ff.).

[150] Dies betont auch *Canaris* an anderer Stelle (Vertrauenshaftung, S. 413); vgl. auch *Ruffert*, Vorrang der Verfassung, S. 312.

[151] BVerfG ZIP 93, 1780.

Das so vorgetragene Verständnis einer Institutsgarantie der Privatautonomie liefert auch die Erklärung dafür, weshalb die Qualifikation der staatlichen Durchsetzung vertraglicher Vereinbarung als Grundrechteingriffe keineswegs eine „Aushöhlung der Privatautonomie durch eine umfassende Inhaltskontrolle" bedeutet.[152] Denn parallel zum Institut des Privateigentums verlangt auch die Privatautonomie vom Staat, dass er privatautonome Vereinbarungen unabhängig davon durchsetzt, ob der Gläubiger hierauf angewiesen oder ob dies im Hinblick auf irgendeinen vom Gläubiger verfolgten Zweck erforderlich ist. Die wesentliche Erkenntnis besteht insoweit darin, dass sich der Staat im Rahmen der zur Durchsetzung erforderlichen Grundrechtseingriffe nicht einen (möglichen) Zweck des Gläubiger zueigen macht, sondern in Erfüllung der aus dem verfassungsrechtlichen Institut der Privatautonomie resultierenden besonderen Handlungspflicht handelt. Hierbei hat er zwar grundsätzlich das Übermaßverbot zu beachten. Der durch das Institut der Privatautonomie definierte Zweck, privatautonome Vereinbarungen um ihrer selber Willen Geltung zu verschaffen, schließt jedoch gerade aus, dass im Rahmen der Erforderlichkeitsprüfung ein Zusammenhang zwischen den Motiven des Gläubigers und der dem Staat bei der Durchsetzung gestatteten Eingriffsintensität hergestellt wird. So lautet die Fragestellung in der Handelsvertreterentscheidung richtigerweise auch nicht, ob es aus Sicht des Arbeitgebers erforderlich ist, dass der Handelsvertreter ihm zwei Jahre keine Konkurrenz machen darf. Entscheidende Grenze ist auch insoweit der Kernbereich der Grundrechte des Handelsvertreters als Schuldner bzw. Störer. Nur wenn er zur effektiven Ausübung seines Grundrechts aus Art. 12 GG zwingend auf die konkurrierende Tätigkeit angewiesen ist, bedarf es einer Beschränkung der Privatautonomie.[153] Die Situation entspricht der beim Privateigentum: Wie im Fall des Privateigentums setzt die besondere Handlungspflicht tatbestandlich keinen Eingriff in einen grundrechtlich geschützten Kernbereich des Opfers voraus. Bedeutung hat vielmehr allein der Kernbereich des Störers, der dem Staat auf Rechtsfolgenseite bei der Erfüllung der Handlungspflicht eine Grenze setzt. Diese Grenze ist etwa erreicht, wenn in extremer Weise, wie beispielsweise im Fall rechtsgeschäftlicher Absprachen über die Familienplanung, höchstpersönliche Freiheiten preisgegeben werden.[154]

---

[152] So *Canaris*, AcP 184 (1984), 201, 219.

[153] Auf diese Weise kann auch ohne jeden Widerspruch dem Gedanken von *Canaris*, AcP 184 (1984), 201, 232 ff., Rechnung getragen werden, dass es zur Wahrung der Grundrechte des Schuldner häufig keiner Nichtigkeitserklärung der Vereinbarung gemäß § 138 Abs. 1 BGB bedarf, sondern ein Ausschluss der Vollstreckung analog § 888 Abs. 2 ZPO genügt. Dies ergibt sich daraus, dass sonst der Staat bei der Erfüllung seiner Handlungspflicht gegen das Untermaßverbot verstieße.

[154] BGHZ 91, 1, 5. Vgl. weitere Beispiele bei *Singer*, GS Jeand'Heur, 171, 183. Demgegenüber dürfte es in den Fällen der gestörten Vertragsparität bereits tatbestandlich an einer Handlungspflicht fehlen, da die Institutsgarantie nicht verlangt, dass der

III. Der Handlungsspielraum des Privatrechtsgesetzgebers

Auch wenn sich die Ansicht mancher Vertreter des Privatrechts, dass die Grundrechte „als solche" im Privatrecht nicht gelten, als unrichtig erwiesen hat und insbesondere das Zusammenspiel von Über- und Untermaßverbot im Hinblick auf den Handlungsspielraum des Privatrechtsgesetzgeber ernüchternd wirken mag, bedeutet dies keine Verfassungsdeterminiertheit des Privatrechts.

1. Regelungen im nicht grundrechtlich relevanten Bereich

Zunächst einmal ist zu beachten, dass auch wenn aufgrund von Art. 2 Abs. 1 GG jede Belastung eines Privatrechtssubjekts grundrechtsrelevant ist, nicht alle Bereiche des Privatrechts die Auflösung von Grundrechtskollisionen zum Gegenstand haben. Zu denken ist etwa an die legislative Bereitstellung und Ausgestaltung von Organisationstypen, die Privatrechtssubjekte nicht beschränkt, sondern ausschließlich deren Handlungsmöglichkeiten erweitert.[155] So gibt die Verfassung dem Privatrechtsgesetzgeber beispielsweise nicht vor, ob und in welchem Umfang er Gesellschaftsformen zur Verfügung stellen muss.[156] In der Konsequenz ist daher davon auszugehen, dass er auch bei der Ausgestaltung der Rechte und Pflichten von Gesellschaftern – in etwa dem Umfang ihrer Informationsrechte – keinen verfassungsrechtlichen Vorgaben unterliegt.[157]

Staat auch Vereinbarungen durchsetzt, die ohne das erforderlich Maß an Selbstbestimmungsfreiheit getroffen wurden.

Als weitere Erklärung dafür, dass privatautonome Vereinbarungen nicht den Maßstäben des verfassungsrechtlichen Verhältnismäßigkeitsprinzips genügen müssen, kommt die bereits oben erwähnte Figur des Grundrechtsverzichts in Betracht (vgl. in diesem Zusammenhang auch *Ruffert*, Vorrang der Verfassung, S. 244 ff., der allerdings von einer privaten Beeinträchtigung des Schuldners durch den Gläubiger und somit von völlig anderen Vorzeichen ausgeht). Insoweit könnte man argumentieren, dass der Schuldner im Rahmen rechtsgeschäftlicher Selbstverpflichtung bis zur Grenze eines unverzichtbaren grundrechtlichen Kerns auf die Anwendbarkeit des Verhältnismäßigkeitsprinzips gerade verzichtet (vgl. *Bleckmann*, JZ 1988, 57, 60, Fn. 43, der meint, dass das Verhältnismäßigkeitsprinzips seinem Sinn und Zweck nach bei gleicher bargaining power von Individuen nicht eingreift). Zweifel an der Tragfähigkeit dieses Erklärungsansatzes bestehen allerdings insoweit, als es auch einer Erklärung bedürfte, weshalb die Bindung *für die Zukunft* gilt. Die h.M. steht nämlich auf dem Standpunkt, dass der Grundrechtsverzicht jederzeit mit Wirkung ex nunc widerrufen werden kann (*Stern*, Staatsrecht III/2, S. 915 f.; *Robbers*, JuS 1985, 925, 926; *Sachs*, VerwArch. Bd. 76 (1985), 398, 418; *Pietzcker*, Der Staat, Bd. 17 (1978), 527, 530; *Malorny*, JA 1974, 475, 479; a.A. *Amelung*, Einwilligung, S. 79 ff.).

[155] Mangoldt/Klein/Starck/*Kemper*, Art. 9 Rn. 46.

[156] Mangoldt/Klein/Starck/*Kemper*, Art. 9 Rn. 46 unter dem Blickwinkel des Art. 9 GG; a.A. im Hinblick auf Art. 14 GG *Schön*, FS für Ulmer, S. 1359, 1366 ff.

[157] Zumindest für das Aktienrecht jedoch a.A. das Bundesverfassungsgericht, vgl. nur BVerfGE 14, 263, 276; 50, 290, 342; zustimmend *Schön*, FS für Ulmer, S. 1359 ff. Kritisch Großkommentar/AktG/*Mülbert*, Vor. §§ 118-147 Rn. 187 ff.

2. *Regelungen zur Auflösung von Grundrechtskollisionen*

Aber auch wenn der Privatrechtsgesetzgeber im Rahmen des Interessenausgleichs zwischen Privatrechtssubjekten Grundrechtskollisionen aufzulösen hat, ist das Ergebnis dieses Augleichs keinesfalls verfassungsdeterminiert. Im Folgenden soll zunächst auf die Möglichkeit der Wahl zwischen verschiedenen Regelungstechniken (unter a) sowie den funktionalen Aspekt der Konkretisierungskompetenz (unter b) eingegangen werden. Anschließend wird die im Zusammenhang mit der verfassungsrechtlichen Rechtfertigung der Rechtsscheinlehre entscheidende Frage aufgegriffen, ob der Privatrechtsgesetzgeber im Rahmen des Ausgleichs der Interessen von Privatrechtssubjekten auch überindividuelle Zielsetzungen verfolgen darf (unter c).

a) Wahl zwischen verschiedenen Regelungstechniken

Ein gewisser Handlungsspielraum verbleibt dem Privatrechtsgesetzgeber dadurch, dass ihm die Erforderlichkeitsprüfung des Übermaßverbots bzw. die Möglichkeitsprüfung des Untermaßverbots stets die Wahl lassen zwischen verschiedenen Mitteln, die in ihrer Eingriffs- und Schutzintensität identisch sind. Hierdurch steht es ihm offen, dort wo verschiedene Regelungstechniken denkbar sind, eine Auswahl zu treffen.[158] Diese Wahlmöglichkeit des Gesetzgebers zwischen einem Bündel gleich wirksamer und gleich belastender Mittel ist keine Besonderheit der mehrseitigen Konstellation, sondern auch bei der Anwendung des Übermaßverbots in der zweiseitigen Konstellationen anerkannt.[159]

b) Die Konkretisierungskompetenz des Gesetzgebers

Ein bedeutsamer Handlungsspielraum des Privatrechtsgesetzgebers eröffnet sich ferner, wenn man anerkennt, dass dort, wo die Anwendung von verfassungsrechtlichen Geboten und Verboten Wertungen verlangt, die Entscheidung des Gesetzgebers so weit wie möglich zu respektieren ist und keinesfalls einfach durch eigene Wertentscheidungen der Verfassungsgerichtsbarkeit ersetzt werden darf.[160] Von Bedeutung ist insoweit vor allem, dass sich die Anwendung

---

[158] Hierauf stellt auch *Hager*, JZ 1994, 373, 382 Fn. 111, ab. Sofern er insoweit aber einen „breiten Spielraum des Gesetzgebers" erkennen will, erscheint diese Einschätzung übertrieben.

[159] BVerfGE 21, 150, 157; vgl. auch *Grabitz*, AöR 98(1973), 568, 574. Dies vernachlässigt *Stern*, Staatsrecht III/2, S. 782, wenn er von der theoretischen Begrenzung auf ein Mittel spricht (vgl. bereits oben Fn. 109).

[160] So in der Tendenz auch *Ruffert*, Vorrang der Verfassung, S. 223, der hieraus jedoch andere dogmatische Konsequenzen zieht (vgl. oben Fn. 119).

von Über- und Untermaßverbots in der mehrseitigen Konstellation gegenüber der bloßen Anwendung des Untermaßverbots in der zweiseitigen Konstellation erheblich unterscheidet. Bei der einseitigen Anwendung des Verhältnismäßigkeitsprinzips handelt es sich zumindest im Hinblick auf die Erforderlichkeitsprüfung um einen Vorgang, der weitestgehend nachvollzogen und überprüft werden kann, ohne dabei auf die Vornahme von Wertungen angewiesen zu sein. Der jeweilige Regelungszweck steht insoweit als Konstante zur Verfügung und gibt dem Gesetzgeber eine Art Radius vor, in dessen Rahmen er sich bewegen kann.

Demgegenüber steht in der mehrseitigen Konstellation keine entsprechende Konstante zur Verfügung. Zwar verfolgt der Eingriff den Zweck, die Grundrechte des Opfers zu schützen. Die Wahrung der Grundrechte, in die zum diesem Zweck eingegriffen wird, hat demgegenüber aber nicht bloß eine untergeordnete Rolle. Die Aufgabe des Gesetzgebers, beiden widerstreitenden Grundrechten optimale Geltung zu verschaffen, bedeutet vielmehr, dass er zwei gleichberechtigte Ziele zu verfolgen hat. Eine Erfüllbarkeit dieser Aufgabe setzt aber voraus, keine der beiden Positionen als Konstante zu betrachten. Sofern sich aber nicht wie bei der Anwendung des Erforderlichkeitskriteriums in der zweiseitigen Konstellation eine Variable nach einer Konstanten richtet, sondern zwei Variablen wechselseitig aufeinander einwirken, verliert die Erforderlichkeitsprüfung und somit die Verhältnismäßigkeitsprüfung eklatant an Schärfe.[161] Bei der Anwendung von Über- und Untermaßverbot und somit der Bestimmung des Zustandes der praktischen Konkordanz handelt es sich vielmehr um einen Prozess der Abwägung und somit eine Wertentscheidung, die letztlich verbindlicher Maßstäbe entbehrt. Die gegenteilige Annahme, wonach mit Hilfe der klassischen Auslegungslehre auch die Abwägungen von Grundrechten wertfrei möglich sei, wäre nicht nur realitätsfremd. Sie würde vor allem auch den Blick dafür versperren, dass es einer Grundsatzentscheidung bedarf, wer im Rahmen eines Rechtssystems mit der Kompetenz betraut werden soll, die der Verfassungsinterpretation immanenten Wertentscheidung vorzunehmen.[162]

Im Rahmen dieser Entscheidung über die funktionale Kompetenzverteilung zwischen Verfassungsgerichtsbarkeit und Gesetzgeber bietet es sich an, mit

---

[161] Ganz in diesem Sinn führt *Isensee*, AfP 93, 619, 625, in Bezug auf die mehrseitige Konstellation aus: „Der stereotyp zitierte Grundsatz der Verhältnismäßigkeit leistet nichts, weil die Voraussetzungen seiner regulären Anwendbarkeit, der gesetzliche Eingriff in den grundrechtlichen Schutzbereich als Mittel zu einem vorgegebenen Zweck, hier ausfällt."

[162] Dies betrifft nicht nur die Frage nach der Wahrung von Über- und Untermaßverbot, sondern auch die auf Tatbestandseite der Schutzpflichten angesiedelte Frage, worauf der Grundrechtsträger zur effektiven Ausübung seines Grundrechts angewiesen ist. Vgl. grundlegend zur Verfassungsinterpretation und dem hieraus resultierende Problem der funktionale Kompetenzverteilung *Kriele*, HbdStR V, § 110 Rn. 1 ff. und *Stern*, Staatsrecht III/2, S. 1702 ff.

dem von allen Seiten geforderten Handlungsspielraum des Privatrechtsgesetzgebers Ernst zu machen. Das Bundesverfassungsgericht ist daher gefordert, „judicial self restraint" zu üben und die Wahl zwischen mehreren Möglichkeiten der Verfassungsinterpretation dem funktional gerade dafür eingesetzten, unmittelbar demokratisch legitimierten Verfassungsorgan zu überlassen.[163] Dies kann dadurch geschehen, dass man die Prüfungskompetenz des Bundesverfassungsgerichts auf eine Vertretbarkeitskontrolle beschränkt. Hierbei sollte in erster Linie sichergestellt werden, dass die oben für die Lösung von Grundrechtskonflikten aus der Verfassung ableitbaren Kriterien überhaupt berücksichtigt und nicht offensichtlich falsch angewandt werden. Letzteres wäre beispielweise der Fall, wenn der Gesetzgeber oder das Gericht bei der Auslegung des Privatrechts die grundlegende Unterscheidung von staatlichen und privaten Beeinträchtigungen und die hiermit verknüpfte staatliche Neutralitätspflicht verkennen würde.[164]

c) Die Zwecksetzungskompetenz des Gesetzgebers

Ein noch bedeutenderer, materieller und nicht nur auf der Kompetenz der Verfassungskonkretisierung beruhender Handlungsspielraum ergibt sich für den Gesetzgeber, wenn er nicht nur von der Verfassung vorgegebene Zwecke, wie die Erfüllung einer Schutzpflicht, sondern selbst definierte – notwendigerweise überindividuelle – Zwecke verfolgen kann. Dass der Gesetzgeber als unmittelbar demokratisch legitimiertes Organ grundsätzlich eine solche Zwecksetzungskompetenz hat, steht außer Frage.[165] Inwieweit diese Kompetenz auch der *Privatrechts*gesetzgeber hat, ist eine wesentliche, im Zusammenhang mit der verfassungsrechtlichen Überprüfung der Tatbestände der Rechtsscheinlehre zu klärende Frage.[166] Wie gesehen, steht insbesondere die Tatsache, dass der Staat als solcher nicht selbst Zuordnungssubjekt privatrechtlicher Regelungen ist, der Möglichkeit einer Verfolgung überindividueller Interessen im Privatrecht grundsätzlich nicht im Wege (s.o. § 3). In verfassungsrechtlicher Hinsicht wür-

---

[163] Vgl. zur Forderung nach judicial restraint auch *Schuppert*, DVBl 1988, 1191; *Heinze*, JZ 1977, 552 ff. sowie die Darstellung der entsprechenden Diskussion in den USA bei *Kriele*, HbdStR V, § 110 Rn. 7 ff. Auf den funktionalen Aspekt hinweisend auch *Hermes*, VVDStRL, 61, 121, 127: „Wenn also weder der Rückzug des materiellen Verfassungsrechts noch die Autonomisierung des einfachen Rechts eine Lösung der Probleme verspricht, vor die uns Art. 1 Abs. 3 GG stellt, so kann allein ein genauer Blick auf das Verhältnis der drei grundrechtsgebundenen staatlichen Funktionen und der diese wahrnehmenden Organe weiterführen."

[164] Ähnlich im Ergebnis auch *Ruffert*, Vorrang der Verfassung S. 208 ff., 218 ff, der dies jedoch, wie bereits in Fn. 119 dargelegt, erreicht, indem er das Untermaßverbot von einem materiell-rechtlichen Maßstab zu einer sog. Kontrollnorm herabstuft.

[165] Zur Zwecksetzungskompetenz des Gesetzgebers *Grabitz*, AöR 98 (1973), 568, 600 ff.; *Stern*, Staatsrecht III/2, S. 351.

[166] Dazu unten § 7 (= S. 153 ff.).

de eine Zwecksetzungskompetenz des Privatrechtsgesetzgebers bedeuten, dass dieser nicht darauf angewiesen ist, im Konflikt zweier Grundrechtsträger ein Ergebnis praktischer Konkordanz zu erzielen, sondern bewusst zugunsten eines selbst definierten Allgemeinwohlinteresses hiervon abweichen könnte.

D. Zusammenfassung

Die Untersuchung hat gezeigt, dass der Privatrechtsgesetzgeber keineswegs einer geringeren Grundrechtsbindung unterliegt als der öffentlich-rechtliche Gesetzgeber. Angesichts der Tatsache, dass seine Gesetzgebung stets Konstellationen betrifft, in denen sich zwei Grundrechtsträger gegenüberstehen (mehrseitige Konstellationen), ist seine Grundrechtsbindung sogar komplexer als in der für das öffentliche Recht typischen Konstellation, in der der Gesetzgeber nur einem Grundrechtsträger gegenübersteht (zweiseitige Konstellation). Die zusätzliche Grundrechtsbindung in der mehrseitigen Konstellation resultiert aus der Schutzgebotsfunktion der Grundrechte, die letztlich der Tatsache Rechnung trägt, dass grundrechtliche Schutzgüter nicht nur des Schutzes vor staatlichen, sondern auch privaten Beeinträchtigungen bedürfen. Bedeutsam ist jedoch, dass nicht jede private Beeinträchtigung eine Schutzpflicht auslöst und daher vom Staat zu unterbinden ist. Der Vorrang der Gesellschaft gegenüber dem Staat verlangt vielmehr, dass Privatrechtssubjekten die Beeinträchtigung von Schutzgütern anderer Privatrechtssubjekte prinzipiell gestattet wird. Erst beim Eindringen in einen *Kernbereich* in dem der Grundrechtsträger zwingend auf staatlichen Schutz angewiesen ist, weil ihm die Duldung der Beeinträchtigung mit Blick auf die effektive Ausübung seiner Grundrechte nicht zuzumuten ist und auch nicht die Möglichkeit der (gewaltfreien) Selbsthilfe besteht, entsteht eine Schutzpflicht. Vorbehaltlich einer eventuellen Zwecksetzungskompetenz des Privatrechtsgesetzgebers ermöglicht ihm erst das Bestehen der Schutzpflicht, in die Grundrechte des Störers einzugreifen.

Zu beachten ist, dass die eine Schutzpflicht auslösende Beeinträchtigungen stets faktischer Natur sein muss. Rechtliche Beeinträchtigung, auch wenn sie durch Handlungen Privater ausgelöst werden, sind stets dem Staat zuzurechnen. Relevant ist dann nicht die Schutzgebots-, sondern die Abwehrfunktion der Grundrechte. Die entscheidende Frage in diesem Zusammenhang muss stets lauten, welcher der betroffenen Grundrechtsträger auf staatliche Unterstützung angewiesen ist und wem schon damit gedient wäre, dass sich der Staat neutral verhält. Um keine eine Schutzpflicht auslösende Beeinträchtigung handelt es sich hiernach etwa, wenn der Eigentümer einer Sache jemanden unter Berufung auf sein Eigentum von der Nutzung der Sache ausschließt. Der Eigentümer selbst ist in diesem Zusammenhang vielmehr auf die staatliche Durchsetzung seiner Eigentümerbefugnisse und somit Schutz angewiesen. Störer ist demgegenüber derjenige, der das Eigentum missachtet. Er kann sich gegenüber dem

Abwehranspruch aus § 1004 BGB auf seine Grundrechte in ihrer Funktion als Abwehrrechte berufen.

Gleiches gilt im Ergebnis auch für die Geltendmachung eines vertraglichen Anspruchs. Auch wenn vertragliche Vereinbarungen Resultat der Privatautonomie der Parteien sind, trägt der Staat die Verantwortung für ihre Anerkennung und erst recht für ihre zwangsweise Durchsetzung. Insoweit ist der Schuldner einer rechtlichen Beeinträchtigung ausgesetzt, während eine faktische Beeinträchtigung des Gläubigers in der Nichterfüllung durch den Schuldner besteht. Folglich betrifft die Anerkennung und Durchsetzung privatautonomer Vereinbarungen die Abwehr- und nicht die Schutzgebotsfunktion der Grundrechte des Schuldners. Dies bedeutet indes nicht, dass der Inhalt privatautonomer Vereinbarungen einer Überprüfung anhand des Übermaßverbots unterworfen wäre. Greift der Staat nämlich zur Durchsetzung privatautonomer Vereinbarungen in die Grundrechte des Schuldners ein, so geschieht dies in Erfüllung einer aus der verfassungsrechtlichen Institutsgarantie resultierenden Handlungspflicht. Inhalt diese Pflicht ist die Schaffung von Rahmenbedingungen, wonach privatautonome Vereinbarungen grundsätzlich unabhängig von ihrem Inhalt bzw. ihrer Angemessenheit durchgesetzt werden. Die Erfüllung dieser Handlungspflicht und nicht ein eventuell vom Gläubiger verfolgter Zweck ist der für die Verhältnismäßigkeitsprüfung relevante Anknüpfungspunkt.

Die Analyse von Privateigentum und Privatautonomie hat zugleich deutlich gemacht, dass das Angewiesenheitskriterium nicht nur auf Seite des Opfers Bedeutung hat. Ein Grundrechtsträger kann zur effektiven Ausübung seiner Grundrechte auch auf die Beeinträchtigung der Grundrechte anderer angewiesen sein. Grundsätzlich stehen sich daher in der mehrseitigen Konstellation stets die Kernbereiche von Opfer und Störer gegenüber. Im Normfall führen indes die strengen Anforderungen an das Vorliegen einer Schutzpflicht dazu, dass den Gesetzgeber innerhalb des Freiraums zwischen den beiden Kernbereichen eine *Neutralitätspflicht* trifft und somit nur der Kernbereich des Opfers relevant ist. Diese *Asymmetrie in der Grundrechtsanwendung* trägt letztlich der Unterscheidung von staatlichem und privatem Handeln Rechnung. Etwas anderes gilt hingegen im Zusammenhang mit dem zuvor behandelten Privateigentum und der Privatautonomie. Hier führt die jeweilige Institutsgarantie dazu, dass der Staat nicht erst tätig werden darf und muss, wenn Eigentümer bzw. Gläubiger zwingend auf Schutz angewiesen sind. Sowohl die Eigentumsgarantie als auch die Garantie der Privatautonomie verlangen, dass dem Grundrechtsträger eine größtmögliche Freiheit vor Beeinträchtigung gewährt wird. Die ansonsten bestehende Neutralitätspflicht wird insoweit durch besondere, aus der jeweiligen Institutsgarantie resultierende Handlungspflichten ersetzt. Als Grenze relevant wird dann der Kernbereich des Störers. Soweit der Störer zur effektiven Ausübung seiner Grundrechte auf eine Beeinträchtigung angewiesen ist, hat das Privateigentum bzw. die Privatautonomie zurückzutreten und ein staatlicher

Eingriff zu unterbleiben (Bsp. Parabolantennenentscheidung, Handelsvertreterentscheidung).

Auf Rechtsfolgenseite der Schutzpflichten wird der Gesetzgeber durch das Untermaßverbot gebunden. Hierbei handelt es sich nach richtigem Verständnis um ein Optimierungsgebot, das in rechtlicher Hinsicht keinen suboptimalen Schutz gestattet. In der Konsequenz bedeutet dies, dass dem Gesetzgeber beim reinen Schutzeingriff kein materieller Handlungsspielraum zusteht. Das Zusammenspiel von Über- und Untermaßverbot verlangt von ihm vielmehr, die betroffenen Grundrechte entsprechend dem Optimierungsgebot der praktischen Konkordanz in einen schonenden Ausgleich zu bringen. Ein zumindest funktionaler Handlungsspielraum verbleibt dem Privatrechtsgesetzgeber jedoch insoweit, als ihm als unmittelbar demokratisch legitimierten Organ ein Vorrang gegenüber dem Bundesverfassungsgericht bei der Verfassungsinterpretation zuzuerkennen ist. Aufgrund der Tatsache, dass die Verfassung überwiegend aus unbestimmten Rechtsbegriffen besteht und das Erforderlichkeitskriterium in der mehrseitigen Konstellation seine Funktionsfähigkeit weitestgehend einbüßt, ist diese Konkretisierungskompetenz in ihrer Bedeutung nicht zu unterschätzen.

Zu beachten ist schließlich, dass die bisherigen Ausführungen ausschließlich auf die individuellen Interessen von Grundrechtsträgern beschränkt waren. Ein erheblicher materieller Handlungsspielraum würde sich dem Privatrechtsgesetzgeber eröffnen, wenn es ihm wie dem öffentlich-rechtlichen Gesetzgeber gestattet wäre, selbst definierte Allgemeinwohlinteressen zu verfolgen. Ob dem Privatrechtsgesetzgeber eine entsprechende Zwecksetzungskompetenz zusteht, ist eine Kernfrage der vorliegenden Untersuchung. Ihr wird im Folgenden noch nachgegangen.

§ 5 Die betroffenen Grundrechte

Obgleich das vorhergehende Kapitel gezeigt hat, dass von privatrechtlichen Normen stets zwei Grundrechtsträger betroffen sind und daher jeweils in zwei Richtungen eine Grundrechtsverletzung in Betracht kommt, können wir uns im Folgenden zunächst auf eine Grundrechtsfunktion beschränken. Nach dem bisherigen Stand der Untersuchung ist bereits deutlich geworden, dass die Tatbestände der Rechtsscheinlehre nicht hinsichtlich der Schutzgebotsfunktion der Grundrechte des Gutgläubigen, sondern der Abwehrfunktion der Grundrechte des Belasteten bedenklich sind. Im Mittelpunkt steht demzufolge nicht eine Überprüfung anhand des Unter-, sondern des Übermaßverbots. Ein wesentlicher Grund hierfür ist das oben dargestellte Prinzip der Rechtsscheinentsprechung, welches häufig zu Belastungen führt, die allein zum Schutz des Gutgläubigen nicht erforderlich sind.[1] Im Folgenden wird daher zunächst untersucht, in welche Freiheitsgrundrechte des durch sie Belasteten die Regelungen der Rechtsscheinlehre eingreifen (unter A). Unterschieden wird dabei, ob die Belastung in einer Haftung (dazu I) oder einem Rechtsverlust (dazu II) besteht. Anschließend soll beleuchtet werden, ob im Zusammenhang mit den Regelungen der Rechtsscheinlehre auch der allgemeine Gleichheitssatz des Art. 3 Abs. 1 GG einschlägig ist (unter B). Die Grundrechte des Gutgläubigen und deren Schutzgebotsfunktion spielen dagegen erst im Rahmen der Frage nach der Rechfertigung dieser Eingriffe eine Rolle.[2]

A. Freiheitsrechte

I. Haftung

1. Die allgemeine Handlungsfreiheit

Die Auferlegung von zivilrechtlichen Verpflichtungen schränkt den Verpflichteten in seiner durch Art. 2 Abs. 1 GG geschützten allgemeinen Handlungsfreiheit ein.[3] Dies ergibt sich unmittelbar aus dem Verständnis der allgemeinen Handlungsfreiheit als einem Grundrecht des Bürgers, nur aufgrund sol-

---

[1] § 2 B I (= S. 27).

[2] Dazu unten § 6 (= S. 136 ff.).

[3] BVerfGE 57, 361, 378; *Stern*, Staatsrecht III/1, S. 1555; *Bleckmann*, Staatsrecht II, § 22, Rn. 22; Jarass/Pieroth/*Jarass*, Art. 2, Rn. 3, 15.

cher Vorschriften mit einem Nachteil belastet zu werden, die formell und materiell verfassungsgemäß sind.[4] Demzufolge hat das Bundesverfassungsgericht beispielsweise die Regelung des Versorgungsausgleichs in § 1587 b Abs. 3 S. 1 BGB als Eingriff in Art. 2 Abs. 1 GG gewertet.[5]

Daneben wird bei Belastungen durch Vorschriften des Privatrechts häufig auch von Eingriffen in die Privatautonomie bzw. Vertragsfreiheit gesprochen.[6] Wertet man heteronome Belastungen als Eingriffe in die Privatautonomie, so liegt dem ein Verständnis der Privatautonomie zugrunde, wonach es sich hierbei letztlich um nichts anderes als die privatrechtliche Ausformung der allgemeinen Handlungsfreiheit handelt.[7] Bereits oben hat sich jedoch gezeigt, dass die Freiheit, ungehindert vom Staat rechtliche Vereinbarungen zu treffen, nicht das charakteristische Merkmal der Privatautonomie ist.[8] Entscheidend ist vielmehr der den status positivus betreffende Aspekt, wonach die Privatautonomie gewährleistet, dass der Staat diese Vereinbarung als rechtsverbindlich anerkennt und darüber hinaus die erforderlichen Instrumentarien zur Herbeiführung des Gewollten bereitstellt.[9] Die Frage nach Beschränkungen der Privatautonomie stellt sich daher nicht im Zusammenhang mit heteronomen Belastungen, sondern in Fällen, in denen das Gesetz einem Rechtsgeschäft die Anerkennung versagt. Zu denken ist hier beispielsweise an die Vorschriften des § 138 BGB.[10]

Eine Verknüpfung der auf diese Weise beschriebenen Privatautonomie mit dem durch die heteronome Auferlegung von Verbindlichkeiten betroffenen status negativus ließe sich allenfalls in der Weise herstellen, dass man den status negativus als zwingende Voraussetzung zur Schaffung eines Freiraums betrachtet, in dem sich die durch den status positivus gewährte Freiheit erst entfalten kann. In diese Richtung geht z.B. *Medicus*, wenn er die Belastung des Einkom-

---

[4] BVerfGE 29, 402, 408.

[5] BVerfGE 57, 361, 378.

[6] Gerade die Rechtsscheinhaftung wird häufig als Beschränkung der Privatautonomie qualifiziert, vgl. *Canaris*, Vertrauenshaftung, S. 164; *Medicus*, AT, Rn. 179. Vgl. zur verfassungsrechtlichen Ableitung der Privatautonomie bereits oben § 4 C II 3 d (2) (b) (= S. 110 ff.)

[7] So etwa Maunz/Dürig/Herzog/Scholz/*Dürig*, Art. 2 Abs. 1, Rn. 53 ff.; *Laufke*, FS Lehmann, S. 145 ff. Auch das Bundesverfassungsgericht bezeichnet die Privatautonomie teilweise schlicht als Teil der allgemeinen Handlungsfreiheit (vgl. etwa BVerfGE 89, 214, 231).

[8] § 4 C II 3 b (1) (b) (= S. 97).

[9] Vgl. auch *Bydlinski*, System und Prinzipien, S. 149; *Erichsen*, HbdStR VI, § 152, Rn. 58, 59; *Flume*, AT/2, § 1, 3 a.

[10] Wobei innerhalb der h.M. umstritten ist, ob man einen solch absoluten Begriff der Privatautonomie zugrundelegen kann, oder ob die Privatautonomie als normgeprägtes Institut von vornherein nur nach Maßgaben des einfachen Rechts besteht, so *Flume*, AT/2, § 1, 10 a; *Schmidt-Salzer* NJW, 1970, 8, 14 f.; dagegen *Canaris*, JZ 1987; *Erichsen*, HbdStR VI, § 152, Rn. 58, 59.

mens mit Steuern als einen Eingriff in die Privatautonomie qualifiziert, da hierdurch bestimmte Beträge der privatautonomen Entscheidung des Einzelnen entzogen werden.[11] Ein solches Verständnis des Instituts der Privatautonomie erscheint zwar möglich, ist jedoch abzulehnen, da nicht ersichtlich ist, welche eigenständige Bedeutung ein den status negativus betreffender Aspekt der Privatautonomie neben der allgemeinen Handlungsfreiheit haben soll.[12] Schließlich würde auch niemand auf die Idee kommen, im Zusammenhang mit einer Freiheitsstrafe von einem Eingriff in die Privatautonomie zu sprechen, obgleich auch hierdurch dem Betroffenen die Möglichkeit zum Abschluss einer Vielzahl von Rechtsgeschäften genommen wird. Es ist deshalb im Ergebnis festzustellen, dass Normen des Privatrechts, die dem Einzelnen eine Verbindlichkeit auferlegen, nicht in die Privatautonomie, sondern in seine allgemeine Handlungsfreiheit eingreifen.[13] Aus diesem Grund betreffen auch die Regelungen der Rechtsscheinlehre nicht die Privatautonomie, sondern lediglich die durch Art. 2 Abs. 1 GG gewährleistete allgemeine Handlungsfreiheit.

2. Spezialgrundrechte

Neben Art. 2 Abs. 1 GG können auch spezielle Freiheitsgrundrechte des durch die Regelung der Rechtsscheinlehre mit einer Haftung Belasteten betroffen sein. Am häufigsten dürfte ein Eingriff in Art. 14 GG sein. Hierzu kommt es, wenn die aus der Rechtsscheinhaftung resultierende Verpflichtung sich nicht lediglich auf eine Geldleistung, sondern auf die Übertragung eines dinglichen Rechts oder auf eine ebenfalls in den Schutzbereich von Art. 14 GG fallende Forderung richtet.[14] Zwar führt das Verpflichtungsgeschäft naturgemäß nicht unmittelbar zum Rechtsverlust des Betroffenen, doch muss angesichts der Möglichkeit der zwangsweise Durchsetzung einer solchen Verpflichtung bereits die heteronome Auferlegung der Verpflichtung als Eingriff in das spezielle Freiheitsgrundrecht gewertet werden.[15]

---

[11] *Medicus*, AT, Rn. 180.

[12] Ähnlich auch *Bydlinski*, System und Prinzipien, S. 149: „In solcher Weise aber bringt der Begriff „Privatautonomie" im Verhältnis zum Freiheitsprinzip außer der Beschränkung auf die „privatrechtlichen" Verhältnisse keinen abweichenden Inhalt zum Ausdruck."

[13] Auch das Bundesverfassungsgericht spricht im Zusammenhang von Belastungen aufgrund privatrechtlicher Gesetze nicht von Eingriffen in die Privatautonomie, vgl. z.B. BVerfGE 57, 361, 378.

[14] Zur Einbeziehung privatrechtlicher Forderungen in den Schutzbereich von Art. 14 GG vgl. BVerfGE 45, 142, 179; 68, 193, 222. Vgl. zu Art. 14 GG sogleich die Ausführungen unter 2.

[15] Näher hierzu *Lobinger*, Rechtsgeschäftliche Verpflichtung, S. 90 f.

Je nach Inhalt der durch die Rechtsscheinhaftung begründeten Verpflichtung, können neben Art. 14 GG grundsätzlich auch alle anderen Freiheitsgrundrechte betroffen sein. So hat beispielsweise das Bundesverfassungsgericht in der Handelsvertreterentscheidung ausgeführt, dass das Wettbewerbsverbot das Grundrecht des Handelsvertreters aus Art. 12 Abs. 1 GG verletzt.[16] In einer anderen Entscheidung hat der Bundesgerichtshof die vertraglich übernommene Verpflichtung eines Ehegatten, nach der Scheidung in eine andere Stadt zu ziehen, als unvereinbar mit Art. 11 Abs. 1 GG gewertet.[17] Beide Entscheidungen betreffen zwar autonom, d.h. durch Rechtsgeschäft auferlegte Verpflichtungen, doch ist offensichtlich, dass Verpflichtungen desselben Inhalts auch durch die Anwendung der Tatbestände der Rechtsscheinlehre entstehen könnten. Dann wäre ein Eingriff in die genannten Grundrechte aber erst recht zu bejahen.

II. Rechtsverlust: Art. 14 GG

Wo die Regelungen der Rechtsscheinlehre nicht zu einer Haftung, sondern zum Verlust des Eigentums, einer Forderung oder eines sonstigen Rechts führen, liegt die Annahme eines Eigentumseingriffs nahe. Denn grundsätzlich erfasst der Schutzbereich von Art. 14 GG sämtliche privatrechtlichen vermögenswerten Rechte.[18] Gleichwohl gibt es einige mit der Normgeprägtheit von Art. 14 GG im Zusammenhang stehende Aspekte, die an dieser Stelle näherer Beleuchtung bedürfen.

1. Die verfassungsrechtliche Bindung des eigentumdefinierenden Gesetzgebers

Im Fall von normgeprägten Grundrechten wie dem Eigentum stößt das gewohnte Eingriffsdenken auf Schwierigkeiten. Da der Gesetzgeber das Eigentum ausgestaltet und somit dessen Schöpfer ist, spricht viel dafür, dass er auch den Schutzbereich von Art. 14 GG bestimmt und die entsprechenden Regelungen nicht ihrerseits als Eingriff in den Schutzbereich qualifizierbar sind.[19] Man könn-

---

[16] BVerfGE 81, 242, 252.

[17] BGH NJW 1972, 1414 f.

[18] BVerfGE 83, 201, 209; vgl. auch *Rozek*, Eigentumsbindung und Enteignung, S. 46 f.

[19] Allgemein zu dieser Problematik *Ruffert*, Vorrang der Verfassung, S. 104 ff., der von einem „Dilemma" spricht; *Leisner*, in HbdStR VI, § 149, Rn. 60 ff.; Dreier/*Wieland*, Art. 14 Rn. 117 ff.; Sachs/*Wendt*, Art. 14 Rn. 54 ff.; *Böhmer*, NJW 1988, 2561, 2566 ff.; speziell zum gutgläubigen Erwerb *Hager*, Verkehrsschutz, S. 11 ff., auch *Peters*, Entzug des Eigentums, S. 21 ff., der den Schwerpunkt jedoch auf die Vorkonstitutionalität der §§ 932 ff. BGB setzt.

te daher annehmen, dass Art. 14 GG lediglich die Verwaltung bindet, während der Gesetzgeber – von der Enteignung abgesehen – im Hinblick auf Art. 14 GG keinen Beschränkungen unterliegt.

Tatsächlich wird eine derartige vollständige Überantwortung des Eigentums an den Gesetzgeber jedoch einhellig abgelehnt. Insbesondere gehen das Bundesverfassungsgericht und die h.L. davon aus, dass auch den Inhalt des Eigentums definierende Gesetze dem Verhältnismäßigkeitsgrundsatz genügen müssen.[20] Die Begründungen hierfür variieren. Die einen argumentieren, dass trotz der Normgeprägtheit des Eigentums ein eigenständiger verfassungsrechtlicher Eigentumsbegriff existiere, an dem sich der Gesetzgeber stets messen lassen müsse.[21] Laut *Depenheuer* soll insoweit Leitbild die umfassende Privatnützigkeit des Eigentums im Sinne des § 903 BGB sein; Abweichungen hiervon bedürften stets einer Rechtfertigung.[22] Andere argumentieren vor allem mit der Unterscheidung von Inhalts- und Schrankenbestimmungen in Art. 14 Abs. 1 Satz 2 GG und stellen dabei teilweise auf die zeitliche Dimension ab. So soll eine gesetzliche Verkürzung der Eigentümerbefugnisse das Eigentum lediglich für die Zukunft definieren, im Hinblick auf das in der Vergangenheit begründete Eigentum jedoch einen Eigentumseingriff darstellen.[23] Dem scheint zuweilen auch das Bundesverfassungsgericht zu folgen, wenn es bei der Überprüfung von eigentumsrelevanten Gesetzen an den Bestand des Eigentums ohne das zu überprüfende Gesetz anknüpft.[24] Im Übrigen betont das Bundesverfassungsgericht jedoch regelmäßig lösgelöst vom üblichen Eingriffs-Schranken-Schema, dass der Gesetzgeber die Interessen des Einzelnen und der Allgemeinheit in einen gerechten Ausgleich zu bringen hat.[25]

Die Abhängigkeit des Eigentums von der Ausgestaltung durch den einfachen Gesetzgeber kann angesichts des eindeutigen Wortlauts des Art. 14 Abs. 1 GG nicht bezweifelt werden.[26] Wendet die Verwaltung daher Vorschriften an, die

---

[20] BVerfGE 70, 278, 286 f.; 75, 78, 97 ff.; 76, 220, 238 ff.; *Ruffert*, Vorrang der Verfassung, S. 117 f.; *Leisner*, HbdStR VI, § 149, Rn. 63; v.Münch/Kunig/*Bryde*, Art. 14 Rn. 63; Dreier/*Wieland*, Art. 14 Rn. 119; Sachs/*Wendt*, Art. 14 Rn. 56; *Lerche*, HbdStR V, § 122 Rn. 10.

[21] Mangoldt/Klein/Starck/*Depenheuer*, Art. 14 Rn. 28 ff.; *Rozek*, Eigentumsbindung und Enteignung, 42 ff.; *Hager*, Verkehrsschutz, S. 11 ff.

[22] Mangoldt/Klein/Starck/*Depenheuer*, Art. 14 Rn. 33, 47; ausdrücklich ablehnend *Böhmer*, NJW 1988, 2561, 2571 ff.

[23] *Pieroth/Schlink*, Staatsrecht II, Rn. 920; *Ruffert*, Vorrang der Verfassung, S. 115 f.; v.Münch/Kunig/*Bryde*, Art. 14 Rn. 63 a; *Sachs*, VerfR II, S. 448; vgl. auch *Stern*, Staatsrecht III/2, S. 408, der von einer zeitlich-konkreten Priorität der Inhaltsbestimmung vor der Schrankenziehung spricht.

[24] Vgl. etwa BVerfGE 58, 300, 336.

[25] Ständige Rechtsprechung, vgl. u.a. BVerfGE 31, 229, 242; 100, 226, 240.

[26] Vgl. auch BVerfGE 24, 367, 396; 31, 229, 240; 37, 132, 141; 58, 300, 335 f.

die Befugnisse des Eigentümers beschränken, so liegt darin kein Eingriff in Art. 14 GG, sondern ein deklaratorischer Verweis auf die Grenzen des Eigentums.[27] Entscheidend ist jedoch, dass der Gesetzgeber – wenn auch nicht im Rahmen des üblichen Eingriffs-Schranken-Schemas – seinerseits bei der Ausgestaltung des Eigentums und somit des Schutzbereichs von Art. 14 GG bestimmte Vorgaben zu beachten hat. Dass dem so sein muss, lässt sich nicht zuletzt Art. 1 Abs. 3 GG entnehmen, der eben nicht nur die Verwaltung, sondern auch den Gesetzgeber an die Grundrechte bindet.[28] Im Unterschied zu einer völligen Überantwortung des Eigentums an den Gesetzgeber hat dies die Konsequenz, dass nicht jedes eigentumsdefinierende Gesetz den Schutzbereich von Art. 14 GG einzuschränken vermag, sondern lediglich solche Gesetze, die bestimmten verfassungsrechtlichen Anforderungen genügen.

Der Klärung bedarf somit die Frage, *welche* Anforderungen es sind, die Art. 14 GG an den eigentumsdefinierenden Gesetzgeber stellt. Wenn das Bundesverfassungsgericht regelmäßig davon spricht, dass der Gesetzgeber die schutzwürdigen Interessen des Eigentümers und die Belange des Gemeinwohls in einen gerechten Ausgleich und ein ausgewogenes Verhältnis zu bringen hat,[29] so gibt dies nur teilweise eine Antwort. Zum einen haben die Ausführungen unter § 4 gezeigt, dass neben den Interessen der Allgemeinheit auch Grundrechte Dritter eine Einschränkung der Eigentümerbefugnisse erfordern können.[30] Davon abgesehen ist die Aussage des Bundesverfassungsgerichts aber auch nur im Kontext der grundsätzlichen Privatnützigkeit des Eigentums verständlich.[31] Die Privatnützigkeit bildet nach Auffassung des Gerichts den Kern der Eigentumsgarantie und beinhaltet die Zuordnung des Eigentumsobjekts zu einem Rechtsträger sowie die grundsätzliche Verfügungsbefugnis über den Eigentumsgegenstand.[32] Dabei geht das Bundesverfassungsgerichts nicht nur von der Erforderlichkeit eines Mindestbestandes von Eigentümerbefugnissen und somit von einer statischen Grenze aus, bis zu deren Erreichen der einfache Gesetzgeber frei wäre. Die Rekurrierung auf das Verhältnismäßigkeitsprinzip impliziert vielmehr, dass die Verfassung dem

---

[27] *Böhmer*, NJW 1988, 2561, 2572.

[28] *Leisner*, HbdStR VI, § 149 Rn. 63; ähnlich *Rozek*, Eigentumsbindung und Enteignung, S. 44.

[29] Vgl. schon oben Fn. 25.

[30] Vgl. insbesondere die Ausführungen zur Parabolantennenentscheidung in § 4 C II 3 b (1) (a) und d (2) (a) (= S. 94 ff. und S. 108 ff.).

[31] Nur so lässt sich erklären, weshalb es mit dem Kriterium des „gerechten Ausgleichs“ und des „ausgewogenen Verhältnisses“ vereinbar ist, dass der Eigentümer eines Grundstücks dieses sieben Tage die Woche nutzen darf, während es alle anderen ohne seine Zustimmung noch nicht einmal betreten dürfen.

[32] BVerfGE 100, 226, 241; 70, 191, 200; 79, 174, 198; 87, 114, 138 f.; 91, 294, 308.

grundrechtsausgestaltenden Gesetzgeber auch eine dynamische Grenze setzt, wonach nicht die Wahrung eines Minimums an Privatnützigkeit genügt, sondern die Befugnisse des Eigentümers soweit zu maximieren sind, wie dies mit dem Wohl der Allgemeinheit und den Grundrechten Dritter vereinbar ist.[33] Genau dies beschreibt das Bundesverfassungsgericht in seiner Denkmalschutz-Entscheidung wenn es ausführt: „Einschränkungen der Eigentümerbefugnisse dürfen nicht weitergehen, als der Schutzzweck reicht, dem die Regelung dient.“[34] Im Ergebnis gewinnt auf diese Weise der absolute Eigentumsbegriff des § 903 BGB doch Bedeutung. Er entspricht zwar nicht dem verfassungsrechtlichen Eigentumsbegriff und lässt somit nicht jede Beschränkung von Eigentümerbefugnissen zu einem Grundrechtseingriff werden.[35] Mittelbar nimmt er aber Einfluss, indem er als Bezugspunkt für die Prüfung dient, ob das Eigentum ausgestaltende Gesetze verhältnismäßig sind und daher den Schutzbereich von Art. 14 GG prägen.[36] In diesem Zusammenhang von einem eigenständigen verfassungsrechtlichen Eigentumsbegriff zu sprechen, erscheint nicht zwingend. Art. 14 GG gibt dem einfachen Gesetzgeber jedoch ein Programm auf, das er bei der Bestimmung des Eigentumsbegriffs zu beachten hat. Missachtet er die entsprechenden Vorgaben, ist die gesetzliche Regelung unwirksam.[37]

---

[33] Können sich allerdings im Einzelfall zwei Rechtssubjekte *beide* bezüglich desselben Eigentumsobjekts auf ihr Eigentumsgrundrecht berufen, lassen sich Art. 14 GG keine Maßstäbe zur Auflösung eines möglichen Konflikts entnehmen. Die für das Eigentumsgrundrecht charakteristische Privatnützigkeit beschreibt ausschließlich die Ausgestaltung des Verhältnisses zwischen Eigentümern und Nichteigentümern in Bezug auf das Eigentumsobjekt. Fragwürdig erscheint daher das vom Bundesverfassungsgericht für das Aktienrecht entwickelte Konzept eines durch Art. 14 GG geschützten *Anteilseigentums*, das dem Aktionär etwa auch gegenüber Mitaktionären bestimmte Rechte gewährleisten soll (grundlegend BVerfGE 14, 263, 276; 50, 290, 342; zuletzt BVerfG ZIP 2000, 1670, 1671; kritisch hierzu Großkommentar/AktG/*Mülbert*, Vor. §§ 118-147 Rn. 187 ff.; vgl. hierzu bereits oben § 4 C III 1). Aus dem gleichen Grund kritisch zu sehen ist die Rechtsprechung des Bundesverfassungsgerichts, wonach das Besitzrecht des Mieters von Art. 14 GG erfasst wird (BVerfGE 89, 1, 5 ff.). Im Ergebnis führt dies lediglich zu einer „Pattsituation“ und somit zu dem (wohl gewünschten) Ergebnis, dass sich der Eigentümer gegenüber dem Mieter – anders als gegenüber allen anderen Nichteigentümern – nicht auf die Privatnützigkeit seines Eigentums berufen kann (vgl. Roellecke, JZ 1995, 74, 75).

[34] BVerfGE 100, 226, 241.

[35] Ausdrücklich BVerfGE 58, 300, 335 f.

[36] Ähnlich v.Münch/Kunig/*Bryde*, Art. 14 Rn. 63, der von einer heuristischen Heranziehung des absoluten Eigentumsbegriffs spricht. Klarstellend ist darauf hinzuweisen, dass die Gewährleistung der Privatnützigkeit des Eigentums durch Art. 14 GG nicht die Existenz öffentlichen Eigentums verbietet. Das Eigentumsgrundrecht verlangt insoweit lediglich, dass die Überlagerung der Privatnützigkeit durch die öffentlich-rechtliche Sachherrschaft grundsätzlich nicht ohne Einverständnis des Eigentümers begründet wird (vgl. *Wolff/ Bachof/Stober*, Verwaltungsrecht 2, § 76 Rn. 24).

[37] BVerfGE 100, 226, 241; 52, 1, 27 f.

2. *Die Vorkonstitutionalität der Rechtsscheinlehre*

Im Fall der Rechtsscheinlehre besteht eine weitere Besonderheit darin, dass ihre Regelungen vorkonstitutionell sind.[38] Insbesondere mit einer zeitlichen Differenzierung von Inhalts- und Schrankenbestimmungen kann man die Überprüfung der Rechtsscheinlehre an Art. 14 GG somit nicht erklären. Denn während nachkonstitutionelle Gesetze in den bis zu ihrem Inkrafttreten von Art. 14 GG geschützten Eigentumsbestand eingreifen mögen, kannte das Grundgesetz zu keiner Zeit ein Eigentum ohne die Regelungen der Rechtsscheinlehre, in das diese hätten eingreifen können.

Gleichwohl kann vor dem zuvor skizzierten Hintergrund kein Zweifel daran bestehen, dass auch vorkonstitutionelle, das Eigentum definierende Gesetze an Art. 14 GG gemessen werden können und müssen. Zwar war der vorkonstitutionelle Gesetzgeber seinerzeit nicht an die Anforderungen des Art. 14 GG und somit das Postulat der Schaffung eines „gerechten Ausgleichs“ oder an das Verhältnismäßigkeitsprinzip gebunden. Doch wäre es falsch, daraus zu folgern, dass sämtliche vorkonstitutionellen Gesetz ohne Rücksicht auf verfassungsrechtliche Anforderungen den Inhalt des Eigentums prägen. Ein entsprechendes Verständnis von Art. 14 GG als eine vorkonstitutionelle Regelungen schlicht transformierende Verfassungsnorm würde nämlich voraussetzen, dass entweder der Verfassungsgeber sämtliche seinerzeit das Eigentum prägenden Normen einer konkludenten Prüfung unterzogen und „für gut befunden“ hat, oder dass Art. 14 GG an vorkonstitutionelle Gesetze im Gegensatz zu nachkonstitutionellen Gesetzen geringere bzw. keine materiellen Anforderungen stellt. Beides erscheint wenig plausibel. Näherliegend ist, dass der Verfassungsgeber nur auf die prägenden Strukturen des seinerzeit durch das einfache Recht definierten Eigentums Bezug nehmen und nicht die Möglichkeit einer Unvereinbarkeit vorkonstitutioneller Gesetze mit Art. 14 GG generell ausschließen wollte. Als prägend dürfte insoweit vor allem die erwähnte Privatnützigkeit anzusehen sein, die der Verfassungsgeber daher anders als die Sozialbindung auch nicht mehr ausdrücklich erwähnt hat.[39]

3. *Die zeitliche Dimension der Privatnützigkeit*

So bleibt schließlich nur noch ein Aspekt, der der Überprüfung der Rechtsscheinlehre anhand von Art. 14 GG im Weg stehen könnte. Weil nämlich deren

---

[38] Zu diesem Aspekt im Hinblick auf die §§ 932 ff. BGB *Peters*, Entzug des Eigentums, S. 21 ff.; vgl. allgemein zur Frage der Vorkonstitutionalität der Regelungen des BGB, *Leipold*, NJW 2003, 2657 ff.

[39] Zum Ergebnis einer Überprüfbarkeit der §§ 932 ff. BGB an Art. 14 GG kommen auch *Peters*, Entzug des Eigentums, S. 26, und *Hager*, Verkehrsschutz, S. 11 ff.

Regelungen das entzogene Eigentum stets unmittelbar einem anderen Privatrechtssubjekt zuweisen, mag man geneigt sein zu argumentieren, dass hiermit eine Einbuße an Privatnützigkeit überhaupt nicht verbunden sei und eine Unverhältnismäßigkeit daher schon aus diesem Grund ausscheide. Auf diese Weise würde man jedoch den Begriff der Privatnützigkeit fehlinterpretieren. Privatnützigkeit hat auch eine zeitliche Dimension. Es genügt nicht, dass das Eigentumsobjekt ohne Rücksicht auf den zeitlichen Aspekt stets *irgendeinem* Privatrechtssubjekt zugewiesen ist. Ein Eigentumsbegriff, der eine sich täglich ändernde Zuweisung des Eigentumsobjekts zu jeweils verschiedenen Privatrechtssubjekten vorsähe, würde kaum ein Mehr an Privatnützigkeit vermitteln, als ohne jede Zuweisung bestünde. Insbesondere wäre auf diese Weise nicht gewährleistet, dass das Eigentumsobjekt, wie vom Bundesverfassungsgericht gefordert, dem Eigentümer einen „Freiheitsraum im vermögensrechtlichen Bereich" sichert und dadurch eine „eigenverantwortliche Gestaltung seines Lebens" ermöglicht.[40] Der insoweit als Maßstab dienende absolute Eigentumsbegriff ist daher auch in zeitlicher Hinsicht zu interpretieren und impliziert, dass die Zuweisung des Eigentumsobjektes an den Eigentümer nicht gegen dessen Willen beendet wird.

Im Ergebnis sind daher die Regelungen der Rechtsscheinlehre an Art. 14 GG zu messen. Vorbehaltlich der Frage, ob sie nicht sogar als Enteignung zu qualifizieren sind, müssen sie daher zumindest dem verfassungsrechtlichen Verhältnismäßigkeitsprinzip genügen.

B. Der allgemeine Gleichheitssatz

Neben den Freiheitsrechten sind die Regeln der Rechtsscheinlehre auch am allgemeinen Gleichheitssatz des Art. 3 Abs. 1 GG zu messen.[41] Vor allem das Bundesverfassungsgericht hat nie Zweifel daran gelassen, dass dieses Grundrecht auch auf Akte des Privatrechtsgesetzgebers anzuwenden ist. So hat es beispielsweise überprüft, ob die Belastung von Arbeitgebern mit Mutterschutz diese im Vergleich zu anderen Arbeitgebern benachteiligt.[42] Zudem ist Art. 3 Abs. 1 GG auch *neben* den Freiheitsgrundrechten, insbesondere Art. 2 Abs. 1 GG, anwendbar. Er garantiert insoweit zusätzlich zur Freiheitsgarantie des Art. 2 Abs. 1 GG eine Gleichbehandlung bei Grundrechtsbeschränkungen und bein-

---

[40] BVerfGE 24, 367, 389.

[41] Das Problem der Vereinbarkeit der Rechtsscheinlehre mit Art. 3 Abs. 1 GG wird ausdrücklich angesprochen von *Canaris*, Vertrauenshaftung, S. 164; *ders.* Systemdenken, S. 16 ff., 112 ff., 125 ff.; *Peters*, Entzug des Eigentums, S. 31; *Zweigert*, RabelsZ 23 (1958) 1, 15; *Hager*, Verkehrsschutz, S. 52; *Ch. Wolf*, JZ 1997, 1087, 1090.

[42] BVerfGE 37, 121, 130; vgl. zu weiteren Fällen der Überprüfung des Privatrechts anhand des Gleichheitssatzes die Nachweise bei *Krause*, JZ 1984, 711, 718 f.

haltet somit prinzipiell einen eigenständigen Prüfungsgesichtspunkt.[43] Sofern spezielle Freiheitsgrundrechte wie z.B. Art. 14 GG eingreifen, nimmt das Bundesverfassungsgerichts zwar teilweise einen Vorrang dieses Grundrechts gegenüber dem Gleichheitsgebot an, doch berücksichtigt es dann den speziellen Gehalt von Art. 3 Abs. 1 GG zumindest im Rahmen der Prüfung des Freiheitsgrundrechts.[44]

I. Das Gebot der Ungleichbehandlung verschiedener Sachverhalte

Nach der Rechtsprechung des Bundesverfassungsgerichts gebietet Art. 3 Abs. 1 GG nicht nur, Gleiches gleich, sondern auch Ungleiches seiner Eigenart entsprechend verschieden zu behandeln.[45] Bedenken ergeben sich in Bezug auf die Rechtsscheinlehre daraus, dass ihre Regelungen tendenziell den besonderen Umständen des Einzelfalls nur geringe Bedeutung beimessen und stattdessen zu stark pauschalisierenden rechtlichen Lösungen führen. So spricht beispielsweise *Lutter* in bezug auf § 892 BGB von einer „fast grob wirkenden Lösung".[46] Problematisch erscheint in diesem Zusammenhang insbesondere das der Rechtsscheinlehre zugrundeliegende Konzept der Rechtsscheinentsprechung.[47] Hierdurch wird das betroffene Rechtsgeschäft, welches nach allgemeinen Regeln unwirksam wäre, wirksam, ohne dass es darauf ankäme, ob und in welchem Umfang dem Gutgläubigen anderenfalls aus der Unwirksamkeit Nachteile entstünden. So spielt es in etwa im Rahmen der §§ 932 ff. BGB keine Rolle, ob der Erwerber im Vertrauen auf die Eigentümerstellung des Nichtberechtigten vorgeleistet, ein anderes Geschäft ausgeschlagen oder irgendwelche anderen Ausgaben getätigt hat, die im Falle der Unwirksamkeit der Übereignung zu einem Schaden führen könnten. Gegenüber vielen Besonderheiten des Einzelfalls ist das Konzept der Rechtsscheinentsprechung somit indifferent.[48]

Aber auch wenn man sich einmal für dieses Konzept entschieden hat, verbliebe zumindest für den Bereich des gutgläubigen Erwerbs theoretisch noch die Möglichkeit, die Anordnung des Rechtsverlustes davon abhängig zu machen, ob das Verfügungsgeschäft zur Erfüllung eines entgeltlichen oder eines

---

[43] BVerfGE 13, 21, 26, 30; 19, 206, 225; Mangoldt/Klein/Starck/*Starck*, Art. 2 Abs. 1, Rn. 59. Zumindest im Hinblick auf die Verhältnismäßigkeitsprüfung relativiert sich die Eigenständigkeit indes, vgl. unten § 7 B II (= S. 166 ff.).

[44] BVerfGE 30, 292, 312, 327; 75, 382, 393.

[45] BVerfGE 3, 58, 135; 49, 148, 165; vgl. auch *Stern*, FS Dürig, S. 207 ff.

[46] *Lutter*, AcP 164(1964), 122, 125.

[47] Vgl. oben § 2 B I (= S. 27).

[48] Vgl. oben § 2 B I (= S. 27).

unentgeltlichen Vertrags erfolgt. Beim *entgeltlichen* Vertrag besteht für den Gutgläubigen ein wesentliches Schadensrisiko darin, dass er im Fall der Nichtigkeit des Erwerbs die von ihm an den Nichtberechtigten bereits erbrachte Gegenleistung nicht mehr zurückerlangen kann. Liegt dem Erwerb dagegen ein unentgeltlicher Vertrag zugrunde, sind Schäden des Gutgläubigen zwar nicht gänzlich ausgeschlossen, doch ist mangels Gegenleistungspflicht die Wahrscheinlichkeit eines bedeutsamen Schadens eher gering. § 816 Abs. 1 Satz 2 BGB zeigt jedoch, dass sich der Gesetzgeber auch gegen dieses Differenzierungskriterium entschieden hat, da der durch die Vorschrift angeordnete schuldrechtliche Rückübereignungsanspruch des bisherigen Eigentümers die Wirksamkeit auch des unentgeltlichen gutgläubigen Erwerbs impliziert.[49]

Das Erfordernis eines Schadens auf Seiten des Gutgläubigen ist zudem nicht der einzige die Schutzwürdigkeit des Gutgläubigen bestimmende Aspekt, den der Gesetzgeber bei der Gestaltung der Vorschriften der Rechtsscheinlehre als Differenzierungskriterium verworfen hat. Bei der Betrachtung der einzelnen Tatbestandsmerkmale der Vorschriften der Rechtsscheinlehre hat sich gezeigt, dass ein konkretes Vertrauen des Gutgläubigen auf den Rechtsschein überwiegend nicht erforderlich ist.[50] Dies führt beispielsweise bei § 15 Abs. 3 HGB dazu, dass der Gutgläubige, der mit einem fälschlich im Handelsregister als Prokurist Eingetragenen ein Geschäft im Namen des vermeintlichen Geschäftsherrn abschließt, sich auf die Eintragung unabhängig davon berufen kann, ob er hiervon durch Einblick in das Register Kenntnis genommen oder lediglich „blind" auf das Auftreten des Vertreters vertraut hat. Es dürfte kein Zweifel daran bestehen, dass seine Schutzwürdigkeit im zweiten Fall wesentlich geringer einzuschätzen ist. Auch dies löst einen Rechtfertigungszwang unter dem Aspekt des Gebots der Ungleichbehandlung verschiedener Sachverhalte aus.[51]

Schließlich ist nicht zu übersehen, dass vor allem unter dem Gesichtspunkt der Zurechnung viele Rechtsscheintatbestände stark generalisierend sind. Augenscheinlich ist dies in den Fällen des reinen Rechtsscheinprinzips, da dort die Verantwortlichkeit des Belasteten überhaupt keine Rolle spielt. So setzt beispielsweise § 2366 BGB den Fall, dass der Erbe Kenntnis von der Existenz eines falschen Erbscheins hat und gleichwohl nichts zur Beseitigung des von ihm ausgehenden Rechtsscheins unternimmt, dem Fall gleich, dass der Erbe selbst noch nicht einmal von seiner Erbschaft weiß und daher auch für den falschen Rechtsschein keinerlei Verantwortung trägt. Im Übrigen können selbst Regelungen der Rechtsscheinlehre, die nicht den Tatbeständen des reinen Rechtsscheinprinzips zugeordnet werden, wie die §§ 932 ff. BGB, im Ergebnis zu einer

---

[49] Vgl. zu diesem Aspekt noch ausführlich unten § 7 B III 3 e (= S. 203 ff.).

[50] Vgl. oben § 2 C II 2 (= S. 38 ff.).

[51] Vgl. hierzu ausführlich § 7 B III 3 c (= S. 194 ff.).

Gleichbehandlung im Einzelnen sehr unterschiedlicher Fälle führen. So liegt im Rahmen des gutgläubigen Mobiliarerwerbs beispielsweise ein relativ starker Zurechnungsbeitrag vor, wenn bei einer Kettenveräußerung die erste Übereignung aufgrund eines zunächst unentdeckten Mangels nichtig ist und somit der Zweiterwerber nur nach den §§ 932 ff. BGB Eigentum vom Nichtberechtigten erwirbt. In diesen Fällen stellt der Rechtsverlust für den Gutgläubigen, der das Eigentum ohnehin aufgeben wollte, sicherlich auch kaum eine Härte dar. Nach h.M. greifen die §§ 932 ff. BGB aber auch dann ein, wenn der Nichtberechtigte den bisherigen Eigentümer durch Täuschung zur Besitzaufgabe verleitet hat, um die Sache anschließend zu veräußern und somit rechtswidrig zu unterschlagen.[52] Obwohl hier zweifelsohne ein vergleichsweise geringer Zurechnungsbeitrag des Eigentümers vorliegt, ordnen die §§ 932 ff. BGB ebenfalls den Rechtsverlust an.[53]

Eine Gleichbehandlung verschiedener Sachverhalte findet somit im Rahmen der Rechtsscheinlehre unter vielen Gesichtspunkten statt. Diese starke Generalisierung oder auch Typisierung führt dazu, dass unterschiedliche Rechtsfälle, die an sich unterschiedlich gelöst werden könnten, gleich behandelt werden. Typisierung verwirklicht daher nicht den Gleichheitssatz, sondern entfernt sich von ihm und löst somit zusätzlichen Legitimationszwang aus.[54] Auch wenn das Bundesverfassungsgericht hierzu ausgeführt hat, dass jedes abstrakt generelle Gesetze zwingend generalisieren muss und gewisse hiervon ausgehende Härten oder Ungerechtigkeiten hinzunehmen seien,[55] ist nicht zu übersehen, dass der Gesetzgeber bei den Regeln der Rechtsscheinlehre weit über das Maß der zwingend notwendigen Generalisierung hinausgegangen ist.

II. Das Gebot der Gleichbehandlung gleicher Sachverhalte

1. Aspekte der Ungleichbehandlungen durch die Rechtsscheinlehre

Die Regelungen der Rechtsscheinlehre erscheinen aber auch unter dem Gesichtspunkt der Ungleichbehandlung gleicher Sachverhalte bedenklich. Besondere Beachtung muss in diesem Zusammenhang erneut dem Thema des Zurechnungserfordernisses geschenkt werden. Das jeweilige Zurechnungserfordernis ist gewissermaßen das privatrechtliche Mittel zur Umsetzung der Anforderungen des Gleichheitsgebots, da es idealerweise den sachlichen Grund dafür lie-

---

[52] Vgl. oben § 2 C III 2 b (= S. 46 ff.).

[53] Zur Vielgestaltigkeit der von §§ 932 ff. BGB erfassten Fallkonstellationen vgl. *Peters*, Entzug des Eigentums, S. 6 ff.

[54] *Schoch*, DVBl. 1988, 863, 879; *Robbers*, Gerechtigkeit als Rechtsprinzip, S. 110.

[55] BVerfGE 11, 245, 255.

fert, weshalb eine Norm des Privatrechts den einen belastet und den anderen nicht. Aus dem Gesagten ergibt sich, dass diejenigen Regelungen der Rechtsscheinlehre, die tatbestandlich einen starken Zurechnungsbeitrag des Betroffenen verlangen, im Hinblick auf das Gleichheitsgebot eher unproblematisch sind. So ist beispielsweise ohne weiteres ersichtlich, weshalb derjenige, der über längere Zeit geduldet hat, das ein Dritter in seinem Namen Geschäfte abschließt, nach den Regeln der Duldungsvollmacht haftet, während einem anderen, der vom Auftreten des Vertreters ohne Vertretungsmacht keine Kenntnis hatte, dessen Verhalten nicht zugerechnet wird. Wenn man hier von der Obergruppe der „von einem vollmachtslosen Vertreter vertretenen Geschäftsherren" ausgeht, wird deutlich, dass es sich beim „bewussten Setzen eines Rechtsscheins" um ein überzeugendes Differenzierungskriterium handelt.

Problematisch unter dem Gesichtspunkt der Gleichbehandlung sind dagegen die Fälle des reinen Rechtsscheinprinzips.[56] Hier wird der Belastete nicht dadurch „ausgewählt", dass er bewusst einen Rechtsschein gesetzt hat, sondern schlicht dadurch, dass ohne sein Zutun ein Rechtsschein entstanden ist, der sich lediglich gegen ihn richtet. Es genügt demnach das bloß objektive Vorliegen des Rechtsscheins, also z.B. eine falsche Grundbucheintragung oder die Ausstellung eines falschen Erbscheins. Die besondere Härte der Belastung besteht für den Betroffenen darin, dass er diese möglicherweise gar nicht verhindern konnte. Aus diesem Grund sind die Regelungen des reinen Rechtsscheinprinzips in Hinblick auf das Gleichbehandlungsgebot vor Art. 3 Abs. 1 GG in hohem Maße rechtfertigungsbedürftig. Aber auch Rechtsscheinvorschriften, die ein Zurechnungserfordernis enthalten, können durchaus problematisch in Hinblick auf das Gleichbehandlungsgebot sein. Insbesondere unter diesem Gesichtspunkt scheint wiederum eine nähere Betrachtung der Vorschriften des gutgläubigen Mobiliarerwerbs geboten. Zwar verlangt § 935 Abs. 1 BGB als Zurechnungsbeitrag, dass der Eigentümer die Sache freiwillig aus der Hand gegeben hat, doch ist dieses Differenzierungskriterium verhältnismäßig schwach. Anders als in dem oben genannten Beispiel der Duldungsvollmacht besteht hier der Zurechnungsbeitrag nicht in einem vorwerfbaren Verhalten des Eigentümers.[57] In einer arbeitsteiligen Welt ist es vielmehr volkswirtschaftlich unentbehrlich und auch wünschenswert, dass Eigentum und Besitz auseinanderfallen.[58] Aus diesem Grund erscheint es zumindest zweifelhaft, ob die Aufgabe des unmittelbaren Besitzes im Hinblick auf Art. 3 Abs. 1 GG ein ausreichendes Dif-

---

[56] Im Rahmen der Diskussion, ob § 15 Abs. 3 HGB durch ein Zurechnungserfordernis einzuschränken sei, verweist *Canaris*, Vertrauenshaftung, S. 164, daher auch darauf, dass anderenfalls Art. 3 Abs. 1 GG verletzt sei.

[57] *Zweigert*, RabelsZ 23 (1958), 1, 13; *Hübner*, Rechtsverlust, S. 98 ff., *Peters*, Entzug des Eigentums, S. 50; *Baur/Stürner*, Sachenrecht, § 52, Rn. 8.

[58] *Canaris*, Vertrauenshaftung, S. 483; vgl. auch *Peters*, Entzug des Eigentums, S. 51.

ferenzierungskriterium darstellt. Die Problematik wird deutlich, wenn man als Obergruppe im Sinne von Art. 3 Abs. 1 GG sämtliche Eigentümer betrachtet, die den unmittelbaren Besitz an einer Sache auf einen anderen übertragen. Das Differenzierungskriterium des Weggebens scheidet somit aus und man muss sich fragen, weshalb aus dieser Obergruppe manche ihr Eigentum verlieren und andere nicht. Es bleibt insoweit als Differenzierungskriterium einzig die Verfügung des Nichtberechtigten als solche.[59] Dieses Differenzierungskriterium ist jedoch wie in den Fällen des reinen Rechtsscheinprinzips für den Betroffenen rein objektiver Natur, d.h. es steht in keinem Bezug zu seiner Person. Ein subjektives Element könnte allenfalls darin gesehen werden, dass er die Vertrauenswürdigkeit desjenigen, dem er die Sache anvertraut, theoretisch überprüfen könnte. Ein solcher Ansatz wird jedoch zu Recht als realitätsfremd abgelehnt, da eine Prüfungsmöglichkeit in der Praxis auf Grenzen stößt.[60] Ohnehin basiert dieser Erklärungsversuch der §§ 932 ff. BGB auf der falschen Annahme, dass der Nichtberechtigte stets Kenntnis von seiner Nichtberechtigung hat, d.h. bei der Verfügung über das Eigentum unredlich ist.

Gleiches gilt auch für § 15 Abs. 3 HGB. Zwar setzt dessen Anwendbarkeit nach h.M. einen Zurechnungsbeitrag in Form der Veranlassung der Eintragung voraus, doch soll dafür auch der richtige Eintragungsantrag genügen, der lediglich falsch bekannt gemacht wird. Nimmt man hier als Obergruppe alle diejenigen, die einen richtigen Eintragungsantrag gestellt haben und vergleicht die Antragssteller, die aufgrund der falschen Bekanntmachung gegenüber Dritten haften, mit den übrigen Antragstellern, so ist auch hier das Ergebnis das gleiche. Differenzierungskriterium ist die falsche Bekanntmachung, ein Tatbestand, der ohne Bezug zum Verhalten des Betroffenen ist und daher wertungsmäßig ebenfalls den Fällen des reinen Rechtsscheinprinzips nahe steht.

2. Unbedenklichkeit wegen „formeller Gleichbehandlung"?

Vereinzelt wurde die Frage aufgeworfen, ob die Regelungen der Rechtsscheinlehre, insbesondere die des gutgläubigen Mobiliarerwerbs, dem Vorwurf der Ungleichbehandlung nicht deshalb entgehen können, weil sie abstrakt jedem Verkehrsteilnehmer das gleiche Risiko auferlegen, mit einer Haftung oder einem Rechtsverlust belastet zu werden und daher zumindest formell eine Gleichbehandlung vorliege.[61] Unzutreffend ist jedoch bereits die Annahme,

---

[59] Die subjektiven Voraussetzungen in der Person des *Erwerber* seien an dieser Stelle ausgeblendet.

[60] *Peters*, Entzug des Eigentums, S. 57 f.; *Zweigert*, RabelsZ 23 (1958), 1, 13; vgl. auch *Canaris*, Vertrauenshaftung, S. 483.

[61] So die Argumentation von Zweigert, RabelsZ 23 (1958) 1, 15; dieser Aspekt wird auch von *Hager*, Verkehrsschutz, S. 52, Fn. 34 und *Peters*, Entzug des Eigentums, S. 31, angesprochen, ohne ihm jedoch näher nachzugehen.

dass in den Fällen der Rechtsscheinlehre von einer formellen Gleichbehandlung gesprochen werden kann. Eine formelle Gleichbehandlung war beispielsweise Gegenstand der Entscheidung des Bundesverfassungsgerichts im sog. Parteispendenfall.[62] Hier ging es darum, dass bestimmte steuerliche Abschreibungsmöglichkeiten von Parteispenden zwar grundsätzlich jedem offen standen, faktisch aber nur für die Bezieher höherer Einkommen von Interesse waren und somit mittelbar diejenigen Parteien benachteiligen, die sich in ihrem Programm eher an weniger zahlungskräftige Wähler wenden. Das Bundesverfassungsgericht führte hierzu aus, dass auch ein Gesetz, das in seinem Wortlaut eine ungleiche Behandlung vermeidet und seinen Geltungsbereich abstrakt-allgemein umschreibt, dem Gleichheitssatz widerspricht, wenn sich aus seiner praktischen Auswirkung eine offenbare Ungleichheit ergibt.[63] Entscheidend sei nicht die äußere Form, sondern der materiellrechtliche Gehalt.[64]

Der Unterschied der geschilderten Konstellation zu den Regeln der Rechtsscheinlehre liegt auf der Hand. Charakteristisch für eine sog. formelle Gleichbehandlung wie im Parteispendenfall ist, dass die in Frage stehende Norm selbst kein entsprechendes Differenzierungskriterium enthält. Die faktische Ungleichbehandlung ist dann lediglich das Resultat bestimmter Umstände, auf die das Gesetz bei seiner Anwendung stößt und die in der Regel schon bei dessen Erlass vorliegen. Auf Tatbestandseite der Norm selbst spielen diese Umstände dagegen keine Rolle. Die Regeln der Rechtsscheinlehre enthalten demgegenüber auf Tatbestandseite klare Differenzierungskriterien, die besagen, unter welchen Umständen die entsprechende Rechtsfolge ausgelöst wird, die die Ungleichbehandlung herbeiführt.[65] Das Missverständnis, das dazu führt, privatrechtliche Regelungen wie die der Rechtsscheinlehre als Fälle formeller Gleichbehandlungen zu bezeichnen, mag darin begründet liegen, dass Ungleichbehandlungen im Privatrecht anders als im öffentlichen Recht überwiegend nicht an Eigenschaften oder Lebensumstände von Personen, sondern zumeist an bestimmte Verhaltensweisen oder schlicht Ereignisse knüpfen. So mag man bei Ungleichbehandlungen im Sinne von Art. 3 Abs. 1 GG typischerweise zunächst an solche denken, die sich z.B. auf das Geschlecht, den Familienstand oder die Nationalität beziehen. Kaum einer wird daran denken, dass § 823 Abs. 1 BGB eine Ungleichbehandlung von schuldhaftem und schuldlosem Verhalten vornimmt. Nichtsdestotrotz handelt es sich auch insoweit um eine Ungleichbehandlung,

---

[62] BVerfGE 8, 51.

[63] BVerfGE 8, 51, 64. Der Problematik der formellen Gleichbehandlung begegnet man auch auf europarechtlicher Ebene bei der Auslegung von Art. 6 Abs. 1 EGV, wenn eine Regelung nicht an das Tatbestandmerkmal der Ausländereigenschaft anknüpft, sondern allein aufgrund der tatsächlichen Verhältnisse in erster Linie Ausländer belastet (vgl. *Bleckmann*, Europarecht, Rn. 1744).

[64] BVerfGE 8, 51, Leitsatz Nr. 2.

[65] Vgl. oben § 2 C (= S. 34 ff.).

die im Hinblick auf Art. 3 Abs. 1 GG den zuvor geschilderten Ungleichbehandlungen in nichts nachsteht.[66] Ein Unterschied könnte allenfalls auf Rechtfertigungsebene darin bestehen, dass bei der Anknüpfung an Verhaltensweisen oder Ereignisse, die in der Zukunft liegen, es dem Betroffenen unter Umständen eher möglich ist, einer Belastung durch entsprechende Verhaltenssteuerung zu entgehen. Insoweit handelt es sich wiederum um die im Rahmen der Zurechnung aufgeworfene Frage der Verantwortlichkeit des Betroffenen für die ihm auferlegte Belastung. Dass die Regelungen der Rechtsscheinlehre aber gerade unter diesem Gesichtspunkt bedenklich erscheinen, wurde bereits erörtert.

Im Ergebnis stellt somit die Tatsache, dass die Tatbestände der Rechtsscheinlehre zunächst allen Verkehrsteilnehmern das gleiche Risiko auferlegen, einen Aspekt dar, der im Hinblick auf Art. 3 Abs. 1 GG ohne Bedeutung ist. In diesem Sinne hat auch das Bundesverfassungsgericht in der genannten Entscheidung zum Mutterschutz keinen Gedanken darauf verwendet, ob eine Ungleichbehandlung möglicherweise gar nicht vorliege, weil abstrakt alle Arbeitgeber das gleiche Risiko trifft, mit der Zuschusspflicht aus § 14 Abs. 1 Satz 1 MuSchG belastet zu werden.

C. Zusammenfassung

Sofern die von den Regelungen der Rechtsscheinlehre ausgehenden Belastungen in einer Haftung bestehen, greifen sie zumindest in die durch Art. 2 Abs. 1 GG geschützte allgemeine Handlungsfreiheit des Betroffenen ein. Daneben können je nach Inhalt des Schuldverhältnisses, das aufgrund der Regelung der Rechtsscheinlehre zur Entstehung gelangt, grundsätzlich auch alle anderen Freiheitsrechte betroffen sein. Besteht die Rechtsfolge hingegen in einem Rechtsverlust, ist stets Art. 14 GG einschlägig. Dem steht weder entgegen, dass gemäß Art. 14 Abs. 1 Satz 2 GG der Gesetzgeber dazu berufen ist, den Inhalt und die Schranken des Eigentums auszugestalten, noch dass es sich bei den untersuchten Tatbeständen des gutgläubigen Erwerbs um vorkonstitutionelles Recht handelt.

Daneben begründen die Regelungen der Rechtsscheinlehre auch Rechtfertigungsbedarf im Hinblick auf den allgemeinen Gleichheitssatz des Art. 3 Abs. 1 GG. Der Verzicht auf verschiedene denkbare Differenzierungskriterien wie beispielsweise das des Vertrauens oder Vermögensschadens auf Seiten des Gutgläubigen führt zu einer starken Pauschalisierung und somit zu einer Gleichbehandlung zum Teil sehr unterschiedlicher Sachverhalte. Umgekehrt hat

---

[66] Daran ändert auch die Tatsache nichts, dass es im Fall des § 823 Abs. 1 BGB selbstverständlich nicht schwer fällt, die Ungleichbehandlung von schuldhaftem und schuldlosem Handeln vor Art. 3 Abs. 1 GG zu rechtfertigen.

der Verzicht auf einen Zurechnungsbeitrag des Betroffenen die Konsequenz, dass den Einzelnen Belastungen gewissermaßen zufällig treffen und somit eine Ungleichbehandlung gegenüber anderen, nicht belasteten Privatrechtssubjekten darstellen. Dem kann auch nicht entgegengehalten werden, dass, weil alle Privatrechtssubjekte abstrakt das gleiche Risiko einer Belastung trügen, doch zumindest eine formelle Gleichbehandlung vorliege. Von einer solchen formellen Gleichbehandlung kann man nur sprechen, wenn das entsprechende Gesetz keinerlei Differenzierungskriterien enthält und die Ungleichbehandlung lediglich Folge der tatsächlichen Umstände ist. Bei den Regelungen der Rechtsscheinlehre ist dies nicht der Fall.

3. Teil

Die verfassungsrechtliche Rechtfertigung der Regelungen der Rechtsscheinlehre

§ 6 Die Unmöglichkeit einer individuellen Rechtfertigung der Rechtsscheinlehre

Im Folgenden soll dargelegt werden, dass eine Rechtfertigung der Vorschriften der Rechtsscheinlehre ohne Rückgriff auf das Verkehrsinteresse als überindividuelles Interesse nicht möglich ist. Zu diesem Zweck werden anknüpfend an die Erkenntnisse aus § 4 zunächst unter A. abstrakt die Voraussetzungen einer individuellen, d.h. nur auf die Interessen der unmittelbar beteiligten Privatrechtssubjekte abstellenden Rechtfertigung privatrechtlicher Normen dargestellt. Anschließend wird unter B. ausgeführt, weshalb die sog. Vertrauenstheorie, die zur Erklärung der Regelung der Rechtsscheinlehre auf das Erwerbsvertrauen des Gutgläubigen abstellt, schon in ihrem Ansatz nicht zu überzeugen vermag. Unter C. wird schließlich dargelegt, dass obgleich die Enttäuschung individuellen Vertrauens als faktische Beeinträchtigung der Interessen des Gutgläubigen verstanden werden kann, diese Beeinträchtigung keine staatliche Schutzpflicht auslöst, die die von den Regelungen der Rechtsscheinlehre ausgehenden Belastungen zu rechtfertigen vermag.

A. Die Voraussetzungen einer individuellen Rechtfertigung

Die individuelle Rechtfertigung einer privatrechtlichen Regelung setzt voraus, dass die von ihr ausgehende Belastung ohne Rückgriff auf Allgemeinwohlinteressen ausschließlich mit den individuellen Interessen der jeweils beteiligten Parteien erklärt werden kann. Man kann daher statt von einer rechtsverhältnisinternen auch von einer individuellen Rechtfertigung sprechen. Im Hinblick auf die verfassungsrechtliche Bindung des Privatrechtsgesetzgebers bedeutet eine individuelle Rechtfertigung Folgendes: Die von einer privatrechtlichen Regelung ausgehende Belastung rechtfertigt sich dadurch, dass sie Folge der Erfüllung einer gegenüber dem Begünstigten bestehenden staatlichen Schutzpflicht ist. Wo hingegen keine Schutzpflicht besteht, trifft den Staat grundsätzlich eine Neutralitätspflicht, die ein Eingreifen verbietet. In diesem Fall kommt nur eine überindividuelle, d.h. auf der gesetzgeberischen Zwecksetzungskompetenz basierende Rechtfertigung in Betracht. Vom Bestehen einer Schutzpflicht ist die deren Rechtsfolge betreffende Frage zu unterscheiden, welche Art und welche Intensität von Eingriffen zum Schutz des Begünstigten zulässig sind. Hierbei hat der Privatrechtsgesetzgeber in Form von Über- und Untermaßverbot das Verhältnismäßigkeitsprinzip in zwei Richtungen zu wahren. Dabei ist – anders als bei der einseitigen Anwendung des Verhältnismäßigkeitsprinzips – nicht ein Gesetzeszweck als Konstante vorauszusetzen, sondern die Interessen der Beteiligten sind als Variablen gegeneinander abzuwägen und in einen optimalen Ausgleich zu bringen.[1] Wie oben ausgeführt, heißt dies nichts anderes, als dass die Erforderlichkeitsprüfung als Herzstück der Verhältnismäßigkeitsprüfung versagt.[2] Im Rahmen einer rein individuellen Rechtfertigung ist es dem Privatrechtsgesetzgeber daher u.U. nicht gestattet, den Störer in einer bestimmten Weise zu belasten, obwohl die Belastung ihrer Intensität nach zum Schutz des Opfers erforderlich wäre.

Nichts anderes als dieses Charakteristikum rechtsverhältnisinterner Rechtfertigungen beschreibt Bydlinski, wenn er ausführt, dass einseitige, nur auf ein Subjekt bezogene Argumentationen niemals eine privatrechtliche Normierung allein zu rechtfertigen vermögen.[3] Er spricht insoweit vom Prinzip der *relativen zweiseitigen Rechtfertigung*.[4] Hiernach sind gedanklich zwei Aspekte zu trennen: Zunächst bedarf es einer Erklärung, weshalb der Begünstigte begünstigt wird. Dies wird teilweise als Haftungsgrund bezeichnet.[5] Im Hinblick auf den gutgläubigen Erwerb ist der Begriff des Haftungsgrundes zu eng, so dass man genau genommen vom Haftungs- oder Rechtsverlustgrund oder allgemein vom *Begünstigungsgrund* sprechen muss. Nimmt man die Vorschrift des § 823 Abs. 1 BGB als Beispiel, so besteht der Begünstigungsgrund dort in der Rechtsgutverletzung. Des Weiteren bedarf es aber eben auch einer Erklärung, weshalb die Begünstigung gerade zu Lasten eines bestimmten Privatrechtssubjekts erfolgt. Hierin spiegelt sich die von Bydlinski angesprochene Relativität der Rechtfertigung wieder. Dabei handelt es sich um nichts anderes als den bekannten Aspekt der Zurechnung. So verlangt etwa § 823 Abs. 1 BGB als Zurechnungsbeitrag des Anspruchsgegners dessen Verschulden. Eine rechtsverhältnisinterne bzw. individuelle Rechtsfertigung ist daher nur bei Vorliegen eines hinreichenden Zurechnungsbeitrags des Belasteten möglich.

---

[1] Vgl. oben § 4 C II 3 c (= S. 100 ff.).

[2] Vgl. § 4 C III 2 b (= S. 113 ff.).

[3] *Bydlinski*, System und Prinzipien, S. 93 f. Ob dies in seiner Allgemeinheit richtig ist, wird noch zu klären sein (vgl. § 7 = S. 153 ff.).

[4] *Bydlinski*, System und Prinzipien, S. 92 ff.

[5] *Canaris*, Vertrauenshaftung, S. 469 ff.

B. Die Ablehnung einer vertrauenstheoretischen Erklärung der Rechtsscheinlehre

Bevor die von den einzelnen Regelungen der Rechtsscheinlehre betroffenen Konstellationen auf mögliche Schutzpflichten untersucht werden, ist zunächst auf einen die gesamte Rechtsscheinlehre betreffenden rechtsverhältnisinternen Erklärungsansatz einzugehen. Es handelt sich um den Topos des Vertrauensschutzes, bei dem es sich nach h.M. um den materiellen Geltungsgrund der gesamten Rechtsscheinlehre handelt.[6] Zweifelhaft ist jedoch bereits, welche verfassungsrechtliche Relevanz individuelles Vertrauen als solches haben soll. Zwar kennt das Verfassungsrecht den Grundsatz des Vertrauensschutzes, doch geht es hier – vor allem im Zusammenhang mit dem Rückwirkungsverbot – ausschließlich um das Vertrauen des Bürgers gegenüber dem Staat.[7] Der das Privatrecht betreffende Vertrauensschutz knüpft dagegen nicht an Vertrauen gegenüber dem Staat, sondern an von anderen Privatrechtssubjekten ausgelöstes oder schlicht aus einer bestimmten statistischen Wahrscheinlichkeit resultierendes Vertrauen. Eine allgemeine verfassungsrechtliche Pflicht des Privatrechtsgesetzgeber, derartiges Vertrauen zu schützen, ist nicht ersichtlich.

Die Untauglichkeit des Vertrauensschutzgedankens zur Rechtfertigung privatrechtlicher Regelungen lässt sich aber auch ohne verfassungsrechtlichen Rekurs aufdecken. Der eigentliche Grund hierfür liegt darin, dass individuelles Vertrauen als ein allgegenwärtiges psychologisches Phänomen generell als Anknüpfungspunkt rechtlicher Regelungen ungeeignet ist.[8] Die Tatbestände der Rechtsscheinlehre zeigen dies besonders deutlich. Denn wenn man den Rechtsverlust im Rahmen des gutgläubigen Erwerbs oder die Haftung des Geschäftsherrn im Rahmen der Rechtsscheinvertretungsmacht jeweils mit dem Vertrauen des Gutgläubigen begründet, so führt dies nur deshalb auf den ersten Blick zu einer schlüssigen, auf individuellem Vertrauen basierenden Erklärung, weil man die Betrachtung von vornherein auf die Person des Gutgläubigen beschränkt. Bezieht man auch den durch die Regelung der Rechtsscheinlehre Belasteten in die Überlegungen ein, wird deutlich, dass neben dem Erwerbsvertrauen des

---

[6] Im Hinblick auf die Rechtsscheinvollmacht u.a. *Canaris*, Vertrauenshaftung, S. 1 ff.; *Larenz/Wolf*, AT, § 2 Rn. 35; im Hinblick auf den gutgläubigen Erwerb u.a. *Wiegand*, JuS 1978, 145, 148 ff.; *Westermann*, JuS 1963, 1 ff.; im Hinblick auf § 15 HGB u.a. *K. Schmidt*, Handelsrecht, § 14 II 2 d; Baumbach/Duden/Hopt/*Hopt*, § 15 Anm. 2a; *Canaris*, Handelsrecht, § 5 I 1; *Brox*, Handelsrecht und Wertpapierrecht, Rn. 49.

[7] Vgl. *Degenhart*, Staatsrecht I, Rn. 358 ff.

[8] *Picker*, AcP 183 (1983), 369, 420 ff.; *ders.* JZ 1987, 1041, 1045 f.; ihm folgend *Lobinger*, Rechtsgeschäftliche Verpflichtung, S. 53. Zum gleichen Ergebnis kommen auch *Köndgen*, Selbstbindung ohne Vertrag, S. 98 und *Leenen*, Symposium Wieacker, S. 108, 123 und 125. Im Hinblick auf die culpa in contrahendo auch MünchKomm/*Emmerich*, Vor. § 275 Rn. 54.

Gutgläubigen häufig auch andere Erscheinungsformen individuellen Vertrauens eine Rolle spielen. So vertraut beispielsweise der Eigentümer einer beweglichen Sache darauf, dass derjenige, dem er die Sache zur Nutzung überlässt, nicht darüber verfügt.[9] Ebenso vertraut regelmäßig der Geschäftsherr in der Konstellation des § 171 BGB darauf, dass der Vertreter nach internem Widerruf der Vollmacht keine weiteren Geschäfte im Namen des Geschäftsherrn abschließt. Verallgemeinernd kann man sagen, dass dem *Erwerbsvertrauen* des Gutgläubigen häufig ein berechtigtes *Bestandsvertrauen* des durch die Rechtsscheinlehre Belasteten gegenübersteht.[10] Stellt man zur Erklärung der Rechtsscheinlehre allein auf das Erwerbsvertrauen ab, so liegt dem bereits eine Auswahl rechtlich relevanten Vertrauens und somit eine Wertung zugrunde. Bei der Auswahl zwischen dem Erwerbs- und dem Bestandsvertrauen als zwei verschiedenen Formen von individuellem Vertrauen bietet die Vertrauenslehre offensichtlich keine Hilfe. Insofern bedarf es anderer Kriterien.[11]

Die Unzulänglichkeit des auf individuellem Vertrauen basierenden Erklärungsmusters wird letztlich durch die konkrete Ausgestaltung der einzelnen Tatbestände der Rechtsscheinlehre bestätigt. So hat sich oben gezeigt, dass insbesondere die an künstliche Rechtsscheinträger anknüpfenden Regelungen durchweg auf die Kenntnis des Begünstigten hiervon verzichten.[12] Gleiches wurde auch für die §§ 932 ff. BGB festgestellt.[13] Wo individuelles Vertrauen des Begünstigten im Einzelfall tatbestandlich gar nicht erforderlich ist, kann es aber offensichtlich nicht Grund für die von der entsprechenden Regelung ausgehenden Belastung sein.

An dieser Stelle ist darauf hinzuweisen, dass das im Rahmen der Rechtsscheinlehre eine entscheidende Rolle spielende *Systemvertrauen* nicht mit individuellem Vertrauen verwechselt werden darf.[14] Beim Systemvertrauen handelt es sich um durch staatliche Normsetzung erst ausgelöste Erwartungen der ein-

---

[9] Dies betont vor allem *Peters*, Entzug des Eigentums, S. 58 ff., ohne allerdings hiervon auf die generelle Ungeeignetheit des Vertrauensgesichtspunktes zu schließen.

[10] *Lobinger*, Rechtsgeschäftliche Verpflichtung, S. 54. Im Hinblick auf die §§ 932 ff. BGB auch *Peters*, Entzug des Eigentums, S. 58. An späterer Stelle wird noch auf die Frage einzugehen sein, in welchen Konstellationen dem Erwerbsvertrauens kein Bestandsvertrauen gegenübersteht (vgl. § 7 B III 3 b (2) = S. 191 ff.).

[11] Mit diesem Argument setzt sich *Canaris*, FS-50 Jahre BGH, S. 129, 191 ff., im Rahmen seiner Verteidigung der Vertrauenstheorie nicht auseinander. Zwar behandelt er a.a.O., S. 192 ff. den Vorwurf der Ubiquität des Vertrauensgedankens, doch beschränkt er sich insoweit auf den Einwand, Vertrauen spiele auch im Bereich von Rechtsgeschäftlehre und Deliktsrecht eine Rolle und können daher nicht eine eigenständige Kategorie der Vertrauenshaftung bilden (so *Picker*, AcP 183 (1983) 369, 427).

[12] § 2 C II 2 (= S. 38 ff.).

[13] § 2 C II 2 (= S. 38 ff.).

[14] *Leenen*, Symposium Wieacker, S. 108, 125. Vgl. dazu auch unten § 7 B III 2 a (= S. 169 ff.).

zelnen Privatrechtssubjekte. So führen beispielsweise die §§ 932 ff. BGB dazu, dass der Erwerber vom Besitz des Veräußerers auf dessen Fähigkeit zur Eigentumsverschaffung schließen darf. Ebenso ordnet § 171 BGB letztlich nichts anderes an, als dass ein Dritter, dem gegenüber eine Bevollmächtigung mitgeteilt wurde, solange auf deren Bestand vertrauen darf, bis sie auf dieselbe Weise widerrufen wird. Zugegebenermaßen wird man empirisch kaum bestimmen können, inwieweit der Einzelne sein Vertrauen jeweils individuell von der Person seines Gegenüber oder von der Rechtsordnung ableitet. Eine exakte Abgrenzung ist zur Aufdeckung der Unzulänglichkeit der Vertrauenstheorie indes nicht erforderlich, da Systemvertrauen ebenso wie individuelles Vertrauen als Rechtfertigung der in Frage stehenden Regelungen ausscheidet. Denn als ein von den in Frage stehenden Regelungen erst ausgelöstes Vertrauen kann das Systemvertrauen offensichtlich nicht selbst Schutzobjekt jener Regelung sein.[15]

C. Der Versuch der Erklärung der Regelung der Rechtsscheinlehre als Schutzeingriffe zugunsten des Gutgläubigen

Wenn individuelles Vertrauen als solches nicht zur Rechtfertigung der Rechtsscheinlehre geeignet ist, so ist damit noch nicht gesagt, dass es nicht doch zumindest Anknüpfungspunkt einzelner grundrechtlicher Schutzpflichten sein kann und es sich daher bei den von den Rechtsscheinlehre ausgehenden Belastungen um Schutzeingriffe zu Gunsten des Gutgläubigen handelt.[16] Denn wo individuelles Vertrauen im Einzelfall enttäuscht wird, liegt eine faktische Beeinträchtigung vor, die wiederum – wie in § 4 ausgeführt – die Grundvoraussetzung für das Bestehen einer Schutzpflicht ist.[17] Die Gefahr der Enttäuschung individuellen Vertrauens besteht in allen die Vorschriften der Rechtsscheinlehre betreffenden Konstellationen gleichermaßen. So macht etwa der Nichtberechtigte im Rahmen des Verpflichtungsgeschäfts ein Versprechen, das er grundsätzlich, d.h. bei Nichtexistenz der Vorschriften des gutgläubigen Erwerbs, nicht erfüllen kann.[18] Das Vertrauen des Gutgläubigen würde zwangsläufig enttäuscht. In gleicher Weise erzeugt der Vertreter ohne Vertretungsmacht Vertrauen darauf, dass er Rechtsgeschäfte mit unmittelbarer Wirkung für und gegen den Geschäftsherrn abzuschließen vermag. Sofern der Geschäftsherr aber das vom Vertreter ohne Vertretungsmacht abgeschlossenen Rechtsgeschäft nicht ausnahmsweise genehmigt, würde ohne die Vorschriften der Rechtsscheinvollmacht auch dieses Vertrauen enttäuscht. Entsprechendes gilt für die Fälle des

[15] So auch *Leenen*, Symposium Wieacker, S. 108, 125.

[16] Vgl. zum Begriff des Schutzeingriffs oben § 4 C II 2 c (= S. 88 ff.).

[17] Vgl. oben § 4 C II 3 b (= S. 93 ff.).

[18] Vgl. *Peters*, Entzug des Eigentums, S. 28, der von einer „Störung“ spricht.

§ 15 HGB hinsichtlich des Vertrauens des Gutgläubigen auf den jeweiligen Rechtsschein.

Da somit in allen die Vorschriften der Rechtsscheinlehre betreffenden Konstellationen in Form der faktischen Beeinträchtigung das erste Tatbestandsmerkmal einer grundrechtlichen Schutzpflicht vorliegt, soll nachfolgend für die einzelnen Teilbereiche der Rechtsscheinlehre geprüft werden, ob auch die übrigen Anforderungen einer individuellen Rechtfertigung erfüllt sind. Hierbei ist zwischen der Tatbestands- und der Rechtsfolgenseite von Schutzpflichten zu unterscheiden. Damit eine Schutzpflicht besteht, ist zunächst erforderlich, dass durch die faktische Beeinträchtigung ein Grundrecht des Betroffenen tatbestandlich berührt ist und er zur effektiven Ausübung dieses Grundrechts auf staatlichen Schutz angewiesen ist.[19] Auf Rechtsfolgenseite müsste sich der Gesetzgeber bei der Erfüllung der Schutzpflichten an die ihm durch das Verhältnismäßigkeitsprinzip gesetzten Grenzen gehalten haben. Aufgrund der unter A. beschriebenen Besonderheiten handelt es sich dabei jedoch nicht um eine einseitige Prüfung, bei der die Erfüllung der Schutzpflicht als Regelungszweck eine Art Konstante darstellt. Die Interessen des durch die Regelung Belasteten und die des Opfers der faktischen Beeinträchtigung sind vielmehr prinzipiell gleichrangig. Erforderlich ist daher insbesondere, dass die von den Regelungen der Rechtsscheinlehre ausgehenden Belastungen den Betroffenen nicht zufällig treffen. Es muss gewährleistet sein, dass der Belastete einen Zurechnungsbeitrag erbracht hat, der seine Verantwortung für die faktische Beeinträchtigung begründet.

I. Der gutgläubige Erwerb

1. Auf das Vermögen bezogene Schutzpflicht

Da das Erwerbsvertrauen des Gutgläubigen in der Regel Grundlage für vermögensrelevante Dispositionen ist – in diesem Zusammenhang ist vor allem an die gewöhnlich von ihm zu erbringende Gegenleistung zu denken – und somit dessen Enttäuschung meist gleichbedeutend mit einem Vermögensschaden wäre, liegt es nahe zu fragen, ob nicht das Vermögen des Gutgläubigen grundrechtlichen Schutz genießt.[20] Die tatbestandliche Anknüpfung des Vermögens als solchem ist jedoch nicht unproblematisch. Nach ständiger Rechtsprechung

---

[19] Vgl. oben § 4 C II 2 c und 3 b (= S. 88 ff., S. 93 ff.).

[20] Laut *Ch. Wolf*, JZ 1997, 1087, 1091, handelt es sich beim verfassungsrechtlichen Schutz des Vermögens des Gutgläubigen um die entscheidende Rechtfertigung der §§ 932 ff. BGB. Er bleibt indes die Antwort schuldig, welches Grundrecht tatbestandlich berührt sein soll, um eine Schutzpflicht auszulösen.

des Bundesverfassungsgerichts kann insbesondere nicht auf Art. 14 Abs. 1 GG zurückgegriffen werden.[21] Sofern der Staat in das Vermögen von Grundrechtsträgern eingreift, wird die Rechtmäßigkeit dieses Eingriffs lediglich an Art. 2 Abs. 1 GG gemessen.[22] Ob man jedoch sagen kann, dass Art. 2 Abs. 1 GG das Vermögen „als solches" schützt und daher hinsichtlich privater Vermögensbeeinträchtigungen eine Schutzpflicht begründen kann, erscheint eher zweifelhaft. Denn dass eine staatliche Beeinträchtigung des Vermögens einen Eingriff in Art. 2 Ab. 1 GG darstellt, resultiert allein aus dem Verständnis dieser Norm als dem Grundrecht der allgemeinen Handlungsfreiheit. Hiernach ist jede staatliche Belastung als Eingriff zu qualifizieren, ohne dass es eines besonderen Rechtsguts als Anknüpfung bedarf.[23] Schutzgut ist die Freiheit vor staatlichem Handeln und nicht das Vermögen. Das Vermögen schützt Art. 2 Abs. 1 GG lediglich reflexartig. Eine Übertragung des die abwehrrechtliche Seite von Art. 2 Abs. 1 GG betreffenden Konzeptes der allgemeinen Handlungsfreiheit auf das Verhältnis von Privatrechtssubjekten zueinander verbietet sich aber offensichtlich, würde es doch die Unterscheidung von staatlichem und privatem Handeln und die daraus resultierende Asymmetrie in der Grundrechtsanwendung zwischen Störer und Opfer beseitigen.[24]

Eine abschließende Klärung der Frage, ob eine verfassungsrechtliche Pflicht zum Schutz vor privaten Vermögensbeeinträchtigungen existiert, ist im vorliegenden Zusammenhang jedoch entbehrlich.[25] Denn selbst wenn man eine solche Schutzpflicht unterstellt, scheitert eine darauf basierende Rechtfertigung der Regelungen der Rechtsscheinlehre daran, dass der Privatrechtsgesetzgeber mit ihnen das Maß des zur Erfüllung einer solchen Schutzpflicht Zulässige überschritten hätte. Zum einen folgt dies daraus, dass der durch die Vorschriften des gutgläubigen Erwerbs dem Berechtigten aufgebürdete Rechtsverlust zur Erfüllung einer solchen Schutzpflicht nicht erforderlich wäre. Auch wenn oben gesagt wurde, dass das Erforderlichkeitskriterium im Rahmen einer individuellen Rechtfertigung grundsätzlich versagt, weil man die Erfüllung der Schutzpflicht nicht als Konstante voraussetzen darf, kann man es an dieser Stelle zumindest im Sinne eines argumentum a fortiori nutzen: Wenn die in Frage stehende Belastung zur Erfüllung der Schutzpflicht schon gar nicht erforderlich ist, d.h.

---

[21] Vgl. etwa BVerfGE 4, 7, 17.

[22] BVerfGE 87, 153, 169.

[23] Vgl. oben § 5 A I 1 (= S. 119 ff.).

[24] Vgl. § 4 C II 3 d (1) (= S. 106 ff.).

[25] Vgl. jedoch in diesem Zusammenhang die – allerdings nicht auf verfassungsrechtlicher Ebene geführte – Diskussion um die Frage, ob der Ausklammerung des Ersatzes sog. primärer Vermögensschäden durch § 823 Abs. 1 BGB ein besonderer Gerechtigkeitsgehalt immanent ist (so *Canaris*, Schuldrecht II/2, § 84 I 2 c) oder ob es sich dabei lediglich um ein technisches Mittel der Haftungsbegrenzung handelt (so *Picker*, JZ 1987, 1041, 1051).

selbst bei absoluter, auf die Person des durch den Staat zu schützenden Opfers reduzierter Sichtweise nicht gerechtfertigt wäre, so scheidet eine relative zweiseitige Rechtfertigung erst recht aus. Als milderes Mittel bietet sich insoweit an, dem Gutgläubigen anstatt des in Frage stehenden Rechts einen gegen den materiell Berechtigten gerichteten Schadensersatzanspruch zu gewähren. Für den materiell Berechtigten wäre diese Belastung weniger einschneidend. Denn während der gutgläubige Erwerb unabhängig davon stattfindet, ob und in welchem Umfang dem Gutgläubigen ein finanzieller Nachteil bei Versagung des redlichen Erwerbs droht, würde man so die Belastung stets auf das zur Kompensation des Gutgläubigen erforderliche Maß beschränken. Insbesondere in Fällen, in denen der Gutgläubige an den Nichtberechtigten einen geringen oder noch gar keinen Kaufpreis entrichtet hat, würde der vom Belasteten zu leistende Schadensersatz somit meist unterhalb des Wertes des jeweiligen Rechtes liegen. Nebenbei hätte diese Lösung für den materiell Berechtigten den Vorzug, dass ein eventuell vorhandenes Affektikonsinteresse gewahrt bliebe.[26]

Der zweite Grund, weshalb auch bei Annahme einer auf der Vermögensbeeinträchtigung des Gutgläubigen basierenden Schutzpflicht mit dieser die Vorschriften des gutgläubigen Erwerbs nicht gerechtfertigt werden könnten, liegt darin, dass der gutgläubige Erwerb unabhängig von einem ausreichenden Zurechnungsbeitrag des Berechtigten eintritt. Offensichtlich ist dies bei den §§ 2366, 892 BGB und im Anwendungsbereich des § 935 Abs. 2 BGB. Da hier überhaupt kein Beitrag des Erben bzw. Inhabers eines dinglichen Rechts erforderlich ist,[27] scheidet eine rechtsverhältnisinterne Erklärung des durch diese Normen ausgelösten Rechtsverlustes von vornherein aus. Nichts anderes gilt im Ergebnis aber auch für den restlichen Anwendungsbereich der §§ 932 ff. BGB. Zwar verlangt § 935 Abs. 1 BGB, dass der Eigentümer den Besitz freiwillig aufgibt, doch ist zweifelhaft, ob darin tatsächlich ein den Rechtsverlust rechtfertigender Zurechnungsbeitrag gesehen werden kann. Zutreffen mag dies in der Konstellation, dass der Eigentümer die Sache an den Nichtberechtigten übereignen wollte und die Übereignung beispielsweise aufgrund eines Willensmangels fehlgeschlagen ist. In diesen Fällen liegt auf Seiten des Eigentümers sicherlich ein starker Zurechnungsbeitrag vor. Eine individuelle Rechtfertigung der §§ 932 ff. BGB müsste aber auch die Fälle der Gebrauchsüberlassung erklären können, in denen der Nichtberechtigte treuwidrig über die Sache verfügt und sie somit unterschlägt (im Folgenden

---

[26] Im Rahmen einer konsequenten absoluten, d.h. auf die Person des Gutgläubigen beschränkten Betrachtungsweise könnte man allenfalls einwenden, dass diesem durch die Gewährung des jeweiligen Rechts im Wege des gutgläubigen Erwerbs zusätzlich das Insolvenzrisiko abgenommen würde. Eine solche vollständige „Sorglosstellung" des Gutgläubigen auf Kosten des materielle Berechtigten könnte jedoch zumindest im Rahmen einer die Relativität herstellenden Interessenabwägung keinen Bestand haben.

[27] Vgl. oben § 2 C III 1 (= S. 42 ff.).

soll diesbezüglich von „Unterschlagungsfällen“ gesprochen werden).[28] Insoweit vermögen die unterschiedlichen Interpretationsversuche in der Literatur, wonach es sich bei § 935 Abs. 1 BGB um eine Ausprägung des *Veranlassungs-*, *Risiko-* oder gar *Verschuldensprinzips* handelt, allesamt nicht zu überzeugen.[29] Dass die Nutzungsüberlassung zunächst nicht als typisiertes Verschulden des Eigentümers gewertet werden kann, ergibt sich bereits daraus, dass es sich bei ihr um eine volkswirtschaftlich sinnvolle Transaktion handelt, die durch das BGB sogar ausdrücklich geregelt wird (z.B. Miete, Pacht), und die daher sicherlich nicht als vorwerfbares Verhalten qualifiziert werden kann.[30] Gegen das Veranlassungsprinzip spricht, dass der Begriff der Veranlassung letztlich nichts anderes als einen Kausalzusammenhang beschreibt, der zwischen dem Verhalten des Eigentümers und dem Versprechen des Nichtberechtigten besteht. Da das Kausalitätskriterium von der Gleichwertigkeit aller Bedingungen ausgeht, ist es zur Begründung einer Belastung und somit als Zurechnungskriterium generell ungeeignet (schließlich leistet auch der Gutgläubige selbst einen kausalen Beitrag).[31] Wenn die Anhänger des Veranlassungsprinzips darauf abstellen, ob der Eigentümer den Besitz willentlich aufgegeben hat, gehen sie denn auch in Wahrheit über das Kriterium der bloßen Veranlassung hinaus. Dahinter verbirgt sich vielmehr die von den Anhängern des sog. Risikoprinzips ausdrücklich formulierte Annahme, dass der Eigentümer, der die Sache freiwillig aus der Hand gibt, bewusst ein Risiko eingeht, dessen Realisierung er sich zurechnen lassen muss.[32] Bei genauerer Betrachtung kann indes auch dieser Erklärungsansatz nicht überzeugen. Zunächst besteht insoweit die Gefahr eines Zirkelschlusses. Stellt man das vom Berechtigten angeblich bewusst in Kauf genommene Risiko mit dem des Rechtsverlustes gleich, so ist zu beachten, dass dieses Risiko durch die Regelungen des gutgläubigen Erwerbs überhaupt erst geschaffen wird.[33] Die Rechtfertigung der Regelungen des gutgläubigen Erwerbs kann aber nicht

---

[28] Vgl. zur Unterscheidung von Unterschlagungs- und Einwendungsrisiko unten § 7 B III 2 c (3) (= S. 181 ff.).

[29] Allgemein zu den verschiedenen Zurechnungsprinzipien *Canaris*, Vertrauenshaftung, S. 473 ff.

[30] Vgl. die Nachweise der Versuche, die §§ 932 ff. BGB mit einem Verschulden des Eigentümers zu begründen, bei *Hager*, Verkehrsschutz, S. 386 f.

[31] *Canaris*, Vertrauenshaftung, S. 474 ff.; zur Ablehnung des Veranlassungsprinzips auch *Peters*, Entzug des Eigentums, S. 57 f.

[32] *Hübner*, Rechtsverlust, S. 105 ff.; *Baur/Stürner*, Sachenrecht, § 52 I 2 b; *Westermann*, Sachenrecht, § 45 III 2.

[33] Nicht überzeugend daher die Argumentation von *Hager*, Verkehrsschutz, S. 392 f., wonach der Eigentümer durch die Überlassung der Sache eben ein typisches mit jedem rechtsgeschäftlichen Handeln verbundenes Risiko eingehe. Von dem durch die §§ 932 ff. BGB begründeten rechtlichen Risiko des Eigentumsverlustes ist allerdings das Risiko des faktischen Rechtsverlustes zu unterscheiden (vgl. dazu unter § 7 B III 2 c (3) = S. 181 ff.).

darauf aufbauen, *dass* das Risiko des Eigentumsverlustes besteht, sondern muss erklären, *weshalb* eine entsprechende Risikoverteilung erfolgt. In diesem Zusammenhang findet man zuweilen die Behauptung, der Berechtigte könne eine Beeinträchtigung mit geringerem Aufwand als der Gutgläubige vermeiden.[34] Wäre dem tatsächlich so, könnte man der Belastung des Berechtigten durch die §§ 932 ff. BGB möglicherweise ohne Rekurs auf überindividuelle Aspekte einen Gerechtigkeitsgehalt abgewinnen. Worin eine entsprechende Asymmetrie in der Risikobeherrschbarkeit bestehen soll, ist jedoch nicht ersichtlich und wird von den Vertretern der Risikolehre auch nicht näher dargelegt.[35] Führt man sich vor Augen, dass die Überprüfung der Berechtigung eines Veräußerers zumindest theoretisch möglich ist, weil sie einen in der Vergangenheit liegenden Sachverhalt betrifft, während der Eigentümer im Fall der Gebrauchsüberlassung eine Prognose treffen muss, ob sein Vertragspartner wohl in der Zukunft rechtswidrig über sein Eigentum verfügen wird, so spricht dies eher für eine Asymmetrie zu Lasten des Eigentümers.[36] Auch die auf dem Risikoprinzip basierende Erklärung der §§ 932 ff. BGB vermag daher nicht zu überzeugen.[37] Die §§ 932 ff. BGB stehen unter dem Gesichtpunkt des Zurechnungsbeitrags daher den Fällen des sog. reinen Rechtsscheinprinzips zumindest sehr nahe. Auch ihre individuelle Rechtfertigung scheitert deshalb daran, dass sie nicht in jedem Fall eine hinreichende Verantwortlichkeit des durch sie belasteten Eigentümers für die dem Gutgläubigen drohende faktische Beeinträchtigung voraussetzen.

2. Der verfassungsrechtliche Schutz des schuldrechtlichen Erfüllungsanspruchs des Gutgläubigen durch Art. 14 GG

Als weiteres eine Schutzpflicht auslösendes Grundrecht kommt im Zusammenhang mit dem gutgläubigen Erwerb Art. 14 GG in Betracht. Insbesondere laut Hager liegt aufgrund der Tatsache, dass auch privatrechtliche Forderungen in den Schutzbereich von Art. 14 GG fallen, die verfassungsrechtliche Rechtfertigung der §§ 932 ff. BGB darin, dass sich auch der Gutgläubige aufgrund seines schuldrechtlichen Erfüllungsanspruchs auf sein Eigentumsgrundrecht berufen könne. Da seiner Ansicht nach kein grundsätzliches Rangverhältnis zwischen dem Sacheigentum des Berechtigten und der Forderungsinhaberschaft des

---

[34] So *Adams*, Sicherungsrechte, S. 189; *Hübner*, Rechtsverlust, S. 105 ff.

[35] Bei der schlagwortartigen Berufung auf angeblich externe Effekte, die internalisiert werden müssten (so *Adams*, Sicherungsrechte, S. 189), handelt es sich insofern um eine reine petitio principii.

[36] *Peters*, Entzug des Eigentums, S. 55 ff.

[37] So im Ergebnis auch *Peters*, Entzug des Eigentums, S. 55 ff. *Canaris*, Vertrauenshaftung, S. 483, äußert ebenfalls Zweifel an einer Rechtfertigung der §§ 932 ff. BGB mit den Risikoprinzip.

Gutgläubigen besteht, müsse eines der beiden Grundrechte zwangsläufig zurücktreten.[38]

Dem ist jedoch entgegenzuhalten, dass ein wesentlicher Unterschied zwischen Sacheigentum und Forderungsinhaberschaft insoweit besteht, als es sich bei Sachen um natürliche Güter handelt, die der Gesetzgeber vorfindet, während private Forderungen vom Gesetzgeber selbst kreierte Schutzgüter sind.[39] Der Unterschied im Hinblick auf die Schutzgebotsfunktion wird angesichts der Frage deutlich, auf welchen Schutz der Grundrechtsträger zur effektiven Ausübung seines Grundrechts angewiesen ist. Während sich im Hinblick auf das Sacheigentum sicherlich sagen lässt, dass der Eigentümer grundsätzlich auf Schutz vor Besitzentzug angewiesen ist, sind entsprechende Aussagen hinsichtlich privater Forderungen nicht ohne weiteres möglich. Denn im Falle von Schutzgütern, die der Gesetzgeber nicht vorfindet, fehlt der für das Angewiesenheitskriterium erforderliche Anknüpfungspunkt. So hängt etwa die Frage, ob der Inhaber eines Übereignungsanspruchs zur effektiven Ausübung seines Eigentumsgrundrechts auf die Möglichkeit des gutgläubigen Erwerbs angewiesen ist, davon ab, welchen Inhalt man privaten Forderungen zumisst. Nur wenn man davon ausginge, dass der schuldrechtliche Übereignungsanspruch sich gegebenenfalls auch auf schuldnerfremde Sachen erstreckt, ließe sich der gutgläubige Erwerb als Teil des Eigentumsgrundrechts des Inhabers eines Übereignungsanspruchs verstehen. Belässt man es dagegen bei der Relativität schuldrechtlicher Ansprüche, wonach deren Wert entscheidend von der Person des Schuldners abhängt, gibt es keinen Ansatzpunkt für eine staatliche Pflicht des Gesetzgebers, einen „an sich“ vom Schuldner nicht erfüllbaren Anspruch durch die Ermöglichung eines gutgläubigen Erwerbs erfüllbar zu machen.

Die Abhängigkeit einer möglichen Schutzpflicht vom Inhalt des Schutzgutes bedeutet nichts anderes, als dass der Privatrechtsgesetzgeber im Fall von rechtserzeugten Gütern wie privaten Forderungen nur dann Adressat einer Schutzpflicht sein kann, wenn ihm die Verfassung in Bezug auf deren Inhaltsbestimmung verbindliche Vorgaben macht. Der Institutsgarantie des Art. 14 GG wird man entsprechende Vorgaben jedoch nicht entnehmen können. Die hiernach vom Gesetzgeber zu gewährleistende Privatnützigkeit verlangt lediglich die exklusive Zuweisung von Gütern sowie deren Schutz. Eine Pflicht zur

---

[38] *Hager*, Verkehrsschutz, S. 79 f.

[39] Wenn man nicht Hager sogar einen Zirkelschluss vorwerfen will, der darin begründet ist, dass ohne die Möglichkeit des gutgläubigen Erwerbs der in den Schutzbereich von Art. 14 GG fallende Primäranspruch wegen subjektiver Unmöglichkeit gar nicht bestünde.

Vgl. zur Abgrenzung von natürlich abgegrenzten Gütern, wesentlich abgrenzungsbedürftigen Gütern und gesetzlich erst zu bestimmenden Gütern bereits oben § 3 C II 3 c (1) (= S. 68 ff.).

Schaffung privatrechtlicher Forderungen bzw. Vorgaben hinsichtlich deren konkreter Ausgestaltung lassen sich aus Art. 14 GG nicht ableiten. Implikationen enthält insoweit allenfalls die verfassungsrechtliche Garantie des Instituts der Privatautonomie, die ihre Grundlage jedoch nicht in Art. 14 GG hat.[40] Man wird sogar sagen können, dass die verfassungsrechtliche Eigentumsgarantie noch nicht einmal die Existenz privatrechtlicher Forderungen verlangt. Folglich lässt sich Art. 14 GG keine Schutzpflicht gegenüber dem Gutgläubigen entnehmen, deren Erfüllung die Vorschriften des gutgläubigen Erwerbs rechtfertigen würde.[41]

Bestätigt wird dieses Ergebnis durch eine Betrachtung des einfachen Rechts. Wollte der Gesetzgeber tatsächlich mit den Vorschriften des gutgläubigen Erwerbs eine auf den Übereignungsanspruch des Gutgläubigen bezogene Schutzpflicht erfüllen, müsste man von einer gesetzgeberischen Fehlleistung sprechen. Zunächst steht ein entsprechender Erklärungsansatz bereits mit dem Abstraktionsprinzip in Konflikt.[42] Käme es wirklich auf den Übereignungsanspruch an, müsste der gutgläubige Erwerb von dessen Wirksamkeit abhängen. Dies widerspricht jedoch dem Abstraktionsprinzip, wonach Wirksamkeit von Verpflichtungs- und Verfügungsgeschäft voneinander unabhängig sind und findet auch im Wortlaut der Vorschriften des gutgläubigen Erwerbs keine Stütze. Zudem lässt sich auf Grundlage einer auf dem Schutz des Übereignungsanspruchs basierenden Rechtfertigung des gutgläubigen Erwerbs nicht erklären, weshalb der Erwerb von der Gutgläubigkeit des Erwerbers zum Zeitpunkt der Verfügung abhängig ist. Knüpft die Schutzpflicht an den Übereignungsanspruch, so müsste es auch insoweit genügen, wenn der Erwerber zum Zeitpunkt dessen Entstehung, d.h. bei Abschluss des schuldrechtlichen Vertrags, gutgläubig ist.

Interessant ist in diesem Zusammenhang schließlich die rechtliche Behandlung der Fälle des sog. Doppelverkaufs, in denen der Eigentümer hinsichtlich ein und derselben Sache nacheinander zwei Kaufverträge abschließt.[43] Übereignet er nun die Sache dem Zweitkäufer, besteht Einigkeit darüber, dass dieser selbst wenn er in Kenntnis vom ersten Kaufvertrag handelte, Eigentümer wird und auch keinen Ansprüchen des Erstkäufers ausgesetzt ist. Begründet wird dies damit, dass dem BGB ein „ius ad rem“ des Erstkäufers fremd sei.[44] Auch dieses Ergebnis lässt sich schwerlich mit der These in Einklang bringen, wonach die Vorschriften des gutgläubigen Erwerbs dem Schutz des Übereignungsanspruchs dienen. Während durch die Vorschriften des gutgläubigen Erwerbs der Gut-

---

[40] Dazu sogleich unter c.

[41] Im Ergebnis wohl *Ch. Wolf*, JZ 1997, 1087, 1091.

[42] So zutreffend *Ch. Wolf*, JZ 1997, 1087, 1091.

[43] Vgl. hierzu ausführlich *Dubischar*, JuS 1970, 6 ff.; auch MünchKomm/*Kramer*, Einl. zu § 241 ff., Rn. 19 und Staudinger/*J. Schmidt*, Einl. § 241 ff. Rn. 450 ff.

[44] MünchKomm/*Kramer*, Einl. zu § 241 ff. Rn. 19.

gläubige, der mit einem Nichtberechtigten kontrahiert, umfassend geschützt wird, bleibt dem Erstkäufer, der den Kaufvertrag immerhin mit einem zunächst dinglich berechtigten Verkäufer geschlossen hat, jeder über Schadensersatzansprüche gegen den Verkäufer hinausgehende Schutz verwehrt. Die Behandlung des Doppelverkaufs unterstreicht, dass unser Recht einen „absoluten" Schutz privatrechtlicher Forderungen nicht kennt.

3. Institutsgarantie der Privatautonomie

Einzugehen ist schließlich auf das verfassungsrechtlich gewährleistete Institut der Privatautonomie. Wie bereits ausgeführt, liegt dessen Bedeutung nicht in einer allgemeine Handlungsfreiheit gewährleistenden staatlichen Unterlassungspflicht, sondern verlangt vom Staat ein positives Tun.[45] Kern der Handlungspflicht ist die Schaffung rechtlicher Arrangements, wonach die einzelnen Privatrechtssubjekte rechtsverbindliche Regelungen treffen können. Von Bedeutung ist hier insbesondere die Möglichkeit, im Rahmen von Verpflichtungsgeschäften verbindliche Versprechen machen und entgegennehmen zu können. Für den Versprechensempfänger bedeutet dies umgekehrt, dass er durch das Versprechen in Form der Forderung eine Rechtsposition erlangt, die ihm nicht gegen seinen Willen entzogen werden kann und die sein Vermögen somit erweitert. Anders als im Fall des Art. 14 GG kann man daher der Garantie der Privatautonomie eine Pflicht des Privatrechtsgesetzgebers zur Schaffung des natürlich nicht vorhandenen Guts der Forderung entnehmen. Zur Schaffung der erforderlichen Verbindlichkeit darf die Wirksamkeit eines Versprechens nicht davon abhängen, ob der Versprechende das Versprechen auch tatsächlich erfüllen kann. Ansonsten hätte er es einseitig in der Hand, die Verbindlichkeit seines Versprechens auszuschließen, ohne dass dies für den Empfänger erkennbar wäre. Der Schutz der Forderung des Versprechensempfängers verlangt zudem, dass die Primärleistungspflicht des Schuldners aufgrund dessen Unvermögens nicht ersatzlos entfällt, sondern an seine Stelle ein Schadensersatzanspruch tritt.[46]

Eine Belastung des Berechtigten vermag aber auch das Institut der Privatautonomie nicht zu rechtfertigen. Die Verbindlichkeit eines Versprechens braucht hiernach nur im Verhältnis von Versprechendem und Versprechensempfänger hergestellt zu werden und erfordert in keiner Weise, dass ein anderer als der Versprechende belastet wird. Dessen gegebenenfalls auf das positive Interesse gerichtete Haftung aus § 311 Abs. 2 Satz 1 BGB trägt dem Schutz der Privatau-

---

[45] Oben § 5 A I 1 (= S. 119 ff.) und § 4 C II 3 d (2) (b) (= S. 110 ff.).

[46] Vgl. auch *Ch. Wolf*, JZ 1997, 1087, 1091, der ein entsprechendes Postulat entgegen der hier vertretenen Ansicht aus Art. 14 GG ableitet.

tonomie in ausreichender Weise Rechnung. Die Möglichkeit, durch die Abgabe eines Versprechens für einen Dritten belastende Rechtsfolgen herbeizuführen, ist hingegen zur Gewährleistung von Privatautonomie nicht nur nicht erforderlich, sondern würde diese ad absurdum führen.[47] Auch das verfassungsrechtliche Institut der Privatautonomie vermag daher die Vorschriften des gutgläubigen Erwerbs nicht zu rechtfertigen.

II. Die Rechtsscheinvollmacht

1. Auf das Vermögen bezogene Schutzpflicht

Ohne entsprechenden Schutz würde auch die in der Konstellation der Rechtsscheinvollmacht stattfindende Beeinträchtigung des Gutgläubigen regelmäßig zu Vermögenseinbußen führen. Zu denken ist hierbei wiederum an eine u.U. erbrachte Gegenleistung sowie an alle Einbußen, die mit dem Begriff des Vertrauensschadens bezeichnet werden.[48] Eine abschließende Klärung der Frage, ob eine verfassungsrechtliche Pflicht zum Schutz vor privaten Vermögensbeeinträchtigungen existiert, ist jedoch auch im Hinblick auf die Vorschriften über die Rechtsscheinvollmacht nicht erforderlich. Auch wenn die Situation nicht so deutlich ist wie im Fall des gutgläubigen Erwerbs, bestehen auch insoweit bereits Zweifel, ob ihre Regelungen immer einen hinreichenden Zurechnungsbeitrag des durch sie Belasteten verlangen. Zwar muss dieser stets einen Beitrag zur Entstehung des Rechtsscheins erbracht haben.[49] Gerade im Hinblick auf die Tatbestände der negativen Publizität stellt sich jedoch die Frage, ob das sog. Risikoprinzip auch dann eine Verantwortlichkeit des Betroffenen begründen kann, wenn dieser im Einzelfall gar keine Gelegenheit hatte, den falsch gewordenen Rechtsschein zu beseitigen.[50] Von einer besseren Risikobeherrschbarkeit des Betroffenen kann man insoweit wohl nicht sprechen. Daran ändert auch die Tatsache nichts, dass es sich hierbei um Ausnahmefälle handeln mag. Denn individuelle Verantwortung im Einzelfall kann nicht durch eine pauschalisierende Betrachtung ersetzt werden.

In jedem Fall scheitern muss eine auf dem Vermögensschutz aufbauende rechtsverhältnisinterne Erklärung der Regelungen der Rechtsscheinvollmacht

---

[47] So nennt *Ruffert*, Vorrang der Verfassung, S. 316, die Einführung eines Vertrags zu Lasten Dritter als denkbares Beispiel einer nicht mit der Institutsgarantie der Privatautonomie vereinbaren Regelung.

[48] Vgl. zum Begriff des Vertrauensschadens Palandt/*Heinrichs*, Vor. 249 Rn. 17.

[49] Vgl. oben § 2 C III 1 (= S. 42 ff.).

[50] Vgl. hierzu bereits oben § 2 C III 1 (= S. 42 ff.). Ausführlich zum Zusammenhang von Risikoprinzip und Rechtsscheinlehre *Canaris*, Vertrauenshaftung, S. 479 ff.

jedoch am Grundsatz der Verhältnismäßigkeit.[51] Eine auf das Vermögen bezogene Schutzpflicht kann grundsätzlich immer nur erfordern, dass der status quo des jeweiligen Vermögens gewahrt wird, und somit eine auf das negative Interesse gerichtete Haftung begründen. Die durch die Regelungen der Rechtsscheinvollmacht stattfindende „Vermögensaufstockung"[52] ist auf diese Weise nicht zu erklären. Allenfalls im Hinblick auf Verfügungsgeschäfte könnte man anführen, dass die Vorschriften der Rechtsscheinvollmacht dem Gutgläubigen zusätzlich das Risiko der Uneinbringlichkeit von Schadensersatzansprüchen abnehmen und daher einen noch effektiveren Schutz des Vermögens gewährleisten. Da sich diese Überlegung aber nur auf einen Teilanwendungsbereich der Vorschriften der Rechtsscheinvollmacht bezieht, kann sie eine umfassende Rechtfertigung von vornherein nicht leisten.[53]

Im Ergebnis ist daher festzuhalten, dass mit einer auf das Vermögen des Gutgläubigen bezogenen verfassungsrechtlichen Schutzpflicht wiederum lediglich eine auf das negative Interesse gerichtete Haftung des Geschäftsherrn gerechtfertigt werden kann. Eine Rechtfertigung der von den Regelungen der Rechtsscheinvollmacht ausgehenden Belastungen ist demgegenüber nicht möglich.

2. *Die verfassungsrechtlich gewährleistete Privatautonomie*

Soll die Verbindlichkeit von rechtsgeschäftlichen Versprechen nicht inhaltsleer sein, so ist erforderlich, dass der Versprechende nicht in der Lage ist, ihre Verbindlichkeit absichtlich und in einer für seinen Gegenüber nicht erkennbaren Weise auszuschließen. Dies gilt auch für den Fall, dass der Versprechende das Versprechen trotz Kenntnis seiner fehlenden Vertretungsmacht in fremden Namen abgibt, ohne seine fehlende Vertretungsmacht offenzulegen. Aus diesem Grund spricht viel dafür, dass die Haftung des Vertreters ohne Vertretungsmacht aus § 179 Abs. 1 BGB sich unmittelbar aus dem verfassungsrechtlichen Institut der Privatautonomie ableiten lässt. Eine Belastung des Vertretenen lässt sich indes analog der Situation beim gutgläubigen Erwerb auch mit dem Institut der Privatautonomie nicht rechtfertigen. Der Institutsgarantie kann kein Postulat entnommen werden, wonach es Privatrechtssubjekten möglich sein muss, Dritte gegen deren Willen belasten zu können.

---

[51] Vgl. zu dessen Anwendbarkeit die obigen Ausführungen unter I 2 a.

[52] Der Begriff stammt von *Lobinger*, Rechtsgeschäftliche Verpflichtung, S. 1 ff., der vermögens*aufstockende* von vermögens*schützenden* Leistungspflichten unterscheidet.

[53] Im übrigen gelten die bereits oben in Fn. 26 gemachten Ausführungen entsprechend, wonach eine solche „völlige Sorglosstellung" des Gutgläubigen im Zusammenhang mit Verfügungsgeschäften im Rahmen einer Abwägung mit den Interessen des Vertretenen kaum bestehen könnte.

III. § 15 HGB

Schließlich fällt das Ergebnis auch im Hinblick auf § 15 HGB nicht anders aus. Für die Fälle, in denen Rechtsscheinobjekt die Vertretungsmacht ist, kann weitestgehend auf die Ausführungen unter II. verwiesen werden. Die Zweifel am Erfordernis eines ausreichenden Zurechnungsbeitrag sind hier sogar besonders groß.[54] Was den restlichen Anwendungsbereich von § 15 HGB betrifft, fehlt es dagegen u.U. sogar an einer Beeinträchtigung des Gutgläubigen. Denn während ein Vertreter stets dahingehend Vertrauen auslöst, dass er Vertretungsmacht besitzt (es sei denn, er tritt offen als Vertreter ohne Vertretungsmacht auf), kommt zumindest § 15 Abs. 1 HGB auf Grundlage der h.M. auch dann zur Anwendung, wenn mangels Rechtsscheins in der Person des Gutgläubigen gar kein Vertrauen ausgelöst werden konnte.[55] Dies ist beispielsweise der Fall, wenn § 143 Abs. 2 HGB i.V.m. § 15 Abs. 1 HGB dazu führt, dass dem Gutgläubigen über § 128 HGB ein ehemaliger Gesellschafter haftet, dessen Existenz ihm zuvor noch nicht einmal bekannt war. Das ein solches – zumindest aus Sicht des Begünstigten – „zufälliges Geschenk"[56] nicht rechtverhältnisintern erklärt werden kann, ist evident.

D. Zusammenfassung

Eine individuelle oder rechtsverhältnisinterne Rechtfertigung der Regelungen der Rechtsscheinlehre würde verlangen, dass es sich bei den von ihnen ausgehenden Belastungen des Berechtigten, Geschäftsherrn oder Eintragungspflichtigen um Eingriffe handelt, die ausschließlich zur Erfüllung gegenüber dem Gutgläubigen bestehenden verfassungsrechtlicher Schutzpflichten erfolgen. In diesem Zusammenhang ist jedoch zusätzlich zum Verhältnismäßigkeitsprinzip zu beachten, dass nicht jedes Privatrechtssubjekt als Adressat des entsprechenden Schutzeingriffs in Betracht kommt. Der Belastete muss für die Grundrechtsbeeinträchtigung auch verantwortlich sein, d.h. er muss einen ausreichenden Zurechnungsbeitrag erbracht haben.

Wendet man diese Maßstäbe auf die Regelungen der Rechtsscheinlehre an, zeigt sich, dass deren individuelle oder rechtsverhältnisinterne Rechtfertigung nicht möglich ist. Zunächst ist bei nahezu allen Vorschriften zweifelhaft, ob sie einen ausreichenden, die individuelle Verantwortung des durch sie Belasteten sicherstellenden Zurechnungsbeitrag voraussetzen. Vor allem musste aber konstatiert werden, dass auch bei Unterstellung einer verfassungsrechtli-

---

[54] Vgl. oben § 2 C III 1 (= S. 42 ff.).

[55] Vgl. oben § 2 C I (= S. 34 ff.).

[56] *Canaris*, Handelsrecht, § 5 I 2 f.

chen Pflicht zum Schutz des Vermögens des Gutgläubigen deren Erfüllung die mit der Rechtsscheinentsprechung einhergehenden Vermögensaufstokkungen nicht erfordert und die entsprechenden Belastungen insoweit unverhältnismäßig sind.

Insbesondere der gutgläubige Erwerb lässt sich auch nicht damit erklären, dass neben dem Eigentum des Belasteten auch der Übereignungsanspruch des Gutgläubigen durch Art. 14 GG geschützt wird. Zum einen tritt eine entsprechende Annahme schon mit der konkreten Ausgestaltung der Vorschriften des gutgläubigen Erwerbs in Konflikt, die ersichtlich nicht auf das wirksame Bestehen eines Übereignungsanspruch abstellen; zum anderen besteht in verfassungsrechtlicher Hinsicht insoweit ein Unterschied zwischen dem eigentumsrechtlichen Schutz des Sacheigentums und dem Schutz der privaten Forderung als eines gesetzlich erst zu bestimmenden Schutzobjektes.

Schließlich wurde zwar (erneut) festgestellt, dass die verfassungsrechtliche Garantie des Instituts der Privatautonomie dem Privatrechtsgesetzgeber Handlungspflichten auferlegt, doch betreffen diese stets nur das Verhältnis zwischen dem Nichtberechtigtem bzw. dem Vertreter ohne Vertretungsmacht einerseits und dem Gutgläubigen andererseits. Eingriffe in die Grundrechte des Berechtigten, Geschäftsherrn oder Eintragungspflichtigen vermögen sie nicht zu rechtfertigen.

§ 7 Die überindividuelle Rechtfertigung der Rechtsscheinlehre

Nachdem sich gezeigt hat, dass eine individuelle Rechfertigung der Regelungen der Rechtsscheinlehre nicht möglich ist, kommt nur noch deren überindividuelle Rechtfertigung in Betracht. Eine überindividuelle Rechtfertigung bedeutet, dass der Grund für die von der in Frage stehenden Regelung ausgehenden Grundrechtsbeeinträchtigung zumindest auch in einem durch die Regelung verfolgten Allgemeinwohlinteresse liegt. Das Allgemeinwohlinteresse wiederum wird dabei nicht durch die Verfassung, sondern vom einfachen Gesetzgeber selbst definiert. Unter A. soll nachfolgend dargelegt werden, dass nicht nur dem öffentlich-rechtlichen Gesetzgeber, sondern auch dem Privatrechtsgesetzgeber grundsätzlich eine solche Zwecksetzungskompetenz zusteht. Anschließend wird unter B. überprüft, ob das Verkehrsinteresse als ein solches Allgemeinwohlinteresse in der Lage ist, die von den einzelnen Regelungen der Rechtsscheinlehre ausgehenden Grundrechtsbeeinträchtigungen zu rechtfertigen. Hierbei wird zunächst auf die Schrankensystematik der betroffenen Freiheitsgrundrechte (B I) sowie die Anforderungen an die Rechtfertigung von Ungleichbehandlung (B II) eingegangen, um sodann die in § 5 identifizierten Grundrechtseingriffe und Ungleichbehandlungen einer umfassenden Überprüfung anhand des verfassungsrechtlichen Übermaßverbots zu unterziehen (B III).

A. Die Zwecksetzungskompetenz

I. Die Zwecksetzungskompetenz des Privatrechtsgesetzgebers

Stellt man die Frage, ob der Privatrechtsgesetzgeber in gleicher Weise wie der öffentlich-rechtliche Gesetzgeber zwecksetzungsbefugt ist, so ist zunächst einmal festzustellen, dass der Verfassung diesbezüglich keine explizite kompetenzrechtliche Aussage zu entnehmen ist. Dem Grundgesetz, das stets nur allgemein von der *Gesetzgebung* spricht, ist, abgesehen von Art. 74 Abs. 1 Nr. 1 GG, der das bürgerliche Recht der konkurrierenden Gesetzgebung zuweist, eine Unterscheidung von öffentlich-rechtlichem und privatrechtlichem Gesetzgeber fremd. Folglich kann ein Unterschied im Hinblick auf die Zwecksetzungskompetenz allenfalls daraus resultieren, dass zwischen öffentlich-rechtlichen Rechtsnormen und den Normen des Privatrechts strukturelle Unterschiede bestehen, die ihrerseits verfassungsrechtliche Implikationen haben. Aus dieser ersten Erkenntnis kann man eine Argumentationslastregel ableiten: Es bedarf nicht der Begründung, weshalb dem Privatrechtsgesetzgeber ebenso wie dem öffentlich-rechtlichen Gesetzgeber eine Zwecksetzungskompetenz zusteht, sondern das umgekehrte Ergebnis einer ausschließlichen Zwecksetzungskompetenz des öffentlich-rechtlichen Gesetzgebers wäre positiv zu begründen.

Laut Ch. Wolf besteht ein in diesem Zusammenhang relevanter Unterschied zwischen Privatrecht und öffentlichem Recht im Hinblick auf den Aspekt der *Belastungsgerechtigkeit.*[1] Es könne nämlich nicht nur darum gehen, Mittel zu verteilen, sondern es müsse auch der Frage Beachtung geschenkt werden, wie diese Mittel beschafft werden. Mit dem Allgemeinwohlgedanken lasse sich nur operieren, wenn „die mit der Beschaffung der im Interesse des Allgemeinwohls zu verteilenden Mittel verbundene Belastung gleichmäßig, den Grundsätzen der iustitia distributiva entsprechend, verteilt werden kann".[2] Im Privatrecht lasse sich jedoch nicht über die Voraussetzungen des Gebens und des Nehmens nach jeweils eigenen Gerechtigkeitsvorstellungen entscheiden. Die Bevorzugung des einen führe in der Regel zu Belastung des anderen. Hieraus zieht Ch. Wolf schließlich die Konsequenz, dass eine überindividuelle Rechtfertigung privatrechtlicher Normen grundsätzlich nicht in Betracht komme. Im Ergebnis verneint er somit eine Zwecksetzungskompetenz des Privatrechtsgesetzgebers.[3]

Mit dem Aspekt der Belastungsgerechtigkeit spricht Ch. Wolf den im Hinblick auf die Verfolgung von überindividuellen Zwecken entscheidenden Punkt im Verhältnis von öffentlichem Recht und Privatrecht an. Tatsächlich haben öffentlich-rechtliche Arrangements den Vorteil, dass dem Gesetzgeber hinsichtlich der Verteilung von Belastungen größere Wahlmöglichkeiten zur Verfügung stehen. Neben der Belastung von Privatrechtssubjekten oder Kollektiven kommt im öffentlichen Recht insbesondere in Betracht, die Allgemeinheit selbst zur Verfolgung eines überindividuellen Interesses heranzuziehen[4]. Dies ist selbst dann möglich, wenn, wie beispielsweise im Fall des Denkmalschutzes, zwar primär ein Privatrechtssubjekt belastet wird, die Belastung dann aber auf Sekundärebene durch steuerfinanzierte Ausgleichszahlungen abgemildert wird. Weil demgegenüber im Privatrecht Adressaten von Regelungen stets Privatrechtssubjekte sind, können auch nur diese belastet werden. Da man aber von privatrechtlichen Normen primär den Ausgleich privater Interessen erwartet, erscheinen die von ihnen ausgehenden Belastungen meist nur gerecht, wenn sie rechtsverhältnisintern erklärt werden können. Soweit eine Inanspruchnahme

[1] *Ch. Wolf*, JZ 1997, 1087, 1090.

[2] *Ch. Wolf*, a.a.O.; vgl. allgemein zur iustitia distributiva, *Canaris*, Die Bedeutung der iustitia distributiva im deutschen Privatrecht, S. 9 ff.

[3] *Ch. Wolf*, a.a.O.

[4] Vgl. hierzu unter B III 2 a die Überlegung zu einer Ergänzung der Rechtscheinlehre durch einen solchen öffentlich-rechtlichen Ausgleichsanspruch.

Einzelner zum Wohl der Allgemeinheit erfolgt, wirkt die von Normen des Privatrechts ausgehende Belastung hingegen zufällig. Es hat den Eindruck, als habe der Betroffene einfach „Pech gehabt“[5], dass ausgerechnet er zur Erfüllung einer doch der Allgemeinheit dienenden Sache herangezogen wird. Soweit nicht auf die individuelle Leistungsfähigkeit Rücksicht genommen und auch keine Kompensation gewährt wird, empfindet man eine Belastung zum Zwecke der Allgemeinheit nur dann als gerecht, wenn es auch die Allgemeinheit ist, die belastet wird. Auf diese Weise werden Ungleichbehandlungen verhindert und gleichzeitig wird die Intensität der Belastung aufgrund ihrer Verteilung auf „mehrere Schultern“ verringert.

Die vorstehenden Überlegungen mögen daher die Aussage rechfertigen, dass das Privatrecht zur Verfolgung überindividueller Zwecke unter dem Gesichtspunkt der Belastungsgerechtigkeit weniger geeignet ist, als das öffentliche Recht. Soweit Ch. Wolf hieraus aber pauschal den Schluss zieht, dass dem Privatrechtsgesetzgeber keine Zwecksetzungskompetenz zusteht, kann dem nicht gefolgt werden. Insoweit gilt es sich zu besinnen, dass es sich vorliegend nicht um eine rechtsphilosophische, sondern eine positivrechtliche Fragestellung handelt.[6] Richtig wäre Ch. Wolfs Aussage nur, wenn die Verfassung intensive Belastungen einzelner Privatrechtssubjekte und Ungleichbehandlungen per se verbieten würde. Dies ist aber nicht der Fall, sondern das Grundgesetz enthält insoweit wesentlich differenziertere Regelungen. So ist etwa unstreitig, dass Art. 3 GG nicht jede Ungleichbehandlung verbietet, sondern diese bei Vorliegen ausreichender Gründe erlaubt.[7] Was Eingriffe in Freiheitsrechte betrifft, differenziert die Verfassung zunächst durch verschiedene Schrankenregelungen danach, welches Freiheitsrecht betroffen ist. Soweit hiernach eine Einschränkung des jeweiligen Grundrechts prinzipiell möglich ist, kommt es auf die durch die Verfassung vorgesehenen sog. Schranken-Schranken und somit insbesondere das Übermaßverbot an. Besondere Bedeutung hat insoweit die Erforderlichkeitsprüfung. In deren Rahmen muss die Frage gestellt werden, ob der Gesetzgeber bei der Verfolgung des jeweiligen Allgemeinwohlinteresses tatsächlich auf ein unter dem Gesichtspunkt der Belastungsgerechtigkeit nachteiliges privatrechtliches Arrangement angewiesen ist, oder ob ihm das öffentliche Recht nicht insoweit als gleich effektives Mittel zur Verfügung steht.[8] Im Er-

---

[5] *Canaris*, iustitia distributiva, S. 86.

[6] Aus diesem Grund spielen auch konsenstheoretische Erwägungen an dieser Stelle keine Rolle (vgl. zur Hypothese der Generalkompensation aber unten B III 3 c).

[7] Vgl. zur Dogmatik des Gleichheitssatzes unten B II (= S. 166 ff.).

[8] Zu praktisch demselben Ergebnis gelangt aus rechtsphilosophischer Sicht *Canaris*, iustitia distributiva, S. 85 ff.; S. 119 ff., im Hinblick auf die Verfolgung distributiver Zwecke im Privatrecht. Er spricht davon, dass selbst rein zufallsbedingte Belastungen ausnahmsweise gerechtfertigt sind, wenn ein überindividuelles Ziel schlechterdings nicht anders erreicht werden kann als durch die Belastung anderer Privatrechtssubjekte.

gebnis bedeutet dies, dass der Privatrechtsgesetzgeber bei der Verfolgung von Allgemeinwohlinteressen im Vergleich zum öffentlich-rechtlichen Gesetzgeber nur unter einem besonderen Begründungszwang steht. Hiervon abgesehen ist er jedoch in gleicher Weise wie der öffentlich-rechtliche Gesetzgeber zwecksetzungsbefugt.

II. Keine Zwecksetzungskompetenz des Zivilrichters

Angesichts der Tatsache, dass es sich bei den Instituten der Duldungs- und der Anscheinsvollmacht lediglich um Richterrecht handelt, stellt sich die Frage, inwieweit auch die Judikative befugt ist, Allgemeinwohlinteressen nach eigenen Vorstellungen zu verfolgen. Eine der Zwecksetzungskompetenz des Gesetzgebers vergleichbare Befugnis zur Definition von Allgemeinwohlinteressen wird man dem Richter sicherlich nicht zugestehen können. Denn im Unterschied zum parlamentarischen Gesetzgeber handelt es sich bei der rechtsprechenden Gewalt nicht um ein unmittelbar demokratisch legitimiertes Organ. Gemäß Art. 20 Abs. 3 GG ist der Richter ebenso wie die vollziehende Gewalt an Recht und Gesetz gebunden. Aus diesem Grund ist richterliche Rechtfortbildung nur in dem Maße zuzulassen, indem der Richter sich hierbei *rechtlicher Argumenten* bedienen kann, d.h. sich seine Entscheidung aus dem bestehenden Rechtssystem ableiten lässt.[9] Rechtspolitische Zweckmäßigkeitserwägungen sind hingegen dem Gesetzgeber vorbehalten. Das schließt zwar nicht gänzlich aus, dass auch Richterrecht mittelbar überindividuelle Erwägungen zugrunde liegen kann. Grundsätzlich möglich ist, dass sich der Richter bei der Begründung einer Rechtsfortbildung auf Normen oder Rechtsinstitute stützt, denen eine überindividuelle Zwecksetzung immanent ist. Mit eigener richterlicher Zwecksetzung hat dies aber nichts zu tun; der Richter leitet seine Befugnis in diesen Fällen lediglich von einem durch den Gesetzgeber zuvor definierten Zweck ab.

Überträgt man diese Erkenntnisse auf die Institute der Duldungs- und Anscheinsvollmacht, so kommt man zu unterschiedlichen Ergebnissen. Zur Legitimation der Duldungsvollmacht lassen sich die §§ 171 Abs. 1, 172 Abs. 1 BGB als rechtliche Argumente heranziehen. Auch diese Vorschriften betreffen jeweils Konstellationen, in denen der Belastete wissentlich den Rechtsschein des Bestehens einer Vollmacht geschaffen hat. Der einzige Unterschied zur Duldungsvollmacht besteht insoweit darin, dass dort der Geschäftsherr den Rechtsschein nicht selber erzeugt, sondern es unterlässt, trotz entsprechender Kenntnis einen vom Verhalten des Vertreters ausgehenden Rechtsschein zu beseitigen. Da ein wertungsmäßiger Unterschied zwischen den beiden Konstellationen

[9] *Langenbucher*, Richterrecht, S. 14.

nicht zu erkennen ist, kann man die Duldungsvollmacht auf eine Analogie zu den §§ 171 Abs. 1, 172 Abs. 1 BGB stützen.[10]

Demgegenüber begegnet die Anscheinsvollmacht Bedenken. Von der Duldungsvollmacht unterscheidet sie sich gerade dadurch, dass der Geschäftsherr keine Kenntnis vom Bestehen des jeweiligen Rechtsscheins hat. Die §§ 171 Abs. 1, 172 Abs. 1 BGB scheiden somit als Analogiebasis aus.[11] Zwar ist anerkannt, dass dem Richter grundsätzlich neben der Bildung von Analogien auch eine sog. gesetzesübersteigende Rechtsfortbildung gestattet ist, bei der er zwar die Grenzen der Teleologie des Gesetzes selbst verlässt, sich jedoch innerhalb des Rahmens und der leitenden Prinzipien der Gesamtrechtsordnung bewegt.[12]

Im Hinblick auf überindividuelle Zwecke erscheint insoweit jedoch eine Einschränkung geboten. Könnte der Richter seine Rechtsfortbildung mit jedem Allgemeinwohlinteresse rechtfertigen, das der Gesetzgeber in irgendeinem Zusammenhang definiert hat, würde dies seine Stellung der des Gesetzgebers zu sehr annähern.[13] Von diesem unterschiede er sich nur noch dadurch, dass er keine „neuen", d.h. vom Gesetzgeber nicht schon an anderer Stelle definierten Allgemeinwohlinteressen, verfolgen dürfte. Die unterschiedliche demokratische Legitimation von Legislative und Judikative gebietet es aber nicht nur, ersterer die alleinige Befugnis zur Neudefinition von Allgemeinwohlinteressen zuzubilligen. Es muss vielmehr auch allein die Entscheidung des Gesetzgebers sein, in welchem Zusammenhang und insbesondere unter Inkaufnahme welcher individuellen Opfer ein bestimmtes Allgemeinwohlinteresse verfolgt wird.[14]

Die so beschriebenen Grenzen richterlicher Rechtsfortbildung werden im Fall der Anscheinsvollmacht überschritten. Wenn die §§ 171 Abs. 1, 172 Abs. 1 BGB eine Rechtsscheinentsprechung nur für den Fall anordnen, dass der Geschäftsherr bewusst einen Rechtsschein gesetzt hat, so liegt dem eine gesetzgeberische Wertung zugrunde, die es nicht erlaubt, eine Rechtsscheinentsprechung auch im Fall des bloßen Verschuldens als einem wesentlich schwächeren Zurechnungsbeitrag anzunehmen. Dem kann auch nicht entgegnet werden, dass zugunsten des Verkehrsinteresses an anderer Stelle, insbesondere beim gutgläubigen Erwerb, auf einen Zurechnungsbeitrag des Belasteten teilweise gänzlich verzichtet wird. Denn anders als im Fall der Anscheinsvollmacht ist Rechts-

---

[10] *Canaris*, Vertrauenshaftung, S. 28 ff., 42, 488, der in den §§ 171 Abs. 1, 172 Abs. 1 BGB die Induktionsbasis für das Prinzip der „Rechtsscheinhaftung kraft wissentlicher Schaffung eines Scheintatbestandes" sieht und dem die Konstellation der Nichtbeseitigung eines Scheintatbestandes trotz dessen Kenntnis gleichstellt.

[11] *Canaris*, Vertrauenshaftung, S. 48 ff.

[12] *Larenz/Canaris*, Methodenlehre, S. 185, 232 ff.

[13] Vgl. hierzu auch *Langenbucher*, Richterrecht, S. 12 ff.

[14] Im Ergebnis ähnlich *Langenbucher*, a.a.O.

scheinobjekt der Vorschriften des gutgläubigen Erwerbs nicht die Vertretungsmacht und es handelt es sich daher um die Verfolgung des Verkehrsinteresses in einem anderen Zusammenhang. Insbesondere da der gutgläubige Erwerb von wesentlich größerer Bedeutung für die Zuordnung absoluter Rechte ist als das Institut der Rechtsscheinvollmacht,[15] spricht eine Vermutung dafür, dass der Gesetzgeber insoweit eine bewusste Entscheidung getroffen hat. Auch das HGB bietet keine ausreichende Basis für eine auf das Handelsrecht beschränkte Analogie. § 56 HGB unterscheidet sich von der Anscheinsvollmacht insoweit, als dass dort der Vertreter ohne Vertretungsmacht mit Wissen des Geschäftsherrn im Laden tätig sein muss.[16] Als einen der Anscheinsvollmacht vergleichbaren Tatbestand kennt das Handelsrecht nur § 362 HGB, wonach dem Antragsempfänger sein Schweigen auch dann zuzurechnen ist, wenn er von dem Antrag gar keine Kenntnis erlangt hat.[17] Da dessen Tatbestand aber ausdrücklich und nicht ersichtlich planwidrig auf Fälle der Geschäftsbesorgung beschränkt ist, kommt auch diese Vorschriften als Analogiebasis nicht in Betracht.[18] Im Ergebnis muss deshalb eine überindividuelle Rechtfertigung der Anscheinsvollmacht schon im Ansatz scheitern. Da auch eine individuelle Rechtfertigung nicht in Betracht kommt, kann dieses Institut richterlicher Rechtsfortbildung vor der Verfassung nicht bestehen.

B. Die Rechtfertigung der Rechtsscheinlehre mit dem Verkehrsinteresse

Wurde festgestellt, dass der Privatrechtsgesetzgeber befugt ist, aufgrund seiner Zwecksetzungskompetenz das Verkehrsinteresse als Zweck privatrechtlicher Gesetze zu definieren, stellt sich in einem zweiten Schritt die Frage, ob dieses Allgemeinwohlinteresse auch in der Lage ist, die von den Vorschriften der Rechtsscheinlehre ausgehenden Grundrechtsbeeinträchtigungen zu rechtfertigen. Sofern es um Eingriffe in Freiheitsrechte geht, muss Ausgangspunkt einer solche Prüfung deren jeweilige Schrankensystematik sein (dazu unter I.). Im Mittelpunkt steht in diesem Zusammenhang insbesondere die Abgrenzung von Inhalts- und Schrankenbestimmung und Enteignung bei Art. 14 GG. Im Hin-

---

[15] Vgl. unten B III 2 c (3) (= S. 181).

[16] Vgl. oben § 2 C III 1 (= S. 42 ff.) sowie *Canaris*, Vertrauenshaftung, S. 191.

[17] *Canaris*, Vertrauenshaftung, S. 192, 198.

[18] Demgegenüber tritt *Canaris*, Vertrauenshaftung, S. 192 ff., für eine auf das Handelsrecht beschränkte Anerkennung der Anscheinsvollmacht ein. Seine in diesem Zusammenhang gemachten Ausführungen zur Zweckmäßigkeit eines entsprechenden Instituts und der insoweit bestehenden Unterschiede zwischen Handelsrecht und bürgerlichen Recht sind zwar überzeugend. Letztlich handelt es sich hierbei jedoch um rechtspolitische Erwägungen, die die fehlende verfassungsrechtliche Legitimation der Judikative nicht überwinden können.

blick auf Art. 3 Abs. 1 GG stellt sich die Frage, welche Anforderungen an die Rechtfertigung von Ungleichbehandlungen zu stellen sind (dazu unter II.). Es wird sich insoweit zeigen, dass trotz der zwischen den Freiheitsrechten und dem Gleichheitssatz bestehenden dogmatischen Unterschiede für die Frage der Verfassungsmäßigkeit der Regelung der Rechtsscheinlehre hinsichtlich beider Grundrechtsarten die Verhältnismäßigkeitsprüfung entscheidend ist. Diese wird sodann unter III. vorgenommen.

I. Die Schrankensystematik der betroffenen Freiheitsrechte

1. Der einfache Gesetzesvorbehalt des Art. 2 Abs. 1 GG

Von der Schrankentrias des Art. 2 Abs. 1 GG ist allein die verfassungsrechtliche Ordnung von Bedeutung.[19] Das Bundesverfassungsgericht versteht diesen Begriff als die Gesamtheit der Normen, die formell und materiell mit der Verfassung in Einklang stehen, und somit als einfachen Gesetzesvorbehalt.[20] Entscheidend für die Rechtmäßigkeit eines Eingriffes in die allgemeine Handlungsfreiheit ist somit vor allem die Vereinbarkeit der entsprechenden Regelung mit dem Übermaßverbot.

2. Die Abgrenzung von Inhalts- und Schrankenbestimmungen und Enteignung im Rahmen des Art. 14 GG

a) Der formelle Enteignungsbegriff des Bundesverfassungsgerichts

Mehr Schwierigkeiten bereitet die insbesondere in Hinblick auf die Vorschriften des gutgläubigen Erwerbs relevante Schrankensystematik des Art. 14 GG. Im Mittelpunkt steht hier die Abgrenzung zwischen der Inhalts- und Schrankenbestimmung gemäß Art. 14 Abs. 1 S. 2 GG und der Enteignung nach Art. 14 Abs. 3 GG.[21] In seiner neueren Rechtsprechung hat sich das Bundesverfassungsgericht von der tradierten Vorstellung einer wesensmäßigen Gleichartigkeit von Inhalts- und Schrankenbestimmungen und Enteignung zugunsten einer funktionalen Trennung zwischen diesen beiden Möglichkeiten der Eigen-

---

[19] Vgl. *Pieroth/Schlink*, Staatsrecht II, Rn. 382.

[20] BVerfGE 6, 32, 38 ff.

[21] Vgl. hierzu monographisch *Lege*, Zwangskontrakt und Güterdefinition, 1995 und *Rozek*, Die Unterscheidung von Eigentumsbindung und Enteignung, 1998; ferner *Jarass*, NJW 200, 2841 ff., *Hendler*, DVBl. 1999, 1501 ff., *Schulze-Osterloh*, NJW 1981, 2537 ff.

tumsbeschränkung gelöst.[22] Die Enteignung stellt hiernach zur Inhalts- und Schrankenbestimmungen keine Steigerung, sondern ein aliud dar.[23] Eine *Inhalts- und Schrankenbestimmung* ist demnach die generelle und abstrakte Festlegung von Rechten und Pflichten durch den Gesetzgeber hinsichtlich solcher Rechtsgüter, die als Eigentum im Sinne der Verfassung zu verstehen sind.[24] *Enteignung* ist demgegenüber der gezielte staatliche Zugriff auf das Eigentum des Einzelnen in Gestalt einer vollständigen oder teilweisen Entziehung konkreter vermögenswerter Rechtspositionen im Sinne des Art. 14 Abs. 1 S. 1 GG zur Erfüllung bestimmter öffentlicher Aufgaben.[25] Entscheidendes Abgrenzungskriterium soll hiernach das Begriffspaar *abstrakt-generell* und *konkret-individuell* sein: Während eine Inhalts- und Schrankenbestimmung abstrakt-generell ist, ist die Enteignung konkret-individuell.[26]

Zu der so festgelegten Abgrenzung von Inhalts- und Schrankenbestimmung und Enteignung ist zweierlei anzumerken: Die zunächst scheinbar nahe liegende Annahme, dass die Charakterisierung der Enteignung als konkret-individuell unvereinbar mit der ersten Alternative des Art. 14 Abs. 3 Satz 2 GG sei, wonach eine Enteignung auch durch Gesetz erfolgen kann, erweist sich bei näherer Betrachtung als unzutreffend. Zwar assoziiert man mit dem Begriff des *Gesetzes* meist materielle Gesetze, die durch ihren abstrakt-generellen Anwendungsbereich gekennzeichnet sind, doch meint die Verfassung an dieser Stelle Gesetz im formellen Sinn. Bei einem solchen kann es sich auch um ein sog. Maßnahmegesetz mit konkret-individuellem Regelungsgehalt handeln.[27] Der Unterschied zur Administrativenteignung besteht insoweit lediglich darin, dass bei der Legalenteignung das Gesetz selbst unmittelbar mit seinem Inkrafttreten ohne weiteren Vollzugsakt individuelle Rechte entzieht oder beschneidet.[28] Das Bundesverfassungsgericht be-

---

[22] Insbesondere BVerfGE 52, 1, 27 f.; BVerfGE 56, 249, 256; BVerfGE 58, 300, 330.

[23] *Ehlers*, VVDStRL 51 (1992), 211, 245.

[24] BVerfGE 52, 1, 27 f.; 58, 137, 144 f.; 58, 300, 330.

[25] BVerfGE 70, 191, 199 f.; 72, 66, 76; 74, 264, 280; 79, 174, 191.

[26] Vgl. zu diesem Kriterium *Rozek*, Eigentumsbindung und Enteignung, S. 157 ff. Der Begriff der Finalität ist hingegen für die Abgrenzung von Inhalts- und Schrankenbestimmung und Enteignung untauglich. Auch wenn es sich nach der Rechtsprechung des Bundesverfassungsgerichts hierbei um ein wesentliches Merkmal der Enteignung handelt, bedeutet die Finalität keinen Unterschied zur Inhalts- und Schrankenbestimmung, da diese ebenfalls zweckgerichtet erfolgt. Durch das Kriterium der Finalität wird lediglich klargestellt, dass es keine sog. Zufallsenteignung gibt, bei der die Eigentumsbeeinträchtigung nur unbeabsichtigte Nebenfolge von Verwaltungshandeln ist (vgl. Dreier/*Wieland*, Art. 14 GG Rn. 73).

[27] *Rozek*, Eigentumsbindung und Enteignung, S. 157.

[28] BVerfGE 45, 297, 325 f. Die bei der Administrativenteignung notwendigen Einzelenteignungsakte werden hier lediglich gebündelt, vgl. *Ossenbühl*, JuS 1993, 200, 202.

zeichnet die Legalenteignung daher auch als *Verwaltung durch Gesetz*.[29] Zum zweiten ist darauf hinzuweisen, dass das Begriffspaar abstrakt-generell und konkret-individuell zwar eine klare Abgrenzung zwischen Inhalts- und Schrankenbestimmung und Legalenteignung ermöglicht; im Verhältnis von Inhalts- und Schrankenbestimmung und Administrativenteignung büßt es jedoch deutlich an Trennschärfe ein.[30] Das Problem besteht insoweit darin, dass einerseits Inhalts- und Schrankenbestimmungen häufig auf die Konkretisierung durch administratives Handeln angewiesen sind, andererseits aber auch der Administrativenteignung zwingend ein abstraktes ermächtigendes Gesetz vorgeschaltet ist.[31] Eine wertende Auslegung des in Frage stehenden Gesetzes daraufhin, ob es eine generelle Inhaltsbestimmung vornimmt, die im Einzelfall lediglich konkretisiert wird, oder aber eine Ermächtigung zur Enteignung enthält, ist nicht zu vermeiden.[32] Da im Hinblick auf die Regelungen der Rechtsscheinlehre jedoch kein administratives Handeln als denkbarer Anknüpfungspunkt für eine Administrativenteignung in Betracht kommt (bei der Verfügung des Nichtberechtigten oder dem Vertragsschluss durch den Vertreter ohne Vertretungsmacht handelt es sich um rein private Akte), ist dieses Problem im vorliegenden Zusammenhang ohne Bedeutung. Insoweit stellt das Begriffspaar abstrakt-generell und konkret-individuell ein geeignetes Abgrenzungskriterium dar.

b) Die Qualifizierung der Vorschriften der Rechtsscheinlehre als Inhalts- und Schrankenbestimmungen

Im Ergebnis dürfte Einigkeit darüber bestehen, dass die Regelungen der Rechtsscheinlehre nicht als Fälle der Enteignung, sondern als Inhalts- und Schrankenbestimmungen zu qualifizieren sind. Zumindest im Hinblick auf die §§ 932 ff. BGB wird diese Auffassung in der Literatur ausdrücklich vertreten.[33]

---

[29] BVerfGE 24, 367, 401.

[30] Vgl. hierzu u.a. v.Münch/Kunig/*Bryde*, Art. 14 Rn. 58; *Rozek*, Eigentumsbindung und Enteignung, S. 158.

[31] Vgl. Gegenüberstellung bei *Lege*, Zwangskontrakt, S. 33.

[32] V.Münch/Kunig/*Bryde*, Art. 14 Rn. 58. Eine befriedigende Abgrenzung ist insoweit noch nicht gelungen. Es hat vielmehr den Anschein, als wäre diesbezüglich eine Rückkehr zum klassischen Enteignungsbegriff unausweichlich, wonach es sich bei der Enteignung um einen *Güterbeschaffungsvorgang* handelt (so etwa *Osterloh*, DVBl. 1991, 906, 913; im Ergebnis auch Lege, Zwangskontrakt, S. 75 ff.) Eine solche Reduzierung des Enteignungsbegriffs lehnt das Bundesverfassungsgericht jedoch bisher ausdrücklich ab (BVerfGE 24, 367, 397; 83, 201, 211 f.).

[33] *Peters*, Entzug des Eigentums, S. 39; *Schulze-Osterloh*, Eigentumsopferentschädigung, S. 293; MünchKomm/*Quack*, §§ 932 ff., Rn. 2; MünchKomm/*Säcker*, § 903, Rn. 28; *Ruffert*, Vorrang der Verfassung, S. 382 f. *Ch. Wolf*, JZ 1997, 1087, 1090; unklar *Hager*, Verkehrsschutz, S. 65 ff., S. 77 f., der insoweit von einer rein terminologischen Frage spricht und die Regelungen des gutgläubigen Erwerbs in erster Linie als „Kollisionslösung" verstanden wissen will.

Die zur Begründung dieses Ergebnisses angeführten Argumente können indes nicht alle überzeugen.

Dies gilt zunächst für die Annahme, bei den Regelungen der Rechtsscheinlehre könne es sich allein deshalb nicht um eine (rechtmäßige) Enteignung handeln, weil der Gesetzgeber mit ihnen gar kein Allgemeinwohlinteresse verfolge.[34] Dem liegt die falsche Prämisse zugrunde, dass eine überindividuelle Zweckrichtung des Gesetzgebers zwingend voraussetzt, dass das vom Eingriff betroffene Eigentumsobjekt selbst einer öffentlichen Aufgabe gewidmet wird.[35] Ein entsprechendes Erfordernis kann man aber weder dem Wortlaut von Art. 14 Abs. 3 GG noch der Rechtsprechung des Bundesverfassungsgerichts entnehmen. Insbesondere die Ausführungen zur sog. *Enteignung zugunsten Privater*, die etwa Gegenstand der sog. Teststreckenentscheidung[36] des Bundesverfassungsgerichts war, können nicht in diesem Sinne verstanden werden.[37] Denn anders als im Fall der Rechtsscheinlehre erfolgt bei der Enteignung zugunsten Privater die Förderung des Allgemeinwohls dadurch, dass der durch die Enteignung begünstigte Private das Eigentum anschließend zumindest auch im Interesse der Allgemeinheit ausübt. Vor diesem Hintergrund ist die Aussage des Bundesverfassungsgerichts verständlich, wonach gewährleistet werden muss, dass der im Allgemeininteresse liegende Zweck der Maßnahme erreicht und dauerhaft gesichert wird.[38] Demgegenüber hängen die positiven überindividuellen Auswirkungen der Rechtsscheinlehre nicht davon ab, dass der Gutgläubige nach dem Erwerb des Eigentums dieses in irgendeiner Weise zu Gunsten der Allgemeinheit ausübt. Die das Allgemeinwohl fördernde Wohlfahrtssteigerung ist hier allein Folge der durch die Senkung von Transaktionskosten ausgelösten Unterstützung des Marktmechanismus.[39]

Ebenfalls nicht überzeugend ist die Argumentation, wonach eine Enteignung deshalb ausscheide, weil im Fall der Rechtsscheinlehre die Belastung von einem Privaten ausgehe und es bei einer solchen „Enteignung durch Private" an einem

---

[34] So *Hager*, Verkehrsschutz, S. 59 ff., wobei seine Ausführungen das Allgemeinwohlerfordernis als Zulässigkeitserfordernis und nicht als Definitionsmerkmal betreffen. Nach h.M. handelt es sich beim Allgemeinwohlinteresse aber zumindest auch um ein Definitionsmerkmal der Enteignung, vgl. *Rozek*, Eigentumsbindung und Enteignung, S. 145.

[35] Hierauf stellt *Hager*, Verkehrsschutz, S. 60 f., ab.

[36] BVerfGE 74, 264.

[37] BVerfGE 74, 264; so aber *Hager*, Verkehrsschutz, S. 60, insbesondere dort Fn. 82. Vgl. demgegenüber *Rozek*, Eigentumsbindung und Enteignung, S. 144, der terminologisch zwischen der Enteignung *zugunsten* Privater und der Enteignung *durch* Private unterscheidet.

[38] BVerfGE 74, 264, 285 f.

[39] Vgl. oben § 3 C II 4 b (= S. 72 f.) sowie unten III 2 (= S. 169 ff.).

hoheitlichen Handeln fehle.[40] Bereits der von der h.M. gebrauchte Begriff der „Enteignung durch Private" ist irreführend, da er suggeriert, dass in diesen Fällen der Private und nicht der Staat die Verantwortung für die Eigentumsbeeinträchtigung trage. Wie aber oben ausgeführt, sind sämtliche rechtlichen Wirkungen privaten Handelns dem Staat zuzurechnen.[41]

Entscheidend für die Einordnung der Regelungen der Rechtsscheinlehre in die Schrankensystematik des Art. 14 GG ist vielmehr allein, dass es sich bei ihnen wie bei allen Normen des Privatrechts um abstrakt-generelle Regelungen handelt. Entsprechend der zuvor dargelegten Rechtsprechung des Bundesverfassungsgerichts scheidet somit die Annahme einer Enteignung aus und die Regelungen sind als Inhalts- und Schrankenbestimmungen im Sinne von Art. 14 Abs. 1 Satz 2 GG zu qualifizieren. Im Ergebnis bedeutet dies, dass die Regelungen der Rechtsscheinlehre zwar nicht die Anforderungen des Art. 14 Abs. 3 GG, wohl aber die des Verhältnismäßigkeitsprinzips erfüllen müssen.

c) Inhalts- und Schrankenbestimmungen trotz Totalverlustes?

Auch wenn die Einordnung der Regelungen der Rechtsscheinlehre als Inhalts- und Schrankenbestimmungen somit der klaren Rechtsprechung des Bundesverfassungsgerichts entspricht, hinterlässt das Ergebnis ein gewisses dogmatisches Unbehagen. Der Grund hierfür ist, dass das Verständnis einer Regelung als Inhalts- und Schrankenbestimmung offenbar denklogisch voraussetzt, dass dem Eigentümer hiernach ein bestimmter Inhalt an Eigentümerbefugnissen verbleibt. Ein Totalverlust scheint demgegenüber nur mit der Maßnahme der Enteignung vereinbar.[42]

---

[40] So aber der Standpunkt der h.M., vgl. *Rozek*, Eigentumsbindung und Enteignung, S. 144; *Maurer*, Verwaltungsrecht, § 26, Rn. 50; Maunz/Dürig/Herzog/Scholz/*Papier*, § 14 Rn. 584 ff.; Mangoldt/Klein/Starck/*Depenheuer*, Art. 14 Rn. 418; konkret hinsichtlich der §§ 932 ff. BGB argumentiert so *Peters*, Entzug des Eigentums, S. 32 f.; kritisch *Hager*, Verkehrsschutz, S. 66. In diese Richtung deuten auch die Ausführungen des Bundesverfassungsgerichts in der sog. Feldmühlenentscheidung, wonach die Einräumung der Umwandlungsbefugnis an die Hauptversammlung keine Enteignung durch Gesetz darstelle, weil dass Umwandlungsgesetz nicht unmittelbar in bestehende Rechte eingreife (BVerfGE 14, 263, 277).

[41] Vgl. § 4 C II 3 b (= S. 93 ff.).

[42] In diesem Zusammenhang hilft es auch nicht, dass eine trennscharfe Unterscheidung von Eigentumsentzug und Eigentumsbeschränkung kaum möglich ist, weil bei einem Verständnis des Eigentums als Bündel von Rechtspositionen jede Beschränkung einzelner Rechte letztlich als Teilentzug einer eigentumsrechtlichen Rechtsposition gedeutet werden kann (es handelt sich hierbei um die Problematik des sog. qualitativen Teilentzugs, vgl. hierzu *Osterloh*, DVBl. 1991, 906, 912; Mangoldt/Klein/Starck/*Depenheuer*, Art. 14 Rn. 415). Denn auch wenn zwischen Beschränkung und *Teil*entzug u.U. kein qualitativer Unterschied bestehen mag, so kann ein solcher zumindest im Hinblick auf den *Total*entzug nicht geleugnet werden.

Eine Lösung dieses vermeintlichen Widerspruchs ist indes möglich, wenn man sich bewusst macht, dass ein alleiniges Abstellen auf den Zeitpunkt des Eigentumsverlustes, d.h. etwa den Zeitpunkt, in dem der Gutgläubige gemäß §§ 932 ff. BGB durch die Verfügung des Nichtberechtigten Eigentum erlangt, in die Irre führt. Als Inhalts- und Schrankenbestimmungen müssen die Regelungen der Rechtsscheinlehre vom Zeitpunkt des Eigentumserwerbs des jeweiligen Eigentümers her verstanden werden. Insoweit besagen sie nichts anderes, als dass jedes Eigentum von Anbeginn an mit dem Risiko des Verlustes aufgrund der Vorschriften der Rechtsscheinlehre belastet ist. Anders als im Fall der Enteignung *ändern* sie somit nicht die „Spielregeln" im Einzelfall und treffen den Eigentümer daher nicht unverhofft. Bei den Vorschriften der Rechtsscheinlehre handelt es sich vielmehr um abstrakt-generelle (Ausnahme-)Regelungen, aufgrund derer ein Eigentümer mit einem Rechtsverlust grundsätzlich rechnen muss. Man kann daher in Anlehnung an die Pflichtexemplarentscheidung des Bundesverfassungsgerichts argumentieren, dass der Eigentümer nie unbelastetes Eigentum erlangt hat und es sich daher bei dem später stattfindenden Verlust nicht um einen Eigentumsentzug im Sinne einer Enteignung, sondern lediglich die Realisierung eines jedem Eigentum immanenten Risikos handelt.[43] Die Besonderheit der Regelungen der Rechtsscheinlehre gegenüber gewöhnlichen Inhalts- und Schrankenbestimmungen reduziert sich dann darauf, dass die Rechtsscheinlehre die Eigentümerbefugnisse nicht ihrem Umfang nach, sondern in *zeitlicher Hinsicht* beschränkt. Akzeptiert man aber eine zeitliche Dimension von Inhalts- und Schrankenbestimmungen, löst sich auch die scheinbare Problematik der Annahme auf, dass im Anschluss an die Definition des Eigentums mittels gesetzgeberischer Inhalts- und Schrankenbestimmung hiervon etwas „übrig bleiben" muss. Der positive Gehalt der Regelungen der Rechtsscheinlehre als Inhalts- und Schrankenbestimmung besteht insoweit in dem Zeitraum, der zwischen dem Eigentumserwerb und einem möglichen von ihnen angeordneten Eigentumsverlust liegt.

3. Andere Freiheitsgrundrechte

Wie in § 5 ausgeführt, können durch die Vorschriften der Rechtsscheinvollmacht neben Art. 2 Abs. 1 GG und Art. 14 GG grundsätzlich auch alle anderen Freiheitsgrundrechte betroffen sein.[44] Wenn auch an dieser Stelle nicht auf

---

Diese Problematik, die in gleicher Weise auch die verfassungsrechtliche Rechtfertigung der Regelungen der § 946 ff. BGB und der Ersitzung betrifft, wurde – soweit ersichtlich – bisher nicht thematisiert. Vgl. zur verfassungsrechtlichen Einordnung der Ersitzung *Finkenauer*, Eigentum und Zeitablauf, S. 121 ff.

[43] Vgl. BVerfGE 58, 137, 144.

[44] Vgl. oben § 5 A I 2 (= S. 121 f.).

sämtliche möglicherweise einschlägigen Grundrechtsschranken eingegangen werden soll, so muss doch die grundsätzliche Frage gestellt werden, wie die Fälle zu behandeln sind, in denen die Voraussetzungen eines qualifizierten Schrankenvorbehalts nicht vorliegen oder gar ein vorbehaltlos gewährtes Grundrecht durch die Regelungen der Rechtsscheinlehre betroffen ist. Man denke etwa an das bereits erwähnten Beispiel, indem sich der geschiedene Ehepartner verpflichtet hat, seinen Wohnsitz zu verlegen,[45] oder an die Verpflichtung eines Künstlers, ein Bild zu malen.[46] Auch solche Belastungen können theoretisch Konsequenz der Anwendung der Regelungen der Rechtsscheinlehre sein. In ersten Beispiel fehlt es an den Voraussetzungen des qualifizierten Gesetzesvorbehalt des Art. 11 Abs. 2 GG; im zweiten Beispiel ist die durch Art. 5 Abs. 3 GG schrankenlos gewährte Kunstfreiheit betroffen. Zwar ist anerkannt, dass selbst vorbehaltlos gewährte Grundrechte aufgrund kollidierenden Verfassungsrechts eine Beschränkung erfahren können.[47] Im Hinblick auf die Rechtsscheinlehre hilft dies aber nicht weiter. Denn bei dem ihr zugrundliegenden Verkehrsinteresse handelt es sich nicht um ein auf Ebene der Verfassung definiertes Interesse, sondern ein Produkt der Zwecksetzungskompetenz des einfachen Gesetzgebers. Folglich wäre ein entsprechender durch die Vorschriften der Rechtsscheinlehre ausgelöster Grundrechtseingriff verfassungsrechtlich nicht zu rechtfertigen.

Die somit erforderliche Korrektur muss allerdings nicht darin bestehen, dass in diesen Fällen die Vorschriften der Rechtsscheinvollmacht überhaupt keine Anwendung finden, d.h. eine Verpflichtung des Geschäftsherrn gar nicht erst entsteht. Es genügt vielmehr eine analoge Anwendung von § 888 Abs. 3 ZPO wonach die Zwangsvollstreckung der Primärleistungspflicht ausgeschlossen wird.[48] Anders als bei einer gänzlichen Nichtanwendung der Vorschriften der Rechtsscheinvollmacht kann der Gutgläubige auf diese Weise zumindest Sekundäransprüche geltend machen. Der Eingriff in das spezielle Grundrecht wird so vermieden und durch einen Eingriff in das Auffanggrundrecht des Art. 2 Abs. 1 GG ersetzt. Auch dem Verkehrsinteresse wird auf diese Weise soweit wie möglich Rechnung getragen.

---

[45] BGH NJW 1972, 1414 f.

[46] Beispiel von *Canaris*, AcP 184 (1984), 201, 233.

[47] Von v.Münch/Kunig/*v.Münch*, Vorb. Art. 1 – 19 Rn. 56 f.

[48] Vgl. *Canaris*, AcP 184 (1984), 201, 232 ff., der die Anwendung von § 888 Abs. 3 ZPO (früher Abs. 2) für Fälle vorschlägt, in denen die Durchsetzung rechtgeschäftlich begründeter Verpflichtungen mit den Grundrechten des jeweiligen Schuldners nicht zu vereinbaren ist. Entsprechend ist das OLG Köln in einem Fall vorgegangen, in dem es um die Verpflichtung zur Teilnahme an einer kultisch-religiösen Handlung ging (MDR 1973, 768, 769).

II. Anforderung an die Rechtfertigung von Gleich- bzw. Ungleichbehandlungen

Das für Freiheitsrechte geltende Eingriffs- und Schrankenschema ist nach h.M. auf Art. 3 Abs. 1 GG nicht übertragbar.[49] Während bei den Freiheitsrechten zwischen rechtmäßigen und unrechtmäßigen Eingriffen in deren Schutzbereich unterschieden wird, findet im Hinblick auf Ungleichbehandlungen eine entsprechende Differenzierung nicht statt. Der Gleichheitssatz wird vielmehr so verstanden, dass dort, wo ein ausreichender Grund für die unterschiedliche Behandlung von Grundrechtsträgern besteht, eine Ungleichbehandlung im verfassungsrechtlichen Sinn schon gar nicht vorliegt.[50]

Trotz der insoweit bestehenden dogmatischen Unterschiede ist das Bundesverfassungsgericht jedoch in der Vergangenheit dazu übergegangen, in manchen Konstellationen auch im Rahmen von Art. 3 Abs. 1 GG neben einer bloßen Willkürprüfung, die grundsätzlich jeden Grund zur Rechtfertigung einer Ungleichbehandlung genügen lässt, eine Verhältnismäßigkeitsprüfung vorzunehmen. Entsprechend der sog. „neuen Formel" reicht dann nicht mehr irgendein sachlicher Grund als Rechtfertigung aus, sondern der Grund muss in einem angemessenen Verhältnis zur Ungleichbehandlung stehen.[51]

Hinsichtlich der Frage, wann eine Ungleichbehandlung anhand des strengen Maßstabs des Übermaßverbots überprüft wird und wann eine bloße Willkürprüfung genügt, hat das Bundesverfassungsgericht verschiedene Kriterien entwickelt. Im Hinblick auf die Regelungen der Rechtsscheinlehre sind hiervon vor allem zwei von Bedeutung. Zum einen soll die Intensität der Anforderungen an eine Rechtfertigung steigen, je weniger die betroffenen Grundrechtsträger in der Lage sind, durch ihr Verhalten die Verwirklichung der Unterscheidungsmerkmale zu beeinflussen.[52] Insoweit nimmt das Bundesverfassungsgericht auf nichts anderes als den Aspekt des Zurechnungsbeitrags des Betroffenen Bezug. Dass viele Tatbestände der Rechtsscheinlehre einen solchen Beitrag gerade nicht oder in allenfalls schwacher Form verlangen, wurde an anderer Stelle bereits dargelegt. Zudem soll aber auch dann keine bloße Willkürprüfung genügen, wenn die jeweilige Ungleichbehandlung zugleich in die Freiheitsrechte des Betroffenen eingreift. Da dies hinsichtlich aller Tatbestände der Rechtsschein-

---

[49] Anders *Huster*, Rechte und Ziele, S. 1 ff.; *ders.* JZ 1994, 541 ff., der ein Konzept der Angleichung der dogmatischen Struktur des Gleichheitssatzes an die der Freiheitsrechte vertritt.

[50] Vgl. Darstellung bei *Huster*, JZ 1994, 541 f. Terminologisch wird diesem Aspekt allerdings in Literatur und Rechtsprechung meist nicht konsequent Beachtung geschenkt.

[51] BVerfGE 81, 208, 224; 82, 126, 146.

[52] BVerfG NJW 2000, 310, 311.

lehre der Fall ist, kann kein Zweifel daran bestehen, dass auf Grundlage der Rechtsprechung des Bundesverfassungsgerichts auch hinsichtlich der von der Rechtsscheinlehre ausgehenden Ungleichbehandlungen eine strenge Überprüfung anhand des Übermaßverbots geboten ist.

Im Ergebnis gelangt man so zu einer weitgehenden Parallelisierung der verfassungsrechtlichen Anforderungen an die Rechtfertigung der Beeinträchtigung von Gleichheitsrechten und der Beeinträchtigung von Freiheitsrechten.[53] Der einzige Unterschied besteht darin, dass bei Freiheitsrechten die Verhältnismäßigkeit von Eingriffen und nicht die von Ungleichbehandlungen überprüft wird. Eine Ergebnisrelevanz dieses Unterschieds ist jedoch nicht ersichtlich. Wenn eine Ungleichbehandlung zur Erreichung des legislativen Zwecks nicht erforderlich und damit unverhältnismäßig ist, so gilt dies in gleicher Weise für die damit einhergehende Freiheitsbeeinträchtigung des benachteiligten Grundrechtsträgers. Und wenn zwei Grundrechtsträger in unterschiedlichen Konstellationen gleich behandelt werden, obwohl eine Differenzierung der Erreichung des jeweiligen legislativen Zweck nicht abträglich wäre, so ist auch die Freiheitsbeeinträchtigung, die durch die entsprechende Differenzierung vermieden würde, unverhältnismäßig. Im Folgenden werden die Regelungen der Rechtsscheinlehre daher im Hinblick auf die von ihnen ausgehenden Eingriffe in Freiheitsrechte und die mit ihnen verbundenen Ungleichbehandlungen einer gemeinsamen Verhältnismäßigkeitsprüfung unterzogen.

III. Verhältnismäßigkeitsprüfung

Im Folgenden werden die Regelungen der Rechtsscheinlehre einer Verhältnismäßigkeitsprüfung unterzogen. Neben der Frage der Zulässigkeit des legislativen Zwecks umfasst dies vor allem die Prüfungspunkte der Geeignetheit, Erforderlichkeit und Angemessenheit.

---

[53] So auch *Kloepfer*, Gleichheit als Verfassungsfrage, S. 56 ff.; *Pieroth/Schlink*, Staatsrecht II, Rn. 440; *Robbers*, DÖV 1988, 749, 751 f.; *Wendt*, NJW 1988, 778, 784 ff.; *Schoch*, DVBl. 1988, 863, 875 ff.; *Hesse*, AöR 109 (1984), 174, 188 ff. Die Anwendung des Übermaßverbots auf Art. 3 Abs. 1 GG wird teilweise mit dem Argument kritisiert, dass, anders als bei Eingriffen in Freiheitsrechte, der Gesetzgeber im Fall von Ungleichbehandlungen nicht unbedingt einen legislativen Zweck verfolge, der Anknüpfungspunkt einer entsprechenden Prüfung sein könne. Ungleichbehandlungen würden häufig auch als unbeabsichtigte Nebenfolge legislativen Handelns auftreten (vgl. *Bryde/Kleindiek*, Jura 1999, 36, 38; Dreier/*Heun*, Art. 3 Abs. 1, Rn. 24 ff.). Dies mag dort zutreffen, wo der Gesetzgeber die eine Ungleichbehandlung rechtfertigenden Unterschiede bereits vorfindet. Wo er hingegen zur Verfolgung eines Allgemeinwohlinteresses Unterschiede schafft, spricht nichts gegen die Anwendbarkeit des Übermaßverbots (vgl. hierzu *Huster*, Rechte und Ziele, S. 165 ff., 195 ff.; *ders.* JZ 1994, 541, 543 ff., der insoweit von „externen Zwecken" spricht; ebenso *Pieroth/Schlink*, Staatsrecht II, Rn. 441).

Wenn die Prüfung insoweit nicht grundrechtspezifisch, d.h. im Hinblick auf alle zuvor festgestellten Grundrechtseingriffe gemeinsam erfolgt, so ergibt sich die methodische Zulässigkeit dieses Vorgehens aus folgender Überlegung: Sowohl die Frage der Zulässigkeit des verfolgten legislativen Zwecks als auch dessen Geeignetheit stehen in keinerlei Zusammenhang mit dem zu überprüfenden Grundrechtseingriff. Eine Grundrechtsspezifik ist insoweit denklogisch ausgeschlossen. Beide Fragen können im Hinblick auf verschiedene festgestellte Grundrechtseingriffe zwingend nur einheitlich beantwortet werden. Gleiches gilt letztlich auch für die Frage der Erforderlichkeit. Zwar ist denkbar, dass es ein alternatives Mittel gibt, welches nur im Hinblick auf eines von mehreren betroffenen Grundrechten milder ist und man mag daher daran denken, eine Unverhältnismäßigkeit nur im Hinblick auf dieses Grundrecht anzunehmen. Tatsächlich führt die Unverhältnismäßigkeit einer Regelungen im Hinblick auf ein Grundrecht aber selbstverständlich stets dazu, dass die Norm insgesamt und nicht nur bezüglich eines einzelnen Grundrechts verfassungswidrig ist. Vor allem die Existenz von Art. 2 Abs. 1 GG als Auffanggrundrecht schließt aus, dass es zwar ein milderes gleich wirksames Mittel gibt, dieser Tatbestand aber nicht grundrechtsrelevant ist und daher die Verfassungsmäßigkeit der Norm unberührt lässt. Denkbar ist eine Grundrechtsspezifik der Verhältnismäßigkeitsprüfung allenfalls auf Ebene der Angemessenheit. Alleine hieraus folgt indes nicht die Unzulässigkeit einer auf mehrere Grundrechtseingriffe bezogenen gemeinsamen Verhältnismäßigkeitsprüfung. Denn zum einen handelt es sich bei der Prüfung der Angemessenheit ohnehin um einen rationalen Kriterien nur sehr beschränkt zugänglichen Vorgang in deren Rahmen mit Rücksicht auf die Funktionsverteilung zwischen Legislative und Verfassungsgerichtsbarkeit große Zurückhaltung geboten ist.[54] Zum anderen schließt eine mehrere Grundrechtseingriffe betreffende Prüfung grundrechtsspezifische Differenzierungen auf Ebene der Angemessenheit nicht grundsätzlich aus.[55]

1. Zulässigkeit des legislativen Zwecks

Ausgangspunkt der Verhältnismäßigkeitsprüfung von Gesetzen ist der ihnen zugrunde liegende Zweck. Als legislativer Zweck der Regelungen der Rechtsscheinlehre wurde das Verkehrsinteresse identifiziert, das sich wiederum auf ein Streben nach Effizienz und somit Wohlfahrtssteigerung zurückführen lässt. Die verfassungsrechtliche Legitimität das Verkehrsinteresses als legislativem Zweck kann nicht ernsthaft in Zweifel gezogen werden. Insbesondere ist an dieser Stel-

---

[54] Vgl. zum insoweit abgeschwächten Prüfungsmaßstab die Ausführungen unter 4 a (= S. 206 f.).

[55] Im übrigen ist darauf hinzuweisen, dass auch das Bundesverfassungsgericht die Verhältnismäßigkeit staatlichen Handelns regelmäßig nicht im Hinblick auf verschiedene Grundrechtseingriffe gesondert überprüft (vgl. u.a. BVerfGE 90, 145, 171 ff.).

le nochmals darauf hinzuweisen, dass die gegenüber dem Effizienzkriterium im Rahmen der Diskussion um die ökonomische Analyse des Rechts (ÖAR) vorgetragenen Einwände nicht gegen ein vom Gesetzgeber selbst betriebenes Effizienzstreben gerichtet sind, sondern den von einigen Vertretern der ÖAR propagierten Universalitätsanspruch des Effizienzkriteriums betrifft, wonach auch dort eine am Effizienzkriterium orientierte Auslegung und Anwendung rechtlicher Normen verlangt wird, wo ein entsprechender gesetzgeberischer Wille nicht festzustellen ist.[56]

2. Die Geeignetheit

a) Der Funktionsmechanismus der Rechtsscheinlehre

Der Zusammenhang zwischen der Höhe von Transaktionskosten und dem Ziel der wirtschaftlichen Effizienz wurde bereits in § 3 aufgezeigt.[57] Insbesondere im Rahmen der Ausführungen zum Verkehrsinteresse wurde auch angedeutet, auf welche Weise die Vorschriften der Rechtsscheinlehre der Senkung von Transaktionskosten dienen.[58] Hiernach bezweckt das Verkehrsinteresse, dass die Herbeiführung eines rechtgeschäftlichen Erfolges möglichst einfach, d.h. ohne zeitlichen oder sonstigen Aufwand erreicht werden kann. Relevant sind in diesem Zusammenhang Transaktionskosten, die durch die Unsicherheit der Verkehrsteilnehmer in Bezug auf das Vorliegen einzelner Erwerbsvoraussetzungen hervorgerufen werden. Entsprechende Unsicherheit besteht insbesondere im Hinblick auf diejenigen tatbestandlichen Voraussetzungen eines Rechtsgeschäfts, die ausschließlich die Sphäre des Vertragspartners betreffen und nicht an für den Verkehrsteilnehmer einfach nachprüfbare, d.h. insbesondere sinnlich wahrnehmbare Tatsachen anknüpfen. Hierzu gehört etwa die Vertretungsmacht des Vertreters, die Geschäftsführereigenschaft desjenigen, der als Geschäftsführer auftritt, oder die Berechtigung eines Verfügenden. Verursachen die so bestehenden *Erwerbsrisiken* prohibitiv hohe Transaktionskosten, bedeutet dies, dass potentielle Kooperationsgewinne nicht mehr erzielt werden können und die Parteien aus diesem Grund von einer an sich ökonomisch sinnvollen Transaktion Abstand nehmen. Im Mittelpunkt des Verkehrsinteresses steht daher das Bestreben, die Transaktionsentscheidung der einzelnen Verkehrsteilnehmer so weit wie möglich von Transaktionskostenerwägungen abzuschirmen. Die Regelungen der Rechtsscheinlehre begegnen den beschriebenen Erwerbsrisiken, indem sie an die Stelle der „an sich“ materiell erforderlichen, aber schwer feststellbaren Tatsache eine leicht feststellbare *Ersatztatsache* treten lassen.[59] Man kann insoweit von einem *Prinzip der Tatsachenersetzung*

[56] Vgl. hierzu bereits oben § 3 C II 1 b (= S. 64 ff.).
[57] § 3 C II 4 b (2) (= S. 73).
[58] § 3 C I (= S. 59 ff.).

sprechen. Der Begriff der Ersatztatsache ist hierbei identisch mit dem des Rechtsscheinträgers. Wie in § 2 im Einzelnen dargelegt, handelt es sich dabei entweder um natürlich vorhandene oder erst künstlich geschaffene Tatsachen. In beiden Konstellationen können diese vom Teilnehmer am Rechtsverkehr sinnlich wahrgenommen werden.[60] Indem die entsprechenden Regelungen somit dazu führen, dass der Verkehrsteilnehmer bei Vorliegen des jeweiligen Rechtsscheinträgers mit dem Rechtserwerb rechnen kann, bestätigen sie nicht individuelles Vertrauen, sondern schaffen *Systemvertrauen*.

In diesem Zusammenhang ist zu beachten, dass obgleich die Transaktionsentscheidung grundsätzlich vor Abschluss des jeweiligen Verpflichtungsgeschäfts fällt, nicht allein dieser Zeitpunkt relevant ist. Für den Verkehrsteilnehmer ist häufig auch von Bedeutung, ob er bestimmte Erwerbsrisiken zumindest zu einem späteren Zeitpunkt im Rahmen der Vertragsabwicklung ausräumen kann. Ein entsprechendes Bedürfnis besteht meist hinsichtlich des Zeitpunktes, in dem er die eigene Leistung zu erbringen hat. Um dem Insolvenzrisiko seines Vertragspartners zu entgehen, stellt sich für den Verkehrsteilnehmer dann die Frage, ob dieser zuvor seine Haupt- oder zumindest eine Sicherheitsleistung ordnungsgemäß erbracht hat. In diesem Zusammenhang stehen dann meist Verfügungsgeschäfte und ihre entsprechenden Erwerbsrisiken im Mittelpunkt. So erklärt sich auch, dass beispielsweise die §§ 932 ff. BGB selbst dann positive Auswirkungen auf die Transaktionsentscheidung haben können, wenn sie mit der Besitzverschaffungsmacht des Veräußerers auf einen Umstand abstellen, dessen Vorliegen der Erwerber regelmäßig erst bei Vollendung des jeweiligen Verfügungstatbestandes feststellen kann.[61]

Der geschilderte Funktionsmechanismus ist in leicht modifizierter Form auch bei den Tatbeständen der §§ 170, 171 Abs. 2, 172 Abs. 2 BGB und § 15

---

[59] Der Begriff der Ersatztatsache stammt von *Leenen*, Symposium Wieacker, S. 108, 123.

[60] Dies gilt auch in den Konstellationen der §§ 932 ff. BGB, in denen die *Besitzverschaffungsmacht* des Nichtberechtigten ausschlaggebend ist, da diese letztlich durch die Besitzerlangung des Erwerbers manifestiert wird (vgl. dazu schon oben § 2 Fn. 38).

[61] Vgl. zu Problematik der Qualifizierung der Besitzverschaffungsmacht als Rechtsscheinträger oben § 2 C I (vgl. dazu schon oben § 2 Fn. 38).. Demgegenüber kommt die „Hilfe" des gutgläubigen Erwerbs nach § 933 BGB für den Fall der Eigentumsübertragung gemäß § 930 BGB regelmäßig zu spät, um positiven Einfluss auf die Transaktionsentscheidung zu haben. So zahlt etwa der Kreditgeber im Fall des Sicherungseigentums den Kredit regelmäßig aus, bevor er unmittelbaren Besitz am sicherungsübereigneten Gegenstand erlangt (diesen erlangt er normalerweise erst bei Eintritt des Sicherungsfalls). Angesichts der wirtschaftlichen Bedeutung der Sicherungsübereignung erscheint die Regelung des § 933 BGB deshalb rechtspolitisch zweifelhaft. Verfassungsrechtlich ist die erhebliche Einschränkung der Möglichkeit des gutgläubigen Erwerb jedoch unbedenklich, da entsprechend der Erkenntnisse in § 6 im Hinblick auf die Grundrechte des Gutgläubigen selbst die gänzliche Streichung der §§ 932 ff. BGB möglich wäre.

Abs. 1 HGB festzustellen. Die Besonderheit dieser Regelungen besteht darin, dass sie nicht Umstände zum Gegenstand haben, deren Vorliegen, sondern deren Nichtvorliegen Voraussetzung für das Zustandekommen eines Rechtsgeschäfts sind.[62] Positiv ausgedrückt geht es darum, dass für den Verkehrsteilnehmer im Rahmen seiner Transaktionsentscheidung das Fortbestehen bestimmter Rechtsverhältnisse von Bedeutung ist. Da er grundsätzlich, d.h. bei unterstellter Nichtexistenz der in Frage stehenden Regelungen, keinen berechtigten Grund hätte, darauf zu vertrauen, dass eine einmal bestehende Rechtslage unverändert fortbesteht und daher u.U. Nachforschungen anstellen müsste, schafft der Gesetzgeber durch die §§ 170, 171 Abs. 2, 172 Abs. 2 BGB und § 15 Abs. 1 HGB ein entsprechendes Systemvertrauen.[63] Hiernach dürfen sich Verkehrsteilnehmer darauf verlassen, dass ihnen Änderungen bestimmter Rechtsverhältnisse nur entgegengehalten werden können, wenn ein bestimmter Publizitätsakt vorgenommen wurde.

Alle Tatbestände der Rechtsscheinlehre sind dadurch gekennzeichnet, dass die angesprochene Tatsachenersetzung nur im Fall der Gutgläubigkeit des Erwerbers eingreift.[64] Während insoweit bei den an künstliche Rechtsscheinträger anknüpfenden Regelungen nur positive Kenntnis schadet, scheidet im Fall der §§ 932 ff. BGB ein gutgläubiger Erwerb gemäß § 932 Abs. 2 BGB bereits bei grober Fahrlässigkeit aus. Die Vorschriften der Rechtsscheinvollmacht finden sogar schon bei einfacher Fahrlässigkeit keine Anwendung (vgl. § 173 BGB).

Die Vereinbarkeit dieser Einschränkung mit dem Ziel der Förderung des Verkehrsinteresses ist unschwer zu erkennen.[65] Transaktionskosten in Form von Informationskosten können beim Erwerber nicht entstehen, wenn ihm die entsprechenden Informationen bereits zur Verfügung stehen. Aus diesem Grund greift der Schutzweck der Regelungen der Rechtsscheinlehre im Fall positiver Kenntnis nicht ein. Eine Tatsachenersetzung wäre in dieser Konstellation zur Transaktionskostensenkung nicht geeignet. Aber auch für die Ausdehnung des Ausschlusses auf bestimmte Formen von Fahrlässigkeit sprechen gute Gründe. Sofern der Erwerber zwar keine positive Kenntnis hat, ihm aber konkrete Anhaltspunkte vorliegen, dass Rechtsschein und materielle Rechtslage auseinan-

---

[62] Wobei darauf hinzuweisen ist, dass Rechtsscheinobjekt des § 15 HGB auch Umstände sein können, die nicht die Wirksamkeit eines Rechtsgeschäfts, sondern nur die Frage, wer für eine rechtsgeschäftlich begründete Verbindlichkeit haftet, betreffen (vgl. § 143 Abs. 1, 2 HGB).

[63] Vgl. auch *Canaris*, Vertrauenshaftung, S. 134 ff., nach dessen Konzeption der entsprechende Vertrauensschutz allerdings Folge des durch die vorherige Kundgabe des Rechtsverhältnisses erzeugten individuellen Vertrauens ist.

[64] Vgl. oben § 2 C II 1 (= S. 37 f.).

[65] So im Ergebnis auch *Krimphove*, ZfRV 1998, 185, 194.

derfallen, kann er mit verhältnismäßig geringem Aufwand diesen Anhaltspunkten nachgehen. Verglichen mit der Notwendigkeit einer generellen Prüfung dürfte der Aufwand kaum ins Gewicht fallen. Sofern der Gesetzgeber insoweit den Gutglaubensschutz einschränkt, liegt dem wohl die Wertung zugrunde, dass bei einem derart geringen Potential an Transaktionskosteneinsparungen die einschneidenden Folgen der Vorschriften der Rechtsscheinlehre nicht in Kauf genommen werden sollen.[66] Angesichts der Tatsache, dass der Verfassung keine Verpflichtung zur Schaffung der Regelungen der Rechtsscheinlehre entnommen werden kann, sind solche Einschränkungen ihres Anwendungsbereichs verfassungsrechtlich unbedenklich.

Wenn der Gesetzgeber bei den einzelnen Tatbeständen teilweise unterschiedliche Sorgfaltsmaßstäbe zugrundelegt, so trägt er dem Umstand Rechung, dass die Schwierigkeit der jeweils erforderlichen Überprüfung von der Art des in Frage stehenden Rechtsscheinträgers und Rechtsscheinobjekts abhängt. So wird sich das Bestehen einer Vollmacht sicherlich am einfachsten nachprüfen lassen. Hier kann der Vertragspartner in der Regel Zweifeln durch die Kontaktaufnahme mit dem Geschäftsherrn nachgehen. Hinsichtlich der Berechtigung eines Verfügenden ist dies ungleich schwerer. Hier würde eine Nachprüfung häufig umfangreiche rechtliche Wertungen erfordern. Sofern der Gesetzgeber schließlich umgekehrt bei den künstlichen Rechtsscheinträgern die Gutglaubenswirkung nur im Fall positiver Kenntnis ausschließt, liegt dem offensichtlich die Annahme zugrunde, dass von diesen Rechtsscheinträgern eine besonders hohe Richtigkeitsgewähr ausgeht.

b) Die Kritik von Lobinger

Gegen die zuvor propagierte Geeignetheit der Rechtsscheinlehre zur Effizienzsteigerung hat *Lobinger* Einwände erhoben.[67] Seine These ist die „Untauglichkeit des Verkehrsschutzgedankens zur Rechtfertigung weitreichender Objektivierungen im Bereich des rechtsgeschäftlichen Güteraustauschs".[68] Auch wenn er insoweit nicht zwischen Rechtsgeschäfts- und Rechtsscheinlehre unter-

---

[66] Demgegenüber begründet *Krimphove*, ZfRV 1998, 185, 194 ff. die Einschränkung im Hinblick auf die §§ 932 ff. BGB rein ökonomisch, indem er davon ausgeht, dass jeder dem Gutgläubigen auferlegte Nachforschungsaufwand unmittelbar zu niedrigeren Schutzkosten des Eigentümers führt. Ob das in seiner Allgemeinheit zutrifft, erscheint jedoch zweifelhaft (vgl. dazu auch sogleich die Ausführungen unter (c)).

[67] *Lobinger*, Rechtsgeschäftliche Verpflichtung, S. 59 ff.

[68] A.a.O., S. 59. Mit dem Begriff der „Objektivierung" beschreibt *Lobinger* allgemein alle Tendenzen, wonach das Entstehen von rechtsgeschäftlichen Leistungspflichten nicht ausschließlich vom Willen des Betroffenen abhängt.

scheidet, sind seine Überlegungen im vorliegenden Zusammenhang einschlägig. *Lobinger* stützt sich im Wesentlichen auf zwei Argumente: Zum einen führt er an, dass in allen Fällen, in denen Objektivierungen von Voraussetzungen eines Rechtsgeschäfts dazu führen, dass eine Partei gegen ihren Willen an einen Vertrag gebunden wird, das mangelnde Interesse dieser Vertragspartei an der ungewollten Verpflichtung tendenziell verkehrsstörende Reibungsverluste im Stadium des Vollzugs dieses Vertrags provoziert.[69] Die auf diese Weise entstehenden Kosten würden bei der üblichen Berufung auf das Verkehrsinteresse zu Unrecht nicht berücksichtigt. Im Kern geht die These von *Lobinger* also dahin, dass bei der erforderlichen Einbeziehung dieser Kosten die Objektivierung unter Kostengesichtspunkten allenfalls zu einem Nullsummenspiel führt. Als zweites Argument führt *Lobinger* an, dass, unabhängig von der Frage der Kostenersparnis, der durch die Objektivierung zustandekommende Güteraustausch nicht der Effizienzsteigerung dienen könne, da im Fall eines nur einseitig gewollten Güteraustausches nicht gewährleistet sei, dass – wie im Modell einer marktmäßig verfassten Wirtschaftsordnung vorgesehen – die Parteien jeweils ihr Deckungsdefizit aus dem Deckungsüberschuss der jeweils anderen Partei verringern.[70] Eine optimale Ressourcenallokation werde auf diese Weise nicht erzielt. Zusätzlich kritisiert *Lobinger*, dass der Preis des in Frage stehenden Geschäfts mangels Vorliegens eines echten Konsenses tendenziell falsch sei und daher nicht indiziere, dass das entsprechende Gut zum Ort des dringendsten Bedarfs wandert.[71]

Die Einwände von *Lobinger* haben auf den ersten Blick erhebliche Auswirkung auf die Schlüssigkeit einer überindividuellen Rechtfertigung der Rechtsscheinlehre. Denn sowohl die Vorschriften der Rechtsscheinvollmacht als auch § 15 HGB führen bei ihrer Anwendung im Rahmen von Verpflichtungsgeschäften zu heteronomen Verpflichtungen der jeweils Betroffenen.[72] Die These, wonach die Durchsetzung derart entstandener Verpflichtungen tendenziell mit größeren Schwierigkeiten und somit auch Kosten verbunden ist, leuchtet ohne weiteres ein. Ebenso trifft es wohl zu, dass in allen Fällen heteronom auferlegter Verpflichtungen nicht gewährleistet ist, dass der entsprechende Austauschvorgang effizienzsteigernd wirkt. Wie an anderer Stelle ausgeführt,[73] basiert die wohlfahrtssteigernde Wirkung von auf dem Markt stattfindenden Transaktionen nämlich im Wesentlichen darauf, dass *beide* Parteien hiervon profitieren und somit einen Kooperationsgewinn erzielen. Sofern eine Transaktion unabhängig

---

[69] *Lobinger* verweist insoweit beispielhaft auf das mangelnde Interesse an der Einhaltung von Lieferterminen, der Erbringung besonderer Beschaffungsanstrengungen sowie der Auswahl einwandfreier Ware (a.a.O., S. 60).

[70] *Lobinger*, Rechtsgeschäftliche Verpflichtung, S. 62 f.

[71] A.a.O., S. 63, Fn. 43.

[72] Vgl. oben § 2 B II 2 a (= S. 31 f.).

[73] Vgl. oben § 3 C II 4 b (= S. 72 ff.).

vom Willen einer Partei erfolgt, fehlt es diesbezüglich jedoch an einer Überprüfung der Vorteilhaftigkeit, und die Erzielung eines Kooperationsgewinns ist demnach nicht mehr gewährleistet. Soweit die Kritik von *Lobinger* zusätzlich den Preisbildungsmechanismus betrifft, werden hierdurch neben den Regelungen der Rechtsscheinvollmacht und § 15 HGB mittelbar auch die Regelungen des gutgläubigen Erwerbs „infiziert". Denn wo ein Nichtberechtigter u.U. bewusst über fremde Rechte verfügen kann, besteht offensichtlich ein erhebliches Risiko, dass der hierfür vereinbarte Preis nicht dem Marktwert des in Frage stehenden Gutes entspricht. Der Nichtberechtigte erbringt nämlich seine Leistung im Wesentlichen auf Kosten des wahren Rechtsinhabers.[74]

Letztlich können aber auch die von *Lobinger* aufgeworfenen Bedenken die Geeignetheit der Rechtsscheinlehre zur Wohlfahrtssteigerung nicht in Frage stellen. So sehr *Lobinger* mit seiner Beobachtung Recht hat, dass die Auferlegung heteronomer Verpflichtungen tendenziell zusätzliche Kosten bei der Vertragsabwicklung verursachen und hinsichtlich der entsprechend zustande gekommenen Austauschvorgänge eine Effizienzsteigerung nicht gewährleistet ist, so sehr irrt er, wenn er hiervon auf die generelle Ungeeignetheit der Rechtsscheinlehre zur Effizienzsteigerung schließt. Um es zu wiederholen: Es soll nicht in Frage gestellt werden, dass in den Fällen der wirksamen Verpflichtung eines Geschäftsherrn durch einen Vertreter ohne Vertretungsmacht oder der wirksamen Verfügung eines Nichtberechtigten über ein fremdes Recht die effizientsteigernde Wirkung der Regelungen der Rechtsscheinlehre zweifelhaft ist. Vereinzelt mag es so durchaus sogar zu Effizienzverlusten kommen. *Lobinger* übersieht aber, dass die Rechtsscheinlehre auch in all denjenigen Fällen zu einer Transaktionskostensenkung führt, in denen Rechtsschein und materielle Rechtslage nicht voneinander abweichen, sondern deckungsgleich sind (man kann insoweit vom *richtigen* Rechtsschein sprechen). Es kann indes kaum ein Zweifel daran bestehen, dass letzteres nicht die Ausnahme, sondern der Normfall ist. Wer im Grundbuch als Eigentümer eingetragen ist, ist in aller Regeln auch Eigentümer. Wer in einem Warenlager Waren verkauft, wurde hierzu in den meisten Fällen auch vom Geschäftsherrn bevollmächtigt. Wer im Handelsregister als Gesellschafter einer Personenhandelsgesellschaft eingetragen ist, ist regelmäßig auch deren Gesellschafter. Trotz der Schwäche des Besitzes als Rechtsscheinträger wird man diese Aussage selbst im Hinblick auf Verfügungen über bewegliche Sachen machen können. Denn auch wenn Besitz und Eigentum sehr häufig auseinanderfallen, handelt es sich bei der bewussten Verfügung eines Nichtberechtigten ja immerhin um ein strafbewehrtes, rechtswidriges Verhalten, das zu-

[74] In der Sprache der ÖAR könnte man auch sagen, dass durch die Vorschriften des gutgläubigen Erwerbs insoweit externe Kosten verursacht werden (wobei die Kosten durch die Gewährung von Ausgleichsansprüchen des Belasteten gegen den Nichtberechtigten u.U. wieder internalisiert werden).

dem Schadensersatzansprüche auslöst. Ohne allzu optimistisch zu sein, wird man deshalb davon ausgehen dürfen, dass die Fälle, in denen Fremdbesitzer ihren Besitz zur einer nichtberechtigten Verfügung nutzen, letztlich doch die Ausnahme bilden.

Die Konsequenz des beschriebenen Regel-Ausnahme-Verhältnisses für die Langzeitwirkung der Rechtsscheinlehre liegt auf der Hand. In allen Fällen, in denen etwa der Eigentümer einer beweglichen Sache eine Verfügung trifft, braucht der Erwerber nicht dessen Berechtigung zu überprüfen, sondern kann sich auf dessen Besitz verlassen. Entsprechendes gilt auch für die übrigen Tatbestände der Rechtsscheinlehre. Die transaktionskostensenkende Wirkung wird in diesen Fällen durch die von *Lobinger* beschriebenen Aspekte nicht beeinträchtigt. Da es nicht zu heteronomen Verpflichtungen kommt, besteht keine gesteigerte Gefahr, dass es in Folge mangelnden Interesses einer Partei im Rahmen der Vertragsabwicklung zur Entstehung besonderer Kosten kommt. Ebenso wenig können im Fall des Einklangs von Rechtsschein und materieller Rechtslage grundsätzliche Zweifel an der effizientsteigernden Wirkung des entsprechenden Güterauschtauschs bestehen. Setzt man die deutliche Mehrzahl dieser Fälle in Verhältnis zu den wenigen Fällen, in denen die Wirksamkeit eines Rechtsgeschäfts tatsächlich erst durch die Vorschriften der Rechtsscheinlehre *begründet* wird, kann kein Zweifel an deren Geeignetheit zur Erzielung von Effizienzsteigerungen bestehen.

c) Die Verursachung von Kosten und Nachteilen auf Seiten der potentiell Belasteten

Angesichts der auf Seiten des Gutgläubigen durch die Regelungen der Rechtsscheinlehre erzielten Transaktionskostensenkungen darf nicht übersehen werden, dass dieselben Regelungen auf Seiten des Belasteten u.U. Kosten verursachen. So lautet auch einer der gewichtigsten Einwände gegen die §§ 932 ff. BGB, dass sie einseitig Erwerbsgeschäfte gegenüber den ebenfalls ökonomisch sinnvollen Gebrauchsüberlassungsvorgängen privilegieren.[75] Ob dieser spezielle Einwand zutreffend ist, wird sogleich zu überprüfen sein.[76] Im Grundsatz jedenfalls kann nicht geleugnet werden, dass die Vorschriften der Rechtsscheinlehre tendenziell auf Seiten des potentiell Belasteten Kosten erzeugen. Nur beispielhaft sei auf § 172 BGB hingewiesen, der dazu führt, dass es einem Geschäftsherrn, der eine Vollmachtsurkunde ausgestellt hat, nach dem Widerruf der Vollmacht nicht gleichgültig sein darf, was mit der Urkunde geschieht. Die Vorschrift begründet für ihn vielmehr die Notwendigkeit, sich um die Wieder-

[75] Ausführlich hierzu *Peters*, Entzug des Eigentums, S. 72 ff.
[76] Vgl. unten (3).

erlangung der Urkunde zu bemühen und verursacht so möglicherweise Kosten. Die Geeignetheit der Rechtsscheinlehre zur Effizienzsteigerung wäre indes nur dann in Frage gestellt, wenn die so ausgelösten Kosten die auf Seiten des Gutgläubigen erzielten Transaktionskostenersparnisse aufzehren würden. Insoweit kommt es nicht auf die Auswirkungen der Regelungen der Rechtsscheinlehre in jedem Einzelfall an, sondern es bedarf einer Gesamtbetrachtung ihrer Langzeitwirkung in einer Vielzahl von Fällen. Hinsichtlich dieses pauschalisierenden Elements unterscheidet sich die vorliegende Fragestellung insbesondere von den zuvor in § 6 vorgenommenen Überlegungen zur Frage der Zurechenbarkeit.[77] Denn auch wenn das dort angesprochene Risikoprinzip auf ähnlichen Erwägungen wie den nachfolgenden basiert, verbietet die allen Zurechnungserwägungen zugrundeliegende Frage der individuellen Verantwortlichkeit die im vorliegenden Zusammenhang gerade gebotene Pauschalisierung.

(1) Die Auswirkung der Rechtsscheinlehre in den Fällen des richtigen Rechtsscheins

Die Auseinandersetzung mit der These von *Lobinger* hat gezeigt, dass die Regelungen der Rechtsscheinlehre nicht nur in den Fällen des falschen Rechtsscheins Wirkung entfalten, sondern vor allem in den Fällen des Übereinstimmens von Rechtsschein und materieller Rechtslage zu einer Senkung von Transaktionskosten führen. Diese Erkenntnis ist auch im vorliegenden Zusammenhang von Bedeutung. Denn die Frage der mit der Beseitigung eines Rechtsscheins verbundenen Kosten stellt sich nur für die Fälle des falschen Rechtsscheins. Wo Rechtsschein und materielle Rechtslage hingegen übereinstimmen, führt die Rechtsscheinlehre zu Kosteneinsparungen, ohne dass die Gefahr deren Kompensation durch die Entstehung von Kosten auf Seiten des Geschäftsherrn bzw. Rechtsinhabers besteht. Bedenkt man, dass die Häufigkeit der „Fälle des richtigen Rechtsscheins" – gemeint ist die Situation, dass sich ein Verkehrsteilnehmer beim Abschluss eines Rechtsgeschäfts auf einen richtigen Rechtsschein verlässt – die Fälle des Entstehens eines falschen Rechtsscheins bei weitem überwiegen,[78] wird deutlich, dass die Geeignetheit der Regelungen der Rechtsscheinlehre durch die im Zusammenhang mit einem falschen Rechtsschein entstehenden Kosten nicht in Frage gestellt werden kann. Denn selbst wenn diese Kosten beschränkt auf die Konstellation des falschen Rechtsscheins nur zu einem Nullsummenspiel führen sollten, würde in einer Gesamtbetrachtung die effizienzsteigernde Wirkung der Regelungen der Rechtsscheinlehre durch ihre

---

[77] Vgl. § 6 C I 1 (= S. 141 ff.), aber auch § 2 C III 1 (= S. 42 ff.).

[78] Das Auseinanderfallen von Eigentum und Besitz bei beweglichen Sachen und die §§ 932 ff. BGB sollen hier zunächst unberücksichtigt bleiben (vgl. dazu sogleich unter (3)).

Auswirkungen in den Fällen des richtigen Rechtsscheins sichergestellt. Im Hinblick auf die Tatbestände der Rechtsscheinvollmacht und § 15 HGB mag man insoweit einwenden, dass jede Vollmacht und jede Prokura irgendwann einmal wiederrufen und der jeweilige Rechtsschein somit zwangsläufig einmal falsch wird. Doch da es sich insbesondere bei den von den §§ 170 ff. BGB erfassten Vollmachten regelmäßig um Vollmachten handelt wird, die dem mehrfachen Gebrauch dienen, dürfte auch insoweit meist einer Vielzahl von Fällen von Kosteneinsparungen aufgrund eines richtigen Rechtsscheins ein einmaliger Aufwand der Beseitigung des falschen Rechtsschein nach erfolgtem Widerruf gegenüberstehen. Gleiches gilt auch für die im Handelsregister einzutragenden Tatsachen. Da weder ein Geschäftsführer noch ein Prokurist gewöhnlich zum Abschluss eines einzigen Rechtsgeschäfts bestellt werden, tritt auch insoweit die positive Wirkung der Registerpublizität regelmäßig in einer Vielzahl von Fällen ein, bevor die mit der Berichtigung des Registers verbundenen Kosten entstehen.

(2) Die Präventionswirkung als Sekundärfunktion der Rechtsscheinlehre

Daneben ist darauf hinzuweisen, dass die von den Regelungen der Rechtsscheinlehre auf den potentiell Belasteten ausgehende *Präventionswirkung*, auch wenn hiermit u.U. Kosten verbunden sind, nicht lediglich als unerwünschter Nebeneffekt verstanden werden kann. Indem die Regelungen dem potentiell Belasteten einen Anreiz geben, einen faschen Rechtsschein nicht entstehen zu lassen bzw. umgehend zu beseitigen, erfüllen sie eine von der angesprochenen Transaktionskostensenkung unabhängige *Sekundärfunktion*. Der selbständige Nutzen der so erzielten Minimierung des Auftretens eines falschen Rechtsscheins basiert darauf, dass ein solcher stets die Gefahr von Fehlallokationen begründet. Rechtliche Regelungen wie die Rechtsscheinlehre können zwar im Vorfeld einer Transaktion darauf Einfluss nehmen, wie Verkehrsteilnehmer auf die *Möglichkeit* eines falschen Rechtsscheins reagieren. Ist der pathologische Fall aber erst einmal eingetreten, d.h. wurde ein Rechtsgeschäft im Vertrauen auf einen falschen Rechtsschein abgeschlossen, kann die Gefahr hieraus resultierender Fehlallokationen durch rechtliche Regelungen häufig nicht mehr beseitigt werden. Denn soweit dem Erwerbsvertrauen ein Bestandsvertrauen gegenübersteht (*Vertrauenssymmetrie*), muss zwangsläufig die eine oder andere Form von Vertrauen enttäuscht werden.[79] Weshalb die Enttäuschung beider Formen von Vertrauen gleichermaßen die Gefahr von Fehlallokationen begrün-

[79] Unter Geltung der Rechtsscheinlehre wird das Bestandsvertrauen enttäuscht. Aufgrund der Tatsachenersetzung erwirbt der Gutgläubige ein Recht zu Lasten des Eintragungspflichtigen, Geschäftsherrn oder materiell Berechtigten. Vgl. zu den Konstellationen, in denen dem Erwerbsvertrauen kein Bestandsvertrauen gegenübersteht (*Vertrauensasymmetrie*) unten 2 b (2).

det, ist unschwer zu erkennen. Im Hinblick auf das Bestandsvertrauen denke man nur an den Fall, dass ein Unternehmen das Eigentum an einem seiner Betriebsgrundstücke durch gutgläubigen Erwerb gemäß § 892 BGB verliert oder dass ein Geschäftsherr durch die Vorschriften der Rechtsscheinvollmacht zu einer Leistung verpflichtet wird, die nicht seiner Spezialisierung entspricht und daher einen unverhältnismäßigen Aufwand bei der Erfüllung verlangt. Was für den Belasteten in diesem Zusammenhang einen Vermögensnachteil bedeutet, stellt ökonomisch nichts anderes als eine suboptimale Ressourcennutzung und somit Ineffizienz dar. Im Hinblick auf das Erwerbsvertrauen ist daran zu denken, dass der Gutgläubige häufig Aufwendungen macht, die sich im Fall dessen Unwirksamkeit als nutzlos erweisen würden. So stelle man sich nur vor, dass einem vermeintlich erworbenen Grundstück bestimmte Fabrikanlagen angepasst werden, die an anderer Stelle in dieser Form nicht verwandt werden können. Da es sich bei den hieraus resultierenden Vermögenseinbußen des Gutgläubigen nicht um einen Nachteil handelt, der auf Seiten des materiell Berechtigten spiegelbildlich als Vorteil auftritt, würde es sich auch insoweit um eine Form der Fehlallokation handeln.[80]

Wenn die Rechtsscheinlehre somit einen Anreiz schafft, das Entstehen bzw. Fortbestehen eines falschen Rechtsscheins möglichst zu verhindern, so handelt es sich hierbei unabhängig von der Frage der Transaktionskostensenkung um eine ökonomisch sinnvolle Reaktion auf das zuvor beschriebenen Risiko von Fehlallokationen.[81] Denn die zur Verhinderung pathologischer Fälle denkbare Alternative, dass der Gutgläubige den Rechtsschein jeweils auf seine Richtigkeit untersucht, wäre nicht nur wegen der hiermit verbundenen negativen Auswirkungen auf die Transaktionsentscheidung nachteilig. Unabhängig von den ökonomischen Implikationen der Transaktionsentscheidung handelt es sich beim Geschäftsherrn, materiell Berechtigten oder Eintragungspflichtigen grundsätzlich um den sog. cheapest cost avoider.[82] Denn

---

[80] Dass auch die Enttäuschung des Erwerbsvertrauens die Gefahr von Fehlallokationen begründet ist wichtig, könnte man doch sonst annehmen, die von den Regelungen der Rechtscheinlehre ausgehende Präventionswirkung diene nur der Beseitigung einer Gefahr, die durch die Regelungen erst geschaffen werde (nämlich der aus der Enttäuschung des Bestandsvertrauens resultierten Gefahr).

[81] Die Unabhängigkeit beider Aspekte lässt sich durch folgende Überlegung verdeutlichen: Die Transaktionskostensenkung fördert die Realisierung von Kooperationsgewinnen und bezweckt so die *Steigerung* der Allokationseffizienz. Demgegenüber geht es im Zusammenhang mit der Vermeidung der als pathologisch beschriebenen Fälle in erster Linie um eine Verhinderung von Fehlallokationen und somit die Vermeidung einer *Verschlechterung* der Allokationseffizienz. Im übrigen zeigt sich die Unabhängigkeit der beiden Aspekte auch dadurch, dass auch Lösungen denkbar sind, die eine Transaktionskostensenkung erreichen, ohne dabei die von der Rechtscheinlehre ausgehende Präventionswirkung zu entfalten (vgl. dazu die Beschreibung einer öffentlich-rechtlichen Kompensationslösung unter 2 a).

[82] Die Figur des „cheapest cost avoider" stammt von *Calabresi*, The costs of Accidents, S. 136 ff., und wird vor allem im Schadensrecht verwandt.

den Genannten ist es regelmäßig mit wesentlich geringerem Aufwand möglich, die Entstehung eines falschen Rechtsscheins zu verhindern bzw. einen falschen Rechtsschein zu beseitigen, als der Gutgläubige umgekehrt die Unrichtigkeit eines Rechtsscheins erkennen kann. Man kann insoweit von einer *Asymmetrie in der Risikobeherrschbarkeit* sprechen.[83] In den Fällen der Rechtsscheinvollmacht resultiert diese Asymmetrie daraus, dass nach Ausschluss der Anscheinsvollmacht sämtliche Tatbestände die Kenntnis des Geschäftsherrn vom jeweiligen Rechtsschein voraussetzen.[84] Folglich hat es der Geschäftsherr auch in aller Regel in der Hand, das Divergieren von materieller Rechtslage und Rechtsschein zu erkennen und für entsprechende Abhilfe zu sorgen. Gleiches gilt für die Fälle der an künstliche Rechtsscheinträger anknüpfenden Rechtsscheintatbestände. So ist beispielsweise der wahre Erbe offensichtlich am ehesten in der Lage, dafür zu sorgen, dass kein falscher Erbschein ausgestellt bzw. ein bereits ausgestellter Erbschein aus dem Verkehr gezogen wird.[85] Häufig wird er sogar der einzige sein, der Kenntnis von den seine Rechtstellung begründenden Umständen hat, weil beispielsweise ihm als einzigem das von der gesetzlichen Erbfolge abweichende Testament bekannt ist.[86] Dritte haben demgegenüber regelmäßig keinerlei Einblick in die Verhältnisse des Erblassers. Nichts anderes gilt auch für Eintragungen im Handelsregister. Schon der Wortlaut des Gesetzes „in dessen Angelegenheit" macht deutlich, dass die in Frage stehende Rechtsänderung in einem besonderen Zusammenhang zu der Person des potentiell Belasteten steht. So bereitet es beispielsweise den Verantwortlichen einer Personen- oder Kapitalgesellschaft weniger Mühe, für die Eintragung der Abberufung eines Geschäftsführers oder des Widerrufs einer Prokura zu sorgen, als es umgekehrt einem mit den Interna der Gesellschaft nicht betrauten Dritten fallen würde, die entsprechenden Rechtsänderung außerhalb des Registers festzustellen.[87] Schließlich ist auch eine falsche Grundbucheintragung vom materiell Berechtigten regelmäßig leichter zu erkennen als von einem Dritten, der das entsprechende Recht erwerben will. In den meisten Fällen beruht die Unrichtigkeit des

---

[83] Auf dieses Argument stützen die Vertreter der Risikolehre die Rechtfertigung des gutgläubigen Erwerbs, ohne dabei jedoch zwischen den Aspekten des Zurechnungsbeitrags und dem der überindividuellen Rechtfertigung zu differenzieren (vgl. Nachweise in § 6 C I 1 = S. 141 ff.).

[84] Hierzu ausführlich *Canaris*, Vertrauenshaftung, S. 479 ff.

[85] Er kann einen Antrag auf Einziehung von Amts wegen gemäß § 2361 Abs. 1 Satz 1 BGB stellen oder unmittelbar gemäß § 2362 BGB auf Herausgabe an das Nachlassgericht klagen.

[86] Weiß ein Erbe hingegen gar nichts von seiner Erbenstellung, werden ihm durch § 2366 BGB auch keine Kosten entstehen.

[87] Der im Zusammenhang mit § 15 Abs. 3 HGB vieldiskutierte Fall der Eintragung eines völlig Unbeteiligten kann aufgrund seiner Seltenheit im Rahmen einer die Langzeitwirkung von § 15 HGB betreffenden Analyse außer Betracht bleiben.

Grundbuchs nämlich nicht auf einem Versehen des Grundbuchamtes, sondern ist Folge des Mangels einer materiell-rechtlichen Einigung oder einer außerhalb des Grundbuchs erfolgen Rechtsänderung.[88] Nur beispielhaft sei das Erlöschen einer Hypothek durch Tilgung der gesicherten Forderung erwähnt. Weil der potentiell Belastete an den außerhalb des Registers stattfindenden Rechtsänderung regelmäßig beteiligt ist, kann er auch mit vergleichsweise geringem Aufwand das Entstehen der Unrichtigkeit des Grundbuchs erkennen und darauf reagieren. Auch bei den an künstliche Rechtsscheinträger knüpfenden Regelungen ist somit der potentiell Belastete stets „näher dran".[89]

Im Rahmen der gebotenen Gesamtbetrachtung fällt es dann auch nicht entscheidend ins Gewicht, dass in bestimmten Konstellationen die Regelungen der Rechtsscheinlehre trotz Nichtvorliegens der beschriebenen Asymmetrie zu Belastungen führen. Hierzu kann es insbesondere kommen, wenn die Zerstörung des Rechtsscheins wie etwa im Fall der Kraftloserklärung einer Vollmacht oder der Eintragung eines Widerspruchs gegen eine falsche Grundbucheintragung eines bestimmten Verfahrens bedarf. Zu denken ist in diesem Zusammenhang vor allem auch an § 15 Abs. 1 HGB, der für die Beseitigung des jeweiligen Rechtsscheins die Eintragung und Bekanntmachung verlangt.[90] Tritt in dieser Konstellation eine Belastung ein, obwohl der Betroffene alles zur Beseitigung des Rechtsscheins Erforderliche in die Wege geleitet hat, so greifen die Regelungen der Rechtsscheinlehre, obgleich es dem Betroffenen gerade nicht möglich war, den falschen Rechtsschein rechtzeitig zu beseitigen. Ob es sich hierbei jedoch um eine so häufige Erscheinung handelt, dass sie in einer Gesamtbetrachtung den Befund der zu Lasten des Gutgläubigen bestehenden Asymmetrie in der Risikobeherrschbarkeit in Frage stellen können, erscheint angesichts des zeitlich eng beschränkten Umfangs, in dem potentiell Belasteten auf diese Weise „die Hände gebunden sind" eher zweifelhaft.

Zusammenfassend ist daher Folgendes festzustellen: Bei den durch die Regelungen der Rechtsscheinlehre auf Seiten der potentiell Belasteten u.U. auftretenden Kosten handelt es sich nicht lediglich um Kosten, die mit den durch die Transaktionskostensenkung verbundenen Vorzügen gegenzurechnen sind. Die für diese Kosten ursächliche Präventionswirkung erfüllt vielmehr einen eigenständigen Zweck, indem sie verhindert, dass ein falscher Rechtsschein entstehen und es in der Folge aufgrund der Enttäuschung von Erwerbs- oder Bestandsvertrauen zur Fehlallokationen kommt. Diese Lösung ist insbesondere auf Grund

---

[88] Vgl. zu den möglichen Ursachen der Grundbuchunrichtigkeit *Schöner/Stöber*, Grundbuchrecht, Rn. 356.

[89] So der Ausdruck von *Canaris*, Vertrauenshaftung, S. 30, im Zusammenhang mit den Vorschriften der Rechtsscheinvollmacht .

[90] Daneben ist auch noch § 15 Abs. 2 Satz 2 HGB zu beachten, wonach die Rechtsscheinwirkung selbst über den Zeitpunkt der Bekanntmachung hinaus fortwirken kann.

der zu Lasten des Gutgläubigen bestehenden Asymmetrie in der Risikobeherrschbarkeit ökonomisch sinnvoll.

(3) Die Sonderstellung der §§ 932 ff. BGB

Die Vorschriften der §§ 932 ff. BGB unterscheiden sich von den übrigen Regelungen der Rechtsscheinlehre insoweit, als die zuvor unter (1) und (2) gemachten Ausführungen auf sie nicht ohne weiteres übertragbar sind. Was die Ausführungen unter (1) anbetrifft, so liegt dies daran, dass jede Gebrauchsüberlassung zu einem falschen Rechtsschein führt und daher der falsche Rechtsschein nicht als Ausnahmeerscheinung bezeichnet werden kann. Der eingangs zitierte Vorwurf, dass die §§ 932 ff. BGB Erwerbgeschäfte pauschal zu Lasten von Gebrauchsüberlassungsvorgängen privilegieren, erscheint vor diesem Hintergrund zumindest auf den ersten Blick plausibel. Was die unter (2) beschriebene Präventionswirkung anbetrifft, so mag sie in beschränktem Umfang auch von den §§ 932 ff. BGB ausgehen, doch handelt es sich aufgrund der ökonomischen Bedeutung von Gebrauchsüberlassungen tatsächlich um eine eher unerwünschte Nebenfolge der Tatsachenersetzung. Dass der Gesetzgeber Gebrauchsüberlassungen nicht unterbinden wollte, zeigt schon die Regelung von Gebrauchsüberlassungsvorgängen durch das BGB.[91] Daneben haben bereits die Ausführungen zu § 6 gezeigt, dass die vorstehend unter (2) hinsichtlich der übrigen Rechtsscheintatbestände festgestellte Asymmetrie der Risikobeherrschbarkeit in der den §§ 932 ff. BGB zugrundeliegenden Konstellation nicht besteht.[92]

Der Grund für die so beschriebene Sonderstellung des gutgläubigen Mobiliarerwerbs im System der Rechtsscheinlehre hängt letztlich mit der häufig beschriebenen oder auch beklagten Schwäche des Besitzes als Rechtsscheinträger zusammen.[93] Denn während man wohl sagen kann, dass der Durchschnittsbürger von der Kundgabe einer Vollmacht auf deren Bestehen bzw. von der Buchberechtigung auf die materielle Berechtigung des Veräußerers eines Immobiliarsachenrechts schließt, weiß auch der juristische Laie, dass dem Besitzer einer Sache diese nicht unbedingt gehört. Das Auseinanderfallen von Rechtsschein und materieller Rechtslage, d.h. Besitz und Eigentum, lässt sich anders als bei den übrigen Rechtsscheintatbeständen auch nicht als „Störung" auffassen.[94]

---

[91] Vgl. auch *Peters*, Entzug des Eigentums, S. 50 f.

[92] Vgl. oben § 6 C I 1 (= S. 141 ff.).

[93] Vgl. zur Kritik an der Aussagekraft des Besitzes als Rechtsscheinträger Staudinger/*Wiegand*, Vor. §§ 932 ff., Rn. 29 ff.; *Zweigert*, RabelsZ 23 (1958) 13 f., *Hübner*, Rechtsverlust, S. 56 ff.; *Hager*, Verkehrsschutz, S. 240 m.w.N.

[94] Ähnlich *Peters*, Entzug des Eigentums, S. 27.

Will man die Motivation des Gesetzgebers zur Schaffung der §§ 932 ff. BGB verstehen, muss man sich deshalb von der Vorstellung lösen, dass die Regelung eine Reaktion auf das als Störung empfundene Auseinanderfallen von Eigentum und Besitz darstellen und sich der Besitz aus *diesem* Grund als Rechtsscheinträger angeboten hätte. Man muss vielmehr fragen, welche Alternativen dem Gesetzgeber zur Verfügung gestanden hätten. Was den gänzlichen Verzicht auf die Möglichkeit eines gutgläubigen Erwerbs von beweglichen Sachen betrifft, gilt es sich bewusst zu machen, welche Risiken dies für den Erwerber begründen würde. In diesem Zusammenhang ist vor allem zu beachten, dass eine Fokussierung auf die Unterschlagungsfälle[95], in denen der Fremdbesitzer in bewusster Überschreitung seiner Befugnisse über eine Sache verfügt und sich so zum Eigenbesitzer aufschwingt, bei weitem zu kurz greift. Auch wenn diese Konstellation meist im Mittelpunkt der Diskussion steht, handelt es sich insoweit eher um einen in seiner Bedeutung untergeordneten Ausschnitt aus dem Anwendungsbereich des Instituts des gutgläubigen Mobiliarerwerbs. Viel bedeutender ist der durch den gutgläubigen Erwerb stattfindende *Einwendungsausschluss*.[96] Die Nichtberechtigung eines Verfügenden wird nämlich häufig ihre Ursache darin haben, dass er das jeweilige Recht zwar vermeintlich aufgrund eines Verfügungsgeschäftes erworben hat, dieses Rechtsgeschäft jedoch aus irgendeinem Grund unwirksam ist. Insoweit muss der ursprüngliche Mangel noch nicht einmal dem unmittelbaren Vorerwerb des Verfügenden anhaften. Die Nichtexistenz der Möglichkeit eines gutgläubigen Erwerbs würde nämlich dazu führen, dass jeder irgendwann einmal im Rahmen eines Verfügungsgeschäfts aufgetretene Mangel zu Unwirksamkeit aller anschließenden Verfügungen über das betroffene Recht führen und auf diese Weise perpetuiert würde. Die Bestimmung der dinglichen Rechtslage wäre somit erheblichen Schwierigkeiten unterworfen.[97] Als Anknüpfungspunkte kämen nur noch gesetzliche Erwerbstatbestände wie die §§ 946 ff. BGB oder die Ersitzung in Betracht. Die hieraus resultierende Rechtsunsicherheit wäre gerade im Hinblick auf absolute Rechte wie das Ei-

[95] Vgl. hierzu bereits oben § 6 C I 1 (= S. 141 ff.).

[96] Der Begriff des *Einwendungsausschlusses* bedarf in diesem Zusammenhang einer Erläuterung. Denn indem die Regelungen der Rechtscheinlehre zur Wirksamkeit von Rechtsgeschäften führen, die „an sich" unwirksam wären (vgl. dazu bereits oben § 2 A = S. 24 ff.), verwehren sie dem Belasteten stets die Berufung auf einen materiellen Mangel und schließen somit eine Einwendung aus. So führen die §§ 932 ff. BGB auch in den Unterschlagungsfällen dazu, dass der Eigentümer sich gegenüber dem Erwerber nicht auf die fehlende Berechtigung des Verfügenden berufen kann und man könnte auch insoweit von Einwendungsausschluss sprechen. Mit Einwendungsausschluss ist jedoch vorliegend gemeint, dass der durch die Regelungen der Rechtscheinlehre überwundene Mangel seine Ursache in der Unwirksamkeit eines *vorherigen* Rechtsgeschäfts hat.

[97] Vgl. hierzu *v. Hoffmann*, Grundstückskauf, S. 35 f., wenn auch seine Ausführungen den gutgläubigen Immobilienerwerb betreffen.

gentum unerträglich.[98] Die dem gutgläubigen Erwerb zukommende Funktion eines Einwendungsausschlusses hat daher elementare Bedeutung.[99]

Akzeptiert man vor diesem Hintergrund die grundsätzliche Notwendigkeit eines gutgläubigen Erwerbs auch von beweglichen Sachen, kann die Frage nur lauten, ob dem Gesetzgeber eine sinnvolle Alternative zur Anknüpfung an den Besitz als Rechtsscheinträger zur Verfügung gestanden hätte. Die Notwendigkeit eines Rechtsscheinträgers als solchem ergibt aus seiner Begrenzungsfunktion. Würden die Regelungen des gutgläubigen Erwerbs nicht an einen Rechtsscheinträger knüpfen, könnte letztlich jedermann wirksam über fremde Rechte verfügen. Das Risiko für den materiell Berechtigten wäre nahezu grenzenlos und eine ökonomisch sinnvolle Lösung auf diese Weise sicherlich nicht gefunden. Die Anknüpfung an einen Rechtsscheinträger begrenzt das Risiko hingegen auf einen eng begrenzten Personenkreis, indem sie sicherstellt, dass nur diejenigen Personen, die vom Rechtsscheinträger als „Quasiberechtigte" ausgewiesen werden, wirksame Verfügungen treffen können. Als Alternative zum Besitz als Rechtsscheinträger kommt aber nur die Schaffung eines künstlichen Rechtsscheinträgers in Form eines Registers in Frage. Eine solche Lösung wäre jedoch mit Ausnahme eines Registers für einige besonders wertvolle bewegliche Sache angesichts der hiermit verbundenen Kosten unter Effizienzgesichtspunkten kontraproduktiv.[100] Demgegenüber ist der Besitz als Rechtsscheinträger geeignet, eine Risikobegrenzung herbeizuführen, ohne dass die im Zusammenhang mit der Schaffung eines Registers verbundenen Kosten entstehen. Im Ergebnis ist somit die Entscheidung des Gesetzgebers für eine Anknüpfung der §§ 932 ff. BGB an den Besitz, obgleich sie wohl eher als das Ergebnis einer Negativselektion verstanden werden muss, von hoher ökonomischer Rationalität gekennzeichnet.

Vor dem geschilderten Hintergrund lässt sich schließlich auch erkennen, weshalb die §§ 932 ff. BGB trotz der im Hinblick auf die Unterschlagungsfälle im Verhältnis von Eigentümer und Gutgläubigen festgestellten Symmetrie in

---

[98] Die Bedeutung der Erkennbarkeit der Zuordnung absoluter Rechte zeigt sich besonders deutlich im sachenrechtlichen Publizitätsprinzip (vgl. allgemein zum Publizitätsprinzip *Baur/Stürner*, Sachenrecht, § 4 Rn. 9 ff.).

[99] In diesem Punkt kumuliert die Wirkung des gutgläubigen Erwerbs mit der des Abstraktionsprinzips, das ebenfalls die Funktion eines Einwendungsausschuss wahrnimmt (Staudinger/*Wiegand*, Vorb. zu §§ 932 ff. BGB. Rn. 3 und 14). Vgl. zum Abstraktionsprinzip auch die Ausführungen unter 2 e.

[100] Vgl. insoweit die rechtsvergleichende Darstellung bei *Krimphove*, ZfRV 1998, 185, 198 f. Eine Ausnahme existiert daher im deutschen Recht nur für die in einem Schiffregister eingetragenen Schiffe. Für sie gelten die §§ 15 SchiffsRG, die auf das Grundstücksrecht verweisen (Staudinger/*Wiegand*, § 932, Rn. 7). Im Fall von Kraftfahrzeugen hat die Rechtsprechung durch Ausdehnung des Sorgfaltserfordernisses im Ergebnis den Fahrzeugbrief zum Rechtsscheinträger erhoben (vgl. Staudinger/*Wiegand*, § 932, Rn. 90).

der Risikobeherrschbarkeit zu Effizienzsteigerungen geeignet sind. Während sich das Risiko des Eigentümers im Rahmen von Gebrauchsüberlassungen auf das *Unterschlagungsrisiko* beschränkt, besteht für den Gutgläubigen im Rahmen eines Erwerbsgeschäfts neben dem Unterschlagungsrisiko stets auch ein *Einwendungsrisiko.*[101] M.a.W: Während beide Parteien gleichermaßen dem Risiko ausgesetzt sind, an einen unredlichen Vertragspartner zu geraten, besteht für den Gutgläubigen im Rahmen des Erwerbsgeschäfts zusätzlich das Risiko, dass sein Vertragspartner zwar redlich, aber aufgrund unentdeckter Mängel nicht berechtigt ist. Indem die §§ 932 ff. BGB dem Gutgläubigen beide geschilderten Risiken abnehmen, haben sie für ihn von vornherein mehr Nutzen, als sie dem Eigentümer im Rahmen von Gebrauchsüberlassungen überhaupt schaden können.

Verstärkt wird die positive Bilanz dadurch, dass sich das Unterschlagungsrisiko des Eigentümers und das Unterschlagungsrisiko des gutgläubigen Erwerbers qualitativ unterscheiden. Während es für den Erwerber ein rein rechtliches Risiko darstellt, welches durch die §§ 932 ff. BGB nahezu vollständig eliminiert wird,[102] handelt es sich bei dem für den Eigentümer im Rahmen von Gebrauchsüberlassungen auftretenden Risiko zu einem erheblichen Teil auch um ein faktisches Risiko, das völlig unabhängig von der Möglichkeit eines gutgläubigen Erwerbs besteht. Wer nämlich eine Sache einem anderen anvertraut und sie somit aus seinem Einflussbereich entlässt, riskiert stets, dass der Besitzer mit der Sache in einer Weise verfährt, die nicht den Eigentümerinteressen entspricht. Die denkbaren Interessenverletzungen beginnen damit, dass der Besitzer u.U. eine geringere Sorgfalt im Umgang mit der Sache walten lässt und enden mit deren mutwilligen Zerstörung. Daneben ist unabhängig von der Existenz der §§ 932 ff. BGB denkbar, dass der Besitzer die Sache an einen anschließend nicht mehr zu ermittelnden Dritten veräußert. Da für den Eigentümer auf diese Weise stets das Risiko eines „faktischen" Rechtsverlustes besteht, ist er im Rahmen von Gebrauchsüberlassungen unabhängig von den Vorschriften des gutgläubigen Erwerbs stets darauf angewiesen, dass sich sein Vertragspartner vertragsgemäß verhält oder zumindest im Fall einer Vertragsverletzung ein solventer Schuldner von Schadensersatzansprüchen ist. Während somit die

---

[101] Zur Terminologie: Aus Sicht des Eigentümers ist mit *Unterschlagungsrisiko* die Gefahr gemeint, dass sein Vertragspartner den Besitz der Sache ausnutzt, um darüber ein Verfügung zu treffen. Auch wenn das Delikt der Unterschlagung somit gegenüber dem Eigentümer begangen wird, soll der Begriff auch im Hinblick auf den gutgläubigen Erwerber benutzt werden und sein Risiko beschreiben, mit einem Nichtberechtigten in dieser Konstellation zu kontrahieren. Demgegenüber bezeichnet der Begriff des *Einwendungsrisikos* das Risiko des gutgläubigen Erwerbers, dass sein Vertragspartner aufgrund eines anderen Grundes, insbesondere der Unwirksamkeit des Vorerwerbs, nichtberechtigt ist.

[102] Es verbleibt das Risiko, dass die Sache abhandengekommen ist.

§§ 932 ff. BGB geeignet sind, dem gutgläubigen Erwerber das Unterschlagungsrisiko praktisch gänzlich abzunehmen, wird das Unterschlagungsrisiko des Eigentümers durch die §§ 932 ff. BGB nicht erst begründet, sondern allenfalls verstärkt.[103]

d) Zwischenergebnis

Indem die Regelungen der Rechtsscheinlehre schwer erkennbare Erwerbsvoraussetzungen durch sinnliche wahrnehmbare Tatsachen ersetzen, senken sie den im Zusammenhang mit Erwerbsgeschäften für Verkehrsteilnehmer bestehenden Nachforschungsaufwand und vermindern auf diese Weise die Wahrscheinlichkeit, dass deren Transaktionsentscheidung aufgrund von Transaktionskostenerwägungen negativ ausfällt. Der Annahme einer hiermit verbundenen Effizienzsteigerung kann nicht entgegengehalten werden, dass die Regelungen der Rechtsscheinlehre zu heteronomen Belastungen führen, welche im Einzelfall u.U. sogar ökonomisch nachteilige Auswirkungen haben. Der entsprechende Vorwurf übersieht nämlich, dass die transaktionskostensenkende Wirkung der Rechtsscheinlehre nicht auf die Fälle des falschen Rechtsscheins beschränkt ist, sondern auch im Regelfall des richtigen Rechtsscheins eintritt.

Der letztgenannte Aspekt ist auch ein Grund, weshalb die durch die Regelungen der Rechtsscheinlehre auf Seiten des potentiell Belasteten im Zusammenhang mit der Beseitigung falscher Rechtsscheine verursachten Kosten nicht entscheidend ins Gewicht fallen. Auch insoweit stehen dem Nutzen in einer Vielzahl von Fällen, die Entstehung von Kosten in Einzelfällen gegenüber. Zudem erfüllt die von den Regelungen der Rechtsscheinlehre ausgehende Präventionswirkung eine wichtige, von der Transaktionskostensenkung unabhängige Sekundärfunktion, indem sie den potentiell Belasteten dazu anhält, einen falschen Rechtsschein umgehend zu beseitigen. Kommt es nämlich erst einmal zum pathologischen Fall, d.h. dem Abschluss eines Rechtsgeschäft im Zusammenhang mit einem falschen Rechtsschein, so führt dies in Fällen, in denen dem Erwerbsvertrauen ein Bestandsvertrauen gegenübersteht, leicht zu Fehlallokationen, ohne dass rechtliche Regelungen dies zu verhindern oder zu kompensieren vermögen. Aufgrund der zu Lasten des Gutgläubigen festgestellten Asym-

---

[103] Ob demgegenüber der durch § 935 Abs. 1 BGB vorgenommene Ausschluss abhandengekommener Sachen aus dem Anwendungsbereich der §§ 932 ff. BGB aus ökonomischer Sicht sinnvoll ist, erscheint zweifelhaft (vgl. *Peters*, Entzug des Eigentums, S. 75 f.; *Schäfer/Ott*, Ökonomische Analyse, S. 537 f.; *Krimphove*, ZfRV 1998, 185, 201; *Walz*, KritV 1986, 131, 145.). Verfassungsrechtlich ist diese Frage jedoch aufgrund der Tatsache, dass § 935 Abs. 1 BGB die Geeignetheit des übrigen Anwendungsbereichs der §§ 932 ff. BGB wohl nicht entscheidend beeinträchtigt, ohne Relevanz (vgl. auch oben Fn. 61).

metrie in der Beherrschbarkeit des vom falschen Rechtsschein ausgehenden Risikos ist es auch ökonomisch sinnvoll, diesbezüglich den Geschäftsherrn, den materiell Berechtigten bzw. den Eintragungspflichtigen in die Pflicht zu nehmen.

Die §§ 932 ff. BGB unterscheiden sich von den übrigen Regelungen der Rechtsscheinlehre dadurch, dass das Auseinanderfallen von Besitz und Eigentum keine Ausnahmeerscheinung darstellt und es auch nicht der Intention des Gesetzgebers entspricht, ein Auseinanderfallen zu verhindern. Dass die Geeignetheit der §§ 932 ff. BGB dennoch nicht durch die von ihnen für die Gebrauchsüberlassung beweglicher Sachen ausgehenden Nachteile in Frage gestellt wird, ist auf zwei Umstände zurückzuführen. Zum einen befreien die §§ 932 ff. BGB den Gutgläubigen im Rahmen des Erwerbsgeschäfts nicht nur vom Unterschlagungsrisiko, sondern gewähren ihm darüber hinaus auch einen Einwendungsausschluss. Auf diese Weise bewahren sie ihn nicht nur vor Risiken, die damit verbunden sind, dass sein Vertragspartner unredlich ist, sondern schließen auch aus, dass u.U. weit zurückliegende bei früheren Übertragungsvorgängen Fehler seinen Rechtserwerb verhindern. Zum zweiten wurde festgestellt, dass die §§ 932 ff. BGB für den Eigentümer die Angewiesenheit auf die Überprüfung der Redlichkeit oder zumindest Solvenz seines Vertragspartners wegen des unabhängig von der Möglichkeit eines gutgläubigen Erwerbs bestehenden Risikos eines faktischen Rechtsverlustes nicht erst begründen, sondern lediglich verstärken. Insgesamt ergibt sich daher aus ökonomischer Sicht trotz der u.U. negativen Auswirkungen auf Gebrauchsüberlassungsvorgänge auch für die §§ 932 ff. BGB ein deutlich positiver Saldo.

3. Die Erforderlichkeit

Die von einer gesetzlichen Regelung ausgehende Belastung ist erforderlich, wenn der Gesetzgeber kein anderes, gleich wirksames, aber die Grundrechte nicht oder doch weniger fühlbar einschränkendes Mittel hätte wählen können.[104] Im Hinblick auf die Regelungen der Rechtsscheinlehre stellt sich die so umschriebene Frage der Erforderlichkeit gleich unter mehreren Gesichtspunkten. So ist entsprechend den oben gemachten Ausführungen zunächst zu untersuchen, ob nicht durch eine öffentlich-rechtliche Alternative zur Rechtsscheinlehre mehr Belastungsgerechtigkeit erreicht werden kann, ohne hierdurch Abstriche im Hinblick auf das Ziel der Effizienzsteigerung machen zu müssen (unter a). Im Anschluss hieran wird dargelegt, weshalb die Ersetzung der Rechtsscheinlehre durch einen gegen den materiell Berechtigten, Geschäftsherrn oder Eintragungspflichtigen gerichteten Schadensersatzanspruch unter Effizienzgesichtspunkten nachteilig wäre (unter b) und wieso auch der teilweise Verzicht

[104] BVerfGE 30, 292, 316; 63, 88, 115; 70, 1, 26.

auf die Kenntnis des Gutgläubigen von Rechtsscheinträger im Hinblick auf das Verkehrsinteresse sinnvoll ist (unter c). Sodann wird ein bereits im Zusammenhang mit der Geeignetheitsprüfung behandelter Aspekt in Gestalt der Frage wieder aufgenommen, ob es dem Verkehrsinteresse abträglich wäre, wenn den Tatbeständen der Rechtsscheinlehre ein Differenzierungskriterium hinzugefügt würde, kraft dessen nur noch bei einer im Einzelfall zu Lasten des Gutgläubigen bestehenden Asymmetrie in der Risikobeherrschbarkeit eingreifen würden (unter d). Abschließend wird darauf eingegangen, ob es zur Verfolgung des Verkehrsinteresses erforderlich ist, dass die Regelungen der Rechtsscheinlehre auch bei Unkenntnis des Gutgläubigen vom Rechtsscheinträger (unter e) sowie in den Fällen unentgeltlicher Transaktionen eingreifen (unter f).

a) Die Nachteile einer öffentlich-rechtlichen Lösung

Da das Prinzip der Tatsachenersetzung letztlich nichts anderes als eine Modifikation der Anforderungen an die Wirksamkeit von privatrechtlichen Rechtsgeschäften bedeutet, ist seine Transformation in das öffentliche Recht von vornherein ausgeschlossen. Dennoch sind grundsätzlich zwei Möglichkeiten denkbar, wie die Rechtsscheinlehre durch öffentlich-rechtliche Vorschriften ersetzt oder zumindest ergänzt werden könnte. Als Alternative zur Rechtsscheinlehre käme etwa in Betracht, auf die Transaktionsentscheidung des Gutgläubigen einzuwirken, indem man ihm für den Fall des Auseinanderfallens von Rechtsschein und materieller Rechtslage statt des Rechtserwerbs einen gegen den Staat gerichteten Anspruch auf Ersatz des negativen Interesses gewährt. Da die mit dieser „Kompensationslösung“ verbundenen Belastungen von der Allgemeinheit getragen würden, wäre sie gegenüber der Rechtsscheinlehre unter dem Gesichtspunkt der Belastungsgerechtigkeit vorteilhaft und würde somit ein milderes Mittel darstellen. Eine weitere Möglichkeit, mit Mitteln des öffentlichen Rechts für mehr Belastungsgerechtigkeit zu sorgen, bestünde darin, die Rechtsscheinlehre nicht zu ersetzen, dafür aber dem durch sie Belasteten einen gegen den Staat gerichteten Rückgriffsanspruch zu gewähren.[105] Die auf Primärebene u.U. ohne Zurechnungsbeitrag des Betroffenen erfolgte Belastung würde durch diese „Regresslösung“ somit auf Sekundärebene aufgefangen.[106]

---

[105] Dem positiven Recht lässt sich ein solcher Ersatzanspruch nicht entnehmen, vgl. *Peters*, Entzug des Eigentums, S. 114. Lediglich im Hinblick auf die künstlichen Rechtsscheinträger kommt gemäß Art. 34 GG i.V.m. § 839 BGB ein Staatshaftungsanspruch in Betracht, der jedoch verschuldensabhängig ist.

[106] Zu kurz gegriffen erscheint es, eine öffentlich-rechtliche Lösung schon allein deshalb abzulehnen, weil der Staat nicht für ein typisches Risiko des Privatrechts in Anspruch genommen werde dürfe (so aber *Peters*, Entzug des Eigentums, S. 114). Um ein typisches Risiko des Privatrechts mag es sich bei dem Risiko handeln, das für den Erwerber eines Rechts ohne die Regelungen der Rechtscheinlehre bestünde. Geht es aber

Die Erforderlichkeit der Rechtsscheinlehre in ihrer geltenden Form wäre allerdings nur in Zweifel gestellt, wenn eine der beschriebenen Lösungen nicht nur milder, sondern im Hinblick auf den legislativen Zweck der Rechtsscheinlehre auch gleich effektiv wäre. Insoweit bestehen jedoch erhebliche Zweifel. Dabei beruhen die Zweifel noch nicht einmal darauf, dass die Kompensations- oder Rückgriffslösung nicht geeignet wären, die Transaktionsentscheidung der Verkehrsteilnehmer von Transaktionskostenerwägungen abzuschirmen. Für die Rückgriffslösung versteht sich dies angesichts der Tatsache, dass sie die Rechtsscheinlehre nicht ersetzen und somit für den Gutgläubigen im Vergleich zum geltenden Recht keine Veränderung bedeuten würde, von selbst. Aber auch die Kompensationslösung dürfte im Vergleich zur Rechtsscheinlehre keine negativen Auswirkungen auf die Transaktionsentscheidung haben. Wer nämlich im Bewusstsein Rechtsgeschäfte abschließt, vom Staat für den Fall der Unrichtigkeit eines in diesem Zusammenhang relevanten Rechtsscheins schadlos gestellt zu werden, kann grundsätzlich ebenso sorglos handeln, wie ein Verkehrsteilnehmer unter Geltung der Rechtsscheinlehre.[107] Insbesondere ein Insolvenzrisiko spielt in diesem Zusammenhang keine Rolle. Dennoch gibt es andere Gründe, die die beschriebenen öffentlich-rechtlichen Lösungen nachteilig erscheinen lassen.

(1) Der mit einer öffentlich-rechtlichen Lösung verbundene Verwaltungsaufwand

Da das übergeordnete Ziel der Rechtsscheinlehre die Effizienzsteigerung ist, müssen für die Beurteilung von Kompensations- und Regresslösung auch Ineffizienzen berücksichtigt werden, die nicht im Zusammenhang mit der Transaktionsentscheidung stehen. Insoweit dürfte der entscheidende Nachteil einer öffentlich-

darum, zugunsten der Allgemeinheit Risiken „umzuverteilen", kann im Hinblick auf das hierdurch entstehende Risiko nicht mehr von einem typischen Risiko des Privatrechts gesprochen werden (zumindest soweit man wie üblich mit Privatrecht den individuellen Interessenausgleich assoziiert). Ebenfalls nicht überzeugen kann die Argumentation von *Hager*, Verkehrsschutz, S. 86 f., wonach eine Haftung der öffentlichen Hand im Zusammenhang mit dem gutgläubigen Erwerb ausscheide, weil die in Frage stehende Sache nicht der Allgemeinheit zugute komme. Bereits in anderem Zusammenhang wurde darauf hingewiesen, dass die überindividuelle Wirkung des gutgläubigen Erwerbs nicht davon abhängt, dass das jeweilige Recht selbst der Allgemeinheit zugute kommt (vgl. oben B I 2 b = S. 161 ff.).

[107] Der Umstand, dass der Verkehrsteilnehmer im Fall der Unrichtigkeit des Rechtsscheins hiernach im Gegensatz zur Tatsachenersetzung keinen Vermögens*zuwachs* erzielen kann (um dies zu erreichen, müsste der Schadensersatzanspruch auf das positive Interesse gerichtet sein), dürfte wohl keinen negativen Einfluss auf die Transaktionsentscheidung haben. Indem der Verkehrsteilnehmer nämlich die Transaktion vornimmt, erwirbt er zumindest die Chance auf einen Vermögenszuwachs, ohne gleichzeitig eine Vermögenseinbuße zu riskieren.

rechtlichen Lösung in dem mit ihr verbundenen staatlichen Verwaltungsaufwand bestehen. Denn gegen den Staat gerichtete Ansprüche würden voraussetzen, dass sich mit ihnen auf Seiten des Staates jemand auseinandersetzt. Besondere Bedeutung dürfte in diesem Zusammenhang das Missbrauchsrisiko haben, welches daraus resultiert, dass Privatrechtssubjekte ohne weiteres unter Behauptung eines bestimmten Sachverhaltes Ersatzansprüche gegen den Staat geltend machen könnten. Zwar besteht auch im Rahmen der Rechtsscheinlehre in ihrer geltenden Form für den durch sie Belasteten die Gefahr einer ungerechtfertigten Inanspruchnahme. Aufgrund der Gefahr kollusiven Zusammenwirkens von materiell Berechtigten, Geschäftsherrn oder Eintragungspflichtigen auf der einen und vermeintlich Gutgläubigen auf der anderen Seite muss das den Staat betreffende Missbrauchsrisiko jedoch erheblich höher eingeschätzt werden. Hinzu kommt das Problem, dass der Staat an den jeweiligen Sachverhalten regelmäßig nicht beteiligt ist und es für ihn schon aus diesem Grund mit einem größeren Aufwand verbunden wäre, ungerechtfertigte Inanspruchnahme abzuwehren.

Schließlich würde eine öffentlich-rechtliche Lösung dem Allgemeinwohl offensichtlich auch nur dann nützen, wenn der Staat seinerseits soweit wie möglich versucht, beim Nichtberechtigten oder Vertreter ohne Vertretungsmacht Regress zu nehmen. Vergleicht man diesbezüglich die Situation wiederum mit der der Rechtsscheinlehre (hier muss der Belastete versuchen, sich beim Nichtberechtigten oder Vertreter ohne Vertretungsmacht schadlos zu halten), stellt sich auch insoweit die Position des Staats als besonders schwierig dar: Während der Belastete mit dem Nichtberechtigten oder Vertreter ohne Vertretungsmacht meist zumindest einmal in Kontakt getreten ist, wäre der Staat zu dessen Identitätsermittlung allein auf die Angaben des Gutgläubigen bzw. des materiell Berechtigten, Geschäftsherrn oder Eintragungspflichtigen angewiesen. Da diese jedoch im Rahmen der Kompensations- oder Regresslösung zur Wahrung ihrer Interessen nicht auf die erfolgreiche Durchsetzung des staatlichen Regressanspruchs angewiesen wären, ist eine Kooperation zumindest nicht selbstverständlich.

Hiervon abgesehen führen beide öffentlich-rechtliche Lösungen zu einer Verdopplung der abzuwickelnden Ansprüche und schon daher zu einem Mehraufwand. Während im Fall der Rechtsscheinlehre nur der Regressanspruch des Belasteten abzuwickeln ist, müsste der Staat stets zunächst den Gutgläubigen (Kompensationslösung) bzw. den materiell Berechtigten, Geschäftsherr oder Eintragungspflichtigen schadlos stellen (Regresslösung), um dann anschließend selbst gegenüber dem Nichtberechtigten oder Vertreter ohne Vertretungsmacht Regress zu nehmen.

(2) Die fehlende Präventionswirkung

Als ein weiterer Nachteil der aufgezeigten öffentlich-rechtlichen Lösungen kommt hinzu, dass sie nicht die der Rechtsscheinlehre immanente Präventionswirkung zur Verhinderung eines falschen Rechtscheins aufweisen. Für die Kompensationslösung ergibt sich das daraus, dass durch die Rechtsscheinlehre Belasteten im Fall des falschen Rechtsscheins mangels Tatsachensetzung nicht mit Nachteilen zu rechnen hätte. Im Fall der Regresslösung entstünden zwar durch die Enttäuschung des Bestandsvertrauens zunächst Nachteile. Da diese jedoch durch einen gegen den Staat gerichteten Ersatzanspruch kompensiert würden, dürfte auch die mit der Regresslösung verbundene Anreizwirkung gering sein.[108]

b) Die Nachteile einer privatrechtlichen Schadensersatzlösung

Denkbar wäre auch eine privatrechtliche Lösung, wonach die Belastung des Berechtigten, Geschäftsherrn oder Eintragungspflichtigen statt in einem Rechtsverlust oder der Auferlegung einer vertraglichen Leistungspflicht in einem auf das negative Interesse gerichteten Schadensersatzanspruch besteht. Zwar käme es so anders als im Rahmen der beiden diskutierten öffentlich-rechtlichen Lösungen zu einer (endgültigen) Belastung des betroffenen Privatrechtssubjekts, doch wäre diese im Vergleich zu der von den Regelungen der Rechtsscheinlehre ausgehenden Belastung immer noch milder. Während die der Rechtsscheinlehre immanente Tatsachenersetzung nämlich stets zu einer Belastung des Betroffenen führt, würde die Schadensersatzpflicht nur insoweit eingreifen, als dem Gutgläubigen aufgrund des fehlgeschlagenen Rechtserwerbs tatsächlich eine Vermögenseinbuße entstanden ist. Entscheidend im Hinblick auf die Erforderlichkeit der Rechtsscheinlehre ist somit wiederum die Frage, ob eine solche Schadensersatzlösung genauso effektiv im Hinblick auf den mit den Regelungen der Rechtsscheinlehre verfolgten Zweck wäre.

(1) Das Insolvenzrisiko

Soweit es um die Anwendung der Regelungen der Rechtsscheinlehre auf Verfügungsgeschäfte geht, sind die Vorzüge der Tatsachenersetzung gegenüber der Schadensersatzlösung leicht zu erkennen. Zwar wurde im Hinblick auf die öffentlich-rechtliche Kompensationslösung gesagt, dass auch die Gewährung eines Schadensersatzanspruchs die negativen Auswirkungen von Erwerbsrisiken auf die Transaktionsentscheidung zu verhindern mag. Im Unterschied zu einem gegen den Staat gerichteten Ersatzanspruch hätte der gegen den Geschäftsherrn, Berechtigte oder Eintragungspflichtige gerichtete Ersatzanspruch aber den

---

[108] Zwar ließe sich auch im Rahmen der öffentlich-rechtlichen Lösungen durch entsprechende Differenzierungen eine Präventionswirkung erzielen, in dem man etwa verschuldensabhängig einen staatlichen Rückgriff zulässt (Kompensationslösung) bzw. den Regressanspruch gegen den Staat ausschließt (Regresslösung), doch würde diese Präventionswirkung nur durch einen noch höheren Verwaltungsaufwand erkauft werden.

Nachteil, dass er mit einem Insolvenzrisiko belastet wäre. Dieses Insolvenzrisiko, das unter Geltung der Rechtsscheinlehre nicht besteht (dort führt die Tatsachenersetzung im Rahmen von Verfügungsgeschäften dazu, dass der Gutgläubige ein Recht erwirbt, dessen Werthaltigkeit von der Zahlungsfähigkeit seines Vertragspartners unabhängig ist), kann negativen Einfluss auf die Transaktionsentscheidung von Verkehrsteilnehmer haben.

Im Hinblick auf Verpflichtungsgeschäfte ist der Aspekt des Insolvenzrisikos indes anders zu bewerten. Da der durch die Regelungen der Rechtsscheinlehre herbeigeführte Rechtserwerb auch nur in einem gegen den Belasteten gerichteten schuldrechtlichen Anspruch besteht, ist der Gutgläubige auf die eine oder andere Weise einem Insolvenzrisiko ausgesetzt. Insoweit ist nicht ersichtlich, dass die Schadensersatzlösung im Vergleich zur Tatsachenersetzung negative Auswirkungen auf die Transaktionsentscheidung von Verkehrsteilnehmern hätte.

(2) Die Behandlung des pathologischen Falls in den Konstellationen fehlenden Bestandsvertrauens

Neben dem Insolvenzrisiko ist im Rahmen einer vergleichenden Betrachtung von Schadensersatzlösung und Tatsachenersetzung noch ein weiterer Aspekt zu beachten, der im Zusammenhang mit dem oben als pathologisch bezeichneten Fall steht. Zwar wurde insoweit festgestellt, dass sobald dem Erwerbsvertrauen des Gutgläubigen ein Bestandsvertrauen des Geschäftsherrn, Berechtigten oder Eintragungspflichtigen gegenübersteht, die Enttäuschung einer der beiden Formen von Vertrauen und die hiermit verbundene Gefahr von Fehlallokationen nicht mehr verhindern werden kann.[109] Tatsächlich finden die Regelungen der Rechtsscheinlehre aber nicht nur in Konstellationen der so beschriebenen *Vertrauenssymmetrie* Anwendung. Insbesondere wenn die jeweiligen Regelungen als *Einwendungsausschluss* fungieren, d.h. zur Unbeachtlichkeit von vorangegangenen Rechtsgeschäften anhaftenden Mängeln führen, wird es häufig an einem Bestandsvertrauen auf Seiten des durch die Rechtsscheinlehre Belasteten fehlen.[110]

Besonders deutlich wird dies bei den Vorschriften des gutgläubigen Erwerbs.[111] Man denke etwa an die Konstellation, dass die Nichtberechtigung des Veräußerers einer beweglichen Sache ihre Ursache (lediglich) in der Mangelhaftigkeit seines Vorerwerbs hat. Der materiell Berechtigte (d.h. der Vertragspartner des Nichtberechtigten im Rahmen des Vorerwerbs) hat also dem Nichtberechtigten die Sache nicht nur zum Gebrauch überlassen, sondern – wenn

[109] Vgl. B III 2 c (2) (= S. 177 ff.).

[110] Vgl. zum Begriff des Einwendungsausschlusses schon oben Fn. 96.

[111] Insoweit ist anzumerken, dass die zur einwendungsausschließenden Wirkung der §§ 932 ff. BGB gemachten Ausführungen in gleicher Weise auch für die §§ 892, 2366 BGB gelten.

auch unwirksam – übereignet. Da der materiell Berechtigte sein Eigentum somit eigentlich aufgeben wollte, hat er zumindest zum Zeitpunkt der fehlerhaften Übereignung nicht auf dessen Bestand vertraut. Zwar ist grundsätzlich denkbar, dass sein Bestandsvertrauen nach Kenntniserlangung von der Unwirksamkeit der Übereignung wieder auflebt und daher insbesondere zum Zeitpunkt der Weiterveräußerung durch den Nichtberechtigten wieder besteht. Zwingend ist dies jedoch keineswegs. Zum einen wird es oft so sein, dass der materiell Berechtigte bis zur Weiterveräußerung gar nicht von der Mangelhaftigkeit der Übereignung und somit dem Fortbestehen seines Eigentums erfährt und schon aus diesem Grund das Bestandsvertrauen nicht wieder auflebt. Aber auch wenn er entsprechende Kenntnis erlangt, ist zu bedenken, dass der Mangel der Übereignung nicht zwingend zugleich auch das schuldrechtliche Verpflichtungsgeschäft erfasst. Ist das Verpflichtungsgeschäft hiernach wirksam, verpflichtet es den materiell Berechtigten zur (erneuten) Übereignung an den Nichtberechtigten und verhindert so regelmäßig, dass dieser im Vertrauen auf sein Eigentum bestimmte Dispositionen vornimmt, die im Fall des Eigentumsverlustes aufgrund der §§ 932 ff. BGB zu Fehlallokationen führen könnten.

Vergleicht man nun die Schadensersatzlösung und die Tatsachenersetzung im Hinblick auf die beschriebene Situation einer *Vertrauensasymmetrie*, wird die Nachteiligkeit der Schadensersatzlösung deutlich: Wenn dem Erwerbsvertrauen des Gutgläubigen kein Bestandsvertrauen des Eigentümers gegenübersteht, führt die Schadensersatzlösung zu einer Enttäuschung des Erwerbsvertrauens des Gutgläubigen, ohne dass dies durch die Privilegierung eines korrespondierenden Bestandsvertrauens kompensiert wird. Das mit der Enttäuschung des Erwerbsvertrauens verbundene Risiko von Fehlallokationen würde unter Geltung der Schadensersatzlösung daher „ohne Not" in Kauf genommen. Dem Ziel der Allokationseffizienz wäre diese abträglich.

Da die Funktion des Einwendungsausschlusses auch bei den §§ 171 Abs. 1, 172 Abs. 1 BGB, § 56 BGB, der Duldungsvollmacht und § 15 Abs. 3 HGB eine Rolle spielt, gelten die zum gutgläubigen Erwerb gemachten Ausführungen weitestgehend entsprechend. Besonders deutlich wird dies am Beispiel der positiven Publizität des Handelsregisters. Ohne die Rechtsscheinwirkung des § 15 Abs. 3 HGB müssten Vertragspartner des Eintragungspflichtigen fürchten, dass sich dieser später auf Mängel beruft, die ausschließlich aus seiner Sphäre stammen und für den Vertragspartner in keiner Weise zu erkennen waren. So könnte sich beispielsweise eine Gesellschaft von einem ihr unliebsamen Vertrag lösen, nur weil sich die Bestellung des die Gesellschaft bei dessen Abschluss vertretenden Geschäftsführers später aus irgendeinem gesellschaftsrechtlichen Grund als unwirksam herausstellt.[112] Indem sich Verkehrsteilnehmer demgegenüber

[112] Wobei die Rechtsfolgen der fehlerhaften Bestellung von Organen streitig sind und auch von der Art des Mangels des Bestellungsbeschlusses abhängen (vgl. Rowed-

auf die Registereintragung berufen können, findet auch insoweit ein Einwendungsausschluss statt. Das gleiche gilt, wenn ein Geschäftsherr fälschlich von der Wirksamkeit einer erteilten Vollmacht ausgeht und in diesem Glauben einen der in den §§ 171 Abs. 1, 172 Abs. 2 BGB genannten Rechtsscheintatbestände setzt. In beiden Konstellationen steht dem Erwerbsvertrauen kein Bestandsvertrauen gegenüber und die Schadensersatzlösung wäre aus den genannten Gründen der Tatsachenersetzung unterlegen.

Etwas anders gilt hingegen für die Tatbestände der negativen Publizität (§§ 170, 171 Abs. 2 BGB, 172 Abs. 2 BGB und § 15 Abs. 1 HGB). Zwar verhindern sie, dass der Belastete den internen Widerruf geltend machen kann und man mag deshalb auch insoweit von einem Einwendungsausschluss sprechen.[113] Im Gegensatz zu den zuvor besprochenen Konstellationen dürften jedoch in diesem Zusammenhang Fälle fehlenden Bestandsvertrauens keine nennenswerte Rolle spielen. Denn wenn der Geschäftsherr eine Vollmacht im Innenverhältnis widerrufen oder der Inhaber eines Handelsgeschäfts einen Prokuristen abberufen hat, vertrauen sie regelmäßig darauf, von den entsprechenden Personen nicht mehr vertreten zu werden. Die insoweit bestehende Vertrauenssymmetrie bedeutet, dass die Ablösung der genannten Regelungen durch eine Schadensersatzlösung zwar das Erwerbsvertrauen preisgeben würde, dieser Nachteil aber durch die Wahrung des regelmäßig bestehenden Bestandsvertrauens kompensieren würde. Im Hinblick auf die Behandlung des pathologischen Falls sind die Regelungen der negativen Publizität einer alternativ denkbaren Schadensersatzlösung somit nicht überlegen.

(3) Erforderlichkeit einer Aufspaltung des Anwendungsbereichs der Tatbestände der negativen Publizität?

Da unter (1) festgestellt wurde, dass das Insolvenzrisiko nur insoweit eine Unterlegenheit der Schadensersatzlösung begründen kann, als die Regelungen der Rechtsscheinlehre im Rahmen von Verfügungsgeschäften eingreifen und die im Hinblick auf die Behandlung des pathologischen Falls unter (2) festgestellte Unterlegenheit der Schadensersatzlösung nicht für die Tatbestände der negativen Publizität gilt, konnte der Anwendungsbereich der Rechtsscheinlehre inso-

---

der/Schmidt-Leithoff/*Koppensteiner*, § 47 Rn. 157 m.w.N.). Zur Illustration der vielfältigen Ursachen, die zur Mangelhaftigkeit von Gesellschafterbeschlüssen führen können, sei auf das Beispiel hingewiesen, dass im Anschluss an die Übertragung von Geschäftsanteilen an einer GmbH zunächst versäumt wurde, die Übertragung gemäß § 16 GmbHG anzuzeigen und die über die Bestellung eines neuen Geschäftsführers beschließenden Gesellschafter aus diesem Grund nicht stimmberechtigt waren (vgl. zur Bedeutung der Anmeldung nach § 16 GmbHG Rowedder/Schmidt-Leithoff/*Pentz*, § 16 Rn. 26).

[113] Dies entspräche allerdings nicht der vorliegenden verwendeten Definition des Einwendungsausschlusses (vgl. oben Fn. 96).

weit nicht vollständig „abgedeckt“ werden. Übrig bleiben die Fälle, in denen einer der Tatbestände der negativen Publizität im Rahmen eines Verpflichtungsgeschäfts Anwendung findet. Da nach dem Gesagten die Schadensersatzlösung in dieser Konstellation weder nachteilige Auswirkungen auf die Transaktionsentscheidung hätte, noch im Rahmen des pathologischen Falls die Gefahr von Fehlallokationen steigern würde, konnte die Erforderlichkeit der Tatsachenersetzung insoweit nicht nachgewiesen werden.

Dennoch wäre es wohl voreilig, hiervon auf eine teilweise Verfassungswidrigkeit der Regelungen der §§ 170, 171 Abs. 2 BGB, 172 Abs. 2 BGB und § 15 Abs. 1 HGB zu schließen. Anerkanntermaßen sind dem Gesetzgeber in einem bestimmten Umfang pauschalisierende Lösungen gestattet;[114] insbesondere die „Einfachheit des Rechts“ stellt einen eigenständigen Wert dar.[115] *Lerche* spricht insoweit davon, dass es nicht zu einer „mikroskopische(n) Individualisierung“ anhand des Verhältnismäßigkeitsprinzips kommen dürfe.[116] Gerade im Hinblick auf den Schutzzweck der Rechtsscheinlehre mag man auch daran denken, dass zu komplizierte und für den juristischen Laien nicht nachvollziehbare Differenzierungen zu einer Verunsicherung von Verkehrsteilnehmern führen mag, die dem Verkehrsinteresse zuwiderläuft. Insoweit gilt es, sich vor Augen zu halten, wie eine exakt den Ergebnissen der Erforderlichkeitsprüfung nachgebildete Regelung aussähe. So würde hiernach beispielsweise im Fall der Kundgabe der Vertretungsmacht zunächst gemäß § 171 Abs. 1 BGB die volle Rechtsscheinwirkung gelten. Der interne Widerruf hätte jedoch die Konsequenz, dass der Vertreter nur noch Verfügungsgeschäfte wirksam abschließen könnte, während die Vornahme von Verpflichtungsgeschäften lediglich zu einem auf das negative Interesse gerichteten Schadensersatzanspruch des Vertragpartners führen würde. Eine solche Aufspaltung sowohl in zeitlicher Hinsicht als auch nach Art des Rechtsgeschäfts wäre rechtstechnisch zweifellos möglich; um eine einfach nachvollziehbare Regelung würde es sich insoweit sicherlich nicht mehr handelt. Auch wenn daher gewisse Zweifel bleiben, erscheint die Entscheidung des Gesetzgebers gegen eine entsprechende Differenzierung auch verfassungsrechtlich vertretbar.

c) Der teilweise Verzicht auf die Kenntnis des Gutgläubigen vom Rechtsscheinträger

Die Untersuchung der einzelnen Tatbestände hat gezeigt, dass nach h.M. sowohl alle an künstliche Rechtsscheinträger anknüpfenden Regelungen als auch

114 BVerfGE 21, 12, 27 f.; 65, 325, 354 f.; 72, 302, 329; 89, 15, 24.
115 Vgl. Sachs/*Osterloh*, Art. 3 Rn. 108.
116 *Lerche*, Übermaß, S. 164 Fn. 5a.

die §§ 932 ff. BGB unabhängig davon Anwendung finden, ob der Gutgläubige bei Abschluss des Rechtsgeschäfts Kenntnis vom Vorliegen des jeweiligen Rechtsscheinträgers hatte.[117] Gestützt wird diese Auffassung durch den Wortlaut der Vorschriften, der jeweils kein entsprechendes subjektives Erfordernis vorsieht. § 15 Abs. 1 HGB ist sogar so formuliert, dass hiernach noch nicht einmal die Existenz eines Rechtsscheinträgers erforderlich ist. *Leenen*, der diesem Phänomen im Hinblick auf § 15 Abs. 1 HGB nachgegangen ist, wertet dies als Beweis für das Scheitern der Vertrauenstheorie. § 15 Abs. 1 HGB lasse sich nur mit dem Gedanken des Verkehrsschutzes erklären. Vertrauensschutz und Verkehrsschutz seien keinesfalls identisch.[118]

Auch wenn eine entsprechende Schutzzweckbestimmung der hier vertretenen Konzeption ähnelt, bedarf die Aussage, wonach Verkehrsschutz mit dem Aspekt des Vertrauensschutzes nichts gemein hat, einer näheren Hinterfragung. Wie gesehen, besteht das Verkehrsinteresse im Wesentlichen darin, Transaktionskosten zu vermeiden, die die Verkehrsteilnehmer im Rahmen von Transaktionsentscheidungen einbeziehen müssten. Das Mittel, dem sich die Rechtsscheinlehre zu diesem Zweck bedient, ist die „künstliche" Erzeugung von Vertrauen im Sinne von Systemvertrauen.[119] Wie in anderem Zusammenhang festgestellt, kann jedoch das System, d.h. die Rechtsordnung, den Verkehrsteilnehmern keine umfassende Garantie dahingehend geben, dass der gewünschte Rechtserwerb in jedem Fall unabhängig vom Vorliegen bestimmter materieller Voraussetzungen erfolgt. Der Eintritt der Tatsachenersetzung muss vielmehr seinerseits vom Vorliegen der entsprechenden Ersatztatsache oder, m.a.W., dem Vorliegen des entsprechenden Rechtsscheins abhängen.[120] Sofern aber die Rechtsordnung ihre Hilfe an bestimmte Voraussetzungen knüpft, kann ein Verkehrsteilnehmer grundsätzlich auch nur dann Systemvertrauen entwickeln, wenn er sich des Vorliegens der entsprechenden Voraussetzungen vergewissert hat. Trifft der Gutgläubige seine Transaktionsentscheidung hingegen in Unkenntnis des Vorliegens des erforderlichen Rechtsscheinträgers, erscheint sein Verhalten schlicht sorglos. Weshalb die Rechtsscheinlehre, deren Ziel es doch gerade ist, den Verkehrsteilnehmer im Hinblick auf die Transaktionsentscheidung sorglos zu stellen, auch hier eingreift, ist zunächst nicht ersichtlich. Von ihrem Schutzzweck scheint dies nicht erfasst zu sein.

---

[117] § 2 C II 2 (= S. 38 ff.).

[118] *Leenen*, Symposium Wieacker, S. 108, 123: „Abs. 1 HGB will nicht Vertrauen schützen, sondern den Verkehr erleichtern. Das eine ist mit dem anderen nicht identisch: Es gibt Verkehrsschutz, der Vertrauensschutz ist, und Vertrauensschutz, der nicht Verkehrsschutz ist."

[119] So auch *Leenen*, Symposium Wieacker, S. 108, 125.

[120] Vgl. die oben unter B III 1 c (3) die Ausführungen zur Begrenzungsfunktion des Besitzes im Rahmen der §§ 932 ff. BGB.

(1) Das Prinzip der abstrakten Risikominderung

Um den Zusammenhang zwischen dem Schutzzweck der Rechtsscheinlehre und dem teilweisen Verzicht auf das Erfordernis der Kenntnis vom Rechtsscheinträger zu erkennen, muss man sich von der Vorstellung lösen, dass Verkehrsteilnehmer im Rahmen der Transaktionsentscheidung ausschließlich bestrebt sind, möglichst alle Erwerbsrisiken *auszuschließen.* Je nach dem, in welchem Verhältnis die Eintrittswahrscheinlichkeit eines Erwerbsrisikos und die dem Verkehrsteilnehmer hieraus drohenden Vermögenseinbußen zu dem Aufwand stehen, der zum Ausschluss des Erwerbsrisikos erforderlich wäre, kann es durchaus auch sinnvoll sein, ein Erwerbsrisiko *in Kauf zu nehmen* anstatt es auszuschließen. Denn auch wenn es sich bei den jeweiligen Rechtsscheinträgern ausnahmslos um sinnlich wahrnehmbare Tatsachen handelt, ist auch deren Feststellung u.U. mit Aufwand und somit Kosten verbunden. So leuchtet es beispielsweise ohne weiteres ein, dass es beim Abschluss eines Vertrages mit einem Prokuristen oder Geschäftsführer erst ab einer gewissen Größenordnung zweckmäßig ist, eine Handelsregisterauskunft einzuholen.

Vor diesem Hintergrund wird deutlich, auf welche Weise die genannten Regelungen unabhängig von der Kenntnis des Gutgläubigen vom Rechtsscheinträger positive Auswirkung auf die Transaktionsentscheidung haben. Mit der Tatsachenersetzung geht nämlich zugleich eine *Risikoersetzung* einher, die im Ergebnis zu einer *Risikominderung* führt. Bei den Vorschriften des gutgläubigen Erwerbs findet diese Risikoersetzung statt, indem das „an sich" bestehende Risiko der Nichtberechtigung des Veräußerers durch das Risiko ersetzt wird, dass der Veräußerer Nichtberechtigter *und* auch nicht durch einen entsprechenden Rechtsschein ausgewiesen ist. Eine Analyse von ersetztem und verbleibendem Risiko macht die Risikominderung deutlich. Da der Veräußerer nämlich regelmäßig weiß, ob er im Grundbuch eingetragen ist, ob er Besitz an der beweglichen Sache verschaffen kann oder ob er durch einen Erbschein als Erbe ausgewiesen ist, dürfte das verbleibende Risiko im Wesentlichen die Gefahr betrügerischen Handelns auf Seiten des Veräußerers umfassen (im Folgenden soll daher von „Betrugsrisiko" gesprochen werden[121]). Dieses Risiko, das der Erwerber im Einzelfall aufgrund individuellen Vertrauens möglicherweise sogar ausschließen kann, dürfte verhältnismäßig gering sein. Demgegenüber mag die „bloße" Nichtberechtigung, bei der der Nichtberechtigte durch einen Rechtsscheinträger ausgewiesen ist, wie bereits gesehen, mannigfaltige Gründe haben. Zum einen kann es natürlich sein, dass der Nichtberechtigte unredlich ist und lediglich die Gelegenheit eines ihn als Berech-

---

[121] Zu betonen ist, dass das Betrugsrisiko nichts mit dem im Zusammenhang mit den §§ 932 ff. BGB erwähnten Unterschlagungsrisiko zu tun hat. Denn beim Unterschlagungsrisiko handelt es sich in der den gutgläubigen Mobiliarerwerb betreffenden Konstellation um ein Risiko des Eigentümers, während das Betrugsrisiko den Gutgläubigen trifft.

tigten ausweisenden Rechtsscheins ausnutzt. Im Hinblick auf bewegliche Sachen entspricht dies den oben als solche bezeichneten Unterschlagungsfällen. Bedeutsamer ist jedoch, dass die Regelungen über den gutgläubigen Erwerb auch zur Unbeachtlichkeit sämtlicher aufgetretener und dem Nichtberechtigten selbst häufig nicht bekannter Mängel führt. Diese einwirkungsausschließende Wirkung führt abstrakt, d.h. unabhängig von der Kenntnis des Gutgläubigen vom Rechtsscheinträger, dazu, dass dessen Erwerbsrisiken signifikant reduziert werden, und erleichtert so seine Transaktionsentscheidung.

Das gleiche gilt für § 15 Abs. 3 HGB. Auch insoweit wurde die einwendungsausschließende Wirkung bereits angesprochen. Für Verkehrsteilnehmer wirkt sich die positive Registerpublizität äußerst günstig aus. Klammert man das Betrugsrisiko aus, stellt sich die Situation folgendermaßen dar: Da die Eintragung dazu führt, dass sich der Eintragungspflichtige hieran unabhängig von ihrer Richtigkeit festhalten lassen muss und zugleich aufgrund der gesetzlichen Eintragungspflicht grundsätzlich eine hohe Wahrscheinlichkeit dafür besteht, dass eine Eintragung erfolgt ist, können Verkehrsteilnehmern beispielsweise materielle Mängel bei der Bestellung von Geschäftsführern oder Prokuristen und somit die Interna des Eintragungspflichtigen weitesgehend gleichgültig sein.[122] Auch insoweit findet eine erheblichen Minderung von Erwerbsrisiken statt, die auch ohne entsprechende Kenntnis des Gutgläubigen vom Rechtsscheinträger positive Auswirkungen auf seine Transaktionsentscheidung haben kann.[123]

(2) Die Besonderheiten der negativen Publizität des § 15 Abs. 1 HGB

(a) Die Unerheblichkeit der von § 15 Abs. 1 HGB ausgehenden Risikominderung

Ob die zum gutgläubigen Erwerb und § 15 Abs. 3 HGB gemachten Überlegungen auch auf die die negative Publizität betreffende Vorschrift des § 15 Abs. 1 HGB übertragbar sind, erscheint fraglich. Relevant sind insoweit die

[122] Insoweit wird auch deutlich, weshalb es sinnvoll ist, in den Fällen der Rechtsscheinvollmacht nicht auf die Kenntnis des Gutgläubigen vom Rechtsschein zu verzichten. Während nämlich die Eintragungspflicht im Zusammenhang mit § 15 Abs. 3 HGB zur hohen Wahrscheinlichkeit des Vorliegens eines Rechtsscheins führt, ist es keinesfalls die Regel, dass mit der Vollmachtserteilung deren deklaratorischen Kundgabe gegenüber Dritten oder die Ausstellung einer Vollmachtsurkunde einhergeht. Ohne konkrete Kenntnis kann ein Verkehrsteilnehmer deshalb vernünftigerweise nicht darauf hoffen, dass die Unwirksamkeit einer Vollmacht durch das Vorliegen eines entsprechenden Rechtsscheinträgers aufgefangen wird.

[123] Wobei das nach der Risikoersetzung verbleibende Risiko im Fall des § 15 Abs. 3 HGB ein wenig größer ist als beim gutgläubigen Erwerb. Neben dem Betrugsrisiko besteht hier nämlich auch das Risiko, dass die fehlende Eintragung auf der Nachlässigkeit des Eintragungspflichtigen oder der zwischen der Handelsregisteranmeldung und der Eintragung liegenden Zeitspanne beruht.

Fälle, in denen eine Voreintragung fehlt. Hat in dieser Konstellation der Verkehrsteilnehmer keine Kenntnis von dem außerhalb des Registers entstandenen Rechtsschein (z.B. die Praktizierung einer Prokura) oder ist ein solcher Rechtsschein überhaupt nicht entstanden (weil z.B. der Prokurist vor Aufnahme seiner Tätigkeit wieder abberufen wurde), stellt sich die Frage, ob es unter Effizienzgesichtspunkten einen Grund gibt, das entsprechende Erwerbsvertrauen zu schützen. M.a.W. geht es um die Frage, ob es Sinn macht, auch denjenigen vor den Folgen der Änderung eines Rechtsverhältnisses zu bewahren, der dieses Rechtsverhältnis gar nicht kannte oder gar nicht kennen konnte.

Auch wenn § 15 Abs. 1 HGB in ähnlicher Weise wie die zuvor behandelten Tatbestände zu einer Risikoersetzung führt, wird man die Frage wohl verneinen müssen. Ersetzt wird durch § 15 Abs. 1 HGB das Risiko, dass eine Rechtslage nicht mehr fortbesteht durch das Risiko, dass eine Rechtslage nicht mehr fortbesteht *und* die entsprechende Änderung eingetragen und bekannt gegeben wurde.[124] Die Bedeutung der hieraus resultierenden Risikominderung fällt jedoch im Vergleich zu den zuvor behandelten Regelungen kaum ins Gewicht. Die Gegenüberstellung mit § 15 Abs. 3 HGB macht dies deutlich: Während dort der Umfang der Risikominderung der Wahrscheinlichkeit entspricht, dass eine eintragungspflichtige Tatsache eingetragen wurde, entspricht dies umgekehrt im Fall des § 15 Abs. 1 HGB der Wahrscheinlichkeit, dass eine eintragungspflichtige Rechtsänderung nicht eingetragen wurde. So wie die Eintragung einer im Rahmen von § 15 Abs. 3 HGB relevanten Tatsache jedoch die Regel ist, handelt es sich bei der Nichteintragung einer im Rahmen von § 15 Abs. 1 HGB relevanten eintragungspflichtigen Rechtsänderung um die Ausnahme. Hierzu trägt u.a. auch die von § 15 Abs. 1 HGB ausgehende Präventionswirkung bei.[125] Anders als durch § 15 Abs. 3 HGB, der es durchaus sinnvoll erscheinen lässt, wenn ein Verkehrsteilnehmer hilfsweise, d.h. für den Fall eines materiell rechtlichen Mangels, auf die als Einwendungsausschluss wirkende Eintragung hofft, findet durch § 15 Abs. 1 HGB keine Risikominderung statt, von der erwartet werden kann, dass sich ein vernünftiger Verkehrsteilnehmer hiervon im Rah-

[124] Zur Verdeutlichung: *Ohne* § 15 Abs. 1 HGB würde der Rechtserwerb immer schon dann ausscheiden, wenn die entsprechende Rechtslage nicht mehr fortbesteht, weil sie verändert wurde (Bsp.: der mit dem Verkehrsteilnehmer kontrahierende Geschäftsführer wurde zuvor von der Gesellschafterversammlung abberufen). Unter *Geltung* von § 15 Abs. 1 HGB besteht für den Verkehrsteilnehmer die Möglichkeit, trotz erfolgter Rechtsänderung ein Recht zu erwerben. Dies ist der Fall, wenn die Rechtsänderung zwar stattgefunden hat, nicht aber im Handelsregister eingetragen und bekannt gegeben wurde. Im Ergebnis erwirbt der Verkehrsteilnehmer somit nur dann kein Recht, wenn das in Frage stehende Rechtsverhältnis nicht mehr fortbesteht *und* dies eingetragen sowie bekannt gegeben wurde.

[125] Vgl. zur Präventionswirkung von § 15 Abs. 1 HGB sogleich die Ausführungen unter (b).

men seiner Transaktionsentscheidung beeinflussen lässt. Mit einer positiven Auswirkung auf die Transaktionsentscheidung kann der Verzicht des § 15 Abs. 1 HGB auf die Kenntnis vom Rechtsscheinträger deshalb nicht erklärt werden.

(b) Die Präventionswirkung des § 15 Abs. 1 HGB

Nach Auffassung von *Leenen* liegt der Grund für den Verzicht auf die Kenntnis eines Rechtsscheinträgers im Rahmen des § 15 Abs. 1 HGB darin, dass der Vorschrift auch eine Präventionsfunktion zukommt. Indem auf den Eintragungspflichtigen „Druck" ausgeübt werde, seiner Eintragungspflicht nachzukommen, sorge die Regelung für eine möglichst hohe Richtigkeitsgewähr des Handelsregisters. Dieser Anreizmechanismus stelle eine effiziente Alternative zu dem Erfordernis einer konstitutiven Eintragungspflicht dar.[126]

Die Betonung der Präventionswirkung des § 15 Abs. 1 HGB ist sicherlich grundsätzlich richtig. In der Tat muss die Vorschrift wohl auch vom Eintragungspflichtigen her *„gedacht"* werden.[127] Dass die Verhinderung der Entstehung bzw. des Fortbestehens falscher Rechtsscheine eine ökonomisch sinnvolle Sekundärfunktion der Rechtsscheinlehre darstellt, wurde bereits ausgeführt.[128] Es drängt sich jedoch die Frage auf, ob die von § 15 Abs. 1 HGB ausgehende Präventionswirkung nennenswert beeinträchtigt würde, wenn es dem Eintragungspflichtigen in den genannten Fällen möglich wäre, den Beweis anzutreten, dass der Gutgläubige keine Kenntnis von einem Rechtsschein hatte. Die Frage wird man wohl verneinen müssen.[129] Denn auch im Fall der fehlenden Voreintragung muss der Eintragungspflichtige stets damit rechnen, dass Verkehrsteilnehmer Kenntnis von einem außerhalb des Registers entstandenen Rechtsschein erlangen. Die Eintragung im Vertrauen darauf zu unterlassen, gegebenenfalls auf einen Verkehrsteilnehmer zu treffen, der keine Kenntnis von einem Rechtsschein erlangt hat, entspräche angesichts des Umstandes, dass das mit einer Haftung aus § 15 Abs. 1 HGB verbundene Risiko der Höhe nach unbeschränkt ist, nicht rationalem Verhalten.[130] Etwas anderes mag zwar gelten, wenn die geänderte Tatsache nie nach außen gedrungen ist und der Eintragungspflichtige deshalb keine entsprechende Kenntnisnahme durch Verkehrsteilnehmer be-

[126] *Leenen*, Symposium Wieacker, S. 108, 123, der von einem „Selbststeuerungsprozess" spricht.

[127] *K. Schmidt*, Handelsrecht, § 14 II 2 b.

[128] Vgl. oben III 1 (2).

[129] So auch *Canaris*, Handelsrecht, § 5 I 2 f.

[130] Dies gilt insbesondere, wenn man dem Eintragungspflichtigen zusätzlich die Beweislast für das Nichtvorliegen der Kenntnis des Gutgläubigen auferlegt (vgl. oben § 2 C II 2 = S. 38 ff.).

fürchten muss. Da dann aber gerade kein falscher Rechtsschein existiert, bedarf es zur Verhinderung pathologischer Fälle auch keiner Eintragung der Rechtsänderung und es kann in diesem Umfang auch auf eine Präventionswirkung verzichtet werden. Auch der Aspekt der Präventionswirkung vermag daher den Verzicht des § 15 Abs. 1 HGB auf die Kenntnis vom Rechtsscheinträger nicht zu erklären.[131]

(c) Das Erfordernis einer teleologischen Reduktion von § 15 Abs. 1 HGB

Die Ausführungen zeigen, dass eine wortlautgetreue Anwendung von § 15 Abs. 1 HGB zu Belastungen führen kann, die im Hinblick auf die Verfolgung des Verkehrsinteresses nicht erforderlich und daher unverhältnismäßig wären. Das Verdikt der Verfassungswidrigkeit hätte dies aber nur zur Folge, wenn dieser Mangel nicht mit dem Instrumentarium der juristischen Methodenlehre zu beheben wäre. Insoweit steht aber das Mittel der teleologischen Reduktion zur Verfügung, welches es ermöglicht, den Anwendungsbereich von § 15 Abs. 1 HGB entsprechend seinem Normzweck zu begrenzen und somit zugleich sicherzustellen, dass die von den Vorschriften ausgehenden Belastungen auf die im Sinne des verfassungsrechtlichen Übermaßverbots erforderlichen Fälle reduziert werden. Die teleologische Reduktion ist somit zugleich verfassungskonforme Rechtsfortbildung.[132] Sie steht insbesondere auch nicht mit der ersten europäischen Publizitätsrichtlinie in Konflikt. Zwar enthält der Wortlaut der Richtlinie keine Beschränkung auf die Fälle, in denen der Gutgläubige Kenntnis von einem entsprechenden Rechtsscheinträger hatte, doch ist nicht ersichtlich, dass dem eine besondere Absicht des Richtliniengebers zugrunde liegt. Zweck der Richtlinie war es vielmehr, die verschiedenen Rechtsordnungen der Mitgliedstaaten anzugleichen und somit gemeinschaftsweit für einen gleichwertigen Schutz des Rechtsverkehrs zu sorgen.[133] Daneben ist anzumerken, dass mit der Ausklammerung der Fälle des sog. Unrechtsverkehrs eine andere teleologische

[131] Nicht überzeugen kann ferner die Argumentation von *Leenen*, Symposium Wieacker, S. 108, 123, dass der Verzicht auf die Kenntnis vom Rechtsschein dazu diene, die vorprozessuale Streitbereitschaft zu mindern und auf diese Weise Kosten zu vermeiden. Zum einen spricht gegen eine solche Argumentation, dass man hiermit praktisch jeden Verzicht auf Differenzierung im Rahmen rechtlicher Regelungen rechtfertigen könnte. Daneben überzeugt die Erklärung auch deshalb nicht, weil § 15 Abs. 1 HGB wie alle Tatbestände der Rechtscheinlehre mit dem Kriterium der Gutgläubigkeit ohnehin an ein subjektives Merkmal anknüpft. Zur Erleichterung der Streitentscheidung erscheint vielmehr die schon im Hinblick auf die Transaktionsentscheidung gebotene Beweislastumkehr zu Gunsten des Gutgläubigen ausreichend.

[132] Wenn im Zusammenhang mit der teleologischen Reduktion häufig von verfassungskonformer *Auslegung* gesprochen wird, ist dies terminologisch nicht korrekt, da die teleologische Reduktion die Grenzen der bloßen Auslegung überschreitet (vgl. *Larenz/Canaris*, Methodenlehre, S. 161).

[133] *Habersack*, Europäische Gesellschaftsrecht, Rn. 78 ff.

Reduktion von § 15 HGB, die ebenfalls keine Stütze im Wortlaut der Richtlinie findet, völlig unbestritten ist.[134]

Konkret bedeutet dies, dass in der Konstellation der fehlenden Voreintragung der Anwendungsbereich von § 15 Abs. 1 HGB grundsätzlich auf diejenigen Fälle zu beschränken ist, in denen der Gutgläubige Kenntnis von einem außerhalb des Register entstandenen Rechtsscheinträger hatte. Ohne entsprechende Kenntnis fehlt es an einem denkbaren Zusammenhang zu seiner Transaktionsentscheidung. Wie auch vom Gesetzgeber hinsichtlich des subjektiven Merkmals der Gutgläubigkeit vorgesehen, ist aber bezüglich der Kenntnis vom Rechtsscheinträger ebenfalls eine Beweislastumkehr geboten. Der Eintragungspflichtige hat hiernach die fehlende Kenntnis des Gutgläubigen zu beweisen. Eine solche Beweislastumkehr ist erforderlich, weil nur so verhindert werden kann, dass sich mögliche Beweisschwierigkeiten negativ auf die Transaktionsentscheidung der Verkehrsteilnehmer auswirken. In ihrer Folge dürfte sich die praktische Relevanz der Einschränkung im Wesentlichem auf die Fälle beschränken, in denen ein Rechtsschein nie nach außen getreten ist, weil etwa der handelnde Prokurist, ohne je in das Handelsregister eingetragen worden zu sein, noch am Tag seiner Bestellung wieder abberufen wurde. Denkbar ist aber auch, dass der Beweis dort gelingt, wo beispielsweise eine nicht eingetragene Prokura zwar praktiziert wurde, der Gutgläubige jedoch hiervon keine Kenntnis hatte, weil er bei Abschluss des relevanten Rechtsgeschäfts das erste Mal mit dem Prokuristen in Kontakt getreten ist.

d) Der weitgehende Verzicht der Rechtsscheinlehre auf einen Zurechnungsbeitrag des Belasteten

An verschiedenen Stellen spielte zuvor der Aspekt des Zurechnungsbeitrags eine Rolle. Insbesondere im Hinblick auf eine mögliche individuelle Rechtfertigung der Rechtsscheinlehre wurde gesagt, dass diese nur bei Vorliegen eines ausreichenden Zurechnungsbeitrags, d.h. einer Verantwortung des Belasteten für die Entstehung bzw. fehlende Beseitigung des Rechtsscheins, möglich ist.[135] Die bisherige Untersuchung hat gezeigt, dass von einem solchen Zurechnungsbeitrag bei den meisten Tatbeständen der Rechtsscheinlehre nicht gesprochen werden kann. Eindeutig ist dies bei den §§ 935 Abs. 2, 892, 2366 BGB die noch nicht einmal einen Verursachungsbeitrag des Belasteten verlangen. Im Hinblick auf den übrigen Anwendungsbereichs der §§ 932 ff. BGB hat sich herausgestellt, dass in Form der willentlichen Weggabe zwar ein Verursachungsbeitrag erforderlich ist, dieser aber nicht die Zurechnung des Rechtsver-

[134] Statt aller *K. Schmidt*, Handelsrecht, § 14 II 3; aber auch BFH NJW 1978, 1944.
[135] § 6 A (= S. 136 f.).

lustes auf den Eigentümer zu begründen vermag.[136] Gleiches gilt im Ergebnis für § 15 Abs. 3 HGB. Selbst wenn man hier mit einigen Stimmen in der Literatur verlangt, dass der Betroffenen zumindest einen Eintragungsantrag gestellt hat, so impliziert dies keinesfalls dessen Verantwortung für einen hieraus resultierenden falschen Rechtsschein. Denn die unrichtige Bekanntgabe muss ihre Ursache nicht in einem unrichtigen Eintragungsantrag haben, sondern kann auch auf einem Fehler des Registergerichts oder den Mitarbeitern des jeweiligen Veröffentlichungsorgans beruhen. Insoweit wird man wohl auch nicht argumentieren können, dass der Eintragungspflichtige durch die Anmeldung eine Gefährdung schafft, die sich im Fall der unrichtigen Bekanntgabe lediglich realisiert. Denn angesichts der gesetzlichen Pflicht zur Anmeldung beruht diese nicht auf einem freien Entschluss des Eintragungspflichtigen. Von einem ausreichenden Zurechnungsbeitrag mag man daher allenfalls in einigen Fällen der Rechtsscheinvollmacht sprechen. So verlangen die §§ 171 Abs. 1, 172 Abs. 1 BGB zumindest, dass der Betroffene – ohne hierzu gesetzlich verpflichtet zu sein –, einen Rechtsschein bewusst geschaffen hat. Demgegenüber ist im Hinblick auf die §§ 170, 171 Abs. 2, 172 Abs. 2 BGB wiederum anzumerken, dass diese auch dann eingreifen, wenn der Betroffene tatsächlich keine Gelegenheit hatte, den falschen Rechtsschein rechtzeitig zu beseitigen. Auch in diesen Fällen scheint es nicht gerechtfertigt, von einem ausreichenden Zurechnungsbeitrag zu sprechen.

An dieser Stelle stellt sich die Frage, ob der weitestgehende Verzicht auf einen Zurechnungsbeitrag des durch die Regelungen der Rechtsscheinlehre Belasteten im Hinblick auf das Verkehrsinteresse erforderlich ist. Denkbar wäre etwa gewesen, die Rechtsscheinwirkung jeweils davon abhängig zu machen, dass den Betroffenen hinsichtlich der Schaffung bzw. der nicht erfolgten Beseitigung des Rechtsscheins ein Verschulden trifft. Hierdurch würde auch in den die Regelungen der Rechtsscheinvollmacht betreffenden Konstellationen sichergestellt, dass eine Belastung nur insoweit eintritt, als der Betroffene tatsächlich zur rechtzeitigen Beseitigung des Rechtsscheins in der Lage war. In der Terminologie der Erforderlichkeitsprüfung wäre eine solche Ausgestaltung der Rechtsscheinlehre zweifellos als milderes Mittel zu bezeichnen. Entscheidend ist jedoch auch in diesem Zusammenhang wieder, dass eine solche Differenzierung nachteilig im Hinblick auf das verfolgte Verkehrsinteresse wäre. Denn ob ein Zurechnungszusammenhang besteht, ist für den gutgläubigen Erwerber regelmäßig nicht zu erkennen. Gleiches gilt für mögliche Zurechnungshindernisse. Die Vorteile, die durch die Tatsachenersetzung geschaffen werden, würden durch die Einführung eines entsprechenden Differenzierungsmerkmals zumindest teilweise wieder zunichte gemacht. Aus Gründen der verfassungsrechtlichen Erforderlichkeit könnte deshalb auf jegliche Zurechnungselemente ver-

[136] § 6 C I 1 (= S. 141 ff.).

zichtet werden. Der im Übrigen für das Privatrecht typische Zurechnungsbeitrag wird durch das überindividuelle Verkehrsinteresse gewissermaßen ersetzt.[137]

e) Der Schutz der unentgeltlichen Transaktionen

Diskussionswürdig im Hinblick auf den Gesichtspunkt der Erforderlichkeit ist schließlich, dass sämtliche Regelungen der Rechtsscheinlehre nicht danach unterscheiden, ob es sich um entgeltliche oder unentgeltliche Transaktionen handelt. Insbesondere im Hinblick auf Art. 3 Abs. 1 GG stellt sich die Frage, ob eine entsprechende Pauschalisierung vom Schutzzweck der Rechtsscheinlehre gedeckt ist. In der Literatur diskutiert wurde diese Frage bisher im Hinblick auf die Regelungen des gutgläubigen Erwerbs. Hier kommt *Peters* zu dem Ergebnis, dass die Erstreckung der Regelungen des gutgläubigen Erwerbs auch auf unentgeltliche Verfügungen vor der Verfassung nicht bestehen kann.[138]

Dem ist im Ergebnis zuzustimmen. Zwar hat der Gesetzgeber eine Differenzierung vorgenommen, wonach der Gutgläubige im Fall der Unentgeltlichkeit seines Erwerbs gemäß § 816 Abs. 2 Satz 1 BGB einem Kondiktionsanspruch des ehemaligen Eigentümers ausgesetzt ist. Im Vergleich zu einer Beschränkung des gutgläubigen Erwerbs auf entgeltliche Verfügungen weist diese Lösung für den so Belasteten jedoch Nachteile auf. So hat der Gutgläubige vor allem die Möglichkeit, bis zur Erfüllung des Kondiktionsanspruchs als Berechtigter über die Sache zu verfügen und so den endgültigen Rechtsverlust des vormals Berechtigten herbeizuführen.[139] Zudem birgt auch die Zwangsvollstreckung in das Vermögen des Gutgläubigen Risiken. So kann sich der durch die Regelungen des gutgläubigen Erwerbs Belastete, solange der Gutgläubige noch Eigentümer ist, gegenüber dessen Gläubigern nicht mit der Drittwiderspruchsklage erwehren.[140]

Diese Nachteile wären nur dann gerechtfertigt, wenn ihnen im Hinblick auf den vom Gesetzgeber verfolgten Zweck ein Vorteil gegenüberstünde. Insoweit ist nicht zu übersehen, dass dem Konzept des § 816 Abs. 2 Satz 1 BGB das Bestreben des Gesetzgebers zugrunde liegt, die dingliche Rechtslage möglichst

---

[137] In der Konsequenz bedeutet dies, dass das Verfassungsrecht hinsichtlich der in § 2 C 3 (= S. 41 ff.) aufgeführten Streitfragen zur Frage des Verursachungsbeitrags im Rahmen von § 15 Abs. 3 HGB oder der Bedeutung von Willensmängeln im Rahmen der Rechtsscheinlehre keine bestimmte Lösung verlangt).

[138] *Peters*, Entzug des Eigentums, S. 117 f. Kritisch auch *Hager*, Verkehrsschutz S. 81 ff., wobei die hieraus zu ziehenden Konsequenzen letztlich im Dunkeln bleiben.

[139] *Peters*, Entzug des Eigentums, S. 115 f.

[140] *Peters*, Entzug des Eigentums, S. 78.

von der das Verpflichtungsgeschäft betreffenden Frage der Entgeltlichkeit abzukoppeln. Dem liegt nichts anderes als das Abstraktionsprinzip zugrunde.[141] Zu rechtfertigen wäre das Konzept des § 816 Abs. 2 Satz 1 BGB mit dem Abstraktionsprinzip jedoch nur, wenn man das Abstraktionsprinzip als Selbstzweck verstünde. Tatsächlich sprechen aber die Gesetzesprotokolle davon, dass das Abstraktionsprinzip der *„Sicherheit des Verkehrs"* diene und verweisen insofern auf nichts anderes als das Verkehrsinteresse.[142] Zur Förderung des Verkehrsinteresses ist die Möglichkeit des unentgeltlichen gutgläubigen Erwerbs jedoch nicht erforderlich. Denn anders als im Fall des entgeltlichen Erwerbs sind unentgeltliche Transaktionen in der Regel nicht dadurch motiviert, einen Kooperationsgewinn zu erzielen. Im Hinblick auf das Ziel der Allokationseffizienz dürften sie sich daher tendenziell neutral verhalten. Ob somit auf Seiten des Erwerbers Transaktionskosten anfallen, ist ökonomisch ohne besondere Bedeutung. Das Verkehrsinteresse spielt erst dann wieder eine Rolle, wenn das in Frage stehende Recht durch dessen Erwerber gegen Entgelt weiterveräußert wird. Insoweit würde es aber genügen, dass im Rahmen dieser Transaktion der Erwerber von den Regelungen des gutgläubigen Erwerbs profitiert.[143] Sofern er gutgläubig wäre, d.h. von der insoweit unterstellten Unwirksamkeit des unentgeltlichen Erwerbs keine Kenntnis bzw. keine grob fahrlässige Unkenntnis hätte, könnte er das jeweilige Recht trotz der Nichtberechtigung des Veräußerers wirksam erwerben. Verfassungsrechtlich ist es daher geboten, dem unentgeltlichen gutgläubigen Erwerb die Wirksamkeit zu versagen.

Im Hinblick auf die Regelungen der Rechtsscheinvollmacht und § 15 HGB dürfte die fehlende Unterscheidung von entgeltlichen und unentgeltlichen Rechtsgeschäften von geringer praktischer Relevanz sein. Die Einschaltung von Stellvertretern im Rahmen von Schenkungen wird eher selten vorkommen und auch im Handelsrecht spielt die Schenkung wohl kaum eine Rolle. Theoretisch kommt eine Anwendung der Vorschriften aber sowohl im Hinblick auf das bloße Schenkungsversprechen als auch der entsprechenden Verfügung in Betracht. Letztlich kann dann nichts anderes als für den gutgläubigen Erwerb gelten.

f) Zwischenergebnis

Im Ergebnis haben sich die Regelungen der Rechtsscheinlehre überwiegend auch als erforderlich im Hinblick auf das mit ihnen verfolgte Verkehrsinteresse erwiesen. Lediglich der Anwendungsbereich des § 15 Abs. 1 HGB ist teleologisch um die Fälle zu reduzieren, in denen der Gutgläubige keine Kenntnis von

---

[141] Ähnlich *Peters*, Entzug des Eigentums, S. 78.
[142] *Mugdan*, Materialien/III, S. 4.
[143] *Peters*, Entzug des Eigentums, S. 116.

einem Rechtsscheinträger hatte. Daneben hat sich herausgestellt, dass die Anwendungen der Regelungen der Rechtsscheinlehre auf unentgeltliche Transaktion nicht vor der Verfassung bestehen kann.

Im übrigen konnten jedoch bei allen Alternativmodellen Schwächen nachgewiesen werden. So wäre eine *öffentlich-rechtliche Lösung* vor allem aufgrund des insoweit zu befürchtenden Verwaltungsaufwandes weniger effektiv. Zusätzlich ließe sich öffentlich-rechtlich auch eine Präventionswirkung nur schwerer erzielen. Eine *Schadensersatzlösung* hätte zunächst den Nachteil, dass bei ihrer Anwendung auf Verfügungsgeschäfte dem Gutgläubigen im Unterschied zur Rechtsscheinlehre nicht das Insolvenzrisiko abgenommen würde. Hinzu kommt, dass sie in Konstellationen, in denen dem Erwerbsvertrauen des Gutgläubigen kein Bestandsvertrauen gegenübersteht, die mit der Enttäuschung des Erwerbsvertrauens verbundene Gefahr von Fehlallokationen in Kauf nimmt, ohne dies umgekehrt durch Bevorzugung die Privilegierung eines Bestandsvertrauen kompensieren zu können. Da bei den Tatbeständen der negativen Publizität die Fälle fehlenden Bestandsvertrauens keine nennenswerte Rolle spielen, käme die Schadensersatzlösung hiernach nur hinsichtlich ihrer Anwendung auf Verpflichtungsgeschäfte als funktionales Äquivalent in Betracht. Dass der Gesetzgeber von einer entsprechenden Aufspaltung des Anwendungsbereichs der §§ 170, 171 Abs. 2 BGB, 172 Abs. 2 BGB und § 15 Abs. 1 HGB jedoch abgesehen hat, ist im Sinne einer zulässigen Pauschalisierung zu akzeptieren.

Nachteilig wäre auch, wenn die Rechtsscheinwirkung davon abhängig gemacht würde, ob der Belastete die Möglichkeit hatte, den Rechtsschein zu beseitigen. Insoweit handelt es sich um einen für die Verkehrsteilnehmer nicht feststellbaren Umstand, dessen Maßgeblichkeit nachteilig auf die Transaktionsentscheidung wirken würde. Schließlich hat sich auch als sinnvoll erwiesen, dass bei den Tatbeständen des gutgläubigen Erwerbs und bei § 15 Abs. 3 HGB auf die *Kenntnis des Gutgläubigen vom Rechtsscheinträger* verzichtet wird. Häufig werden sich Verkehrsteilnehmer nämlich nicht bemühen, alle Erwerbsrisiken auszuschließen, sondern damit begnügen, dass die bestehenden Erwerbsrisiken überschaubar sind. In diesem Zusammenhang ist von Bedeutung, dass die für die Rechtsscheinlehre typische Tatsachenersetzung bei den genannten Vorschriften auch zu einer Risikoersetzung führt, die in der Konsequenz eine erhebliche Verringerung der Erwerbsrisiken bewirkt. Insbesondere die den Vorschriften immanente einwendungsausschliessende Wirkung nimmt daher auch abstrakt, d.h. unabhängig von der Kenntnis vom Rechtsscheinträger, positiven Einfluss auf die Transaktionsentscheidung. Nicht nennenswert ist hingegen die von § 15 Abs. 1 HGB ausgehende abstrakte Risikominderung, dessen Anwendungsbereich daher auch teleologisch zu reduzieren ist.

4. *Angemessenheit*

a) Prüfungsmaßstab

Als letztes Kriterium umfasst der Grundsatz der Verhältnismäßigkeit das Kriterium der Angemessenheit. Hiernach darf der staatliche Eingriff in Grundrechte nicht außer Verhältnis zu dem mit ihm verfolgten Zweck stehen.[144] Zu dem so anzuwendenden Prüfungsmaßstab sind zwei Anmerkungen zu machen. Zum einen ist darauf hinzuweisen, dass der Formulierung „nicht außer Verhältnis" zu entnehmen ist, dass Zweck und Mittel nicht in einem optimalen Verhältnis stehen müssen, sondern es lediglich um die Wahrung einer „Erträglichkeitsgrenze" geht.[145] Neben diesem materiellen Aspekt spielt in diesem Zusammenhang wiederum der Gesichtspunkt der funktionalen Kompetenzverteilung zwischen Gesetzgebung und Verfassungsgerichtsbarkeit eine Rolle. Die Anwendung des Angemessenheitskriteriums erfordert nämlich ein eigenständiges Gewichten und Abwägen der jeweils einschlägigen öffentlichen und privaten Güter und Interessen und entbehrt insoweit rationaler und verbindlicher Maßstäbe.[146] Was daher oben bezüglich der Konkretisierungskompetenz des Gesetzgebers im Hinblick auf die beidseitige Anwendung des Verhältnismäßigkeitsprinzips im Rahmen von Schutzeingriffen gesagt wurde, gilt für die Anwendung des Angemessenheitskriteriums im Hinblick auf Allgemeinwohlinteressen entsprechend. Der Aspekt der funktionalen Kompetenzverteilung verlangt daher, die Wertungen des Gesetzgebers nicht zu ersetzen, sondern auf ihre Vertretbarkeit hin zu kontrollieren. Dies ist auch im Hinblick auf die Überprüfung der Regelungen der Rechtsscheinlehre zu beachten und soll daher die nachfolgenden Ausführungen bestimmen.

b) Die positiven und negativen Auswirkungen der Rechtsscheinlehre

Um die Frage der verfassungsrechtlichen Angemessenheit der Regelungen der Rechtsscheinlehre beurteilen zu können, müssen deren Vorteile und Nachteile (Grundrechtseingriffe) analysiert werden. Was die von den Regelungen der Rechtsscheinlehre ausgehenden heteronomen Belastungen anbetrifft, darf zunächst nicht übersehen werden, dass diese grundsätzlich durch schuldrechtliche Ansprüche kompensiert werden. Im Fall des entgeltlichen gutgläubigen Erwerbs ist zunächst an den verschuldensunabhängigen Anspruch des Be-

---

[144] *Lerche*, Übermaß, S. 19. Das Bundesverfassungsgericht spricht meist davon, dass der Betroffene nicht „übermäßig belastet" werden dürfe bzw. die Belastung für ihn „nicht unzumutbar" sein dürfe (BVerfGE 9, 338, 345; 67, 157, 178; 83, 1, 19 f.).

[145] *Jakobs*, DVBl. 1985, 97, 99; vgl. zu diesem Aspekt schon oben § 4 Fn. 117.

[146] *Pieroth/Schlink*, Staatsrecht II, Rn. 293.

lasteten gegen den Nichtberechtigten aus § 816 Abs. 1 Satz 1 BGB zu denken.[147] Da es für dessen Bemessung nach h.M. auf den vom Nichtberechtigten im Rahmen des jeweiligen Grundgeschäftes erzielten Erlös ankommen soll, erhält allerdings der Belastete im Fall eines Mindererlöses aus § 816 Abs. 1 Satz 1 BGB keinen vollen Wertersatz.[148] Besonders groß dürfte die Gefahr eines Mindererlöses vor allem dann sein, wenn sich der Nichtberechtigte seiner Nichtberechtigung bewusst ist.[149] Da dies aber schuldhaftes Handeln des Nichtberechtigten impliziert, bestehen in dieser Konstellation stets auch ein den vollen Wert des entsprechenden Rechts umfassende Schadensersatzansprüche aus Vertrag, Delikt oder den §§ 989, 990 BGB. Schadensersatzansprüche stehen dem Belasteten regelmäßig auch in den die Rechtsscheinvollmacht betreffenden Konstellation zu. Da hier meist ein vertragliches Verhältnis zwischen dem Vertreter ohne Vertretungsmacht und dem Belasteten besteht, haftet der Vertreter regelmäßig schon für Fahrlässigkeit. Handelt der Vertreter in Kenntnis der fehlenden Vertretungsmacht, kommt ein Anspruch aus § 826 BGB in Betracht. Entsprechendes gilt für die Fälle, in denen § 15 HGB Anwendung findet.

Sofern es dem Belasteten gelingt, die ihm zustehenden Ansprüche durchzusetzen, wird sein materieller Schaden hierdurch meist kompensiert. Die eigentliche Härte der Regelungen der Rechtsscheinlehre besteht daher darin, dass sie dem Berechtigten das Risiko der Uneinbringlichkeit seiner Ersatzansprüche auferlegen.[150] Sofern die Belastung in einem Rechtsverlust besteht – dies betrifft insbesondere die Tatbestände des gutgläubigen Erwerbs – tritt die Preisgabe eines möglicherweise bestehenden Affektionsinteresses hinzu. Dass die hieraus resultierenden Belastungen einzelner Privatrechtssubjekte unter Umständen erheblich sein können, wurde bereits eingangs geschildert.

Den geschilderten Nachteilen stehen jedoch die erheblichen positiven Auswirkungen Rechtsscheinlehre gegenüber. Sie können insbesondere deshalb nicht hoch genug einschätzt werden, weil sie nicht nur in den Fällen zu einer Transaktionskostensenkung führt, in denen Rechtsschein und materielle Rechtslage voneinander abweichen, sondern im Rahmen aller Rechtsgeschäfte, bei denen ein entsprechendes Rechtsscheinobjekt eine Rolle spielt, Wirkung entfalten. Die hiervon ausgehenden Vorteile kommen nicht lediglich bestimmten Bevölkerungsgruppen zugute, sondern jedes einzelne Privatrechtssubjekt profitiert

---

[147] Ausführlich zu den Ausgleichsansprüchen im Fall des gutgläubigen Erwerbs *Peters*, Entzug des Eigentums, S. 87 ff.

[148] BGHZ 29, 157; Staudinger/*Lorenz*, § 816 Rn. 23; Erman/*Westermann*, § 816 Rn. 20; MünchKomm/HGB/*Lieb*, § 816 Rn. 33; a.A. hingegen *Reuter/Martinek*, Ungerechtfertigte Bereicherung, S. 325 ff. und *Peters*, Entzug des Eigentums, S. 96 ff., der verfassungsrechtlich argumentiert.

[149] Vgl. hierzu bereits oben III 1 (b).

[150] *Hager*, Verkehrsschutz, S. 2 f.

hiervon sogar in zweierlei Hinsicht. Zum einen besteht ein unmittelbarer Nutzen des Einzelnen darin, dass er ebenfalls als Verkehrsteilnehmer im Rechtsverkehr auftritt und daher im Rahmen von Austauschvorgängen von geringeren Transaktionskosten profitiert. Insoweit ist zu betonen, dass sich der Vorteil geringerer Transaktionskosten nicht auf diejenige Partei beschränkt, die die Transaktionskosten ohne die entsprechende Regelungen der Rechtsscheinlehre hätte aufbringen müssen. Die Transaktionskostensenkung führt vielmehr grundsätzlich zu einer Erhöhung des von den Parteien zu realisierenden Kooperationsgewinns und kann daher – je nach Aufteilung – beiden Parteien zugute kommen.[151] Die eigentliche überindividuelle Komponente der Rechtsscheinlehre besteht allerdings darin, dass der Einzelne unabhängig von seiner Eigenschaft als Verkehrsteilnehmer auch mittelbar von der durch eine bessere Ressourcenallokation ausgehenden Wohlfahrtssteigerung profitiert.

c) Die generalkompensatorische Wirkung der Rechtsscheinlehre

Angesichts der so beschriebenen positiven Auswirkungen der Regelungen der Rechtsscheinlehre liegt die Annahme nahe, dass durch sie nicht nur ein gesamtwirtschaftlich vorteilhaftes Ergebnis erzielt wird, dessen Preis die Opfer einiger weniger ist, sondern dass in einer Langzeitbetrachtung sogar diejenigen, die Opfer erbringen müssen, aufgrund der auch sie begünstigenden Wirkungen der Rechtsscheinlehre zu den Gewinnern gehören. Wenn die Belastungen auch nicht immer im Einzelfall kompensiert werden, mag man doch zumindest vermuten, dass auf lange Sicht zumindest eine *Generalkompensation* eintritt.

Die so vertretene These der Generalkompensation entspricht im Wesentlichen einem Argumentationstopos, der im Zusammenhang mit der ÖAR und dem Kaldor-Hicks-Kriterium verwendet wird.[152] Anders als im vorliegenden Zusammenhang geht es dort jedoch allgemein um die Konsensfähigkeit einer am Effizienzkriterium ausgerichteten Rechtspolitik, d.h. in Frage stehen nicht einzelne Regelungen, sondern die Konsensfähigkeit des Kaldor-Hicks-Kriteriums als solchem. Dieser Unterschied ist im Hinblick auf die gegenüber der These der Generalkompensation vorgetragene Kritik von Bedeutung.[153] In-

---

[151] Transaktionskosten sind daher nicht zwingend ein Problem des Erwerbs. Insbesondere die Regelungen des gutgläubigen Erwerbs sind auch als Legitimationserleichterung zugunsten des materiell Berechtigten zu verstehen (vgl. auch v. *Hoffmann*, Grundstückskauf, S. 36, der darauf hinweist, dass Legitimationsschwierigkeiten des Grundstückseigentümers die freie Veräußerlichkeit von Grundstücken geradezu aufheben können).

[152] Vgl. zur These der Generalkompensation die Darstellung bei *Eidenmüller*, Effizienz, S. 244 ff.; auch *Schäfer/Ott*, Ökonomische Analyse, S. 35 ff.

[153] Ausführlich zur Kritik an der These der Generalkompensation *Eidenmüller*, Effizienz, S. 246 ff.

soweit wird nämlich angeführt, dass die Annahme einer generalkompensatorischen Wirkung zu Unrecht Einkommenseffekte ausblende, die dazu führen könnten, dass letztlich diejenigen, die mit mehr Vermögen starten, ihren Vorsprung kontinuierlich ausbauen.[154] Der Grund hierfür sei, dass die Anwendung des Kaldor-Hicks-Kriteriums regelmäßig eine Bewertung von Gütern erfordere und in diesem Zusammenhang u.U. Einkommenseffekte eine Rolle spielen. Da wohlhabendere Bevölkerungsschichten tendenziell bereit sind, für bestimmte Güter einen höheren Preis zu zahlen, könne dies dazu führen, dass im Rahmen der Überprüfung der Effizienz einzelner Regelungen die Stimme der Reichen ein stärkeres Gewicht hat als diejenige ärmerer Gesellschaftsmitglieder.[155] Im Hinblick auf die Konsensfähigkeit der Regelungen der Rechtsscheinlehre greifen diese Bedenken jedoch nicht. Denn anders als die Anwendung des Kaldor-Hicks-Kriteriums als Meta-Regel bedarf es im Rahmen ihrer Anwendung keiner Güterbewertung.[156] Wurden die Regelungen der Rechtsscheinlehre einmal in Geltung gesetzt, greifen sie unabhängig vom Einkommensstatus der jeweils Betroffenen ein.[157]

Ein anderer gegen die These der Generalkompensation vorgebrachter Kritikpunkt ist allerdings auch im Zusammenhang mit der Rechtsscheinlehre relevant. Er betrifft die Frage der Risikoneigung der einzelnen Gesellschaftsmitglieder und basiert auf der Annahme, dass, auch wenn alle Beteiligten grundsätzlich erwarten können, wegen der wiederholten Anwendung einer bestimmten Regelung auf lange Sicht zu den Gewinner zu gehören, für letzteres keine Gewähr besteht.[158] Obgleich der Erwartungswert des Einzelnen somit positiv ist, d.h. für ihn eine nur geringe Wahrscheinlichkeit besteht, zu den Dauerverlierern einer Regelung zu gehören, würde diese geringe Wahrscheinlichkeit ausreichen, dass besonders risikoaverse Gesellschaftsmitglieder die Regelung ablehnen. Der Kritik kann nicht, wie man zunächst annehmen möchte, entgegengehalten werden, dass eine Ablehnung trotz positiven Erwartungswertes irrational wäre und daher mit der REM-Hypothese in Konflikt tritt. Denn persönliche Risikoneigung ist

---

[154] *Eidenmüller*, Effizienz, S. 246; zustimmend *Ch. Wolf*, JZ 1997, 1087, 1090.

[155] *Eidenmüller*, Effizienz, S. 246.

[156] Insoweit wird die Konsensfähigkeit der Rechtsscheinlehre auch nicht von der Kritik berührt, wonach verschiedene Gesellschaftsgruppen unterschiedlich politisch repräsentiert sind und aus diesem Grund manche in der Lage wären, politische Prozesse zu ihren Gunsten zu manipulieren (so *Eidenmüller*, Effizienz, S. 246 f.). Angemerkt sei, dass der argumentatorische Ansatz als solcher schon sehr fragwürdig ist, unterstellt er doch letztlich nichts anderes, als dass ein Gesellschaftsvertrag deshalb nicht zustimmungsfähig sei, weil damit gerechnet werden müsse, dass sich manche Gesellschaftsgruppen nicht an ihn halten.

[157] Dies verkennt *Ch. Wolf*, JZ 1997, 1087, 1090, wenn er eine überindividuelle Rechtfertigung der §§ 932 ff. BGB mit dem Hinweis ausschließt, dass Einkommenseffekte einer generalkompensatorischen Wirkung im Wege stünden.

[158] *Eidenmüller*, Effizienz, S. 248 ff.; im Ansatz auch *Hager*, Verkehrsschutz, S. 235.

keine Frage der Rationalität, sondern der Kategorie der Präferenzen zuzuordnen.[159] Es ist vielmehr zu konstatieren, dass mit dem Hinweis auf besonders risikoaverse Gesellschaftsmitglieder die Konsensfähigkeit jeder Regelung trotz ihrer generalkompensatorischen Wirkung in Frage gestellt werden kann. Müsste der Gesetzgeber daher die Ablehnung besonders risikoaverse Gesellschaftsmitglieder im Rahmen der Gesetzgebung berücksichtigen, käme eine am Effizienzkriterium orientierte Rechtspolitik nur noch in sehr eingeschränktem Umfang in Betracht.

Im Kontext der Frage der verfassungsrechtlichen Angemessenheit der Rechtsscheinlehre relativiert sich dieser Aspekt indes. Das Erfordernis der Konsensfähigkeit unter Einbeziehung auch risikoaverser Gesellschaftsmitglieder mag vielleicht einem rechtsphilosophischen Postulat entsprechen; der rechtspositivistischen Realität entspricht es jedenfalls nicht. Vor dem Hintergrund des unter 1. dargelegten Prüfungsmaßstab kann aus verfassungsrechtlicher Sicht nicht beanstanden werden, dass der Gesetzgeber sich im Hinblick auf die Rechtsscheinlehre nicht die Position des besonders risikoaversen Gesellschaftsmitglieds zu eigen gemacht hat. Allein der Umstand, dass die Regelungen der Rechtsscheinlehre wohl zumindest unter Zugrundelegung der Position eines risikoneutralen Gesellschaftsmitglieds konsensfähig sind, verbietet die Annahme, der Gesetzgeber habe in Bezug auf die von ihnen ausgehenden Belastungen die beschriebene „Erträglichkeitsgrenze" überschritten. Im Ergebnis sind daher die Regelungen der Rechtsscheinlehre in dem Umfang, indem ihr Anwendungsbereich nicht aufgrund mangelnder Erforderlichkeit eingeschränkt werden muss, als angemessen zu qualifizieren.

C. Zusammenfassung

Die Untersuchung hat gezeigt, dass dem Privatrechtsgesetzgeber grundsätzlich in gleicher Weise wie dem öffentlich-rechtlichen Gesetzgeber eine *Zwecksetzungskompetenz* zusteht, so dass auch im Privatrecht Allgemeinwohlinteressen verfolgt werden können. Mangels unmittelbarer demokratischer Legitimation gilt dies indes nicht in gleicher Weise für den Zivilrichter. Ihm steht keine Zwecksetzungskompetenz zu und auch im Rahmen der Rechtsfortbildung kann er in nur engen Grenzen auf Allgemeinwohlinteressen Bezug nehmen. Diese Grenzen, die im Fall der Duldungsvollmacht gewahrt sind, wurden bei der Anscheinsvollmacht überschritten. Denn während die Duldungsvollmacht als Analogie zu den §§ 171 Abs. 1, 172 Abs. 1 BGB verstanden werden kann, handelt

---

[159] Vgl. *Trautmann*, Konkurrenz von Haftpflicht- und Versicherungsanspruch, S. 73, 124 ff.; speziell zum Aspekt der Präferenzen *Kirchgässner*, Homo oeconomicus, S. 39 ff.

es sich bei der Anscheinsvollmacht um einen Fall der sog. gesetzesübersteigenden Rechtsfortbildung. Diese mag grundsätzlich zulässig sein; soweit es jedoch um die Verfolgung von Allgemeinwohlinteressen geht, ist sie es nicht. In Ergebnis kann deshalb die Anscheinsvollmacht vor der Verfassung nicht bestehen.

Die Betrachtung der *Schrankensystematik* der durch die Regelungen der Rechtsscheinlehre betroffenen *Freiheitsrechte* hat zu dem Ergebnis geführt, dass es für ihre Vereinbarkeit mit der Verfassung entscheidend auf ihre Verhältnismäßigkeit ankommt. Im Hinblick auf die Eingriffe in die allgemeine Handlungsfreiheit folgt dies aus dem einfachen Gesetzesvorbehalt des Art. 2 Abs. 1 GG. Soweit die Regelungen der Rechtsscheinlehre auch in die Eigentumsfreiheit eingreifen, ist dies die Konsequenz daraus, dass die Beeinträchtigung nicht als Enteignung, sondern als der Inhalts- und Schrankenbestimmung zu qualifizieren ist. Entscheidend für diese Einordnung ist, dass die Regelungen, wie alle Normen des Privatrechts, nicht konkret-individuell, sondern abstrakt-generell sind. Was die Vereinbarkeit dieses Ergebnisses mit dem Umstand betrifft, dass die entsprechenden Regelungen zu einem Totalverlust des Eigentums führen, war die Erkenntnis von Bedeutung, dass es eine Kategorie *zeitlicher* Inhalts- und Schrankenbestimmung gibt.

Eine Besonderheit gilt lediglich für die Fälle, in denen es durch die Anwendung der Regelungen der Rechtsscheinlehre im Rahmen von Verpflichtungsgeschäften zu Eingriffen in vorbehaltlos gewährte Grundrechte oder Grundrechte mit einem qualifizierten Schrankenvorbehalt käme. Da es sich bei dem vom Privatrechtsgesetzgeber definierten Verkehrsinteresse nicht um kollidierendes Verfassungsrecht handelt, ist insoweit durch analoge Anwendung von § 888 Abs. 3 ZPO zu gewährleistet, dass eine Zwangsvollstreckung der Primärleistungspflicht nicht stattfindet.

In gleicher Weise sind auch die festgestellten *Gleich- bzw. Ungleichbehandlungen* einer Verhältnismäßigkeitsprüfung zu unterziehen. Denn gemäß der Rechtsprechung des Bundesverfassungsgerichts genügt die reine Willkürprüfung nicht, wenn wie im Fall der Rechtsscheinlehre neben Art. 3 Abs. 1 GG zugleich auch Freiheitsrechte betroffen sind oder sich die Ungleichbehandlung für die Betroffenen als unausweichlich erweist.

Entsprechend der zuvor geschilderten Erkenntnisse wurden die Regelungen der Rechtsscheinlehre einer umfassenden Überprüfung anhand der Kriterien der Geeignetheit, der Erforderlichkeit und der Angemessenheit unterzogen. Die *Geeignetheit* der Rechtsscheinlehre zur Förderung des Verkehrsinteresses gründet in erster Linie darauf, dass sie schwer erkennbare Erwerbsvoraussetzungen durch sinnlich wahrnehmbare Tatsachen ersetzt. Hierdurch werden Transaktionskosten gesenkt und somit positiv Einfluss auf die Transaktionsentscheidung von Verkehrsteilnehmer genommen. Dieser positive Effekt tritt nicht nur auf, wenn der Rechtsschein ausnahmsweise von der materiellen Rechtslage abweicht (falscher Rechtsschein), sondern in allen Fällen, in denen die entsprechende

Erwerbsvoraussetzung im Zusammenhang mit einem Rechtsgeschäft eine Rolle spielt. Aus diesem Grund fällt es im Rahmen einer summenmäßigen Betrachtung auch nicht entscheidend ins Gewicht, dass es in den Konstellationen des falschen Rechtsscheins aufgrund der Heteronomie der durch die Regelungen der Rechtsscheinlehre hervorgerufenen Belastung u.U. zu Ineffizienzen kommt.

Daneben sorgt die von den Regelungen der Rechtsscheinlehre ausgehenden Präventionswirkung dafür, dass der potentiell Belastete einen Anreiz hat, das Entstehen eines falschen Rechtsschein zu verhindern bzw. einen entstandenen falschen Rechtsschein umgehend zu beseitigen. Dies ist zum einen deshalb ökonomisch sinnvoll, weil in Fällen, in denen es im Zusammenhang mit einem falschen Rechtsschein zum Abschluss von Rechtsgeschäften kommt, unabhängig von der zuvor geschilderten Tatsachenersetzung die Gefahr von Fehlallokationen besteht. Daneben sind der Geschäftsherr, materiell Berechtigte oder Eintragungspflichtige auch regelmäßig mit wesentlich geringerem Aufwand in der Lage, die Entstehung bzw. das Fortbestehen eines falschen Rechtsscheins zu verhindern, als es Verkehrsteilnehmern möglich ist, die Unrichtigkeit eines Rechtsscheins zu erkennen.

Bei den *§§ 932 ff. BGB* besteht die Besonderheit darin, dass das Auseinanderfallen von Eigentum und Besitz an beweglichen Sachen keine Ausnahmeerscheinung ist und es auch nicht der gesetzgeberischen Intention entspricht, das Auseinanderfallen zu verhindern. Aus diesem Grund muss es als unerwünschte Nebenfolge der §§ 932 ff. BGB angesehen werden, dass sie für den Eigentümer im Rahmen von Gebrauchsüberlassung zur Gefahr des Rechtsverlustes führen. Im Rahmen einer Gegenüberstellung dieses Nachteils mit den Vorteilen, die die Vorschriften im Hinblick auf Erwerbsgeschäfte haben, ist jedoch ein deutliches Überwiegen der Vorteile zu Tage getreten. Denn zum einen sind die für den Gutgläubigen im Rahmen eines Erwerbsgeschäfts bestehenden Risiken größer als die des Eigentümers im Zusammenhang mit der Gebrauchsüberlassung. Neben der Gefahr der Unredlichkeit seines Vertragspartners müsste er nämlich ohne die Regelungen des gutgläubigen Erwerbs befürchten, dass sein Rechtserwerb aufgrund von u.U. weit in der Vergangenheit liegender, auch seinem Vertragspartner nicht bekannter Mängel bei früheren Übertragungsvorgängen scheitert. Zum zweiten wurde festgestellt, dass während es den §§ 932 ff. BGB gelingt, den Gutgläubigen von den genannten Risiken fast vollständig freizustellen, der Eigentümer im Rahmen von Gebrauchsüberlassungen aufgrund der Gefahr eines faktischen Rechtsverlustes auch ohne die §§ 932 ff. BGB auf die Redlichkeit bzw. Solvenz seines Vertragspartners angewiesen wäre.

Die Regelungen der Rechtsscheinlehre wurden durch einen Vergleich mit verschiedenen, einzelne Privatrechtssubjekte weniger belastenden Regelungsalternativen auf ihre Erforderlichkeit hin überprüft. Hinsichtlich einer öffentlich-rechtlichen Ersetzung oder Ergänzung der Rechtsscheinlehre hat sich insbesondere der hiermit verbundene Verwaltungsaufwand als nachteilig herausgestellt.

Eine privatrechtliche Schadensersatzlösung hätte in ihrer Anwendung auf Verfügungsgeschäfte den Nachteil, dass sie dem Gutgläubigen anders als im Fall der Rechtsscheinlehre mit einem Insolvenzrisiko belastet. Daneben wäre sie auch in Konstellationen nachteilig, in denen dem Erwerbsvertrauen des Gutgläubigen auf Seiten des materiell Berechtigten bzw. Geschäftsherrn oder Eintragungspflichtigen kein Bestandsvertrauen gegenübersteht. Hier würde nämlich die Schadensersatzlösung die mit der Enttäuschung des Erwerbsvertrauen verbundene Gefahr von Fehlallokationen in Kauf nehmen, ohne dass im Gegenzug die mit der Enttäuschung von Bestandsvertrauen verbundene Gefahr beseitigt würde.

Nachteilig wäre es auch, die Tatsachenersetzung davon abhängig zu machen, ob der Belastete die *Möglichkeit zur Beseitigung des Rechtsscheins* hatte. Bei diesem Differenzierungskriterium handelt es sich um eine für den Gutgläubigen nicht erkennbaren Umstand, der die Erwerbsrisiken erhöhen und daher negativ auf die Transaktionsentscheidung wirken würde. Ebenso wäre eine Beschränkung der Tatbestände des gutgläubigen Erwerbs und des § 15 Abs. 3 HGB auf die Fälle, in denen der Gutgläubige Kenntnis vom Rechtsscheinträger hatte, nachteilig. Denn die Tatsachenersetzung ermöglicht es Verkehrsteilnehmern nicht nur, Erwerbsrisiken auszuschließen, sondern bewirkt auch abstrakt die signifikante Verringerung von Erwerbsrisiken. Etwas anders gilt lediglich im Hinblick auf § 15 Abs. 1 HGB. Da hier die Tatsachenersetzung zu keiner nennenswerten Risikominderung führt, ist dem Eintragungspflichtigen aufgrund einer teleologischen Reduktion die Möglichkeit zu geben, die fehlende Kenntnis des Gutgläubigen vom Rechtsschein zu beweisen.

Die fehlende Erforderlichkeit des Schutzes unentgeltlicher Transaktionen ist Folge der Erkenntnisse, dass sich diese im Hinblick auf das Ziel der Allokationseffizienz neutral verhalten.

Schließlich haben sich die Regelungen der Rechtsscheinlehre (im Umfang ihres verbleibenden Anwendungsbereichs) auch als angemessen erwiesen. Zwar können sie fraglos in Einzelfällen zu einschneidenden Belastungen von Privatrechtssubjekten führen. Da ihre positive Wirkung jedoch umgekehrt nicht auf die Konstellation des falschen Rechtsscheins beschränkt ist, sondern vor allem auch in sämtlichen Fällen eingreift, in denen Rechtsschein und materielle Rechtslage übereinstimmen, stehen dem aber erhebliche Vorteile gegenüber. Im Einzelfall bestehen diese darin, dass die Parteien eines Rechtsgeschäfts aufgrund der Einsparung von Transaktionskosten einen höheren Kooperationsgewinn erzielen. Daneben führt dieser Effekt aber auch zu einer Steigerung der Allokationseffizienz und schlägt sich so in einem höheren gesellschaftlichen Wohlstand nieder. Da auf diese Weise tendenziell alle Gesellschaftsmitglieder von den Vorteilen der Rechtsscheinlehre profitieren, findet eine Generalkompensation statt, wonach auch die im Einzelfall belasteten Gesellschaftsmitglieder langfristig von den Regelungen der Rechtsscheinlehre profitieren.

§ 8 Die wesentlichen Ergebnisse

A. Die Selbstbehauptung des Privatrechts

Als eine der wesentlichen Erkenntnisse der vorliegenden Untersuchung kann bezeichnet werden, dass sich das bei vielen Vertretern des Privatrechts zumindest unterschwellig festzustellende Unbehagen gegenüber der verfassungsrechtlichen Überprüfung privatrechtlicher Institute als unbegründet erwiesen hat. Denn zumindest soweit es durch die Sorge genährt wird, dass das Privatrecht ohne eine Abschwächung des verfassungsrechtlichen Prüfungsmaßstabs möglicherweise in wesentlichen Teilen vor dem Grundgesetz nicht bestehen könne, hat die Überprüfung der diesbezüglich als besonders problematisch angesehenen Rechtsscheinlehre gezeigt, dass die Selbstbehauptungskraft des Privatrechts sehr groß ist. Anstatt deshalb mit wenig überzeugenden Argumenten den Vorrang der Verfassung und ihre Auswirkungen auf das Privatrecht zu negieren oder gar zu ignorieren, sollten auch die Vertreter des Privatrechts auf die hohe Rationalität des Privatrechts vertrauen und die Herausforderungen des Verfassungsrechts annehmen.[1] Selbst wenn der hiermit verbundene Argumentationsaufwand im Einzelfall groß sein mag, so werden die entsprechenden Mühen häufig mit einem auch auf Ebene des Privatrechts nutzbaren Erkenntnisgewinn entlohnt werden.

B. Die Möglichkeit der Verfolgung überindividueller Zwecke durch den Privatrechtsgesetzgeber

Als bedeutsam für den Handlungsspielraum des Privatrechtsgesetzgebers hat sich vor allem dessen Möglichkeit erwiesen, ebenso wie der öffentlichrechtliche Gesetzgeber Allgemeinwohlinteressen zu verfolgen. Auch wenn dies nur ganz vereinzelt in Frage gestellt und im Übrigen kaum diskutiert wird, handelt es sich hierbei weder in tatsächlicher Hinsicht um eine Selbstverständlichkeit, noch können die insoweit geltenden verfassungsrechtlichen Rahmenbedingungen als allgemein bekannt vorausgesetzt werden.

---

[1] Bezugnehmend auf die Aussage von *Zöllner* (vgl. oben § 4 Fn. 7) mag man daher sagen, die Vertreter des Privatrechts können den Vertretern des Staatsrechts ruhigen Gewissens die „ganze Hand" geben.

In tatsächlicher Hinsicht war zunächst die Frage zu beantworten, wie der Privatrechtsgesetzgeber, dessen Tätigkeit ja auf die Regelung der Beziehungen zwischen Privatrechtssubjekten beschränkt ist, hierbei überhaupt Einfluss auf das Allgemeinwohl nehmen kann. Weil dem einen nur das gegeben werden kann, was dem anderen genommen wird, erscheint eine Besserstellung aller geradezu ausgeschlossen. Tatsächlich hat die Untersuchung jedoch gezeigt, dass die Auswirkungen des Privatrechts auf das Allgemeinwohl mannigfaltigfaltiger Natur sind.[2] Große Bedeutung hat das Privatrecht insbesondere für die Frage, mit welcher Effizienz eine Gesellschaft die ihr zur Verfügung gestellten Ressourcen nutzt. Als besonders wichtig hat es sich diesbezüglich erwiesen, wie die Regelungen ausgestaltet werden, gemäß derer Privatrechtssubjekte die ihnen in Bezug auf Ressourcen gewährte Rechte untereinander übertragen können.[3] Genau hieran knüpfen auch die Regelungen der Rechtsscheinlehre an, indem sie die für Verkehrsteilnehmer im Rahmen von Rechtsgeschäften bestehenden rechtlichen Risiken reduzieren und auf diese Weise Transaktionskosten senken.

Die verfassungsrechtliche Zulässigkeit der Verfolgung von Allgemeinwohlinteressen durch den Privatrechtsgesetzgeber und die hiermit einhergehende Zwecksetzungskompetenz resultieren zunächst einmal daraus, dass der Verfassung keine explizite gegenteilige Aussage zu entnehmen ist. Maßgeblich sind daher die allgemeinen, für den Gesetzgeber auch auf dem Gebiet des öffentlichen Rechts geltenden Regeln, insbesondere der Grundsatz der Verhältnismäßigkeit. Vor allem im Rahmen der hierin enthaltenen Erforderlichkeitsprüfung müssen sich privatrechtliche Arrangements an denkbaren öffentlich-rechtlichen Alternativen messen lassen. In diesem Zusammenhang gewinnt dann der Umstand Bedeutung, dass das öffentliche Recht tendenziell besser in der Lage ist, die mit der Verfolgung von Allgemeinwohlinteressen meist unweigerlich verbundenen Belastungen einzelner Privatrechtssubjekte entsprechend der Grundsätze der iustitia distributiva zu verteilen. Weil somit das öffentliche Recht in der Terminologie der Erforderlichkeitsprüfung häufig als das mildere Mittel zu qualifizieren ist, kommt es entscheidend darauf an, ob das jeweilige Allgemeinwohlinteresse privatrechtlich effektiver verfolgt werden kann.[4] An diesem Prüfungsschritt muss beispielsweise eine verteilungspolitisch motivierte Regelung wie die der Entgeltfortzahlung nach dem Mutterschutzgesetz scheitern, da Geld eben genauso gut vom Staat und somit öffentlich-rechtlich zugewandt werden kann.[5] Besteht das überindividuelle Interesse jedoch wie im Fall der Rechtsscheinlehre darin, eine Effizienzsteigerung zu erzielen,

[2] Vgl. § 3 B II (= S. 55 ff.).

[3] Vgl. § 3 C II 4 (= S. 72 ff.).

[4] Vgl. § 7 A I (= S. 153 ff.).

[5] Vgl. dazu ausführlich *Canaris*, iustitia distributiva, S. 104 ff., der umgekehrt aber auch Beispiele für verteilungspolitisch motivierte Regelungen des Privatrechts nennt, die die entsprechende Prüfung bestehen und daher verfassungsrechtlich nicht zu beanstanden sind.

wird die privatrechtliche Lösung einer öffentlich-rechtlichen Lösung regelmäßig überlegen sein.

Erschwert wird die verfassungsrechtliche Bewertung privatrechtlicher Regelungen dadurch, dass sie, auch wenn sie teilweise überindividuell motiviert sind, eben doch auch stets die individuellen Interessen einzelner Privatrechtssubjekte ausgleichen. Im Rahmen ihrer Rechtfertigung sind die individuellen und die überindividuellen Aspekte jedoch gedanklich voneinander zu trennen. Welche Eingriffe aus individueller oder rechtsverhältnisinterner Sicht verfassungsmäßig zulässig bzw. geboten sind, entscheidet sich anhand des Zusammenspiels der Abwehr- und Schutzgebotsfunktion der betroffenen Grundrechte. Insoweit hat sich der materielle Handlungsspielraum des Privatrechtsgesetzgebers als sehr gering erwiesen. Aufgrund von Allgemeinwohlerwägungen kann er jedoch von dem ihm so von der Verfassung theoretisch weitestgehend vorgegebenen Ergebnis abweichen. Dies gibt ihm die Möglichkeit, auch ohne das Bestehen einer Schutzpflicht in Grundrechtspositionen einzugreifen oder bei Bestehen einer Schutzpflicht hinsichtlich der Intensität des Grundrechtseingriffs über das zu deren Erfüllung erforderliche Maß hinausgehen. Diese Abweichung von der aus individueller Sicht gebotenen Lösung muss dann in Bezug auf das jeweilige Allgemeinwohlinteresse verhältnismäßig sein.

C. Die überwiegende Verfassungsmäßigkeit der Rechtsscheinlehre und das Scheitern ihrer vertrauenstheoretischen Erklärung

Die verfassungsrechtliche Überprüfung der Rechtsscheinlehre hat zum Ergebnis geführt, dass die von ihren Regelungen ausgehenden Grundrechtseingriffe ganz überwiegend überindividuell mit dem Verkehrsinteresse gerechtfertigt werden können. Lediglich an drei Stellen mussten Einschränkungen vorgenommen werden. So konnte die bereits privatrechtsdogmatisch umstrittene Anscheinsvollmacht nicht vor der Verfassung bestehen, weil es sich insoweit um Richterrecht handelt und der Judikative mangels unmittelbarer demokratischer Legitimation nicht zugestanden werden kann, Allgemeinwohlinteressen nach eigenen Vorstellungen zu verfolgen.[6] Der Anwendungsbereich von § 15 Abs. 1 HGB ist insoweit einzuschränken, als der Eintragungspflichtige die Möglichkeit haben muss zu beweisen, dass der Gutgläubige keine Kenntnis von einem Rechtsschein hatte.[7] Auch insoweit handelt es sich um eine Einschränkung, die teilweise bereits von Vertretern des Privatrechts ohne Bezugnahme auf das Verfassungsrecht gefordert wurde. Schließlich hat sich der Schutz unentgeltlicher Transaktionen als nicht erforderlich im Hinblick auf die Verfolgung des Ver-

[6] Vgl. § 7 A II (= S. 156 ff.).

[7] Vgl. § 7 B III 3 c (2) (c) (= S. 200 ff.).

kehrsinteresses erwiesen.[8] Die so erforderliche Korrektur privatrechtlicher Gesetzgebung erscheint angesichts des Umstandes, dass § 816 Abs. 1 Satz 2 BGB explizit die Wirksamkeit des unentgeltlichen gutgläubigen Erwerbs annimmt, am einschneidendsten.

Wurde zuvor davon gesprochen, dass die verfassungsrechtliche Rechtfertigung privatrechtlicher Normen gegebenenfalls auch einen für die privatrechtliche Dogmatik nutzbaren Erkenntnisgewinn zu verschaffen mag, so hat sich diese Aussage gerade im Hinblick auf die Rechtsscheinlehre bewahrheitet. Dies gilt insbesondere für die Erkenntnis, dass eine individuelle Rechtfertigung der Rechtsscheinlehre nicht möglich ist. Damit verbunden ist die Gewissheit, dass Geltungsgrund der Rechtsscheinlehre nicht das individuelle Vertrauen des Gutgläubigen ist. Auch wenn ein entsprechendes Vertrauen sicherlich in den von der Rechtsscheinlehre betroffenen Konstellationen regelmäßig eine Rolle spielt, bedarf es einer Erklärung, weshalb ein u.U. ebenfalls bestehendes Bestandsvertrauen gegenüber diesem Erwerbsvertrauen zurückzutreten hat. Diese Erklärung kann nur das überindividuelle Verkehrsinteresse bieten. Um seiner selbst Willen wird nicht nur ein möglicherweise unabhängig von rechtlichen Regelungen vorhandenes Erwerbsvertrauen geschützt, sondern vor allem mit Hilfe des Prinzips der Tatsachenersetzung Systemvertrauen *geschaffen*. Verkehrsteilnehmer können sich hiernach bei Vorliegen eines bestimmten Rechtsscheinträgers darauf verlassen, ein Recht gegebenenfalls auch ohne das Vorliegen bestimmter materieller Voraussetzungen zu erwerben.

Der Austausch individuellen Vertrauens durch Systemvertrauen führt indes nicht zu einer völligen dogmatischen Neuordnung der Rechtsscheinlehre. Denn auch Systemvertrauen ist Vertrauen. In Fällen, in denen der Gutgläubige Kenntnis vom jeweiligen Rechtsscheinträger hat, liefert die hier vertretene Konzeption im Verhältnis zur Vertrauenstheorie lediglich eine andere Erklärung dafür, weshalb das Vertrauen des Gutgläubigen geschützt wird. Der eigentliche Unterschied der beiden Auffassungen zeigt sich erst bei der Frage, unter welchen Voraussetzungen Regelungen der Rechtsscheinlehre auch dann eingreifen sollen, wenn der Gutgläubige keine Kenntnis vom jeweiligen Rechtsscheinträger hat. Während die Vertrauenstheorie insoweit stets zur Ablehnung einer Rechtsscheinwirkung kommen muss, vermag das Verkehrsinteresse zu erklären, weshalb auch die abstrakte Minderung von Erwerbsrisiken eine Rechtsscheinwirkung rechtfertigt.[9]

---

[8] Vgl. § 7 B III 3 e (= S. 203 f.).

[9] § 7 B III 3 c (1) (= S. 196 f.).

Literaturverzeichnis

Adams, Michael: Das „Verursacherprinzip" als Leerformel, JZ 1989, 787 ff.

– Ökonomische Analyse der Sicherungsrechte: ein Beitrag zur Reform der Mobiliarsicherheiten, Königstein/Ts. 1980 (zitiert: *Adams*, Sicherungsrechte)

Alexy, Robert: Theorie der Grundrechte, 2. Auflage, Frankfurt am Main 1994

Amelung, Knut: Die Einwilligung in die Beeinträchtigung eines Grundrechtsgutes, Eine Untersuchung im Grenzbereich von Grundrechts- und Strafrechtsdogmatik, Berlin 1981 (zitiert: *Amelung*, Einwilligung)

Assmann, Heinz-Dieter/*Kirchner*, Christian/*Schanze*, Erich: Ökonomische Analyse des Rechts, 2. Auflage, Tübingen 1993

Bauer, Karen: Ersitzung und Bereicherung im klassischen römischen Recht und die Ersitzung im BGB, Berlin 1988 (zitiert: *K. Bauer*, Ersitzung und Bereicherung)

Baumbach, Adolf/*Hopt*, Klaus: Handelsgesetzbuch, Kommentar, 31. Auflage, München 2003 (zitiert: Baumbach/Duden/Hopt/*Bearbeiter*)

Baur, Jürgen F./*Stürner*, Rolf: Sachenrecht, 17. Auflage, München 1999

Bethge, Herbert: Zur Problematik von Grundrechtskollisionen, München 1977 (zitiert: *Bethge*, Grundrechtskollisionen)

Bettermann, Karl-August/*Neumann*, Franz/*Nipperdey*, Carl Hans: Die Grundrechte, Handbuch der Theorie und Praxis der Grundrechte, Bd. 2, Berlin 1966 (zitiert: *Bearbeiter*, Handbuch der Grundrechte/2)

Binding, Karl: Die Ungerechtigkeit des Eigentums-Erwerbs vom Nicht-Eigentümer nach BGB § 932 und § 935 und ihre Reduktion auf das kleinstmögliche Maß, Leipzig, 1908

Bleckmann, Albert: Europarecht: das Recht der Europäischen Gemeinschaft, 6. Auflage, Köln u.a. 1997 (zitiert: *Bleckmann*, Europarecht)

– Staatsrecht II, – Die Grundrechte, 4. Auflage, Köln 1997 (zitiert: *Bleckmann*, Staatsrecht II)

– Probleme des Grundrechtsverzichts, JZ 1988, 57 ff.

Böhmer, Werner: Grundfragen der verfassungsrechtlichen Gewährleistung des Eigentums in der Rechtsprechung des Bundesverfassungsgerichts, NJW 1988, 2561 ff.

Brox, Hans: Handelsrecht und Wertpapierrecht, 17. Auflage, München 2004

Bryde, Brun-Otto/*Kleindiek*, Ralf: Der allgemeine Gleichheitssatz, Jura 1999, 36 ff.

Bydlinski, Franz: Erklärungsbewusstsein und Rechtsgeschäft, JZ 1975, 1 ff.

– Juristische Methodenlehre und Rechtsbegriff, Wien, New York 1982 (zitiert: *Bydlinski*, Methodenlehre)

– Privatautonomie und objektive Grundlagen des verpflichtenden Rechtsgeschäftes, Wien, New York 1967 (zitiert: *Bydlinski*, Privatautonomie)

– System und Prinzipien des Privatrechts, Wien, New York 1996 (zitiert: *Bydlinski*, System und Prinzipien)

Calabresi, Guido: The costs of Accidents: A Legal and Economic Analysis, 3. Auflage, Ort 1972 (zitiert: *Calabresi*, The costs of Accidents)

Canaris, Claus-Wilhelm: Die Vertrauenshaftung im deutschen Privatrecht, München 1971 (zitiert: *Canaris*, Vertrauenshaftung)

– Systemdenken und Systembegriff in der Jurisprudenz, 2. Auflage, Berlin 1983 (zitiert: *Canaris*, Systemdenken)

– Grundrechte und Privatrecht, AcP 184 (1984), 201 ff.

– Grundrechte und Privatrecht, AcP 185 (1985), 9 ff.

– Grundrechtswirkungen und Verhältnismäßigkeitsprinzip in der richterlichen Anwendung und Fortbildung des Privatrechts, JuS 1989, S. 161 ff.

– Anmerkung zur Entscheidung des BVerfG vom 7. Februar 1990 (1 BvR 26/84), BAG AP, zu Art. 12 GG, Nr. 65 Bl., 1990, 458 ff.

– Die Bedeutung der iustitia distributiva im deutschen Vertragsrecht: aktualisierte und stark erweiterte Fassung des Vortrags vom 2. Juli 1993, München 1997 (zitiert: *Canaris*, iustitia distributiva)

– Grundrechte und Privatrecht: eine Zwischenbilanz; stark erweiterte Fassung des Vortrags gehalten vor der Juristischen Gesellschaft zu Berlin am 10. Juni 1998, Berlin, New York 1998 (zitiert: *Canaris*, Zwischenbilanz)

– Die Vertrauenshaftung im Lichte der Rechtsprechung des Bundesgerichtshofs, 50 Jahre Bundesgerichtshof, Festgabe aus der Wissenschaft, 2000, Band I, S. 129-197, herausgegeben von Claus-Wilhelm *Canaris*, Andreas *Heldrich*, Klaus *Hopt*, Claus *Roxin* und Gunter *Widmaier* (zitiert: *Canaris*, FS-50 Jahre BGH)

– Handelsrecht, 23. Auflage, München 2000

Degenhart, Christoph: Staatsrecht I – Staatszielbestimmungen, Staatsorgane, Staatsfunktionen, 18. Auflage, Heidelberg 2002 (zitiert: *Degenhart*, Staatsrecht I)

Diederichsen, Uwe: Das Bundesverfassungsgericht als oberstes Zivilgericht – ein Lehrstück juristischer Methodenlehre, AcP 198 (1998), 171 ff.

Dietlein, Johannes: Das Untermaßverbot – Bestandsaufnahme und Entwicklungschancen einer neuen Rechtsfigur – ZG 1995, 131 ff.

– Die Lehre von den grundrechtlichen Schutzpflichten, Berlin 1992

Dreier, Horst (Hrsg.): Grundgesetz, Kommentar, Band I Art. 1 – 19, Tübingen 1996 (zitiert: Dreier/*Bearbeiter*)

Dubischar, Roland: Doppelverkauf und „ius ad rem“, JuS 1970, 6 ff.

Dürig, Günter: Grundrechte und Zivilrechtsprechung, in: Vom Bonner Grundgesetz zur gesamtdeutschen Verfassung, Festschrift zum 75. Geburtstag von Hans Nawiasky, herausgegeben von Theodor Maunz, München 1956, S. 156 ff. (zitiert: *Dürig*, FS Nawiasky)

Ebenroth, Carsten Thomas/*Boujong*, Karlheinz/*Joost*, Detlev: Handelsgesetzbuch: Kommentar, Band 1, §§ 1-342, München 2001 (zitiert: Ebenroth/Boujong/Joost/*Bearbeiter*)

Ehlers, Dirk: Eigentumsschutz, Sozialbindung und Enteignung bei der Nutzung von Boden und Umwelt, VVDStRL 51 (1992), 211 ff.

Eichenhofer, Eberhard: Die sozialpolitische Impflichtnahme von Privatrecht, JuS 1996, 857 ff.

Eidenmüller, Horst: Effizienz als Rechtsprinzip: Möglichkeiten und Grenzen der ökonomischen Analyse des Rechts, 2. Auflage, Tübingen 1998 (zitiert: *Eidenmüller*, Effizienz)

Enneccerus, Ludwig/*Nipperdey*, Hans Carl: Lehrbuch des Bürgerlichen Rechts, Bd. 1., Allgemeiner Teil des bürgerlichen Rechts, 1. Halbbd., Allgemeine Lehren, Personen, Rechtsobjekte, 15. Auflage, Tübingen, 1959 (zitiert: *Enneccerus/Nipperdey*, AT/1)

Erichsen, Hans-Uwe: Grundrechtliche Schutzpflichten in der Rechtsprechung des Bundesverfassungsgerichts, Jura 1997, 85 ff.

Erman, Walter (Begr.): Bürgerliches Gesetzbuch: Handkommentar mit AGBG, EGBGB, ErbbauVO, HausratsVO, HausTWG, ProdHaftG, SachenRBerG, SchuldR-AnpG, VerbrKrG, herausgegeben von Harm Peter Westermann, 11. Auflage, Münster 2004 (zitiert: Erman/*Bearbeiter*)

Esser, Josef/*Schmidt*, Eike: Schuldrecht, Band I, Allgemeiner Teil, Teilband 1, Entstehung, Inhalt und Beendigung von Schuldverhältnissen, 8. Auflage, Heidelberg 1995 (zitiert: *Esser/Schmidt*, Schuldrecht I/1)

Fezer, Karl-Heinz: Aspekte einer Rechtskritik an der economic analysis of law und am property rights approach, JZ 1986, 817 ff.

– Nochmals – Kritik an der ökonomischen Analyse des Rechts, JZ 1988, 223 ff.

Finkenauer, Thomas: Eigentum und Zeitablauf – das dominium sine re im Grundstücksrecht: zugleich ein Beitrag zur Entstehungsgeschichte des BGB, Berlin 2000 (zitiert: *Finkenauer*, Eigentum und Zeitablauf)

Flume, Werner: Allgemeiner Teil des Bürgerlichen Rechts, 2. Bd., Das Rechtsgeschäft, 4. Auflage Berlin u.a. 1992 (zitiert: *Flume*, AT)

Fritsch, Michael/*Wein*, Thomas/*Ewers*, Hans-Jürgen: Marktversagen und Wirtschaftspolitik: mikroökonomische Grundlagen staatlichen Handelns, 4. Auflage, München 2001 (zitiert: *Fritsch/Wein/Ewers*, Marktversagen und Wirtschaftspolitik)

Frotz, Gerhard: Verkehrsschutz im Vertretungsrecht – Zugleich ein Beitrag zur sozialen Verantwortung als Korrelat privatautonomer Gestaltungsfreiheit, Frankfurt/M. 1972 (zitiert: *Frotz*, Verkehrsschutz)

Grabitz, Eberhard: Der Grundsatz der Verhältnismäßigkeit in der Rechtsprechung des Bundesverfassungsgerichts, AöR 98 (1973), S. 568 ff.

Großfeld, Claudia: Die Rechtsscheinvollmacht im deutschen und italienischen Recht: eine rechtsvergleichende Darstellung, Münster u.a. 2002

Grundmann, Stefan: Methodenpluralismus als Aufgabe – zur Legalität von ökonomischen und rechtsethischen Argumenten in Auslegung und Rechtsanwendung, RabelsZ 66 (1997) 423 ff.

Habersack, Mathias: Europäisches Gesellschaftsrecht: Einführung für Studium und Praxis, 2. Auflage, München 2003 (zitiert: *Habersack*, Europäisches Gesellschaftsrecht)

Hager, Johannes: Die Stellung des Kindes nach heterologen Insemination, Berlin, New York 1997

Hager, Johannes: Grundrechte im Privatrecht, JZ 1994, 373

– Verkehrsschutz durch redlichen Erwerb, München 1990 (zitiert: *Hager*, Verkehrsschutz)

Hain, Karl-Eberhard: Das Untermaßverbot in der Kontroverse, ZG 1996, 75 ff.

– Der Gesetzgeber in der Klemme zwischen Übermaß- und Untermaßverbot, DVBl. 1993, 982 ff.

Heinze, Christian: „Judicial restraint' des Bundesverfassungsgerichts", JZ 1977, 552 ff.

Hendler, Reinhard: Abgrenzung von Enteignung und eigentumsrechtlicher Inhalts- und Schrankenbestimmung, Anmerkung zur Entscheidung des BVerfG vom 2. März 1999 (1 BvL 7/91), DVBl. 1999, 1501ff.

Hermes, Georg: Das Grundrecht auf Schutz von Leben und Gesundheit: Schutzpflicht und Schutzanspruch aus Art. 2 Abs. 2 Satz 1 GG, Freiburg 1985/86

– Grundrechtsschutz durch Privatrecht auf neuer Grundlage, – Das BVerfG zu Schutzpflicht und mittelbarer Drittwirkung der Berufsfreiheit –, Anmerkung zu Entscheidung des BVerfG vom 7. Februar 1990 (1 BvR 26/84), NJW 1990, 1764 ff.

Hesse, Konrad: Der Gleichheitssatz in der neueren deutschen Verfassungsentwicklung, AöR 109 (1984), 174 ff.

– Grundzüge des Verfassungsrechts der Bundesrepublik Deutschland, 20. Auflage, Heidelberg 1999 (zitiert: *Hesse*, Verfassungsrecht)

Heymann, Ernst (Begr.): Handelsgesetzbuch (ohne Seerecht), Kommentar, Band 1, Erstes Buch, Einleitung; §§ 1-104, 2. Auflage, Berlin, New York 1995 (zitiert: Heymann/*Bearbeiter*)

Hoffmann, Bernd von: Das Recht des Grundstückskaufs. Eine rechtsvergleichende Untersuchung, Tübingen 1982 (zitiert: *v. Hoffmann*, Grundstückskauf)

Höfling, Wolfram: Vertragsfreiheit: eine grundrechtsdogmatische Studie, Heidelberg 1991 (zitiert: *Höfling*, Vertragsfreiheit)

Hofmann, Paul: Das Handelsregister und seine Publizität, JA 1980, 264 ff.

Hopt, Klaus/*Wiedemann*, Herbert (Hrsg.): Großkommentar zum Aktiengesetz, 4. Auflage 1992 ff. (zitiert: Großkommentar/AktG/*Bearbeiter*)

Hübner, Heinz: Der Rechtsverlust im Mobiliarsachenrecht: Ein Beitrag zur Begründung und Begrenzung den sachenrechtlichen Vertrauensschutzes – dargestellt an den Regelung nach 932 ff. BGB, Erlangen 1955 (zitiert: *Hübner*, Rechtsverlust)

Huster, Stefan: Gleichheit und Verhältnismäßigkeit – Der allgemeine Gleichheitssatz als Eingriffsrecht -, JZ 1994, 541 ff.

– Rechte und Ziele: zur Dogmatik des allgemeinen Gleichheitssatzes, Berlin 1993 (zitiert: *Huster*, Rechte und Ziele)

Isensee, Josef: Das Grundrecht auf Sicherheit: zu den Schutzpflichten des freiheitlichen Verfassungsstaates, Berlin, New York 1983 (zitiert: *Isensee*, Grundrecht auf Sicherheit)

– Kunstfreiheit im Streit mit Persönlichkeitsschutz, AfP 1993, 619 ff.

– Vertragsfreiheit im Griff der Grundrechte – Inhaltskontrolle der Verträge am Maßstab der Verfassung, in: Festschrift für Bernhard Großfeld zum 65. Geburtstag, herausgeben von Ulrich Hübner und Werner F. Ebke, Heidelberg 1999, S. 485 ff. (zitiert: *Isensee*, FS Großfeld)

Isensee, Josef/*Kirchhof*, Paul (Hrsg.): Handbuch des Staatsrechts der Bundesrepublik Deutschland, Band V, Allgemeine Grundrechtslehren, Heidelberg 1992, Band VI,

Freiheitsrechte, Heidelberg 1989 (zitiert: *Bearbeiter*, HbdStR V bzw. *Bearbeiter*, HbdStR VI)

Jakobs, Michael: Der Grundsatz der Verhältnismäßigkeit, DVBl. 1985, 97 ff.

Jarass, Hans: Grundrechte als Wertentscheidungen bzw. objektivrechtliche Prinzipien in der Rechtsprechung des Bundesverfassungsgerichts, AöR 110 (1985), 363 ff.

– Inhalts- und Schrankenbestimmung oder Enteignung, NJW 2000, 2841 ff.

Jarass, Hans/*Pieroth*, Bodo: Grundgesetz für die Bundesrepublik Deutschland, 7. Auflage, München 2004 (zitiert: Jarass/Pieroth/*Bearbeiter*)

John, Uwe: Fiktionswirkung oder Schutz typisierten Vertrauens durch das Handelsregister – Zur Frage der negativen Publizität bei nicht eingetragener Veränderung selbst nicht eingetragener Rechtsverhältnisse – ZHR 140 (1976), 236 ff.

Kirchgässner, Gebhard: Homo oeconomicus: das ökonomische Modell individuellen Verhaltens und seine Anwendung in den Wirtschafts- und Sozialwissenschaften, 2. Auflage, Tübingen 2000 (zitiert: *Kirchgässner*, Homo oeconomicus)

– Führt der homo oeconomicus das Recht in die Irre? – Zur Kritik an der ökonomischen Analyse des Rechts – JZ 1991, 104 ff.

Kloepfer, Michael: Gleichheit als Verfassungsfrage, Berlin 1980

Köndgen, Johannes: Selbstbindung ohne Vertrag: zur Haftung aus geschäftsbezogenem Handeln, Tübingen 1981 (zitiert: *Köndgen*, Selbstbindung ohne Vertrag)

– Besprechung von Dieter Medicus, Allgemeiner Teil des Bürgerlichen Gesetzbuchs, 1. Auflage, 1982, AcP 184 (1984), 600 ff.

Kopp, Ferdinand: Fiskalgeltung und Drittwirkung der Grund- und Freiheitsrecht im Bereich des Privatrechts, in: Festschrift zum 70. Geburtstag von Walter Wilburg, herausgegeben von Hermann Baltl, Graz 1975, S. 149 ff. (zitiert: *Kopp*, FS Wilburg)

Krause, Peter: Die Rechtsprechung des Bundesverfassungsgerichts zum Privatrecht – Teil 1, JZ 1984, 656 ff.

– Die Rechtsprechung des Bundesverfassungsgerichts zum Privatrecht – Teil 2, JZ 1984, 711 ff.

Krimphove, Dieter: Der Einsatz der Ökonomische Analyse des Rechts als notwendiges Instrument der Europäischen Rechtsvergleichung, ZfRV, 1998, 185 ff.

Kübler, Friedrich: Effizienz als Rechtsprinzip, in: Festschrift für Ernst Steindorff zum 70. Geburtstag, herausgegeben von Jürgen F. Baur und Rolf O. Belke, Berlin 1990, S. 687 ff. (zitiert: *Kübler*, FS Steindorff)

Lackner, Karl/*Kühl*, Kristian: Strafgesetzbuch mit Erläuterungen, 25. Auflage, München 2004 (zitiert: Lackner/Kühl/*Bearbeiter*)

Langenbucher, Katja: Die Entwicklung und Auslegung von Richterrecht: eine methodologische Untersuchung zur richterlichen Rechtsfortbildung im deutschen Zivilrecht, München 1996 (zitiert: *Langenbucher*, Richterrecht)

Larenz, Karl/*Canaris*, Claus-Wilhelm: Lehrbuch des Schuldrechts, 2. Band: Besonderer Teil, 2. Halbband, 13. Auflage, München 1994 (zitiert: *Larenz/Canaris*, Schuldrecht II/2)

– Methodenlehre der Rechtswissenschaft, 3. Auflage, Berlin u.a. 1995 (zitiert: *Larenz/Canaris*, Methodenlehre)

Larenz, Karl: Methodenlehre der Rechtswissenschaft, 6. Auflage, Berlin u.a. 1991 (zitiert: *Larenz*, Methodenlehre)

Larenz, Karl/*Wolf*, Manfred: Allgemeiner Teil des Bürgerlichen Gesetzbuchs, 9. Auflage, München 2004 (zitiert: *Larenz/Wolf*, AT)

Laufke, Frank: Vertragsfreiheit und Grundgesetz, in: Das deutsche Privatrecht in der Mitte des 20. Jahrhunderts, in: Festschrift für Heinrich Lehmann zum 80. Geburtstag, Band 1, herausgegeben von Hans Carl Nipperdey, Berlin 1956, S. 145 ff. (zitiert: *Laufke*, FS Lehmann)

Leenen, Detlef: Die Funktionsbedingungen von Verkehrssystemen in der Dogmatik des Privatrechts, in: Rechtsdogmatik und praktische Vernunft – Symposium zum 80. Geburtstag von Franz Wieacker, herausgegeben von Okko Behrends, Malte Dießelhorst und Ralf Dreier, Göttingen 1990, S. 108 ff. (zitiert: *Leenen*, Symposium Wieacker)

Lege, Joachim: Zwangskontrakt und Güterdefinition: zur Klärung der Begriffe „Enteignung“ und „Inhalts- und Schrankenbestimmung des Eigentums“, Berlin 1995 (zitiert: *Lege*, Zwangskontrakt)

Lehmann, Michael: Bürgerliches Recht und Handelsrecht – eine juristische und ökonomische Analyse: eine juristische und ökonomische Analyse ausgewählter Probleme für Wirtschaftswissenschaftler und interdisziplinär interessierte Juristen unter besonderer Berücksichtigung der „ökonomischen Analyse des Rechts“ und der „Theorie der Property Rights“, Stuttgart 1983 (zitiert: *Lehmann*, Ökonomische Analyse)

Leipold, Dieter: Gibt es noch vorkonstitutionelle Vorschriften im BGB?, NJW 2003, 2657 ff.

Leisner, Walter: Grundrechte und Privatrecht, München 1960

Lerche, Peter: Übermaß und Verfassungsrecht: Zur Bindung des Gesetzgebers an die Grundsätze der Verhältnismäßigkeit und der Erforderlichkeit, Köln u.a. 1961 (zitiert: *Lerche*, Übermaß)

Lobinger, Thomas: Rechtsgeschäftliche Verpflichtung und autonome Bindung, Tübinger 1999 (zitiert: *Lobinger*, Rechtsgeschäftliche Verpflichtung)

Lücke, Jörg: Die Drittwirkung der Grundrechte an Hand des Art. 19 Abs. 3 GG, JZ 1999, 377 ff.

Lutter, Marcus: Die Grenzen des sogenannten Gutglaubensschutzes im Grundbuch, AcP 164 (1964), 122 ff.

Malaurie, Philippe/*Aynès*, Laurent: Cours de droit civil, Band VI, Les Obligations, Teil 2, Contrats, Quasi-Contrats, 11. Auflage, Paris 2001 (zitiert: *Malaurie/Aynès*, Obligations)

Malorny, Michael: Der Grundrechtsverzicht, JA 1974, 475 ff.

Mangoldt, Hermann von/*Klein*, Friedrich/*Starck*, Christian: Das Bonner Grundgesetz, Band I, Präambel, Art. 1 – 19, 4. Auflage, München 1999 (zitiert: Mangoldt/Klein/Starck/*Bearbeiter*)

Maunz, Theodor/*Dürig*, Günter/*Herzog*, Roman/*Scholz*, Rupert (Hrsg.): Grundgesetz – Kommentar, München, Loseblatt Stand 2/99 (zitiert: Maunz/Dürig/Herzog/Scholz/*Bearbeiter*)

Maurer, Hartmut: Allgemeines Verwaltungsrecht, 14. Auflage, München 2002 (zitiert: *Maurer*, Verwaltungsrecht)

Medicus, Dieter: Allgemeiner Teil des BGB: ein Lehrbuch, 8. Auflage, Heidelberg 2002 (zitiert: *Medicus*, AT)

– Der Grundsatz der Verhältnismäßigkeit im Privatrecht, AcP 192 (1992), 35 ff.

Mugdan, Benno: Die gesammelten Materialien zum Bürgerlichen Gesetzbuch für das Deutsche Reich, Band III, Titel, Berlin 1899 (zitiert: *Mugdan*, Materialien/III)

Münch, Ingo von/*Kunig*, Philipp: Grundgesetz – Kommentar, Band 1, 5. Auflage, München 2000 (zitiert: v.Münch/Kunig/*Bearbeiter*)

Münchener Kommentar zum Bürgerlichen Gesetzbuch: Band 1, Allgemeiner Teil, 4. Auflage, München 2001, Band 2, Schuldrecht, Allgemeiner Teil, 4. Auflage, München 2003, Band 6, Sachenrecht, 4. Auflage, München 2004 (zitiert: MünchKomm/*Bearbeiter*)

Münchener Kommentar zum Handelsgesetzbuch: Band 1, §§ 1 – 104, 3. Auflage, München 1996 (zitiert: MünchKomm/HGB/*Bearbeiter*)

Murswiek, Dietrich: Die staatliche Verantwortung für die Risiken der Technik: verfassungsrechtliche Grundlagen und immissionsschutzrechtliche Ausformung, Berlin 1985 (zitiert: *Murswiek*, Staatliche Verantwortung)

Nipperdey, Hans Carl: Grundrechte und Privatrecht, Krefeld 1961

Oldiges, Martin: Neue Aspekte der Grundrechtsgeltung im Privatrecht, Staat Wirtschaft Steuern, in: Festschrift für Karl Heinrich Friauf zum 65. Geburtstag, herausgegeben von Rudolf Wendt, Wolfram Höfling, Ulrich Karpen und Martin Oldiges, Heidelberg 1996, S. 281 ff. (zitiert: *Oldiges*, FS Friauf)

Ossenbühl, Fritz: Inhaltsbestimmung des Eigentums und Enteignung – BVerfGE 83, 201, JuS 1993, 200 ff.

Osterloh, Lerke: Eigentumsschutz, Sozialbindung und Enteignung bei der Nutzung von Boden und Umwelt, DVBl. 1991, 906 ff.

Ott, Claus: Allokationseffizienz, Rechtsdogmatik und Rechtsprechung – die immanente ökonomische Rationalität des Zivilrechts, in: Allokationseffizienz in der Rechtsordnung, herausgegeben von Claus Ott und Hans-Bernd Schäfer, Berlin u.a. 1989, S. 25 ff. (zitiert: *Ott*, Allokationseffizienz in der Rechtsordnung)

Ott, Claus/*Schäfer*, Hans-Bernd: Die ökonomische Analyse des Rechts – Irrweg oder Chance wissenschaftlicher Rechtserkenntnis?, JZ 1988, 213 ff.

Pahl, Lothar: Haftungsrechtliche Folgen versäumter Handelsregistereintragungen und Bekanntmachungen: eine Untersuchung zu den dogmatischen Grundlagen der §§ 15 I, 176, 25, 28, 27, 5 HGB, 11 II GmbHG, 41 I 2 AktG, München, 1987 (zitiert: *Pahl*, Haftungsrechtliche Folgen)

Palandt, Otto (Begr.): Bürgerliches Gesetzbuch, 62. Auflage, München 2003 (zitiert: Palandt/*Bearbeiter*)

Pawlowski, Hans-Martin: Allgemeiner Teil des BGB: Grundlehren des bürgerlichen Rechts, 7. Auflage, Heidelberg 2003 (zitiert: *Pawlowski*, AT)

Peters, Frank: Der Entzug des Eigentums an beweglichen Sachen durch gutgläubigen Erwerb, Tübingen 1991 (zitiert: *Peters*, Entzug des Eigentums)

Picker, Eduard: Positive Forderungsverletzung und culpa in contrahendo – Zur Problematik der Haftungen „zwischen" Vertrag und Delikt, AcP 183 (1983), 369 ff.

– Vertragliche und deliktische Schadenshaftung, JZ 1987, 1041 ff.

Pieroth, Bodo/*Schlink*, Bernhard: Grundrechte – Staatsrecht 2, 20. Auflage, Heidelberg 2004 (zitiert: *Pieroth/Schlink*, Staatsrecht II)

Pietzcker, Jost: Die Rechtsfigur des Grundrechtsverzichts, Der Staat, Bd. 17 (1978), 527 ff.

– Drittwirkung – Schutzpflicht – Eingriff, in: Das akzeptierte Grundgesetz, in: Festschrift für Günter Dürig zum 70. Geburtstag, herausgegeben von Hartmut Maurer, München 1990 (zitiert: *Pietzcker*, FS Dürig)

Raiser, Ludwig: Vertragsfreiheit heute, JZ 1958, 1 ff.

Reifner, Udo: Alternatives Wirtschaftsrecht am Beispiel der Verbraucherverschuldung, Neuwied, Darmstadt 1979 (zitiert: *Reifner*, Alternatives Wirtschaftsrecht)

Reuter, Dieter/*Martinek*, Michael: Ungerechtfertigte Bereicherung, Tübingen 1983

Richter, Rudolf/*Furubotn*, Erik: Neue Institutionenökonomik: eine Einführung und kritische Würdigung, 3. Auflage, Tübingen 1996 (zitiert: *Richter/Furubotn*, Neue Institutionenökonomik)

Robbers, Gerhard: Der Gleichheitssatz, DÖV 1988, 749 ff.

– Der Grundrechtsverzicht – Zum Gegensatz „volenti non fit iniuria" im Verfassungsrecht –, JuS 1985, 925 ff.

– Gerechtigkeit als Rechtsprinzip: über den Begriff der Gerechtigkeit in der Rechtsprechung des Bundesverfassungsgerichts, Baden-Baden 1980 (zitiert: *Robbers*, Gerechtigkeit als Rechtsprinzip)

– Sicherheit als Menschenrecht: Aspekte der Geschichte, Begründung und Wirkung einer Grundrechtsfunktion, Baden-Baden 1987 (zitiert: *Robbers*, Sicherheit als Menschenrecht)

Roellecke, Gerd: Anmerkung zu den Urteilen des BGH vom 20. Januar 1981, VI ZR 162/79 und VI ZR 163/79, JZ 1981, 688 ff.

– Mietwohnungsbesitz als Eigentum, JZ 1995, 74 ff.

Röhrich, Volkert/*Graf von Westphalen*, Friedrich: Handelsgesetzbuch: Kommentar zu Handelsstand, Handelsgesellschaften, Handelsgeschäften und besonderen Handelsverträgen (ohne Bilanz-, Transport- und Seerecht), 2. Auflage, Köln 2002 (zitiert: Röhrich/Graf von Westphalen/*Bearbeiter*)

Rowedder, Heinz/*Schmidt-Leithoff*, Christian: Gesetz betreffend die Gesellschaften mit beschränkter Haftung (GmbHG): Kommentar, 4. Auflage, München 2002 (zitiert: Rowedder/Schmidt-Leithoff/*Bearbeiter*)

Rozek, Jochen: Die Unterscheidung von Eigentumsbindung und Enteignung: eine Bestandsaufnahme zur dogmatischen Struktur des Art. 14 GG nach 15 Jahren „Nassauskiesung", Tübingen 1998 (zitiert: *Rozek*, Eigentumsbindung und Enteignung)

Ruffert, Matthias: Vorrang der Verfassung und Eigenständigkeit des Privatrechts: eine verfassungsrechtliche Untersuchung zur Privatrechtswirkung des Grundgesetzes, Tübingen 2001 (zitiert: *Ruffert*, Vorrang der Verfassung)

Sachs, Michael: „Volenti non fit iniuria" – Zur Bedeutung des Willens des Betroffenen im Verwaltungsrecht – VerwArch. Bd. 76 (1985), 398 ff.

– Grundgesetz – Kommentar, 3. Auflage, München 2003 (zitiert: Sachs/*Bearbeiter*)

– Michael: Verfassungsrecht II, Grundrechte, Düsseldorf 2000 (zitiert: *Sachs*, Verfassungsrecht II)

Savigny, Friedrich Carl von: System des heutigen römischen Rechts, Bd. 1, Berlin 1840

Schäfer, Hans-Bernd/*Ott*, Claus: Lehrbuch der ökonomischen Analyse des Zivilrechts, 3. Auflage, Berlin u.a. 2000 (zitiert: *Schäfer/Ott*, Ökonomischen Analyse)

Schapp, Jan: Über die Freiheit im Recht, AcP 192 (1992), S. 355 ff.

Schilken, Eberhard: Abstrakter und konkreter Vertrauensschutz im Rahmen des § 15 HGB, AcP, 187 (1987), 1 ff.

Schmidt, Karsten: Handelsrecht, 5. Auflage, Köln u.a. 1999

Schmidt-Salzer, Joachim: Vertragsfreiheit und Verfassungsrecht, NJW, 1970, 8 ff.

Schnapp, Friedrich/*Kaltenborn*, Markus: Grundrechtsbindung nichtstaatlicher Institutionen, JuS 2000, 937 ff.

Schoch, Friedrich: Der Gleichheitssatz, DVBl. 1988, 863 ff.

Schön, Wolfgang: Der Aktionär im Verfassungsrecht, Festschrift für Peter Ulmer, herausgegeben von: Mathias Habersack, Peter Hommelhoff, Uwe Hüffer, Karsten Schmidt, Berlin 2003, S. 1359 ff. (zitiert: *Schön,* FS Ulmer)

Schöner, Hartmut/*Stöber*, Kurt: Grundbuchrecht, 12. Auflage, München 2001

Scholz, Franz: Die Rechtssicherheit, Berlin 1955

Schott, Clausdieter: Der Missbrauch der Vertretungsmacht, AcP 171 (1971), 385 ff.

Schulze-Osterloh, Lerke: Das Prinzip der Eigentumsopferentschädigung im Zivilrecht und im öffentlichen Recht- Untersuchung zu Inhalt und Geltungsbereich des verfassungsrechtlichen Entschädigungsgebots aus Art. 14 GG, Berlin 1980 (zitiert: *Schulze-Osterloh*, Eigentumsopferentschädigung)

– Entschädigungspflichtige Inhalts- und Schrankenbestimmung des Eigentums und Enteignung, NJW 1981, 2537 ff.

Schuppert, Gunnar Folke: Self-restrains der Rechtsprechung, DVBl 1988, 1191 ff.

Schwabe, Jürgen: „Drittwirkung" und kein Ende, NJW 1973, 229 ff.

– Anmerkung zu BVerfGE 30, 173, DVBl. 1971, 689 ff.

– Die sogenannte Drittwirkung der Grundrechte: Zur Einwirkung der Grundrechte auf der Privatrechtsverkehr, München 1961 (zitiert: *Schwabe*, Drittwirkung)

– Grundrechte und Privatrecht, AcP 185 (1985), 1 ff.

– Probleme der Grundrechtsdogmatik, Darmstadt 1977

– Verfassungswidrigkeit des § 90a Abs. 2 S 2 HGB – entschädigungsloses Wettbewerbsverbot für einen Handelsvertreter, Anmerkung *zu* Entscheidung des BVerfG vom 7. Februar 1990 (1 BvR 26/84), DVBl 1990, 477 ff.

Seetzen, Uwe: Der Prognosespielraum des Gesetzgebers, NJW 1975, 429 ff.

Singer, Reinhard: Die Lehre vom Grundrechtsverzicht und ihre „Ausstrahlung" auf das Privatrecht, in Rechtstheorie und Rechtsdogmatik im Austausch: Gedächtnisschrift für Bernd Jeand'Heur, herausgegeben von Wilfried Erbguth, Friedrich Müller und Volker Neumann, Berlin u.a. 1999, S. 171 ff. (zitiert: *Singer*, GS Jeand'Heur)

– Geltungsgrund und Rechtsfolgen der fehlerhaften Willenserklärung, JZ 1989, 1030 ff.

– Selbstbestimmung und Verkehrsschutz im Recht der Willenserklärung, München 1995 (zitiert: *Singer*, Selbstbestimmung)

– Vertragsfreiheit, Grundrechte und der Schutz des Menschen vor sich selbst, JZ 1995, 1133 ff.

Soergel, Hans (Begr.): Bürgerliches Gesetzbuch mit Einführungsgesetzen und Nebengesetzen, Band 2, Allgemeiner Teil 2 (§§ 101 – 240), 13. Auflage, Stuttgart u.a. 1999,

Band 14, Sachenrecht 1 (§§ 854 – 984), 13. Auflage, Stuttgart u.a. 2002 (zitiert: Soergel/*Bearbeiter*)

Starck, Christian: Der verfassungsrechtliche Schutz des ungeborenen menschlichen Lebens, JZ 1993, 816 ff.

Staub, Hermann (Begr.): Handelsgesetzbuch Großkommentar, 4. Auflage, Berlin 2002 (zitiert: Staub/*Bearbeiter*)

Stern, Klaus: Das Staatsrecht der Bundesrepublik Deutschland, Band III, Allgemeine Lehren der Grundrechte 1, Grundlagen und Geschichte, nationaler und internationaler Grundrechtskonstitutionalismus, juristische Bedeutung der Grundrechte, Grundrechtsberechtigte, Grundrechtsverpflichtete, 1988, Band III, Allgemeine Lehren der Grundrechte 2, Grundrechtstatbestand, Grundrechtsbeeinträchtigungen und Grundrechtsbegrenzung, Grundrechtsverluste und Grundrechtspflichten, Schutz der Grundrecht, Grundrechtskonkurrenzen, Grundrechtssysteme, 1994 (zitiert: *Stern*, Staatsrecht III/1 bzw. Staatsrecht III/2)

– Das Gebot der Ungleichbehandlung, in: Festschrift für Günter Dürig zum 70. Geburtstag, herausgegeben von Hartmut Maurer, München 1990, S. 207 ff. (zitiert: *Stern*, FS Dürig)

Thorn, Karsten: Der Mobiliarerwerb vom Nichtberechtigten, Baden-Baden 1996

Tiedtke, Klaus: Gutgläubiger Erwerb im bürgerlichen Recht im Handels- und Wertpapierrecht sowie in der Zwangsvollstreckung, Berlin 1985 (zitiert: *Tiedtke*, Gutgläubiger Erwerb)

– Sittenwidrigkeit der Bürgschaft eines nahen Angehörigen des Hauptschuldners bei krasser finanzieller Überforderung des Bürgen, Besprechung des Urteils des BGH vom 8. Oktober 1998 (IX ZR 257/97), NJW 1999, 1209 ff.

Trautmann, Boris: Die Konkurrenz von Haftpflicht- und Versicherungsanspruch: ein Beitrag zur ökonomischen Analyse des Rechts unter Berücksichtigung von Unsicherheit und Verhaltensanomalien, Frankfurt/M. am Main u.a. 2002 (zitiert: *Trautmann*, Konkurrenz von Haftpflicht- und Versicherungsanspruch)

Unruh, Peter: Zur Dogmatik der grundrechtlichen Schutzpflichten, Berlin 1996 (zitiert: *Unruh*, Schutzpflichten)

Wagner, Gerhard: Handel mit Emissionsrechten: Die privatrechtliche Dimension, ZBB 2003, 409 ff.

Wahl, Rainer/*Masing*, Johannes: Schutz durch Eingriff, JZ 1990, 553 ff.

Walz, Rainer: Sachenrecht für Nicht-Sachen?, – Kritik einer Systemanalogie – KritV 1986, 131 ff.

Wendt, Rudolf: Der Gleichheitssatz, NVwZ 1988, 778 ff.

Westermann, Harm-Peter: Sachenrecht: ein Lehrbuch, 10. Auflage, Heidelberg 2002 (zitiert: *Westermann*, Sachenrecht)

Wiegand, Wolfgang: Rechtsableitung vom Nichtberechtigten, JuS 1978, 145 ff.

Wieling, Hans Josef: Sachenrecht, 4. Auflage, Berlin u.a. 2001 (zitiert: *Wieling*, Sachenrecht)

Witt, Carl-Heinz: Die Rechtsfigur des Besitzdieners im Widerstreit zwischen Bestands- und Verkehrsschutz, AcP 201 (2001), S. 165 ff.

Wolf, Christian: Übertriebener Verkehrsschutz, – Zur subjektiven und objektiven Theorie im Rahmen von § 1365 BGB -, JZ 1997, 1087 ff.

Wolff, Hans/*Bachof*, Otto/*Stober*, Rolf: Verwaltungsrecht, Band 2, 6. Auflage, München 2000 (zitiert: *Wolff/Bachof/Stober*, Verwaltungsrecht 2)

Zeranski, Dirk: Prinzipien und Systematik des gutgläubigen Erwerbs beweglicher Sachen, JuS 2002, 340 ff.

Zippelius, Reinhold: Rechtsphilosophie: ein Studienbuch, 4. Auflage, München 2003 (zitiert: *Zippelius*, Rechtsphilosophie)

Zöllner, Wolfgang: Regelungsspielräume im Schuldvertragsrecht, – Bemerkungen zur Grundrechtsanwendung im Privatrecht und zu den sogenannten Ungleichgewichtslagen -, AcP 196 (1996), 1 ff.

Zöllner, Wolfgang/*Loritz*, Karl-Georg: Arbeitsrecht: ein Studienbuch, 5. Auflage, München 1998 (zitiert: *Zöllner/Loritz*, Arbeitsrecht)

Zweigert, Konrad: Rechtsvergleichend-Kritisches zum gutgläubigen Mobiliarerwerb, RabelsZ 23 (1958), 1 ff.

Sachwortverzeichnis

Schriften zum Bürgerlichen Recht

277 Jürgen Stamm
Die Auflassungsvormerkung
Eine Fiktion der bedingten Verfügung im Immobiliarsachenrecht
166 S. 2003 ⟨3-428-10420-X⟩
€ 58,– / sFr 98,–

278 Rainer Oppermann
Die Kollision der Vindikation mit schuldrechtlichen Besitzübertragungsansprüchen
202 S. 2003 ⟨3-428-10888-4⟩
€ 64,– / sFr 108,–

279 Andreas Zöpfl
Rechtsnatur und Rechtsprobleme des Bauprojektsteuerungsvertrages
249 S. 2003 ⟨3-428-10689-X⟩
€ 76,– / sFr 128,–

280 Wilm Bodo Wirtz
Die erbrechtliche Position des Ehegatten im Scheidungsverfahren
226 S. 2003 ⟨3-428-11038-2⟩
€ 62,– / sFr 105,–

281 Guido Quass
Die Nutzungsstörung
Zur Problematik der Störung des Verwendungszwecks und des Wegfalls der Geschäftsgrundlage
303 S. 2003 ⟨3-428-11098-6⟩
€ 78,– / sFr 132,–

282 Michael Müntefering
Zivilrechtliche Schranken der partiellen Universalsukzession
Die Grenzen umwandlungsrechtlicher Spaltungsfreiheit bei der Überleitung von Verbindlichkeiten, subjektiven Rechten, Vertragsverhältnissen und Mitgliedschaften
231 S. 2003 ⟨3-428-11213-X⟩
€ 69,80 / sFr 118,–

283 Heike Jung
Die bruchteilige Übertragung des Miterbenanteils
259 S. 2003 ⟨3-428-11194-X⟩
€ 79,80 / sFr 135,–

284 Jochen Lehmann
Sachherrschaft und Sozialbindung?
Ein Beitrag zu Gegenwart und Geschichte des zivilrechtlichen Eigentumsbegriffs
353 S. 2004 ⟨3-428-11115-X⟩
€ 79,80 / sFr 135,–

285 Meike Mues
Die Irrtumsanfechtung im Handeslverkehr
294 S. 2004 ⟨3-428-11193-1⟩
€ 79,80 / sFr 135,–

286 Myriam Rastätter
Der Einfluss des § 14 HeimG auf Verfügungen von Todes wegen
133 S. 2004 ⟨3-428-11285-7⟩
€ 48,– / sFr 83,–

287 Joachim Goebel
Der Nießbrauch an Personengesellschaftsanteilen
Zugleich ein Beitrag zur Dogmatik des Außeneinflusses im Personengesellschaftsrecht
439 S. 2004 ⟨3-428-11215-6⟩
€ 98,– / sFr 165,–

288 Joachim Goebel
Testierfreiheit und Ehegattenschutz
Zum Schutz der Vermögensinteressen und der Persönlichkeitsrechte des überlebenden Ehegatten vor und durch Verfügen von Todes wegen
951 S. 2004 ⟨3-428-11216-4⟩
€ 118,– / sFr 199,–

289 Peter Frömgen
Das Verhältnis zwischen Lebensversicherung und Pflichtteil
293 S. 2004 ⟨3-428-11272-5⟩
€ 79,80 / sFr 135,–

290 Frauke Wernecke
Abwehr und Ausgleich „aufgedrängter Bereicherungen" im Bürgerlichen Recht
Eine Untersuchung auf systematischer und rechtsvergleichender Grundlage über den Konflikt zwischen Dispositionsfreiheit und Vorteilsabschöpfung
636 S. 2004 ⟨3-428-11276-8⟩
€ 112,– / sFr 189,–

291 Carsten Nickel
Die Rechtsfolgen der culpa in contrahendo
277 S. 2004 ⟨3-428-11188-5⟩
€ 76,– / sFr 128,–

292 Nina Polt
Der rechtsgeschäftliche Verbund bei der Finanzierung geschlossener Immobilienfonds
195 S. 2004 ⟨3-428-11270-9⟩
€ 68,– / sFr 115,–

293 Matthias Katzenstein
Haftungsbeschränkungen zugunsten und zulasten Dritter
Zugleich ein Beitrag zur Systematik des Schadenshaftungsrechts
443 S. 2004 ⟨3-428-11184-2⟩
€ 98,– / sFr 165,–

294 Thorsten Burg
Zivilrecht bei Rechtsnachfolge unter juristischen Personen des öffentlichen Rechts
280 S. 2004 ⟨3-428-11342-X⟩
€ 78,– / sFr 132,–

295 Christian Rikken
Die Globalhaftung des Kreditbürgen
192 S. 2004 ⟨3-428-11329-2⟩
€ 70,– / sFr 118,–

296 Jens Böhle
Der Rückgriff in der Lieferkette gemäß der §§ 478, 479 BGB nach dem Schuldrechtsmodernisierungsgesetz
211 S. 2004 ⟨3-428-11369-1⟩
€ 62,– / sFr 105,–

297 Hyoung Seok Kim
Zessionsregreß bei nicht akzessorischen Sicherheiten
177 S. 2004 ⟨3-428-11362-4⟩
€ 59,80 / sFr 101,–

298 Stefan Greiner
Ideelle Unzumutbarkeit
Dogmatik und Praxis der Leistungsverweigerung bei Rechtsgüter- und Pflichtenkollision im Zivilrecht
555 S. 2004 ⟨3-428-11431-0⟩
€ 84,– / sFr 142,–

299 Dominik Klimke
Die halbzwingenden Vorschriften des VVG
Ihre Missachtung und ihr Verhältnis zur Kontrolle nach den §§ 305 ff. BGB n.F.
344 S. 2004 ⟨3-428-11413-2⟩
€ 89,80 / sFr 152,–

300 Angela Kölbl
Schiedsklauseln in Vereinssatzungen
246 S. 2004 ⟨3-428-11378-0⟩
€ 76,– / sFr 128,–

301 Johann Christian Bartelt
Beschränkung des Schadensersatzumfangs durch das Übermaßverbot?
Eine Untersuchung der Vereinbarkeit des Grundsatzes der Totalreparation (§ 249 I BGB) mit dem verfassungsrechtlichen Verhältnismäßigkeitsprinzip
247 S. 2004 ⟨3-428-11502-3⟩
€ 62,– / sFr 105,–

302 Christian Schneider
Der Vertrieb von Versicherungen über das Internet
nach Inkrafttreten der EG-Richtlinie über den Fernabsatz von Finanzdienstleistungen
334 S. 2004 ⟨3-428-11470-1⟩
€ 86,– / sFr 145,–